“十三五”国家重点出版物出版规划项目

中国近现代工程史研究

丛书顾问 路甬祥 丛书主编 李伯聪

大同煤矿近现代工程简史

Datong Meikuang Jinxiandai Gongcheng Jianshi

王佩琼 孟艾芳 著

图书在版编目（CIP）数据

大同煤矿近现代工程简史 / 王佩琼，孟艾芳著. --
杭州 : 浙江教育出版社，2021.12
（中国近现代工程史研究）
ISBN 978-7-5536-4034-1

Ⅰ. ①大… Ⅱ. ①王… ②孟… Ⅲ. ①煤矿－工业史
－研究－大同市－近现代 Ⅳ. ①F426.21

中国版本图书馆CIP数据核字(2015)第317245号

责任编辑 王晨儿 江 雷　　**责任校对** 余晓克
美术编辑 曾国兴　　**责任印务** 陈 沁

大同煤矿近现代工程简史
Datong Meikuang Jinxiandai Gongcheng Jianshi
王佩琼 孟艾芳 著

出版发行 浙江教育出版社
（杭州市天目山路40号 电话:0571-85170300-80928）
图文制作 杭州林智广告有限公司
印　　刷 杭州富春印务有限公司
开　　本 710mm×1000mm 1/16
印　　张 30.5
插　　页 4
字　　数 520 000
版　　次 2021年12月第1版
印　　次 2021年12月第1版印刷
标准书号 ISBN 978-7-5536-4034-1
定　　价 88.00元

中国科学院规划与战略研究项目
中国科学院大学、山西省社会科学院协作项目

总　序

2002年，《工程哲学引论》出版时，我应作者之邀为该书写了一篇序言。今天，“中国近现代工程史研究”丛书即将出版，丛书主编和各位作者又热情邀请我写一篇序言。

著名哲学家康德曾说过：“没有科学史的科学哲学是空洞的；没有科学哲学的科学史是盲目的。”工程哲学和工程史的关系显然也相类似。对于工程，不但需要进行哲学和史学视野的研究，而且需要进行社会学、人文学、生态环境学、管理学等视野的研究，实际上，跨学科的工程研究正逐渐形成一个新的研究领域。

目前，我国已成为世界工程大国，正是在这样的社会条件和社会需求环境下，我国跨学科工程研究也正走向世界前列。希望我国的跨学科工程研究（包括工程哲学和工程史研究）能够继续不断地创新发展，为我国发展成世界工程强国助力。

古代中国人创造了许多巧夺天工的工程杰作，如都江堰、万里长城、大运河、赵州桥、紫禁城、江南园林等，直到今天仍备受世界人民推崇，万里长城更成为中华民族的象征。

马克思主义认为，劳动创造了人。从历史上看，可以说，自原始社会就开始了技术和工程的发展进程。在人类文明发展的进程中，工程的类型和规模、工程的结构和功能、工程的制度和模式，特别是工程活动和人类其他社会活动方式（政治、宗教、军事、文化等）的相互关系、相互作用，都处于不断的变化与发展中。在工程活动及其历史发展中，人类积累了许多成功的经验，也有许多沉痛的教训。

如果说工程是原始社会时期就存在的社会活动，那科学就是较晚才出现的人类认知和探索自然的活动。

在现代社会中，科学、技术和工程成为三种重要的社会活动方式。三者既有区别又有密切联系，它们的相互关系和相互作用不但是重大的理论问题，也是重大的实践问题。科学、技术和工程的相互关系重要而复杂。在认识和研究其相互关系时，借鉴和总结有关历史经验十分重要。

在现代社会中，工程活动对于科学技术的牵引作用日益明显，所谓科学技术面向经济社会的主战场，很多情况下就是面向工程建设的主战场。回顾鸦片战争以来中国近现代的工程史和科技史，可以看到，中国近现代的工程活动在社会发展中发挥了多方面的重要作用。

一、工程是科学技术和其他有关要素的集成器。无论是晚清、民国时期规模有限的近现代工程建设，还是中华人民共和国成立以来大规模的工程建设，大多以工程项目的方式组织，应用了近现代科学技术知识、方法和设备，同时也利用和集成了有关的自然资源与社会资源。在集成科技和其他有关要素的过程中，中国近现代工程不断演化发展，推动中国的现代化事业不断前进。

二、工程是先进科学技术成果的孵化器。近代中国的科学技术研究基础薄弱，大部分工程建设所运用的科学技术都是学习西方的，但这并不是说我们国家完全没有自己的独创性科学技术贡献。1949年后，中国实行了科学技术和经济社会发展的赶超战略。在这个战略的实施过程中，许多科学技术课题都来自工程建设的现实需求，并适应和满足了工程建设的需要。许多重要工程项目的建设，成为先进科学技术成果的孵化器。

三、工程是经济社会发展的牵引器。由于工程是直接生产力，这就使它必然发挥经济社会发展牵引器的作用。近代以来，我国的经济社会发展经历了晚清和民国的艰难曲折发展时期及中华人民共和国的高歌猛进时期。无论在哪个时期，无论从微观、中观还是从宏观方面看，工程都发挥着经济社会发展牵引器的作用。人们不仅可以看到微观领域的工程项目和中观领域的工程集群、产业集群和区域工程系统对经济社会发展的牵引作用，还可以看到宏观领域的国家工程体系在牵引我国经济社会发展时所发挥的重要作用。

四、工程是现代化的重要标志。所谓近代化与现代化，必须有其现实体现。所造工程项目，往往成为现代社会的重要标志。例如，从京张铁路、汉阳铁厂、南京长江大桥、三峡大坝、宝钢工程、现代城市、载人航天、高速铁路等工程建设和成就中，人们可以形象地看到中国现代化、工业化的进程，可以直接感受到中国现代化、工业化进程带来的社会面貌的变化，其含义不但是指工程成了现代化的物化标志，更是指现代工程已成为现代生活方式的基础和“标志”。

人类从工程实践中获益良多，这是不争的事实，但工程活动及其结果也不可避免地给人类的生存带来一些负面影响和许多迫切需要解决的新问题。例如，现代工程建设所带来的资源、环境问题就是现代人类耳边不断长鸣的警钟，警示人类应当注意工程发展的方式及其科学性、协调性和合理性问题。

当前我国正在实施创新驱动发展战略。为了推动科学创新、技术创新和工程创新，我们不但需要总结有关的历史经验，开展有关的历史研究，而且需要大力推动对有关问题的哲学、管理学、社会学、生态学、政治学、战略学、文化学等方面的研究，需要在跨学科视野中分析和研究创新驱动发展问题。

2010年，中国科学院规划战略局立项研究中国近现代工程史，本丛书就是这个课题的结题成果。在这五本书中，《中国近现代工程史纲》综合性地、试图简要而比较全面地叙述从晚清到21世纪之初中国成为世界工程大国的漫长、曲折、卓绝的工程发展历程；《中国大科学工程史》叙述同时体现现代科学和现代工程特点的、特殊的“科学—工程”类型的“大科学工程”在中国发展的历史；《大同煤矿近现代工程简史》努力从企业史和工程史相结合的角度，揭示资源性企业演化的规律性内容；《三门峡工程的决策、建设和改建》是聚焦于一个影响广泛、教训深刻的重大项目而进行的工程史研究；《詹天佑与中国工程科学》则是对中国近现代最重要的工程人物之一——詹天佑的研究。

这套丛书是我国在工程史领域，确切地说是中国近现代工程史领域出版的第一套丛书。工程史研究是一个新领域。回顾和揭示工程发展的历史轨迹，分析和总结工程发展的经验教训和规律，不但具有重要的理论意义，而且具有重要的现实意义。虽然“中国近现代工程史研究”丛书只有五册，但它标志着一个新的开端，意义不可低估。本丛书中肯定有不足之处，衷心希望今后有更多、更好的工程史著作出版。

以史为鉴，温故知新，希望读者能有所受益。

是为序。

路甬祥

前 言

从人类学的视角来看，人类的生存模式经历了采集文明、狩猎文明、农耕文明及工业文明等阶段。目前，人类处于工业生存模式阶段。工业生存模式的特征是采用大机器的生产方式，而大机器的生产方式说到底不过是能量和物质的大规模转化方式。由此，决定了工业生存模式须有两个重要的支撑条件：其一，源源不断的能源及其他原料供给；其二，现代工业技术及现代企业制度。前者为大机器生产提供动力和加工对象，是采用大机器生产模式的前提条件；后者为大机器生产提供技术支撑及制度保障，是实行大机器生产模式的必要条件。大机器生产模式的目的是生产产品，在现代企业制度框架下，由一个个以产品制造为职事的企业最终实现，因此，企业是大机器生产模式的组织基石。对于大机器生产模式的宏观研究一直是工业史研究的重点内容，而对于作为基石的微观企业发展历程的研究在中国工业史及工程史的研究中，尚属阙如，有分量的著述更是凤毛麟角。如果不从微观企业的视角进行观察，则对于大机器生产模式的理解将是空疏的。中国科学院规划与战略研究项目“中国近现代工程史研究”，将微观企业的发展史研究作为子课题之一，无疑是有着重要意义的前瞻性举措。

影响企业发展的因素千千万万，企业发展中的事件又包罗万象，对于微观企业史的研究无成例可循，那么，这种研究当如何进行呢？具体地说，对于一本微观企业史的著作，当如何取舍内容，如何安排体例呢？恩格斯说：“历史从哪里开始，思想进程也应当从哪里开始。而思想进程的进一步发展不过是历史过程在通向理论上前后一贯的形式上的反映。”[①] 同样的逻辑，历史研究方法，具体说来即历史材料取舍及体例安排不应从概念出发，而是从历史过程本身出发，历史过程的性质决定历史研究方法。企业的性质及企业发展的一般规律决定了企业史的研究方法，决定了企业史写作时该如何取舍内容及安排体例。

社会的生产力水平决定社会基本经济单位的组织形式。企业是社会生产力发展到一定水平的成果，是发达商品生产与商品交换的产物。社会的基本经济单位在经历了原始社会的氏族部落、奴隶社会的奴隶主庄园、封建社会的家庭和手工作坊等形式的演进后，最早在资本主义社会诞生了企业这种现代形式。“企业”，在《现代汉语词典（第7版）》中的解释为：从事生产、运输、贸易、服务等经济活动，在经济上独立核算的组织，如工厂、矿山、铁路等。现代汉语中“企业”一词源自日语，与其他一些社会科学领域常用的基本词语一样，它是在日本明治维新后，大规模引进西方文化与制度的过程中翻译而来的词语，戊戌变法之后，这些词语由日语被大量引进现代汉语。与“企业”一词相对应，英语中称为“enterprise”，法语中称为“entreprise”，德语中称为“unternehmen”。由于欧洲语言大多受到拉丁语的强烈影响，且基于历史原因与地理因素，各国之间不断地移植与融合，使其词汇构成与内涵极为相似。以英语为例，“企业”一词由两个部分构成，“enter-”和“-prise”，前者具有“获得、开始享有”的含义，可引申为“赢利、收益”；后者则有“撬起、撑起”的意思，引申为“杠杆、工具”。两个部分结合在一起，表示“获取赢利的工具”。企业的本质内涵是以营利为目的，运用各种生产要素（土地、劳动力、资本和技术等），向市场提供商品或服务，实行自主经营、自负盈亏、独立核算的具有法人资格的社会经济组织。

企业史研究不同于行业史及工业史研究，这是由各自的特点及功能所决定的。行业的主要任务是解决内部企业在地域的布局及功能平衡问题，工业的主要任务是解决行业门类的地域布局及功能平衡问题。而微观企业的使命是赢利或说是效益，微观企业的存在是行业及工业存在的前提。反之，企业只有符合行业及工业的顶层布局设计中的功能要求才能存在于行

---

① 马克思、恩格斯：《马克思•恩格斯选集》（第2卷），人民出版社，1995年，第43页。

业内及工业之中。行业及工业史研究是梳理其布局及功能平衡的演化过程，而企业史的研究则侧重于对营利过程的梳理。

企业活动有多重属性：工程性、经济性及社会性。本书乃工程简史，其内容当偏重工程属性，涉及经济属性和社会属性。

企业活动的目的是效益，效益的实现靠市场经营、生产及管理等方面的效率。企业效率的制约因素有三个：技术（生产技术、安全技术）、管理（生产管理、安全管理及经营管理）及社会历史环境。因此，企业史即企业之技术、管理及社会历史环境的演化史。据此，可概括出企业演化发展的一般规律，遵从工程活动的一般规律，同时，也有自身的特点。概括起来就是：需求拉动；社会选择；技术支持；管理保障；自我更新。具体来说就是：①有利的社会环境（社会稳定、需求旺盛、资本充裕、政策有利）是企业发展的外部拉力，是企业生存的必要条件。②先进技术及先进管理（生产管理、安全管理及经营管理）是企业发展的内生活力，是企业生存的充分条件。③良好的应变能力是企业克服由盛至衰的生命周期制约，实现自我更新、长盛不衰的法宝。基于上述因素，企业史研究的方法及企业史写作可以效率提高为线索，依技术变化、相应的管理变化及社会环境变化，为企业的发展寻找演化发生的关节点，并以此分期论述。需要说明的是，企业管理工作千头万绪，诸如党务管理、人事管理、医疗管理等亦属企业管理的范畴，但本书只选择工程特性明显的几个方面进行总结、归纳，即生产管理、安全管理、经营管理。

迄今为止的人类生产力的发展史可以概括为火的利用史，在希腊神话中，普罗米修斯盗火给人间，使得先天本能缺陷的人类拥有了远胜其他动物的生存手段。人类生存方式的每一次重大变化均与火的利用方式的革命性变化息息相关。用今天的学术语言表述，火的利用即能源的利用。能源是人类生产和生活的基本要素之一。原始火作为重要的能源利用形式，使人类摆脱了茹毛饮血的原始状态，柴薪的使用扩大了火的利用范围及自由度，使人类生活得到巨大改善。煤炭的利用及与燃煤相联系的蒸汽机的发明，使人类生产方式发生了影响至今的革命性变化。石油的利用及和燃油相联系的内燃机的发明，核能的利用及伴随原子能发电技术的发明，使人类生产生活方式再次发生深刻的变化。每一次火的利用方式的新变化，每一次新能源的开发利用，都使得人类开发自然的能力得以大幅提高，使人类生存方式的整体面貌发生根本性的改变。

在上述能源利用历史的简述中，煤炭的利用具有革命的性质，是人类火的利用方式的质的变化。如果说，自然火及柴薪的利用局限于取暖及简单加热的话，煤炭的利用，使机器有了新的动力源，大大延伸了人类身体器官的作用范围。在与自然交往的过程中，过去人类身体器官不能完成的任务可由机器替代完成，从而提高了人类利用和改造自然的能力，使人类获得了较之以往任何时代均丰富得多的生产生活资料。

在世界范围内进行比较后可知，中国的煤炭利用有着悠久的历史。中国古代煤矿开采起源于新石器时代晚期，到西汉时期已具雏形，宋元时期形成完整的体系，明清时期臻于完善，形成了以手工操作为基本特征的采煤技术传统。中国古代煤矿开采工程技术，起源之早，发展之快，应用之广，在世界上都是罕见的，其领先优势一直保持到 16 世纪。17 世纪末，英国工程师托马斯•萨弗里（Thomas Savery）为解决英国煤矿排水问题，在巴本蒸汽机的基础上发明了蒸汽泵（抽水机），宣告了西方采矿技术开始超越中国。在蒸汽机革命的基础上，19 世纪中叶，以蒸汽为动力的提升机、抽水机、通风机在西方采矿业中广泛应用，标志着西方采矿技术已远远走在中国前面，并由此开启了西方大机器的生产模式，即现代工业文明。

第二次鸦片战争后，清朝内外交困。统治集团内部一些较为开明的官员主张利用西方先进生产技术，强兵富国，摆脱困境，维护清朝统治。由此，开启了一场以“自强”“求富”为目标的洋务运动，时间跨度为 1861 年至 1894 年。洋务运动的内容很庞杂，涉及军事、政治、经济、教育、外交等，而以“自强”为名，兴办军事工业并围绕军事工业开办其他企业，建立新式武器装备的陆海军，是其主要内容。从 19 世纪 70 年代起，洋务派在“求富”的口号下，采取官办、官督商办和官商合办等方式，开办轮船招商局、开平矿务局、天津电报局、唐胥铁路、上海机器织布局、兰州织呢局等企业。与此同时，洋务派还开始筹划海防，在 1884 年初步建立起南洋、北洋和福建海军。在洋务派控制了海军衙门以后，又进一步扩建北洋舰队，修建旅顺船坞和威海卫军港。

洋务运动的重要意义之一，是使中国由一个古老农业社会开始向工业社会转变，由实行了数千年的农耕生存模式开始向工业大机器生存模式转变。

在洋务运动中，煤炭作为近代工业的基础资源理所当然地得到开发利用。1876 年，清两广总督沈葆桢雇用英国矿师兴建台湾基隆煤矿，并于 1878 年出煤。1877 年直隶总督李鸿章任命唐廷枢等开办开平煤矿，1881 年建成唐山煤矿，之后又建成林西等煤矿。还开办了直隶磁州煤矿、湖北开采煤铁总局、安徽池州煤矿、湖北荆门煤矿、山东峄县煤矿、广西富川县贺县煤矿、直隶临城煤矿、江苏徐州利国驿煤铁矿、安徽贵池煤矿、北京西山煤矿、山东淄川煤矿、湖北大冶王三石煤矿和江夏马鞍山煤矿。[①] 这些煤矿，有官办、官督商办、官商合办，虽然规模很小，但客观上开启了中国近代煤炭工业，使中国的采煤业进入了新的历史时期，为中国近代工业的发展奠定了能源基础。

在洋务运动中山西风气未开，工业发展起步较晚。但丰富的煤炭资源及“表里山河，称为完固”的独特地理环境，使得山西的工业发展能够后来居上，虽由晚清起步，但于民国时期取得长足发展和骄人的成绩。在以后的起伏发展过程中，山西进一步成为中国重要的工业基地和当今能源重化工基地。其中，大同地区的煤矿资源对山西乃至全国的工业发展起到了十分重要的支撑作用。

大同煤矿是我国重要的煤炭能源基地，位于山西高原北部，南临雁门关，北依外长城。大同煤矿规模宏大，开采历史悠久，以产优质动力煤闻名于世。大同煤为侏罗纪煤系弱黏煤，以硫、磷含量低，发热量高而享誉中外，有“煤中精品”之称。在其漫长的开发过程中，大同煤行销至全国及世界，为全国及世界的工业发展提供动力。如今的大同煤矿集团公司是全国煤炭工业的支柱企业，对国民经济的发展有着举足轻重的作用，被誉为“共和国煤炭工业的长子”。

作为“中国近现代工程史研究”子课题的“大同煤矿近现代工程简史”，其研究及写作目的是：①展示重要能源企业大同煤矿对于我国近代工业的历史性贡献，以此展示企业发展在近现代历史发展中的重要作用。②通过大

---

①《中国煤炭志》编纂委员会:《中国煤炭志》，煤炭工业出版社，1999 年，第 6 页。

同煤矿这一典型企业的研究，揭示企业发展的一般规律。③企业是行业的细胞，企业运营的逻辑结构与行业整体的运营逻辑结构有相通之处，窥一斑而知全豹。研究企业史可以了解整个行业的发展状况，通过对大同煤矿史的研究，可以洞悉整个煤炭工业的发展状况。④企业的运行与行业布局、国家工业布局之间存在动态的相互作用关系，通过对企业史的研究可以揭示它们之间的动态作用关系。企业的功能由行业总体目标所规定。对大同煤矿史的研究可以揭示企业对行业总体布局及规划的适应机制，为行业政策制定提供微观企业运行机制研究的学理基础。

本著作的写作原则是：以论带史（料），论从史（料）出，以史（料）证论，论简史（料）重。史学研究当然要从历史材料出发，但不应是对历史材料的简单复制。这里涉及史与志的关系问题。志是对于演化过程中发生事件的记录，其目的及性质是材料的累积。因此，对于编志的要求是客观、全面。而历史研究是带着特定问题，从特定视角对志之史料所进行的系统观察与梳理，是阐发史料对于今人的意义，是对于志之史料的解释。绝无毫无目的的观察，任何观察均是在特定理论架构下进行的，这就是所谓历史研究中的“观察渗透理论”。这种理论告诉我们，与认为历史研究结论是对于史料归纳而来的一般历史研究方法论不同，研究者总是带着在某种语境中形成的先在假设性结论来进行史学研究的。“观察渗透理论”为“以论带史”的史学研究方法提供了合理依据。先在的理论假设需要在史料的梳理过程中进行证伪，以验证理论假设的合理性及说服力，这是“论从史出”及“以史证论”的含义。史学著作与史学理论著作的本质区别在于，前者重史料，即所谓的“以史料说话”；后者则重逻辑及论理。本研究的最终成果是《大同煤矿近现代工程简史》，这是一本史学著作，因此，“论简史重”就是必要的了。图片可以直观地反映历史事件的状况，用图片佐证事实，可以有效增强说服力，因此，本著作适当采用必要的历史图片。案例研究是史学研究中的重要方法，通过对典型事例的剖析，虽着墨不多，却能有说服力地突出企业的时代特征。

本书贯穿一条主线，同时集中于若干重点研究问题。以大同煤矿对中国近现代工业发展的贡献及影响为研究主线，以如下几个问题贯穿整个研究过程：①大同煤矿对中国近现代工业发展的贡献有多大？②大同煤矿是如何影响大同、山西乃至全国的产业布局的？③大同煤矿长盛不衰的历史条件是什么？在探讨上述问题时，对于每一历史时期大同煤矿的历史陈述，均从下述几个方面入手：①所处的历史环境；②技术装备条件；③管理工作；④历史贡献及行业地位。

本书的研究对象是大同煤矿，它在漫长的演化中，经历了分化、兼并、重组的复杂过程，形成了今天的大型国有企业——大同煤矿集团公司。严格来讲，并不存在一个从诞生开始其名称、规模及组织结构便从未发生变化而延续至今的“大同煤矿”。也正因为如此，才有了企业演化内容的复杂性、丰富性及研究的必要性。本书所称“大同煤矿”指称大同地区的煤矿企业。虽然在不同的历史时期有不同的称谓、不同的规模及不同的组织结构，但生产对象及产品却是一贯的，其组织结构在不同时期的变化是同一实体的演化，不同称谓的企业之间有一脉相承的继承关系，具有独立企业的本质特征，本书称之为“大同煤矿”。

本书对于大同煤矿发展历程的历史分期如下：①古代（1841年之前）。②近代：鸦片战争到1919年五四运动；1920年至1937年（阎锡山统治时期）；日据时期；解放战争时期。③当代：三年国民经济恢复时期；1953年至1958年；1959年至1965年；十年“文革”时期；改革开放时期；转型发展时期至近期止。历史研究的终极目的在于阐明历史事件的历史意义，而历史意义一般在历史事件发生相当长一段时期之后，才体现出来。自21世纪初，大同煤矿开始转型发展，由于此进程还在进行之中，其意义与价值尚未完全显现。因此，21世纪大同煤矿的转型发展及变化，本书只是作了粗略的、趋势性的阐述。

本书结构大体如下：① 前言。②近代编。按历史时期分章；每章分节：概述，社会历史环境，技术（生产技术及安全技术），管理（生产管理、安全管理、经营管理），行业地位简评。③现代编。按历史时期分章；每章分节：概述，社会历史环境，技术（生产技术及安全技术），管理（生产管理、安全管理、经营管理），行业地位简评。如此安排体例乃工程逻辑使然。科学的要素乃是现象、假说、实验、解释；其逻辑为：实证说、证伪说、范式说等。技术的要素乃是性能、材料、结构、工艺；其逻辑为性能导引、材料支撑、结构体现、工艺保障。工程的要素乃是需求、技术、管理、社会；其逻辑为需求拉动、技术支撑、管理保障、社会选择。鉴于大同煤矿在中国工业发展史上的重要地位，因此，许多研究者对它非常关注。本文的写作如勉强说有创新之处，则可以说是用新逻辑对旧材料加以规范，用旧砖瓦盖新房屋，仅此而已。

刘勰在其著作《文心雕龙·史传第十六》中说："盖文疑则阙，贵信史也。"① 尽管本书的任务是对丰富多彩的大同煤矿的发展历程进行粗线条的梳理，难免挂一漏万，但写作过程当谨遵古训，史料必确切，持论当公允，不为读者哂笑是为所求者矣！

"中国近现代工程史研究"项目的子课题"大同煤矿近现代工程简史"，是中国科学院大学、山西省社会科学院协作项目。在书稿付梓之际，向为本课题研究提供协助者及浙江教育出版社表示衷心感谢！向付出辛勤劳动的责任编辑表示衷心感谢！

2021 年 10 月改定

① 刘勰著，王运熙、周锋撰：《文心雕龙译注》，上海古籍出版社，1998 年，第 141 页。

目录

近代编

近代编

第一章

古代山西的煤炭开采及利用

能源的利用是人类生产和生活的必要条件。人类依赖物质消费以延续自身生命的过程，也是能源能量的转化过程。人类的物质产品的生产过程也是消耗能源而改变物质形态、改变物质性状的过程。古人将能源形象化为“火”是天才的概括。地球上所有可以利用的能源均由太阳能转化而来，而携带巨大能量的太阳光焰正是使人类得以生存的“火”。可以说，迄今为止的人类生存史正是火的利用史，正是或对火的直接形态加以利用，或对变换了形态的火加以利用。火的热量就是生命的源泉。火作为能源的代名词再恰当不过了。由于人类不能离开能源而生存，故而能源的开发利用对于人类就有着无可替代的重要意义。对直接形态的火的利用，使人类摆脱了茹毛饮血的原始状态。由于柴薪的使用，火种更易于保存，从而方便了人们得到火种，因此，柴薪的使用使人类生活得到巨大改善。煤炭的利用以及与燃烧相联系的蒸汽机的发明及普遍使用，使人类的生产方式发生了革命性变化，机器替代人类完成了过去所不能完成的任务，使得人类利用自然物的范围大幅度扩大、强度大幅度提高。石油的利用以及与燃油相联系的内燃机的发明及普遍使用，核能和原子能发电技术的发明及普遍使用，使得可供人类进行转化的能源越来越多，从质和量两个方面极大地丰富了由能量转化而来的可供消费的产品，人类的生产生活方式由此发生了巨大变化。每一次新能源的开发利用，都使人类生产力水平提高到一个新高度，使人类生活水平上升到一个新起点。从某种意义上说，人类的工程技术文明史也是不断发现和利用新能源的历史，是人类发现火的新的利用方式的历史。其中，煤炭的开发及利用，由于引发了以蒸汽机的普遍作用为标志的技术革命，以及以机器制造为标志的工业革命，从而具有特殊的历史意义。

中国是世界上发现和利用煤炭最早的国家之一。中国古代煤矿开采工程技术，起源于新石器时代晚期，到西汉时期已见雏形，宋元时期形成完整的体系，明清时期臻于完善，形成了以手工业操作为基本特征的采煤技术传统，一直延续至今。山西是我国发现和利用煤炭最早的地区之一，以“煤炭之乡”著称。关于山西及大同地区的煤炭利用情形散见于一些古代文献之中。诸如女娲补天等神话故事，提示古代居住在现山西一带的早期人类已较早地认识到煤炭燃烧、发光、发热等特性。

第一节　大同地区区位地理及地质构造

大同矿区位于山西高原北部，今大同市西南，距大同市 12.5 公里。大同矿区三面环山，在地形构成上，大部分是高山和起伏较大的丘陵区。山地属阴山山脉的一部分，呈西南—东北走向。矿区内主要山脉有东南部的七峰山、鸡爪山，北部的雷公山，东北部的马武山，西南部的秦家山等。其中，七峰山最高，海拔 1714 米，矿区最低海拔 1058 米。山间有云冈、口泉等数条沟峪，构成了矿区地形由西北向东南倾斜的主要特征。

大同矿区境内主要河流有口泉河和十里河。口泉河在口泉沟内，十里河在云冈沟内。两条河均为季节性河流，雨季汛期常有短暂洪水暴起暴落，枯水期则干涸少水。口泉河全长 57.5 公里，流域面积 375.3 平方公里，多年平均径流量约 0.07 亿立方米。十里河全长 89.3 公里，流域面积 1311.1 平方公里，一般流量 0.5—2 立方米/秒，多年平均径流量约 0.41 亿立方米。

大同煤田位于新华夏系第三隆起带中段的北部。煤田的背面邻近天山—阴山纬向构造带，西面是南北走向的西石山，东南面隔着大同盆地，是祁连山、吕梁山、贺兰山“山”字形构造体系反射弧东翼。该区自中寒武纪到侏罗纪中期地层接触关系均属于整合或平行不整合。侏罗纪晚期至白垩纪发生的以较强烈的水平力为主的燕山运动致使地层隆起形成口泉山脉。自新生代以来，以升降为主的喜马拉雅山运动形成大同盆地。大同煤田为双纪煤田，包括上部的侏罗纪和下部的石炭二叠纪两个煤系。

侏罗纪煤系主要含煤地层为侏罗系中统大同组，此组岩性以灰色、深灰色泥岩及砂质泥岩、细砂岩、中粗砂岩为主，地层厚度一般为 210 米，煤层总厚度 21 米，划分为 11 个煤层组，共有 21 个可采煤层。石炭二叠纪煤系为大同煤田下部含煤建造，地层总厚度 0—226 米，一般为80—150 米。石炭二叠纪煤系含二叠系下统山西组和石炭系上统太原组两个含煤地层。其中，山西组岩性以灰色、灰白色砂质泥岩、细砂岩、中粗砂岩及含砾粗砂岩为主。地层厚度一般为 35—41 米，平均 38 米；煤层总厚度1—15.8 米，平均 6.80 米，含煤率 15%，含煤 4 层。上统太原组岩性以灰色、深灰色泥岩、砂质泥岩为主，向北逐渐尖灭。地层厚度一般为 58—110 米，平均 85 米；煤层总厚度 0.11— 51.13 米，平均 20 米，含煤率 23.8%，含煤 10 层。

从全煤田来看，侏罗纪煤系煤层的煤的变质程度低，变化不大。镜质组最大反射率为 0.66%— 0.78%，属第二变质阶段，相当于正常的气煤。挥发分产率为 25.68%— 38.78%，碳含量为 75.45%—84.85%，氢含量为 3.93%—5.58%。煤的黏结性差，胶质层厚度一般为 0，仅有一些零星点为 5—13 毫米，个别点达 20 毫米。黏结性指数为 0.1—88。煤的类别以弱粘结和不粘结为主，局部分布有 1/2 中黏煤、1/3 焦煤和气煤。原煤灰分一般低于 15%，局部出现 20%以上，硫分一般低于 1%，磷含量均小于 0.01%，发热量一般大于 29.3 百万焦耳/千克。石炭二叠纪煤系各主要可采煤层以弱玻璃光泽为主，沥青—油脂光泽次之，贝壳— 阶梯状断口，条带状结构，比重为 1.5—1.6 克/立方厘米。各主要煤层煤质指标变化不大，原煤水分一般为 1.43%—2.49%，灰分一般为 24.12%—29.56%，磷含量一般为 0.003%—0.016%，发热量一般为 30.62—31.92 百万焦耳/千克。精煤挥发分产率一般为 35.11%—38.59%，碳含量一般为 82.05%—84.05%，氢含量一般为 5.19%—5.39%，氮含量一般为 1.22%—1.41%，氧含量一般为 8.36%—11.2%。煤层的黏结性变化较大，胶质层厚度亦不稳定，黏结性指数为 0—66。煤种主要为焦煤、气煤、弱黏煤、长焰煤。①

综上所述，大同煤田侏罗纪煤系弱黏煤，以硫、磷含量低，发热量高而享誉中外，素有“煤中精品”之称。

第二节 古代山西地区对于煤炭的开发及利用

山西是我国发现和利用煤炭最早的地区之一，以“煤炭之乡”著称于世。从一些流传于民间的神话及文献中可以了解到古代山西煤炭开发利用的概况。神话传说中女娲在山西平定东浮山用煤炼石补天，大同地区“天火”引燃黑石头，浑源一带“凤凰献宝”等故事脍炙人口。从这些传说可知，山西人民在很早以前就从地表裸露的煤层的自燃现象中发现并了解煤有燃烧、发光、发热等特性，进而有意识地采集，用以煮熟食物、御寒及改善居住条件，开始了开发利用煤炭的历史。

《山海经·北山经》中记载：“孟门之山，其上多苍玉，多金。其下多黄垩，多涅石。”②孟门之山位于今山西吉县西部河东煤田南段。汉高诱注曰：“涅，矾石也。”据此，所谓“涅石”可能就是明矾煤。北魏郦道元编写的《水经注》对大同地区的煤炭利用情况也有记载。隋唐时期，随着社会生产力的发展，人们对煤炭的认识逐步深化，煤业得到封建统治者的重视，开采规模和应用范围日益扩大。唐代，日本僧人圆仁在《入唐求法巡礼记》（卷三）中记载，其于唐开成五年（840 年）入山西转赴西安途中，曾目睹了太原西山煤炭广为开发和利用之盛况：“出城西门，向西行三四里，到石山，名为晋山，遍山有石炭，近远诸州人尽来取烧，修理饭食极有火势。”③所谓晋山，即今山西太原西山矿区风峪一带。1958 年，长治城内发现一唐代舍利棺，舍利置于一石函内的金属盒中，石函周围填满了煤。另清人在《坚瓠集》亦载：“李嗣昭守上党，为汴人所围，城中盐炭

---

①《大同煤矿志》（上册），山西人民出版社，1996 年，第 15—16 页。

② 袁珂：《山海经·北山经》，上海古籍出版社，1980 年，第 67 页。

③ 圆仁：《入唐求法巡礼记》（卷三），花山文艺出版社，1992 年，第 112 页。

俱尽……得掘石炭。晋王自将解围，躬奠其地，立二庙，曰盐神、炭神。”这些都说明，长治地区在五代后梁时期即广泛利用煤炭，那个时候，煤炭已经成为军民生活中不可缺少的物资。

宋元时期，煤的应用已很普遍，其时有人记载：“昔汴都数百万家尽仰石炭，无一家燃薪者。”①山西煤业进一步发展，成为全国重点产煤地区。山西省不少地区的人们靠卖煤维持生计，宋仁宗庆历年间，泽州知州李昭遘上言：“河东民烧石炭，家有橐冶之具。”②宋代朝廷为了鼓励发展采煤业，采取了一些减免税收措施。宋真宗于大中祥符二年（1009 年）十月废除了“并州民鬻石炭，第驮抽税十斤”③的规定。庆历五年（1045 年），陈尧佐“徙河东路，以地寒民贫，仰石炭以生，奏除其税”④。从对煤炭征税、免税政策的实行情况来看，煤炭已经广泛进入商品市场。1978 年，山西省考古研究所在稷山县马村发掘了一批金代砖墓，其中 8 号墓和 5 号墓的床四周有栏杆，两张床下堆满了煤和焦炭，各约五百市斤（约 250 千克）。一座墓中发掘这么多的煤与焦炭，这在全国尚属首次。这批墓葬下限时期不过金大定二十一年（1181 年），似可早到北宋晚期，考古工作者定为“金代前期”；据考古研究，在 8 号墓中煤与焦炭各半，而且这些焦炭品质与今天的焦炭无异，当为人工所炼。可见，当时山西人民已广泛利用焦炭，而且炼焦技术已经成熟，标志着山西煤炭加工利用已经起步。北宋朝廷设立了煤炭交易的管理机构“务”和“场”。“务”即石炭税收和监督管理。《元史·食货志》载：天历元年（1328 年），煤炭课总计钞二千六百一十五锭二十六两四钱，内大同路一百二十九锭一两九钱，煤木所二千四百九十六锭二十四两五钱。⑤ 从课税额看，其时山西煤炭生产已经有较大规模。

---

① 庄绰：《鸡肋编》，中华书局，1983 年，第 48 页。

② 李焘：《续资治通鉴长编》（卷 164），中华书局，2004 年，第 39、55 页。

③ 刘琳等：《宋会要辑稿·食货》，上海古籍出版社，2014 年，第 25 页。

④ 脱脱等：《宋史·陈尧佐传》，中华书局，1985 年，第 82、85 页。

⑤ 宋濂：《元史·食货志》，中华书局，1976 年，第 240—246 页。

明清时期，山西煤炭开采、运销、加工利用等也都有新的发展。《大明一统志》[①]载：山西阳曲、太原、榆次、寿阳、清源、交城、静乐、霍州、吉州、临汾、洪洞、浮山、赵城、汾西、岳阳、翼城、河津、灵石、辽州、泽州、阳城等地都产煤。大同煤炭自明代正统年间（1436—1449 年）即供居民、军队烧用。天顺年间（1457—1464 年），朝廷还赐予大同一些封王煤户。

到清代，山西煤炭开采技术和管理都得到较大发展，煤炭产品除供本省外，还远销河南、河北、陕西、内蒙古、北京等地。雍正年间的《泽州府志》载："共输市中州者，惟铁与煤，日不绝于途。"[②]光绪年间的《平遥县志》记载："晋之炭铁枣酒及诸土产之物，车推舟载，日贩于秦。"[③]同治、光绪年间，中国出现了洋务运动。山西一些官僚、地主、商人、士绅在外国资本的影响下，在煤炭市场日益扩大和高额利润的刺激下，纷纷投资办矿，促进了各类煤窑的发展。据《清续文献通考》载："光绪三十二年……石炭产额最多者首推直隶，次为山西、陕西、山东、河南。"[④]山西居第二位。民国初年统计资料载，山西平定、太原等 45 个县即办有煤窑 240 余处。阳泉地区民办煤窑星罗棋布，仅蒙村一地就有煤窑十数处。环居蒙村的居民 200 余家，其中，"朝而往，暮而来，奔走于窑冶者则十有八九"[⑤]。

第三节　古代大同地区的煤炭开采及利用

一方水土养一方人，资源禀赋在一定程度上决定着当地人民的生活方式。生活在大同地区的人很早就发现煤炭的生活利用价值。大同地区的煤炭利用有着悠久的历史。

---

① 李贤等：《大明一统志》，国家图书馆出版社，2009 年，卷十九。

②《泽州铁器史末》。

③ 张正明：《略论晚清和民国时期的晋煤外销》，《经济问题》，1984 年，第 4 期。

④ 刘锦藻：《清续文献通考·实业考》，浙江古籍出版社，2000 年，第 9876 页。

⑤ 见今阳泉市庙上中学所存石碑。

一、古代大同地区的煤炭利用情况

1. 大同煤的自燃现象与早期利用的推测

大同煤田生成于几百万年前。据勘测，大同煤田东北边界为雷公山，东南边界为口泉山脉煤系露头线，南到洪涛山煤系露头线。煤田呈椭圆形盆地，走向东北—西南，长 85 公里，倾向西北—东南，宽 30 多公里，面积 1872 平方公里。煤田横跨大同、左云、右玉、平鲁、朔州等市县，探明储量为 375 亿吨。

大同煤田的煤层露头较多，煤层露头是地质构造运动造成的。大同煤田位于冀晋断块隆起北部，北邻阴山断块隆起，西邻鄂尔多斯断块隆起，东邻恒五断块，呈不对称向斜凹陷盆地。由于煤盆地的长期不断下沉，早在侏罗纪时期，即沉积厚达 150—260 米，生成了多煤层的优良煤田。燕山地质运动使大同煤盆地隆起成山，并遭受很大的东侧压力，导致盆地的东部边缘口泉山脉发生强烈褶皱，地层直立、倒转，甚至断裂。虽煤盆地内部地层仍然近似水平，但在煤盆地东部边缘和云冈沟、口泉沟则有煤层出露地表。

人们对于煤的可燃性认识，可能从两个途径获得：其一，森林火及人们在煤层露头附近用火，可能把煤引燃；其二，露头煤的自燃现象为居住在大同地区的人们提供了发现煤炭可燃性能的极好契机。露头煤接触到空气会发生氧化反应，在氧化过程中，会释放出一定的热量，当这些热量不能散失而聚集在煤中时，就会使煤的温度升高。当达到临界温度（煤的燃点）时，煤就开始燃烧了。

大同煤田侏罗纪系煤层最早在第四纪更新世，即距今约 200 万年前就开始自燃，仅在雁崖 3 号和 11 号煤层古火区，就已烧掉了大约 2000 万吨煤，燃烧特征十分明显。① 这虽指煤层内自燃，但可由此推知，煤层出露部分更有自燃的可能性。无直接证据可考居住在大同地区的人们何时开始用火，但怀仁鹅毛口遗址考古发现，那时的人们已能够用火并能够从河谷

① 王庆全：《大同煤田侏罗纪系煤层古火区的地质特征》，《煤田地质与勘探》，1982 年，第 6 期。

坡上开采裸露的三叠纪凝灰岩、煌斑岩夹层来制作石器。由此推知，用火时极易发现当地露头煤的可燃性能，那时的人们能够开采岩石来制作石器，也就具备了开采露头煤炭的能力。可以推测，新石器时代居住在大同地区的人们极有可能已发现煤炭的可燃性能，并从煤层露头处零星地拾取、利用煤炭。

2. 汉代大同地区煤的利用

汉代，我国出现了一定规模的煤井和相应的采煤技术，煤不仅用作生活燃料，还应用于冶铁行业中。当时，大同地区已经开采利用煤炭，这在汉代墓葬中可以得到印证。据与大同毗连、坐落在大同煤田之上的右玉县《煤炭志》记载，右玉县城为西汉古城遗址，文化层厚约1.5—2米，曾出土“五铢钱”、汉瓦及汉代陶壶，同时出土的还有煤块。1972年，山西省考古研究所与右玉县文化馆共同发掘了几座汉墓，在椁基周围有集石集炭，炭块大小不等。当时的人们在椁基周围放置煤炭，估计是为了防潮，使棺椁内环境保持干燥。这是当时人们利用煤炭的有力证据。

3. 北魏时期大同地区煤的利用

北魏时期大同地区煤的利用情况集中反映在郦道元的《水经注》中，这也是大同地区煤炭开发利用情况最早的文字记载。

《水经注·漯水》中真实地记录了大同附近的煤层自燃情景：“黄水又东注武周川，又东历故亭北，右合火山西溪水。水导源火山，西北流，山上有火井，南北六七十步，广减尺许，源深不见底，炎势上升，常若微雷发响。以草爨之，则烟腾火发。”又：“水发火山东溪，东北流出山，山有石炭，火之热同樵炭也。”①对于《水经注》中的描述，清乾隆年间的《大同府志》推定：“疑火山即今口泉，其西山犹产石炭。”②大同矿务局地质工程师蔡忠信等人曾实地考察，认定郦道元所指“火山西溪”即今大同矿区马脊梁沟，“火山东溪”即今口泉沟一带。可见，北魏时期，大同煤炭已被利用，并知煤炭燃烧情况与木炭一样。

另外，北魏时期，大同地区已有银矿开采，这是大同地区在当时具有

---

① 郦道元：《水经注·漯水》，中华书局，2009年，第88页。

② 吴辅宏：《大同府志》（卷七）。

一定规模的煤井和相应的采煤技术的一条重要佐证。据《魏书·食货志》载：世宗延昌三年，“秋，恒州又上言，白登山有银矿，八石得银七两，锡三百余斤，其色洁白，有逾上品。诏并置银官，常令采铸”①。文中所指的白登山，即现在的马普山，位于大同城东偏北十二里（约 6 千米）。银矿开采技术与煤矿开采技术相似，采出的含银、锡矿石需大量燃料进行冶炼，这可能是煤炭的用途之一。北魏建都平城，人口多至一百余万。大同地区气候寒冷，取暖、炊饮之燃料仰给于煤是可能的。

4. 宋代大同地区煤的利用

宋代大同地区的煤炭应用情况，在南宋文学家朱弁的《炕寝》一诗中有所反映。朱弁曾于建炎年间赴云中（今大同），慰问被金人俘虏的宋徽宗和宋钦宗，因不屈金人诱惑和胁迫，被拘执十六年之久。《炕寝》一诗正是作者于淹留大同时所作。全诗五言六十句，其中有八句集中描绘了大同煤的形状颜色及燃烧时的情景：“西山石为薪，黝色惊射目。方炽绝可迩，将尽还自续。飞飞涌玄云，焰焰积红玉。稍疑雷出地，又似风薄木。”②说明了煤在宋代的大同地区已被广泛烧用。诗中不仅道出了大同煤黝黑发亮的外观，而且还以形象的语言写出了大同煤的特点——火力强，发热量大，燃烧时炽烈难当，使人难以靠近。作者对煤燃烧时的情景进行了细致的观察，并对燃烧的过程进行了有声有色的描述。

5. 辽、金、元时大同地区煤的利用

大同为燕京锁钥，三晋屏障，历来为兵家必争之地。由于屯兵戍边需营造兵器，大同地区在辽、金、元时，已有相当高的冶铁水平，兵器制作精良。冶铁需大量燃料，兵器制作无疑推动了当地采煤业的发展。元时，大同地区的采煤业已很发达，冶铁业亦历久不衰。据《元史·食货志》载，元太宗八年（1236 年），元太宗窝阔台下令，在西京（今大同）立炉炼铁，州县拨炼铁户七百六十。③《中国铁矿志》载：“山西铁业亦渐兴，而煤之用途亦渐广，山西铁矿盖已用煤制炼。……元初在 1236 年及

① 魏收：《魏书·食货志》，中华书局，1974 年，第 268 页。

② 吴辅宏：《大同府志》（卷七）。

③ 宋濂：《元史·食货志》，中华书局，1976 年，第 238 页。

1237 年，遣二千户至大同掘煤冶铁。 ……1263 年又遣万五千户。”①金及元初的数次移民，说明大同地区采煤业、冶铁业之兴盛。 这一时期大同地区采煤业状况，还可从当时的税收情况得到反映。 据《元史 · 食货志》载：天历元年，煤炭课总计钞二千六百一十五锭二十六两四钱，内大同路一百二十九锭一两九钱，煤木所二千四百九十六锭二十四两五钱。② 大同路的煤炭课税约占总数的 5%。

6. 明清时期的大同采煤业

明清时期，大同地区已是小煤窑林立，开采规模很是可观了。 宋应星在《天工开物》中述煤炭“普天皆生”，反映了当时的煤业盛况。 明天顺年间，朝廷还赐予大同一些封王煤户。 清代的采煤业得到进一步的发展，开采范围及规模更大。 现今各主要矿区在清代鸦片战争以前均已开发。③清乾隆年间的《大同府志》也记载：“大同怀仁的煤出者极多。”明清时代，煤炭课税已经成为朝廷的重要收入。 明洪武二十六年（1393 年）和永乐十三年（1415 年），朝廷两度规定煤炭抽分例。④ 明正统十二年（1447 年），漕运总兵并各处巡抚官工部左侍郎周忱奏报：“大同山西数处，产有石炭，军民小户自取烧用，亦被巡拦抽分、纳课，深为不便。”英宗批允“军民自取石炭，免纳课钞”。⑤ 皇帝亲批，足见当时大同地区煤炭课税数目可观，间接反映采煤规模之大。

二、古代大同地区的煤炭生产过程及手工生产技术

中国煤炭开采历史悠久，采煤工程技术经历了由简单到复杂的演化过程。 至宋元时形成了包括如下若干方面的工程技术体系：地质勘探；进入煤层的方法；挖取煤炭的方法；运输煤炭的方式；巷道及采煤工作面通风方式；巷道及采煤工作面排水方式；巷道及采煤工作面照明方式；等等。 就技术手段而言，基本上是原始的手工劳动加简单机械工具。 技术

① 丁格兰著，谢家荣译：《中国铁矿志》农商部地质调查所，1923 年。

② 宋濂：《元史 · 食货志》，中华书局，1976 年，第 238 页。

③ 中国古代煤炭史编写组.《中国古代煤炭开发史》，煤炭工业出版社，1986 年，第 122 页。

④ 中国古代煤炭史编写组.《中国古代煤炭开发史》，煤炭工业出版社，1986 年，第 146 页。

⑤ 中国古代煤炭史编写组.《中国古代煤炭开发史》，煤炭工业出版社，1986 年，第 100 页。

手段的原始性决定了采煤规模为小煤窑级别。

大同地区小煤窑土法开采历史悠久，有一个缓慢的演化过程。开始人们只是采用煤层露头部分的煤，逐渐由露头部分深入下去，形成最初的小煤窑，最后才发展到凭经验和推测去判断煤层位置，而形成成熟形态的小煤窑。从现存古代形成的小煤窑可大概知道其生产过程及生产技术。

1. 地质勘探

建造一个小煤窑首先要选好建窑位置，确认所选位置地下有煤。这项工作在清代是由窑主请称为“把总”的人来做。所谓“把总”，也就是有较丰富煤矿地质知识的土专家，他们拥有多年抑或若干代人的找煤经验。其基本方法是：辨土色，查草木，根据观察和推断，大致找出煤层的部位，估算出煤层埋藏的深浅。俗话说“隔山看炭”，指的就是这种地质勘探方法。

2. 凿井

选定建窑位置后，就可以动工凿井了。大同地区的小煤窑主要有三种：梯子窑、平窑、立窑。

梯子窑是一种斜井，坑口多系方形，顶宽三尺五寸左右，底宽五尺左右，斜度一般为四十五度，坑筒属梯形，工人拾级上下，石级多寡因地而异。梯子窑是大同地区小煤窑中最主要的一种，80%以上的小窑都是梯子窑。开凿一个梯子窑需要一年左右的时间，一般深度为 30 米左右，200 多个梯级。也有的浅到几米，只有十几或几十个梯级。还有的深达 100 多米，梯级多达四五百个。

平窑，即平峒，沿水平方向开巷至煤层。这种窑可以把牛车、马车直接赶进煤层运煤，比较安全。这种窑需要合适的地形条件。

立窑，即立井，沿垂直方向向下挖井到达煤层。用辘轳升降人和煤。大同地区这种窑很少。

凿井首先要破土，也就是把覆盖在地表上的土刨开。表土去除后，可见到岩石，由专门的石匠完成凿阶梯的工作。凿井到煤层上，称作“见喜”或“见煤讯”。此时凿井工程完成。

3. 采煤

凿井结束后，即进入生产阶段。如果是双眼井，就要在煤层中开一条巷道，把两个井筒连接起来，然后布置采煤掌子，也就是采煤工作面。在清代，采煤掌子是由把总根据井下通风的需要和地质情况划定的。采煤掌子的宽度，有三丈面、两丈面等。这完全是由顶板的情况决定的，在保证安全的前提下可适当加宽。但即使顶板结实，最多也不超过六丈①。掌子面划定以后，每个掌子要开巷道。开完巷道以后，就由刨根工去“刨根”，即把煤层底部掏空，只留一些“马腿”（煤柱）支撑煤层。之后，由搂炭大师傅用镐将“马腿”砍倒，使煤层崩塌下来。最后，由界炭工把大块的煤界成适合人背的尺寸，再由背炭工背上地面。

4. 通风

小煤窑的通风，纯系自然通风。在凿井时，井筒开凿到一定深度，下面通风不好，就要砌“表墙”，用“嘛嘴”拔风。所谓“表墙”，就是用片石砌在方形井筒的一角，隔出一个三角形的回风道。回风道高出井筒，上方形如烟囱，名为“嘛嘴”。利用“嘛嘴”和井口的高差，让空气由井口进去，经过“表墙”下的三角形回风道，由“嘛嘴”流出，形成一个自然通风系统。有的煤窑还在入气坑口旁设置火炉，造成空气温差，使坑内空气易于流通。

5. 照明

小煤窑的照明长期以来一直使用麻油灯，在一个生铁铸成的葫芦形灯碗内，以棉线或麻绳为灯芯。窑工干活时，用手巾将灯箍在头上照明。

6. 排水

小煤窑因水淹而停工者不少。一些煤窑为防水淹，在坑底另凿暗道导水于外，在出煤坑口将水排出坑外。

三、古代大同地区简单的煤炭生产管理

小煤窑的生产是集体劳动过程，这种过程的有效管理是生产得以顺利进行的重要保证。小煤窑的生产过程较为简单，古代早期的煤窑管理状况无资料可佐证，到明清时期始有材料反映大同地区小煤窑的管理方式。其管理工作可述者大致包括：煤窑组织，生产与销售，利润分配，工资制

---

① 1 丈约合 3.33 米。

度，管理人员，节假日安排，等等。

1. 煤窑组织

小煤窑的经营分为三种类型：其一，由地主经营，即经营者既为地主又是窑主。其二，窑主向地主租地经营，称为“堂主制”。其三，由窑主向地主租地开煤窑，而雇有“入伙柜”（封建把头）经营。清中叶以后，这种形式在大同地区最为普遍。

地主又称山主，窑主则是出资开煤窑的人。窑主一般设立办事机构，名曰货房。货房设货房先生，并雇用一个把总和少数杂工。货房先生负责日常煤窑事务，主要稽核入伙柜的产销情况，按比例抽取“点子钱”（分取小煤窑的利润）。把总掌管井下安全事宜，计划采煤巷道，领导工人整理窑底一切工程事务。入伙柜负责经营生产。窑主建好窑后，入伙柜向窑主领掌子面，同时雇用工人进行生产。工人有较细致的分工。刨根工负责开巷道和掏空煤层底部；跑窑工负责清除刨根工刨出来的煤渣和其他杂物；搂炭大师傅负责把已经掏空的煤层下面留着的“马腿”砍掉，使煤落下来；界炭工负责把大块的煤界开；背炭工则负责把界好的煤背上来。此外，入伙柜还要雇用管账先生，负责财务事宜。

2. 生产与销售

入伙柜负责煤炭的生产与销售。入伙柜的规模差别很大：大的入伙柜有几十甚至上百辆大车，有规模可观的卖店，雇用几百工人；小的仅有一间房，雇几个工人。小煤窑的生产季节性很强。一般春夏是煤炭销售的淡季，秋冬则是销售旺季。销售煤炭时，官府派人到现场向买主抽税，叫作收厘金。抽税是按运炭的牲口套数来计算的，一匹马、骡或牛算一套，一头毛驴算半套。

3. 利润分配

煤窑的利润主要由山主、窑主和入伙柜三者按比例分配。山主是靠收“窑头钱”和“点窑”来分取利润。所谓“窑头钱”，就是按房屋收租金；“点窑”就是山主每月有一天占有小煤窑的全部产值，是山主分取小煤窑利润的主要部分。窑主通过收“点子钱”分取利润。每天派人到现场，收取销煤总额的 20%。除山主和窑主分走的以外，其余均归入伙柜占有。

4. 工资制度

煤窑的工资发放实行计件工资制。一种是以分成、“拿点子”为名目的计件工资。例如，搂炭大师傅是以搂炭销售之后从炭价中分取或一分（1%），或二分（2%），作为工资。霸梯子等工种则是“拿点子”，即根据这一天工人背煤上梯子的次数领得“点子钱”。技术工人和关键岗位的工人工资待遇较为优厚，而背炭工和刨根工的工资则极低。此外，还规定了一种累进工资制度，即所谓“爬杆苦”，如规定以四天或五天为期限，干一天工资是三角，连续干两天每天工资就是四角，连续干三天每天工资上升到五角，连续干四天，每天工资则为六角。这种工资制度把工人捆在煤窑上，保证了出勤率。

5. 管理人员

煤窑的管理人员有先生、跑窑掌柜和把总。先生分货房先生、管账先生和看炭先生等。先生是能写会算的小知识分子，具有一定的业务能力。跑窑掌柜是井下生产管理人员或监工，有丰富的生产经验。把总则是土工程师，是拥有丰富煤窑地质经验的土专家。

6. 节假日安排

明清时代，一般的煤窑生产是阴历九月初一开窑，三月初三罢窑，大体上是半年生产，半年停产。在生产期间，每四天或五天停产一天。这一天由管账先生给工人算账，发放工资。煤窑生产期间有几个假日，冬至三天假，春节四天假，正月十五三天假，二月二两天假。

四、古代大同地区煤窑工人的境遇

煤窑工人多为破产农民、手工业者和城市贫民。煤窑工人的生活是悲惨的，窑工们的劳动非常沉重，每天劳动时间长达 12 到 14 个小时。窑工们的工作也无保障，窑主、入伙柜随时可以解雇工人。由于生活条件恶劣，工人中病疫流行，经常死很多人。据清道光年间的《大同县志》记载：康熙三十三年（1694 年）一次大瘟疫中，小煤窑工人死了很多，一个地主发慈悲，用二十多亩土地埋葬死亡工人。可以说，煤炭的利用是以工人的沉重劳动甚至生命为代价的。

从上述对于大同地区煤炭利用情况的粗略梳理，可以看出，大同地区独特的历史地理位置及资源禀赋，使得煤炭利用绵延不绝，人们形成了一种资源依赖型的生活传统方式。从工程技术的角度看，几千年来，煤炭开采技术的变化不大，属于手工业技术体系；其工程规模也受限于手工业技术体系，属于手工业工程规模。虽然如此，并不能说手工业采煤技术毫无价值。应当说，古代采煤技术是人类智慧对其时环境资源主动适应的结果，揭示了煤炭满足人们需求的本质，可以说煤炭传统开采技术为现代采煤技术提供了知识基础及资源条件。采煤传统与工业革命后的大机器生产方式相结合，使大同地区的煤炭生产和利用迅速步入现代化的快车道。

第二章

手工采煤向机器采煤转变时期的大同煤矿
——保晋公司时期（1840—1929）

18世纪60年代，英国开始了工业革命，到19世纪三四十年代，大机器工业逐渐代替了工场手工业。英国工业的发展，工业产量的急剧上升，“不断扩大产品销路的需要，驱使资产阶级奔走于全球各地”[①]。相形之下，到鸦片战争前夕，中国仍然是一个传统的封建农业国家。工业革命后，英国资产阶级竭力向中国推销工业产品，企图通过商品贸易打开中国的大门。鸦片战争的失败和《南京条约》等一系列不平等条约的签订，使中国社会发生了根本性的变化。政治上独立自主的中国，战后由于领土主权遭到破坏，自给自足的自然经济解体，逐渐成为世界资本主义的商品市场和原料供给地，开始沦为半殖民地半封建社会。经济上，随着列强向中国倾销产品和对中国丝、茶等农副产品的收购，中国逐渐被卷入世界市场。原本占主导地位的自给自足的自然经济受到强烈冲击，中国日益成为世界资本主义市场的一部分。这在客观上促进了中国商品经济的发展，有利于中国民族资本主义的兴起。但是外国资本的侵略进一步激化了阶级矛盾，一定程度上引发了太平天国运动。思想文化上，鸦片战争后有一部分知识分子开始抛弃陈腐观念，放眼世界，探求新知，寻求强国御侮之道，萌发了一股向西方学习的新思潮，对封建思想起到了一定的冲击作用。就这样，小农经济的古代中国被强行拖入了世界现代化的历史潮流。

从鸦片战争到抗战前的民国时期，对于山西煤炭工业而言最为重要的社

---

① 马克思、恩格斯：《共产党宣言》，人民出版社，1997年，第3页。

会背景是洋务运动思潮及工业资本、现代工业技术向山西的渗透。大同煤矿的发展，经历了两个阶段：其一，由传统手工采煤业向现代采煤工业转化时期——保晋公司时期；其二，大同采煤业进入官僚资本的发展阶段——阎锡山政府统治时期。本章将介绍保晋公司时期大同煤矿的发展情况。

第一节　保矿运动与山西近代煤炭工业的建立

一、山西阳泉保矿运动始末

1. 山西保矿运动发生的背景

20 世纪初，山西阳泉地区发生了一场震动朝野、影响波及国内外的保矿运动。由于这场运动对于山西工业近代化的进程影响深远而为一些学者所关注。以往的研究方向集中于两个方面：其一，保矿运动的意义。其基本结论是：山西的保矿运动是当时全国范围内收回路矿权斗争的一部分，是反对帝国主义经济掠夺和清政府出卖主权行径的一场近代爱国运动。[①] 其二，保矿运动对于山西现代旅游业具有潜在的价值。[②] 显然，对于近代史上像保矿运动这样轰轰烈烈的大事件，上述结论还值得进一步讨论。这里在前人研究的基础上，讨论一些未被论及的问题：山西保矿运动何以成功？除其爱国性质之外，山西保矿运动的意义还有哪些？上述问题的讨论，有助于深化对中国近代史特质的理解，有助于深化对中国工业近代化进程复杂性的认识。

鸦片战争以后，中国洋务运动兴起，开始发展工业。然而，大多数的工业企业根本不能与西方国家竞争，新兴的工业经济命脉大都掌握在外国资本手中。对此近代有人做了如下描述："吾国往昔所谓矿业，不徒以贵金属为主，若煤若铁，在今日视为实业之根本，则反视为无足轻重。第铜

① 刘泽民等：《山西通史》(近代卷)，山西人民出版社，2001 年，第 288 页。

② 中共阳泉市委宣传部：《山西争矿运动史料与研究》，中国文史出版社，2006 年，第 271 页。

与铅锌因系鼓铸货币之原料，则与金银同为政府所专有。惟煤与铁，则视为人民日常生计，不加干涉，然以交通不便，复多迷信，故其开发多不足道。迨清咸同之际，迭受外侮，国势日蹙，李鸿章、张之洞之辈，倡言启发富藏，以谋挽救。于是前倡后和，矿业稍兴，矿律略定，而成效未著。至甲午、庚子两役以来，外人乘战胜余威，夺吾国之矿产，不下数十处。”①从义和团运动到辛亥革命前的十年间，洋务运动开辟的工业化前景，使民族资本家跃跃欲试，在政治和经济舞台上日趋活跃，办理铁路及矿产的巨大经济利益和前景使国人对于铁路修建及运营权、矿产开采权旁落于外人之手的局面日渐不甘。于是在全国范围内发生了争取路矿运动，吸引了国内各阶层人士广泛参加。湘、鄂、粤三省绅商要求收回粤汉铁路主权的斗争，是全国收回路权斗争的发端。这场斗争的结果，是清政府以675万美元的代价，于光绪三十一年（1905年）收回粤汉铁路的修筑权，并由三省绅商筹款修路。随后，这场运动迅速波及全国有路矿权运动问题的各个省份，山西的保矿运动就是在此背景下发生的。“日俄战争后，收回利权之议，弥漫全国。就中收回者，有外人自弃者，有借外债自办者，亦有未能赎回而仍为外人所办者……至吾国自办矿业，颇著成效者，则如山东峄县之中兴公司，河南之中原公司、六河公司，汉阳、大冶、萍乡之汉冶萍公司，山西平定之保晋公司，湖南长沙之华昌公司，江苏之贾汪公司，其卓著者也。”②山西收回矿权运动的时间稍晚于粤汉铁路主权收回运动，然而它的历史影响与作用不容低估。

2. 山西保矿运动的进程

山西保矿运动的进程可大致概括为卖矿及保矿两个过程。

（1）卖矿过程。19世纪晚期，中国发生了以“自强求富”为目标，以兴办军事工业、举办民族工业为主要内容的洋务运动。本来洋务运动的初衷是“师夷长技以自强”，试图引进西方先进技术，兴办独立的民族工业，但中国在1894年至1895年的中日甲午战争中失败，清政府同日本签订《马关条约》，从而改变了中国近代工业化实现的路径。从此，帝国主义

① 刘泽民等：《山西通史》（近代卷），山西人民出版社，2001年，第116页。
② 刘泽民等：《山西通史》（近代卷），山西人民出版社，2001年，第116页。

国家取得了在中国自由设厂的特权，外商创办的各种工厂纷纷在中国境内建立起来。从1895年到1913年，外国对华投资，形成了对中国工业的垄断力量。以1913年的煤炭生产为例，当年全国共产煤炭760多万吨，而外商经营的开滦、福公司、抚顺、本溪湖、山东德华、井陉和临城七大煤矿的产量就超过了600万吨。①

山西煤炭之富，早已闻名于世。同治元年至同治四年（1862—1865年）间，美国人庞培利（Raphael Pumpelly，1837—1923）就对山西地质构造及矿产资源进行了考察，这是外国人首次考察山西矿产。继之，德国人李希霍芬（Ferdinand von Richthofen，1833—1905）于同治七年至同治十一年（1868—1872年）在中国进行了7次旅行考察，并撰写了颇有影响力的《中国》及《中国地图集》等介绍中国地质矿藏情况的工具书。李希霍芬是德国地理学家、地质学家，柏林大学校长，国际地理联合会会长，曾历任波恩、莱比锡、柏林等大学教授。19世纪六七十年代，他先后几次旅华考察，调查中国的矿藏分布、黄土高原地质、海岸性质与构成线分布等情况。山西有较长的煤铁资源利用史，自然引起了李希霍芬的注意。同治九年（1870年），李希霍芬两次深入山西内地，调查晋煤地质存储情况，并探得山西煤田大约在3万平方公里，优质煤层厚几英尺到30英尺不等。进而，又提出山西煤炭可供世界使用数千年的假说。据李希霍芬测算，山西煤田储量约6300亿吨，他还提出了一个关于山西矿产资源的前所未有的调查报告——《中国旅行报告书》。他在报告书中写道，山西除了丰富的煤炭资源外，还有取之不尽的铁矿资源。② 对山西矿藏，西方国家早有所闻，但不知其储备数量及真正价值，看到李希霍芬的详细报告，各国争先恐后，迅速派人到山西实地勘察，图谋在山西的经济利益。与此同时，山西煤炭业也引起了清政府的注意。光绪十八年（1892年），山西布政使胡聘之建议，由政府出面开发山西煤炭资源。四年以后，清廷谕令山西本省开采铁矿；两年后，清廷准予山西开办矿务。

---

① 中共阳泉市委宣传部：《山西争矿运动史料与研究》，中国文史出版社，2006年，第19页。

② 中共阳泉市委宣传部：《山西争矿运动史料与研究》，中国文史出版社，2006年，第20页。

光绪二十二年（1896 年），一个名叫康门斗多·恩其罗·罗沙第（Angelo Luzzati）的意大利人，以“考察中日战后情形”为名，来到北京，寓居于意大利公使馆。罗沙第经过一段时间的详细调查之后，初步酝酿了一个掠夺山西煤炭的计划。之后，他返回欧洲。1897 年春，通过宣传，他在伦敦组织了一个英意联合公司，资金 2 万英镑，按照英国法律注册，命名为福公司。经过一番紧锣密鼓的策划之后，罗沙第再次来到山西。福公司热衷于获得矿产的让与权，矿藏非常丰富的山西自然成为其关注的对象。罗沙第深谙中国国情，与中国官场交结，结识了清朝官吏马建忠，在其手下获得了一个差使。马建忠能说英语和法语，做过中国驻英国公使馆的参赞，有相当的地位，是罗沙第进入中国的理想跳板。之后，罗沙第结识了他进入山西的关键人物——山西知府刘鄂和另一个叫方孝杰的人。刘鄂青年时便不拘绳墨，认为传统的科举考试是无益之举，他大量收集近代西方出版的有关数学、地理和其他学科的书籍。[①] 甲午战争后，他倡导借外资修筑津镇铁路，没有成功，可见他是主张引进外资的官员。此次，他又谋划将山西采矿权让与外人之手，理由是“国无素蓄，不如任欧人开之”，“货恶之弃于地，不必为己”[②]。刘鄂为了达到将外资引入山西的目的，在山西成立了晋丰公司，以商人名义向山西商务局请求开办山西各地煤铁等矿。同时，以商人关系，用晋丰公司的名义向福公司借款银一千万两，与其“共同”开采山西盂县、平定州、泽州和潞安府所属矿产。光绪二十三年（1897 年），刘鄂一伙通过山西商务局得到巡抚胡聘之的同意，就借款及开矿事宜与福公司签订了《请办晋省矿务借款合同》及《请办晋省矿务章程》。通过这两个条约，山西矿权被卖给了福公司。根据借款合同第一条，刘鄂的晋丰公司可以“独自开办盂县、平定州与潞安、泽州两府属矿务”，并且还可以“以次逐渐推广”。关于盈余的分配办法是：清政府 25%，山西商务局 15%，晋丰公司 10%，福公司 50%；开采

---

① 中共阳泉市委宣传部：《山西争矿运动史料与研究》，中国文史出版社，2006 年，第 238 页。

② 中共阳泉市委宣传部：《山西争矿运动史料与研究》，中国文史出版社，2006 年，第 22 页。

时间定为 60 年。[①] 条款拟订后，没有公开，但一些上层官僚很快就发现了，纷纷上本，强烈反对。慑于舆情压力，清政府以“前在巡抚任内昏谬妄为贻误地方”为由，下令罢黜胡聘之；以“胆大贪劣，狼狈为奸”为由，下令罢黜刘鄂一伙[②]，晋丰公司也随之夭折。同时，将山西矿权事宜交由总理衙门直接办理。总理衙门调山西商务局代表曹中裕火速进京，与福公司代表罗沙第进行谈判。结果拟出《山西开矿制铁以及转运各色矿产章程》[③]。1898 年 5 月 21 日，山西商务局代表曹中裕与福公司代表罗沙第在总理衙门正式画押。这个章程的要旨是：福公司以向山西商务局提供借款 1000 万元为条件，获得山西的矿产开采权与铁路建筑权；开采的范围是平定州、盂县、潞安府、泽州和平阳府所属煤铁，以及他处煤油各矿，限期为 60 年。根据这个章程，矿权出卖的范围更大了，余利的绝大部分被福公司所得。其中的两条关键条款在含义上有互相抵牾之嫌，为日后矿权纷争埋下了伏笔。这些条款是：（一）山西商务局禀奉山西巡抚批准，专办盂县、平定州、潞安、泽州与平阳府属煤铁，以及他处煤油各矿；（十六）凡于所准矿地，遇有民人先经开采者，不得侵占。[④]

获得让与权后，福公司在国际上的地位大大提高，它发行的股票（每张 1 英镑），由 150 万张增加到 152 万张，这就是有名的“山西股票”。第二年（1899 年），福公司派出勘察队进行考察。同年 11 月，勘察队向福公司提供报告，认为李希霍芬关于山西省煤铁蕴藏量的测算是正确的。1900 年，福公司向山西派出铁路建筑工程师。当工程师到达河南时，适逢义和团运动，于是撤到江南避难，福公司在山西的煤矿开发工作暂时停止。

---

① 中共阳泉市委宣传部：《山西争矿运动史料与研究》，中国文史出版社，2006 年，第 22 页。

② 中共阳泉市委宣传部：《山西争矿运动史料与研究》，中国文史出版社，2006 年，第 180 页。

③ 中共阳泉市委宣传部：《山西争矿运动史料与研究》，中国文史出版社，2006 年，第 189 页。

④ 中共阳泉市委宣传部：《山西争矿运动史料与研究》，中国文史出版社，2006 年，第 189—190 页。

(2) 保矿过程。1905 年 7 月，正太铁路正定至阳泉段即将通车，为山西煤炭开发创造了运输条件。于是，福公司再次进入山西。此时，福公司已转售给英国人哲美森（G. Jamieson）。此人曾经担任英国驻上海总领事，可见此时的福公司有官方背景。在不知会山西商务局的情况下，福公司在正太路两侧进行勘测，绘制地图。一共勘测到矿地四五平方公里。在此过程中，发现当地绅民也在打井采矿。对此，福公司大为恼火，与山西商务局交涉，要求查封当地人所办的小煤窑。其理由是“缘光绪二十四年福公司蒙准专办煤铁矿，惟伊时以前所闻之矿，准其照旧兴工，此外无论洋人或本地人，概不准在平定州境内，及蒙批准章程内所载福公司他处开矿之地，再开新矿”①。这个要求遭到山西商务局的拒绝，理由是：“查原订合同款内，并无不准晋人自行开采字样。”②此后，山西商务局与福公司就所订合同中“专办”一语的含义反复争辩，福公司的要求终遭山西商务局拒绝。细考当初山西商务局与福公司所订合同，有语焉不详之处，又无第三方解释裁决，于是，在这场争辩中福公司未能如愿。无奈之下，福公司又经英国驻华大使馆与清政府交涉。1905 年 9 月 18 日，英国驻华大使萨道义向清外务部发出了照会，主张福公司的要求。③

福公司插足阳泉，损害了当地人的利益，一场保矿运动首先由阳泉人民发起。在此期间发生的几个重大事件，使山西保矿运动声势扩大到全国乃至世界。一是当地成立矿产公会，制定十条章程，以抵制福公司开采煤炭。宗旨是“联群情，保利源”④。二是消息传到日本，远隔重洋的日本留学生义愤填膺，写了 5000 余字的公开信。信云：“此事若争之亡，不争

---

① 中共阳泉市委宣传部：《山西争矿运动史料与研究》，中国文史出版社，2006 年，第 193 页。

② 中共阳泉市委宣传部：《山西争矿运动史料与研究》，中国文史出版社，2006 年，第 194 页。

③ 中共阳泉市委宣传部：《山西争矿运动史料与研究》，中国文史出版社，2006 年，第 82 页。

④ 中共阳泉市委宣传部：《山西争矿运动史料与研究》，中国文史出版社，2006 年，第 200 页。

亦亡，与其不争而亡，贻千秋顺民之羞，何如争之而亡，留廿世亡国之念？”[①]信中建议：作废原订章程，先声夺人。另一方面，尽快集资，设立公司，购占矿地，造成晋人矿产既成事实。三是山西大学堂和中学堂的学生们纷纷罢课抗议，开会发表宣言，要求收回矿权。四是太原学界力主废约，并向巡抚张人骏呈帖申明理由：“山西僻处北隅，阻山带河，无海湾商港之利以发达商业。所恃以争存于念纪中者，惟此数千年蕴蓄未辟之矿产耳。故矿存则山西存，矿亡则山西亡。”恳求山西巡抚“上尊国体，下顺舆情，仿粤汉铁路皖省矿务办法，将商务局与福公司所立合同作废”。五是山西省《晋阳公报》刊载全省争矿运动，刊登各界的抗议宣言，有力地促进了全省的争矿运动。六是在北京任职的晋籍官员联合向清政府递呈文，对福公司怂恿英国公使照会外务部强求封闭山西民间新开小窑的行径表示强烈不满。七是福公司与山西商务局就合同中“专办”条款几经交涉，山西商务局力陈合同中“专办”权在山西商务局而非福公司。八是外务部施压山西作出让步，建议批准福公司开办平定煤矿。强大舆论压力下，山西巡抚恩寿不敢贸然答应。[②]当时有个叫李培仁的山西阳高人，正留学日本东京政法大学，听到外务部电催山西巡抚批准福公司办矿消息，投身东京八重桥下，溺水而死。遂由王用宾借李之名写成绝命书[③]，号召山西父老兄弟奋起争矿。此举引发山西人民空前的愤怒，福公司感到惶恐，清政府外务部感到忧心。[④]再就是山西绅民积极组织保晋公司，要求山西巡抚恩寿批准成立公司，开采山西各种矿产。不久，公司成立，领捐银 20 万两，以祁县著名票号商渠本翘为总经理。[⑤]

---

① 中共阳泉市委宣传部：《山西争矿运动史料与研究》，中国文史出版社，2006 年，第 83 页。

② 中共阳泉市委宣传部：《山西争矿运动史料与研究》，中国文史出版社，2006 年，第 84—86 页。

③ 中共阳泉市委宣传部：《山西争矿运动史料与研究》，中国文史出版社，2006 年，第 53 页。

④ 中共阳泉市委宣传部：《山西争矿运动史料与研究》，中国文史出版社，2006 年，第 90 页。

⑤ 中共阳泉市委宣传部：《山西争矿运动史料与研究》，中国文史出版社，2006 年，第 63—65 页。

上述事件促使争矿运动向着有利于实现山西人民诉求的方向发展。

（3）保矿结果。保晋公司的成立，使福公司强行开采已不可能，于是，福公司退而求其次，要求山西方面解除合同，支付赎款。在清政府的压力下，山西方面亦作出让步，放弃废约要求，同意以支付赎金的办法解除山西商务局与福公司签订的合同，亦即赎矿自办。清政府电令山西按察使丁宝铨赴京负责与福公司交涉山西矿务。福公司提出赔款1100万元的要求，遭到山西方面拒绝。清政府外务部出面调停，双方各自让步，于光绪三十三年十二月十七日（1907年1月20日）签订了《赎回开矿制铁转运合同》。① 合同约定：山西交付福公司赎款平化宝银275万两；光绪三十四年正月二十日（1908年2月21日）前先交一半，其余分三期付清。在支付了上述款项之后，山西人民争回了山西矿产的开采权。福公司有向山西支付借款1000万两的义务，10年间分文未付，也未在山西开矿，却得到一笔赔款。山西人民为胡聘之及刘鄂引进外资的举措付出了沉重代价。

山西保矿运动已经过去了100多年。然而，其意义与影响却日益显现出来。许多未被讨论的问题对于今天山西乃至全国的现代化进程中出现的问题具有启示性。

二、山西阳泉保矿运动的启示

1. 山西保矿运动何以成功？山西人民为什么要抵制外资进入？

“中国采矿权的丧失，始于光绪二十四年（1898年）二月十四日与德国签订的《中德胶澳租借条约》。……自此以后，各国在华开矿权的攫取有排山倒海之势。”②自1895年至1913年，外国列强在中国所开各矿共达32个。其中，英国开采量最多，占有9个矿，投资达3790万元。③ 德华矿务股份公司成立后，先后取得山东潍县、淄川煤矿，河北井陉煤矿的开采权，并投资江西萍乡煤矿。至1900年，福公司的势力已经扩展到河南省、河北道全境，但在这些地方，外国资本为什么可以顺利地取得煤矿的

---

① 中共阳泉市委宣传部：《山西争矿运动史料与研究》，中国文史出版社，2006年，第53页。

② 祝慈寿：《中国近代工业史》，重庆出版社，1989年，第355页。

③ 祝慈寿：《中国近代工业史》，重庆出版社，1989年，第357页。

开采权，而没有发生如山西这样的保矿运动？

山西能在抵制外资的保矿运动中取得成功，是由山西独特的地理位置、社会思潮及心理文化决定的。归纳起来，有如下几点：

一是黄土高原独特的地理环境适宜农耕。在福公司取得开矿权的土地上，广大农民世代耕作。煤矿新产业与农耕新产业发生冲突，势必使当地农民失去产业生计。如此，引发当地农民的激烈反抗。这种情形，平定知州葛士达在其《晋省矿务议》中有精辟的分析："他若东南各省，如江西、湖广、云贵等处，产铁之山，咸皆石戴于土。山上除竹木之外，不任树木五谷，并有不毛而赧者。管子所谓产铁之山，其上石赭是也。其山半属官荒，不征粮赋，即系民山，亦多一姓占居，山价亦贱，尚可官为价买，用西法开采，无甚窒碍。至晋省各山，土居十之六七，无处不可耕种，无地不征赋役，亦无处不是室庐井里，山坳水涘，窟土营巢，如蜂房攒集、炊烟云屯、耕笠星布，其无片土旷弃，四境皆然。盖并冀处天下之脊领，为遂古皇王作都出冶之地。土厚水深，民物蕃庶，造物所以亭毒群生，钟毓灵秀，自古至今，理无或异。固非穷岛绝域之所可僭拟，亦非东南边土之所可强同。试以平定一州而论，属境之山，号称多石。然石上莫不戴土，或厚一二丈，或仅数尺。虽较他处为硗瘠，而其山其土无不可耕可居，则一也。"①当地农民世世代代以斯土为生计，福公司以一纸承诺投资1000万两的合同欲在当地占地开矿，而地方政府山西矿务局又未对开矿区域涉及农民的祖产耕地补偿事宜作出安排，遭到当地农民普遍反对也是在所难免的。

二是山西地处内陆，发端于沿海、面向海外的洋务运动的近代化思潮，虽于山西有所浸润，但风气未开。广大农民仍以农为本，少量手工业仍属以工补农性质。农民对以开矿谋利的行为有着强烈的抵触情绪。此种情形反映在平定一地就是："窃思平盂虽瘠壤，其拥赀数十百万之家，亦尚恒有。此数千百年来，岂竟无逞心计，恃财力，思欲并吞众有，而独擅其利权者乎？而绝不闻有是举者，殆亦限于民情地势，而力有所不能，势

① 中共阳泉市委宣传部：《山西争矿运动史料与研究》，中国文史出版社，2006年，第5页。

有所不可也。闲尝巡历各村，细考各矿窑开采情形，并不买山为业，亦不视为子孙恒产。类皆附近村农，稍知矿务者，数人合伙，凑出资本数百缗。更与地主商议，或令合股作活，或议按股抽分，伙同开采。农闲则开，农忙则闭，矿旺而取，源衰而止。”①这种不以开矿谋利为恒产的社会思潮，与无工不富的近代逐利社会思潮直接冲突，如此，代表新兴工业文明的采矿业在与代表传统农耕文明的农业发生冲突时，在工业文明风气未开的山西败北是可以理解的了。

三是在山西平定地方，以工补农性质的冶铁手工业作坊及为冶铁服务的小铁矿星罗棋布，是当地农耕生活方式的重要补充。农闲时农民以此为业，相沿成习。至今，平定手工铁制品，如铁锅，仍为山西人所青睐。福公司所开煤矿为机械化采煤，产量高，为现代钢铁工业提供了能源基础。因此，在山西办大型冶金企业就成为可能，这种前景将置传统冶铁业于死地，于是，遭到以传统冶铁业为生的从业人员的反对是理所当然的。“若仅收买民窑所采之矿，一月零星收买，尚不敷大炉一二日之熔炼，势必不可。将欲合盂、平产铁之山，尽买而归官办理，此山回还数千万家，数十万人，服先畴而食旧德、生居室而死同穴者，将何以安插？旧时出赀开窑设炉之业主，成本尽归虚掷，将可以补偿？查西式机器，新裁日出，即闽粤熟习工匠，每立新厂，尚须教习一年，始能做工。以晋人之目所未睹、耳所未闻者，骤欲令其学习，即聪颖者亦须三年而后可。此三年中，各窑炉数千旧工人，将何以位置？”②近代工业的高效率，以机器排斥人为特征，遭到被排斥者的激烈反对是情理之中的事。

四是山西的有识之士，认识到福公司在山西的开采属掠夺性的，于山西人民生计的改善无所补益。无论是晋丰公司与福公司所签合同，还是山西商务局与福公司所签合同，绝大部分利润为福公司所有。而煤炭资源的不可再生性，决定了其利不可复来。采煤工业对当地环境的破坏，却永久地发生恶的作用。这种有利于外国资本，却遗祸于当地人民的结果，山西

① 中共阳泉市委宣传部：《山西争矿运动史料与研究》，中国文史出版社，2006 年，第 6 页。

② 中共阳泉市委宣传部：《山西争矿运动史料与研究》，中国文史出版社，2006 年，第 7 页。

有识之士洞若观火，当然不能听之任之。“晋省煤铁自三代以来，开采已数千百年矣。惟其取之不多，故潜滋暗长，用之不竭；亦惟其利无厚，故悠远溥博，享之无穷。盖亦天地有心留此，以为宵晋千余里民生耕凿火食之资。今必竭泽而渔，且夺小民日用之利，而以为淫巧之具，设地爱其宝而不出，抑或恣取无度，而一年半载之内，其源竟竭，又将何以谢晋民，此皆理之固然，势所必然。正使所议各端，皆属虚妄过虑，而事竟成。然用多取宏，价昂物缺，晋民未见其利，亦已先受其害于胡底。”①山西保矿运动由学生开其端，士绅鼎其力，是由知识阶层对于文明演化的规律有深刻认识，从而具有一定的预见能力决定的。

五是在山西的保矿运动中，清政府外务部放弃了对由山西商务局与福公司所签订合同的支持和执行，折中地支持了山西人民的主张，与发生于辛亥革命前夕的四川保路运动中，清政府对保路人民所采取的镇压方针相比，②态度大相径庭。之所以如此，是由山西在其时的地缘政治地位决定的。山西近在京畿，其稳定关乎京都的稳定。保矿运动中，山西民情激愤，一旦激起民变，对风雨飘摇中的晚清政权的影响将是灾难性的。朝中大臣所上奏折对此有深刻洞见：“伏念山西一省，拱卫京畿系为肩背，今为腹心。……今该公司不过一商务交涉，晋抚既能峻拒于前，外务部自能婉商于后，谅不致勉强曲从，而使200年固结不解之民心，一朝丧失，惟是身家念切，公愤难平，若一委曲迁就，势将酿成大衅，则此日之敷衍了事，必激成异日不了之局。”③对照四川保路运动，引发了辛亥革命的结局，其时的清政府在山西保矿运动中的做法是明智的。

一个能够顺畅运转的企业，其原材料的获取、产品的输出和劳动力的来源，均需要在友好的社会环境中实现。由于特殊的地理环境、特殊的省情，在其时的山西形成了独特的抵制近代工业文明以掠夺方式进入的社会

---

① 中共阳泉市委宣传部：《山西争矿运动史料与研究》，中国文史出版社，2006年，第7页。

② 李际、陈勇：《商界川汉铁路的租股与保路运动》，《工程研究——跨学科视野中的工程》，2011年，第4期，第384页。

③ 李际、陈勇：《商界川汉铁路的租股与保路运动》，《工程研究——跨学科视野中的工程》，2011年，第4期，第208页。

思潮，正是这种社会思潮动员了包括各阶层人士在内的山西人民参与到抵制山西地方大员及清政府出卖山西采矿权的斗争中来，最终使福公司在山西开采煤矿的企图未能实现。从中可以了解社会文化因素对于中国近代工业化进程的影响方式及农耕文明与工业文明之间的博弈过程。

2. 山西保矿运动的意义

对于发生于 20 世纪初山西保矿运动的意义，现有分析的基本结论是其具有显而易见的爱国性质，为山西人民自主开发山西矿产而成立的保晋公司催生了山西第一个民间资本工业企业①，为辛亥革命在山西的响应准备了舆情。时移世易，回顾 100 多年前那场声势浩大的保矿运动，我们或许可以从中获得新的启示。

洋务运动思潮浩浩荡荡，山西虽然“表里山河，称为完固”，亦不免死水微澜。在兴办工业以图强的思潮中，洋务派重要人物张之洞在山西巡抚任上，在太原设立了新药局，揭开了近代山西工业发展的序幕。② 1892 年，时任山西布政使的胡聘之，对办工业很有积极性，在太原办起了火柴局。正是在胡聘之的支持下，刘鄂将福公司引进山西开发矿产。应当说，这是山西第一次引进外资和外国先进技术的举措，是古老山西第一次对外开放，但是这一次引进外资和外国技术的尝试以失败告终。这种失败的影响深远，自此至民国时期，以西北实业公司为代表的山西官僚工业日渐发达，却再无外资企业进入山西。

如何评价此次山西对外开放的失败呢？有观点认为，胡聘之、刘鄂意识到了中国社会变革的必要性，试图为这场变革做一些事情，属于改革派。引进西方技术与资金，共同开发中国资源，本来是一种符合历史潮流的进步主张，之所以失败，是因为他们对民族利益缺乏警觉，忽视了西方冒险家的贪婪及当时中国强烈的民族主义意识。③ 大而化之，上述观点似无不当。然而，如果从事实出发，就可以看出，上述结论未必全面。山西人民之所以强烈反对福公司在山西开矿，是因为山西人民从山西方面与

---

① 李际、陈勇：《工程研究——跨学科视野中的工程》，2011 年，第 4 期，第 208 页。
② 刘建生、刘鹏生：《山西近代经济史》，山西经济出版社，1995 年，第 361 页。
③ 刘建生、刘鹏生：《山西近代经济史》，山西经济出版社，1995 年，第 347 页。

福公司所订合同中看不到任何符合自身利益之处。那么，胡聘之、刘鄂为什么要签订这样一个有利于外资，无利于山西人民的合同呢？如果意图是变革山西社会，这种变革应当有利于山西人民才能得到拥护。没有民意支持的变革开放难以成功。变革开放为了谁？对谁有利？人民有权提出这样的问题，并从自身的判断出发作出接受或拒绝的决定。从当时的实际过程来看，胡聘之、刘鹗有借口变革谋私之嫌。“据当时学界舆论，说胡聘之私人受贿50万金，才批准了这两个卖矿条约的”①，清廷为平息民怨罢免胡聘之、刘鹗后，贪腐动机仍在左右着山西矿务：“廷旨罢晋抚由总署改约，欧人乘机重贿当道，凡求之晋抚不能得者至是悉得之。”②官员贪污受贿，借开放之机中饱私囊，人民当然有充分的理由怀疑这种开放的结果，从而拒绝这种开放行为。

变革开放有利于大多数人的福祉，才能获得大多数人的支持，也才能成功，这大概是山西保矿运动的重要启示之一。人民广泛参与了山西近代的变革开放进程，并实现了自身的意志，是山西保矿运动的重要意义之一。

3. 民族工业在中国的命运为什么如此艰辛与坎坷？

中国传统官工业，其运行规律是“工商食官”，依附于权力的手工业才能生存。在近代，外国资本进入后，情形稍有变化，但民间资本生存困难的状况仍无根本改变，或为官僚资本，或为外国资本所吞没，断无其他结局。在大一统政治格局下，民族资本当如何发展是一个大问题。

作为保矿运动之余绪，晋矿归公运动③充分说明了上述规律在民国时期的适用性。辛亥革命成功后，袁世凯于1914年颁布了一个矿业条例，要求全国划领的矿区都得向政府办理立案手续，以便征收税款。当时，有实力的达官贵人纷纷借机划领矿区。陕西督军与徐世昌合资，把保晋公司

---

① 中共阳泉市委宣传部：《山西争矿运动史料与研究》，中国文史出版社，2006年，第22页。

② 中共阳泉市委宣传部：《山西争矿运动史料与研究》，中国文史出版社，2006年，第24页。

③ 中共阳泉市委宣传部：《山西争矿运动史料与研究》，中国文史出版社，2006年，第105页。

的矿区阳泉简子沟、铁炉沟、燕子沟划为属于他们的蔡洼沟矿区，成立了建昌矿务公司。阎锡山于 1914 年在大同划领一些煤田，成立了晋裕煤矿公司。大同镇守使张树帜也于 1914 年在大同划领一些煤田，成立了义昌煤矿公司。山西警察厅长南桂馨、山西大学校长王录勋、山西大学教授王宪、山西大学庶务主任池庄、山西皮革厂厂长得宝华、山西师范学校校长张秀叶等，在阳泉划领了三大矿区。山西民众赎回的矿产又被划归具有权力背景的私人所有。1917 年俄国十月革命后，三晋有识之士提出矿产归公的理论，进而发动群众开展晋矿归公运动。该运动首先由太原学生发起，尔后推向各界。1920 年，成立了以学生为主体的晋矿公有促进会，作为争矿运动的领导机构，掀起晋矿归公的民间运动。促进会联络数千人向省议会请愿，要求宣布矿业条例无效，山西矿产归山西人民所公有。在山西省第三届省议会上，各界人士旁听，正式通过晋矿归公的议案书及其办法，但未废除袁世凯的矿业条例，只是要求领有矿区的人自动交出矿区。作为妥协，权贵交出部分交通不便、无开采价值的矿区。省议会决议设立晋矿公有临时管理处，负责接收并管理归公矿区。然而，因阎锡山不拨经费，管理处无法开展工作。晋矿归公运动不了了之。阎锡山趁机独霸了大同地区的煤矿，成立了晋北矿务局。从此，山西煤炭工业成为完全意义上的官僚工业。

山西保矿运动的重要成果是为山西民族资本采煤业的兴起创造了条件。

光绪三十三年（1907 年），山西商办全省保晋矿务有限总公司在太原创办，揭开了山西近代民族资本采煤业的序幕。该公司分设平定、晋城、石家庄分公司，后又增设大同、寿阳、天津、保定、北平等分公司。其中平定、晋城、大同、寿阳分公司开采煤矿兼办营业，其余专事推销业务。该公司的成立标志着山西民族工业的出现，对于山西及大同地区的煤炭工业而言是一个具有里程碑意义的大事件。

1913 年，成立平定建昌公司。1915 年，成立平定中孚公司。同年，晋煤首次参加巴拿马国际博览会，被称为“煤中皇后”，誉溢中外。1916 年，孝义华兴公司成立。1918 年及 1919 年，平定、广懋、中兴、富昌、济生及大同宝恒公司相继成立。1918 年，大同同宝公司成立。阳泉保晋公司于1919年购置一台美国割煤机，这是山西煤矿首次出现的采煤机械。1929年，阎锡山在其叔叔阎子安筹建的山西军人煤厂的基础上，挪军费100万银圆，集股金50万银圆，开办晋北矿务局。1933年，由阎锡山任董事长的大同矿业公司成立。1934年，在太原西山白家庄，西北煤矿第一厂成立。1936年，西北煤矿第二厂在崞县成立，西北煤矿第三厂在灵石富家滩成立。抗日战争全面爆发前，一批官商、地主纷纷开矿，山西煤业一度振兴。据《中国实业志》记载：民国二十三年（1934年）后，山西已有64个采煤县，大小煤窑1425处，矿区总面积32408万公亩①，开采面积93万公亩，矿工2023万余人，年产原煤203万吨，总产值595万元。②

对于大同地区的采煤业而言，最为重要的事件当数大同分公司的成立及发展了。

第二节　保晋矿务有限总公司及其大同分公司的初创与发展③

一、保晋矿务有限总公司的初创及发展

在山西保矿运动中，面对福公司的威胁和清政府的高压，山西人民争矿自办的决心没有动摇。一些有识之士指出，非自办矿务，不能挽回危局、平息民愤。刘懋赏、冯济川等绅学各界代表联名禀请山西巡抚恩寿，要求创设保晋矿务公司，开采全省各种矿产。1907年春，经晋籍京官赵国良等拟具章程，呈请清政府农工商部奏准立案，山西商办全省保晋矿务

① 1公亩合100平方米。

②《中国煤炭志》编纂委员会：《中国煤炭志·山西卷》，煤炭工业出版社，1995年，第5页。

③ 本节数据除注明外，均采自大同矿务局矿史党史征编办公室：《大同煤矿史》，人民出版社，1989年。

有限总公司（以下简称保晋总公司）成立，首任经理渠本翘，协理王用霖。① 保晋总公司是山西第一家以近代公司组织方式筹划及运作的工业企业。

渠本翘就任保晋总公司经理后，立即筹划招股事宜。保晋总公司的资本来源有三方面：一是官府所拨亩捐银。1906 年和 1907 年，保晋总公司先后两次向官府领取亩捐银 20 万两，作为开办之资。保晋总公司照数发给股票，此为公股。二是通过募股筹资，分为本省股和外省股。外省股通过汇兑庄募集而来，本省股为绅、学、商、社四大类。三是通过接收一些小公司得来。保晋总公司先后在阳泉接收了同济、固本两个采矿公司，在寿阳接收了荣寿公司，在晋城接收了晋益公司。

保晋总公司的募股，名为招募，实际上是通过官府，按大县 3 万两、中县 1.5 万两、小县 1.2 万两摊派下去。当时一部分地主、官僚对兴办实业持不信任态度，他们不愿意用手中的钱去买股票、开煤矿，认为这是担风险的事。尽管保晋总公司章程内有“本公司既名为有限公司，即有亏折，绝不再向股东追补”②一类的话，但面对新事物，一些人仍然不敢相信。保晋总公司原计划招股金 300 万两银，虽经多方鼓吹，又有地主官绅的支持，仍未能按计划招足股金。为维持生存和发展，保晋总公司先后进行了为期 7 年的募集股票活动，好不容易募集到股银 192 万余两，合银洋 286 万余元。③

保晋总公司初创时，总公司又称本店或本号，分公司又称支店或支号。总公司设于太原海子边，平定、大同、晋城、寿阳等分公司开采煤矿，兼办营业；石家庄、保定、北平等分公司则专事销售。

保晋公司大同分公司（以下简称大同分公司）是在 1909 年设立的，公司的设立标志着大同地区的采煤业进入了近代发展时期，也标志着大同地区的工业发展进入近代机器工业的行列。

---

①《山西保晋大矿务公司经营概要·第二章公司概况》，山西阳泉市档案馆档案（B2-001-0082）。

②《山西保晋矿务公司章程》，第三十四条，第 1—20 页。

③《保晋公司报告书·第二章本公司股份》（民国十九年）。

大同分公司创办之初，由大地主兼大票号商赵长庚（阎锡山重要将领赵承绶的父亲）任经理。① 大同分公司先在千金峪、黑沟买了两座现成的小煤窑，后又在秦家山、磨石涧、树儿洼、马岭涧接办旧窑，并购买永定庄矿地一块，将分公司设于千金峪矿厂，聘请德国人赛夫耳为矿师，沿用土法采煤。

黑沟在大同城西南，距大同 29 公里。大同分公司在这里有竖坑 2 座，横坑 4 座，并在此修建了房屋，安装了锅炉、抽水机等现代工业机器设备。

千金峪在大同西南，距黑沟 4 公里，距大同 33 公里。大同分公司在此有竖坑 1 座，横坑 6 座。竖坑深 70 米，煤层厚 7 米多。用 1 米左右的高车出煤，坑底之水用布袋盛装，用高车运出。横坑用来通风及方便工人上下。大同分公司在千金峪矿厂安装了锅炉并建了修理用房。唯因此地距大同太远，销路不畅，日出煤仅 20 多吨，雇用工人 50 余名。该矿厂后因井底涌水过大，抽水不及而废。

秦家山在大同西南，距大同 37.5 公里。大同分公司在此有横坑 6 座，各深 30 多米。出煤坑 2 座，雇用工人百余名，日出煤 80 余吨。后来，秦家山矿厂也因井底涌水而停工。

磨石涧位于大同西南，距大同 39 公里。大同分公司在此有竖坑 2 座，横坑 2 座，并修造公事房数间，雇用工人 20 余名。

树儿洼在大同西南，距大同 25 公里。大同分公司在该地有横坑 1 座。

马岭涧在大同西南，距大同 29 公里。大同分公司在该地有横坑1 座。

永定庄位于大同西南，距大同 24 公里。大同分公司先在山顶开凿坑口丈余，后察觉不适宜，遂即停办，再未开凿。

这 7 处煤矿，除千金峪、秦家山外，其余 5 处均未出煤。只这 2 处，先因距大同较远，山路崎岖，销路不畅，而无大的发展，后均因井底涌水过大，水泵抽水不及而停工。

---

①《中国煤炭志》编纂委员会：《中国煤炭志·山西卷》，煤炭工业出版社，1995 年，第 17 页。

大同分公司因选矿不当等原因，几年经营，无甚成效，徒然花费了大量资金。尤其是黑沟小窑，大同分公司曾在此安设三节锅炉，用水泵抽水，当时以为抽了水，不久就有发展的希望。谁知道窑底水势太大，抽水机连抽三年，花了十来万两银子，却连一块煤也没出。大同分公司经理赵长庚曾自编对联“抽水三年功不竟，花银十万罪当诛”而自责。

大同分公司资金耗尽而无盈利，如若发展，还需投资。而此时保晋总公司资金短缺，捉襟见肘，无力为大同分公司补充款项。

保晋总公司成立之初，就遇到了资金纠葛。1907 年，山西商务局与福公司签订的赎矿合同中规定：山西省交付福公司赎款平化宝银 275 万两，1908 年 2 月 21 日前先交一半，其余分三期十年内付清。后山西人士恐夜长梦多，再生枝节，又商定一次性还清。于是，渠本翘商同省内官绅，以赎矿合同中写明的山西亩捐作抵押，出面替省官方向票号商借来大笔款项，一次还清了福公司赎款。而由渠本翘出面向票号商所借之款，原定由省政府亩捐项下拨还。岂料辛亥革命爆发后，省都督阎锡山将山西亩捐银截留，挪充军费，渠本翘只好从保晋总公司所集股银中拿出 117 万余两（合银洋 168 万余元），借给山西省公署，偿还了向票号商所借之款。后省公署欠保晋总公司的款项，久拖不还，使保晋总公司从一开始就陷入资金短缺的困境，经费支绌，困难重重。面对这种状况，大同分公司亦无他法，只好于民国五年（1916 年）全面停工。

二、大同分公司东山再起

1917 年，保晋总公司派测绘员侯德旺到大同寻找交通便利的矿山，以期恢复大同分公司。侯德旺到大同勘定了煤峪口村的北沟和云冈堡西一带。接着保晋总公司派协理曾纪纲、矿师白象锦到大同整理矿区，筹备恢复大同分公司。经过详细勘测，在煤峪口村北沟测量矿区面积计 27 平方华里，分为忻州窑、石岩庄、兴旺庄三大矿区立案，并勘定云冈堡西一带五矿区。计划先在忻州窑开凿一对直径 5 米的竖井，预计日产煤千余吨。

白象锦、侯德旺拟订了详细的计划草案，他们认为：其所以定于忻州窑村东南半里许之河北高平地内凿口之理由厥有数端：

一、按地层推测之，此处较他处距煤层稍浅，至少可省 50 尺开凿之费。

二、此处距京绥路运煤支路约 3.5 公里许，乃总矿区内可凿口处之距铁路最近者，且路途较为平坦，则敷设轻便铁路，自较为容易也。

三、此处河槽平地约 30 亩，接连背山高平地，亦约 30 亩，似此厂面较为宽绰。

四、此处乃总区之较低者，坑内水由此点吸出较为合宜。

五、此处距清水最近，便于锅炉内之需用。……①

白象锦、侯德旺在计划草案中还对开掘过程中所需款项作了预算，计需银洋 62 万余元，对将来之发展亦作了规划。

该计划由曾纪纲带回保晋总公司请示，白象锦、侯德旺就地听候开工通知，不料等了半年，仍杳无音讯，白象锦、侯德旺只好返回总公司。

此时，保晋总公司由崔廷献（山西寿阳县人，1904 年赴日本法政大学研读政治、经济、法律，1905 年回国参与保矿运动）从省政府拿回的 60 余万元，已为阳泉筹办日产 30 余吨的铁厂所用，总公司无力再行筹集开办大同分公司之资金。再三研究，决定用现有的前大同分公司的三节立式锅炉两座、半吨卷扬机一台先行开工，每月由总公司供给经费一两千元。

大同分公司经理由总公司协理曾纪纲兼任，白象锦任副经理兼矿师，另聘留学日本、毕业于日本早稻田大学工科的梁上椿为坑务课长，侯德旺为工程课长，葛向尧为事务课长。大同分公司总事务所设在大同城内帅府街，办事处设在忻州窑村。

这一时期，对于大同煤矿而言具有重大意义的事件是忻州窑竖井——大同第一对近代半机械化矿井诞生。1918 年，平绥铁路大同到口泉的支线通车，为大同煤炭的开采提供了交通运输上的便利条件。是年 9 月，忻州窑竖井开工，先开凿一号竖井，外径约 5.6 米，设置锅炉、高车、水泵，以便提渣、排水。此一事件具有标志性，意味着大同煤矿从技术上真正进入了现代采煤时代。

忻州窑竖井的开凿，也不是一帆风顺的。打下去四五十米以后，就碰

① 大同矿务局矿史党史征编办公室：《大同煤矿史》，人民出版社，1989 年，第 54 页。

见了水，遇到第一水层，尚能勉强工作，到了第二、第三、第四、第五、第六水层，均须停工，备置锅炉、水泵。停工日多，开工日少，井打了两年多还没有见煤。周围一些人对白象锦等议论纷纷，说这些洋学生是瞎打井，忻州窑根本就没有煤。1921 年，大同分公司又临时派人到天津买来两台钻机，进行钻探（先打井后钻探，由此可知当时的落后）。1922 年 3 月，经钻探证明有煤，才又继续施工。同年，大同分公司又于云冈吴官屯矿区开工钻探，亦见煤。

1922 年 6 月 8 日，忻州窑 1 号竖井见煤，煤层近 3 米厚，质优量多。大同分公司的员工非常兴奋，白象锦当即电请总公司筹款购置设备，而此时总公司仍资金短缺，爱莫能助。

当时保晋总公司在总理崔廷献的领导下，经过一系列整顿，经营状况已大有好转，加之国际形势也有利于我国民族工业的发展。1914 年爆发的第一次世界大战，消耗了帝国主义国家的精力，各帝国主义国家忙于应付战争，无暇东顾，暂时放松了对中国的经济侵略，因此，国内民族工业出现了短暂繁荣。这一时期，保晋总公司煤炭产量迅速增加，销路大开。阳泉无烟煤不仅行销北平、天津、济南等周边大城市，而且远销香港地区，并出口日本、美国。保晋总公司经营状况虽有好转，但由于初创十年连年亏损，负债累累，此时所盈之利，既要弥补亏空，又要扩充规模，资金仍旧短缺，无力为大同分公司筹款。面对这种状况，白象锦只好四处借款，奔走年余，借到 10 余万元，才将设备购置齐全。

忻州窑 1 号竖井于 1922 年 3 月见煤后，同年 11 月，又着手开凿忻州窑 2 号竖井，并圈砌 1 号竖井窑筒，安设罐笼罐道，开掘坑内行道。

1924 年 2 月，大同分公司为了便于煤炭销售，在口泉站设立了销煤分栈。

1925 年，忻州窑竖井正式出煤，大同煤矿第一对近代半机械化矿井诞生了。

这一时期，保晋总公司由于多方面努力，经营状况一直较好。到 1924 年，除将公司创办以来的所有亏损全数补清外，尚有盈余。此时，崔廷献已于 1923 年调任河东道尹，辞去保晋总公司总经理职务，保晋总公司另选常旭春为第四任经理。

三、军阀混战时期保晋总公司及大同分公司的发展状况

保晋总公司及大同分公司在战乱之年损失巨大。正当保晋总公司发展顺利之时，国内军阀混战开始。从此以后，战火频仍，交通梗阻，运费陡增，捐款频繁，摊税日巨，保晋总公司接连遭受沉重打击，金融周转不灵，重新跌入困境。

1924 年，第二次直奉战争爆发，运输稽滞，保晋总公司各矿厂生产的煤炭堆积如山，无法销售。到 1926 年，煤炭运费加重，金融周转不灵，保晋总公司只好将阳泉一些次要的矿厂关闭。

1927 年，局势仍无好转，正太路运输中断，职工坐食，营业益发不振，而一年之中各种捐税竟达十数万元。为应付危机，保晋总公司与山西省银行订立垫款合同，向银行贷款 120 万元。

大同分公司当时虽未停产，但因战争影响，销路受阻，发展不利，加之几次遭受当地驻军骚扰，损失严重。

1926 年，国民军占据了口泉。国民军借口有人报告"晋军的枪炮子弹在保晋矿上寄放着"，派军官带领士兵三番五次到矿上严查。国民军军官还让口泉站煤业公会会长杨天章带路到大同分公司查账，并将大同分公司工程课长侯德旺扣留，让其帮助开煤窑。如不答应，就以保晋总公司未交出境税等相要挟、非难。数月之后，煤窑还没来得及开，国民军就开到了绥远。

国民军开走之后，奉军又于 1927 年进驻大同。奉军到口泉后，把大同分公司存炭 6000 余吨全部抢走。奉军后方司令金鼎臣还强迫大同分公司按半价卖其大炭 3000 吨，末煤 5000 吨。后又骗走订单，不给煤款，却强迫要煤。大同分公司凭单请求给钱，争执多日，不能解决。后经人从中斡旋，缴销了订单，大同分公司赔偿金鼎臣大炭 200 吨，末煤 300 吨了事。

奉军官兵经常闯入大同分公司骚扰，弄得鸡犬不宁。分公司矿警 40 余人，日夜巡逻。一日夜间，一马队数十人直奔大同分公司忻州窑矿厂，抢走会计股银 4400 余元，后将工程课长侯德旺押着送他们出厂门。矿警见侯德旺被枪逼着，不敢阻拦，及至侯德旺被放回后，马队

早已跑得无影无踪。分公司当夜报告了口泉镇警察所，并将失单交警备司令部，而警备司令部则认为失单不实，委托大同县县长详查办理。可没过多久，大同县县长因带人抢中国银行现洋被击毙，此时，奉军也完全退走了。

当此战乱之年，北京实业部也趁火打劫。实业部派人到矿，声言要大同分公司交纳所欠矿区税 6 万余元。一查账簿，大同分公司交纳的矿区税，分文不欠，有收据账簿为凭。但实业部来人蛮不讲理，硬将工程课长侯德旺带回城内，交县署关押催缴，数日不决。后经人从中斡旋，双方商妥，由大同分公司预交 1928 年的矿区税 4000 余元，才算了事。

四、官僚资本——晋北矿务局对保晋总公司的觊觎

1928 年，局势稍为稳定，12 月，白象锦就任保晋总公司协理，兼任大同分公司经理。

大同分公司忻州窑矿厂到口泉的铁路，因资金短缺，迟迟未修。此时，军人煤厂（晋北矿务局前身）正在敷设煤峪口到口泉站的铁路。忻州窑矿厂距煤峪口矿不远，大同分公司同军人煤厂协商，欲从煤泉路（煤峪口至口泉）接道岔，以解决运输问题。军人煤厂有阎锡山做后台，根本不理大同分公司的请求。大同分公司只好由白象锦出面，向省银行借现洋 50 万元，用来修筑忻州窑矿厂到口泉车站窄轨铁道，并购买机车车皮。到 1929 年，忻州窑井口到口泉火车站 4.3 公里窄轨铁道修筑完毕。这样，大同分公司的煤结束了牛拖马拉的历史，公司可用小型机车向口泉站运送煤炭。

为扩大销路，大同分公司与晋煤公运局订立每日供给 400 吨煤的运煤合同，以期运销平津各埠。不料这年冬季，晋北矿务局局长梁上椿兼任平绥路局副局长，平绥路只运晋北矿务局的煤，而不准其他各矿厂运煤，致使大同分公司煤炭堆积而无法运出，与公运局所订立的日销 400 吨煤炭的合同也始终未能履行。到后来，因资金周转不灵，几乎不能维持现状，大同分公司经理白象锦气愤之极，曾有在口泉站怒打晋北矿务局经理梁上椿之举。

1930 年底，阎锡山在中原大战中因军事失利逃奔大连，晋北矿务局的人

失其所恃，嚣张气焰有所收敛，大同分公司的煤炭才得以运销外地。

阎锡山由大连重返山西后，晋北矿务局提出成立大同矿业公司，将大同地区各采矿公司及小煤窑组织起来，采用“分产合销”的办法。大同分公司虽极不情愿，但也只能同意晋北矿务局的提议。大同矿业公司于1933年成立，公司的董事长是阎锡山，经理是阎锡山的亲信梁汝舟。晋北矿务局局长梁上椿任副经理。分配运煤为晋北矿务局二成，大同分公司一成，虽说大同分公司的运煤量只占生产之半数，但迫于晋北矿务局的势力，也只好接受。

后来，在晋北矿务局的倡议下，又成立了“同煤总销处”，大同地区的煤炭零售业务也被晋北矿务局所控制。

五、保晋总公司的第二次改革及其结果

从1924年战乱之后，保晋总公司营业状况一直不佳，销路阻绝，煤价下跌，捐税繁多，入不敷出。从1925年开始，连年亏累，到1930年，亏洋2.48万余元。

1930年，天津及山西一些煤厂得知大同保晋煤矿铁路已从矿厂通到口泉站，便购买大同分公司煤炭10余万吨，大同分公司收到现洋30余万元。中原大战之后，山西钞票票价剧跌，保晋总公司协理、大同分公司经理白象锦抓住时机，以预卖的煤价30余万元现洋，另借现洋10余万元，偿还了保晋总公司先后向省银行借贷款项共96万余元，此举解除了保晋总公司经济危困的局面。

资金紧张局面缓和之后，保晋总公司恢复了一些矿井建设，并着手进行第二次改革。这次改革包括三个方面的内容：一是调整各矿厂领导班子，撤掉一些不称职的矿厂长，抽调一批精通业务、有工作能力的内行担任坑务主任，主持矿厂事务。二是取消封建把头制的生产管理形式，采用新型的小包干形式，取消中间剥削。三是由推荐录用人员改为考试录用人员。通过这次改革，调动了职员、工人的积极性，经营稍见起色。但由于日本帝国主义发动侵华战争，煤炭出口业务全部停止，国内市场也由于日本煤炭的倾销而日渐缩小，保晋总公司除大同分公司外，其余均亏累不堪，到1937年卢沟桥事变发生，保晋总公司已亏空上百万元。

保晋总公司唯大同分公司略有盈余。大同分公司因资金所限，仅止于忻州窑一对竖井生产煤炭。1930 年以后，营业状况一直较好，生产发展，利润上升，到 1936 年，工人增至 1500 余人，日产煤近 2000 吨。

1935 年，大同分公司为了扩大销售，在煤峪口村边设场零售，也增加了不少收入。

1936 年，保晋总公司召开董事会议，决定从 1937 年起，以大同分公司余利，每年担负付股息金 12 万元。此决定未及实施，日军大举侵华，1937 年 9 月，日军侵占大同，一应煤矿，都被他们劫夺了。

第三节　工程技术初步现代化[①]

保晋总公司存续时期，在包括基本建设、采煤技术及煤田勘探等领域的工程技术现代化上取得了初步进展，初步建立了现代采煤工程技术体系。这一时期，大同煤矿开始由手工生产方式向机器生产方式转变，其工程的技术特点表现为简单机器的应用。

基本建设大体包括下面几个方面：规划、建设及施工。采煤技术大体包括下面几个方面：煤田勘探，采煤方法，支护，排水，通风，照明，运输，煤质分析，等等。

一、煤田勘探

大同矿区最早的发展规划始于 1917 年。保晋总公司为恢复大同分公司，派人到大同矿区勘测，并制订了详细的计划草案。草案确立：矿区面积计 27 平方华里[②]，分为忻州窑、石岩庄、兴旺庄三大矿区，并勘定云冈堡西一带 5 个矿区，计划先在忻州窑开凿一对直径 5 米的竖井，预计日产煤千余吨。

---

① 本节数据除注明外，均采自大同矿务局矿史党史征编办公室：《大同煤矿史》，人民出版社，1989 年。

② 1 平方华里约合 0.25 平方千米。

大同分公司于1909年创办之时，多系买进旧窑，沿用土法采煤。仅购永定庄矿地一块，用旧法凭经验勘测。

1918年，大同分公司再行恢复之后，采用近代勘探技术，使用钻机勘测煤层。

据《保晋公司报告书》记载：民国十年（1921年），在距忻州窑竖井“东南510尺处，用钻机探钻，计钻深329尺，即达现探之九尺煤层，共钻深389尺4寸，名曰煤峪口矿区第一号钻孔。至十四年（1925年）五月，为再探下级煤层计，遂于坑内采煤区，不复钻探至257尺10寸下，见煤层4尺5寸，此为第二主要煤层，名曰5尺煤。又至363尺2寸下，见煤层12尺10寸，是为第三主要煤层，名曰12尺煤。共钻深382尺4寸，亦即停止”，“查此第三主要煤层，距地表共深704尺11寸，诚最有价值之煤层也。至第二号及第三号钻孔，或因适遇断层，或因机械力薄，虽未完竣，亦可藉以参考”。①

在云冈矿区，大同分公司亦用钻机钻探。据《保晋公司报告书》载：“十一年（1922年）三月八日，在云冈矿厂吴官屯区内，开始试探。至五月十一日，钻深258尺8寸下，见18尺7寸之第一煤层，十六日又于深度352尺7寸下，见9尺之第二煤层。二十六日复于493尺6寸下，见5尺之第三煤层。共钻深500尺零4寸，而工程告竣，名曰云冈矿区第一号钻孔。”云冈矿区虽经钻探，但因资金问题，终未开采。

二、规划设计

大同煤矿地面建筑工程设计，自大同分公司成立到中华人民共和国成立之前，较简单的设计皆由煤矿企业内设置的工程课（股）承担，较为复杂的工程设计则外委。1909年大同分公司成立后，在黑沟自行设计建设了锅炉房和机房。1919年，在忻州窑矿厂设计建设了高16米、底方10.24平方米的铁制井架。1929年，军人煤厂在永定庄矿厂设计建成了高车房、锅炉房等。

大同煤矿采矿工程设计始自清宣统元年（1909年）创办的大同分公

① 档案资料：《保晋公司报告书》。

司，该公司设置井务科，负责采矿工程设计。1929 年，晋北矿务局亦设置井务科，负责井下各项工程制图及测量事宜。日军占领大同煤矿后，新建或改造同家梁、白洞、白土窑、四老沟、胡家湾等矿井时，有简单的工程设计图，但无整体设计。

20 世纪 30 年代初，大同煤矿设计安装有 2 台德制、1 台美制的 125 千伏安发电机组，电压为 550 伏和 2200 伏，专供永定庄扇风机、井下电吊车及地面照明。1938 年 7 月，日本蒙疆电业株式会社在口泉岩岭村设计了坑口电站——岩岭发电厂，装机总容量为 11500 千瓦。1939 年秋，蒙疆电业株式会社设计了平旺发电厂，装机总容量为 17000 千瓦，并以 77 千伏输电线路送岩岭变电站，再由岩岭变电站转送煤矿及工厂。

晋北矿务局接收军人煤厂后到 1930 年 11 月，先后设计、建成了永定庄矿办公室、维修棚、寝室等地面建筑 299 间，材料库棚、锅炉水泵房等地面建筑 216 间。①

三、矿井建设

清中叶后，大同小煤窑开凿增多，一些石匠手工开凿煤窑积累了经验，从事专业凿井。中华民国建立前后，随着开采技术的发展，煤窑建设规模扩大，靠石匠手工凿井已难以胜任，个别矿井建设已从外地雇用建筑人员，并设立建筑机构。大同分公司建矿时设井务股和机械股，负责矿井开凿和机械设备安装，建筑技术人员由总公司调配，少部分从北方各地招聘，普工从本地招雇。1929 年晋北矿务局成立时，设工程科和坑务科负责建设工程，建筑技术人员则从各地招聘。

宋代以后，大同煤矿已有专营煤炭生产的窑主，凿建一定规模的煤窑，这种煤窑称“一字号”。清中叶后，大同煤矿采煤业有了较大发展，在四老沟附近的三井沟到羊涧沟一带，煤峪口附近的三道沟、大北沟、明灯寺、短腿沟和热窑沟及云冈一带有几百座土法开采小窑。这些小窑多为斜井，少部分为平峒。斜井坡度为 40—45 度，长度 80—100 米。冬采夏停。土窑在不出现自然灾害的情况下可维持 10—20 年。清末民初，大同

① 档案资料：《晋北矿务局第一次报告书》。

煤矿私人筹资建井大量出现。1910 年，天兴煤厂在拖皮村西半窑沟内投资 2 万元开凿斜坑一座，斜深 280 梯，每梯高 7 寸，深约 20 丈。同年，北京积成栈行在大同设立积成公司，购置建井设备，雇人在云冈沟东沙咀开凿一对斜井。1911 年辛亥革命后，积成公司把尚未建成的东沙咀斜井卖给晋华公司。晋华公司接收后，投资 11 万元将矿厂设于云冈河南岸石板沟西侧。1917 年，晋华公司继续开凿东沙咀斜井。1918 年东沙咀斜井已开凿 70 余米，当开凿至煤层时，风传晋华公司为英国人邦郎所办，大同人民群起反对，晋华公司遂关闭。1914 年，阎子安和张树帜投资 5 万元在青羊湾成立裕晋煤矿公司，先后开凿坑口两座，西坑在深 49 米处见煤，东坑在深 25 米处见煤。两坑口均沿煤层倾斜开煤梯 32 级，坡度 35 度左右。1914 年，施某在兴旺庄附近的黄土湾开凿斜井。1915 年 5 月，广兴煤矿公司投资 3 万元在辛庄村干沟内开凿梯形井，石梯 128 级。1918 年，梁士诒和阎锡山合作成立同宝公司，合并裕晋、义昌和民康三公司，在白洞、黑流水、青羊湾、刁窝嘴、胡家湾设厂采煤。1922 年因资金不足停工。1928 年，阎寿康恢复同宝公司，在胡家湾以土法采煤。翌年，又在胡家湾开凿斜井。1920 年前后，整个大同煤田小窑有数百座，年产量约 5 万吨左右，生产旺季工人达到 5 万人（多为半工半农）。1918 年 9 月，大同分公司在忻州窑开凿第一座竖井，直径 14 尺①，于 1922 年 3 月凿深至 329 尺处见煤，煤厚 9 尺。1921 年 11 月，在距第一竖井西 240 尺处开凿第二竖井，直径 12 尺，1923 年 5 月掘下 90 尺。1923、1924 年两竖井先后竣工，两井均深 342 尺。1925 年，忻州窑竖井正式出煤。该井时为大同煤矿机械装备程度最高、生产规模最大的矿井。1924 年，军人煤厂在大同成立，在矿区钻探十余处，确定在煤峪口大南沟凿井，但因直奉战争爆发，未能开凿。1928 年秋，军人煤厂再次开办，1929 年 1 月，军人煤厂始在永定庄开凿直径 17.5 英尺②的 1 号、2 号立井，并着手厂面建筑。1929 年 5 月，军人煤厂改称晋北矿务局，由省府拨款 100 万元为限定资本，筹办晋北一带煤矿。同月，永定庄矿 1 号、2 号井筒继续开掘，并将直径改为 16

---

① 1 尺约合 0.33 米。

② 1 英尺约合 0.30 米。

尺。8月，永定庄矿1号、2号井竣工。1号井凿深246尺，2号井凿深431尺。10月，煤峪口矿1号、2号立井开始开凿。1930年3月，2号井竣工，凿深290尺，井筒直径16.6尺。1号井于4月竣工，凿深322尺，井筒直径16.6尺。永定庄1号、2号井凿井投资2.5万元，煤峪口1号、2号井凿井投资2.08万元。在凿井的同时，煤峪口、永定庄两矿先后完成了地面建筑工程和设备安装，井下设备安装亦基本竣工。

清末，大同煤矿官办和商办的煤矿公司或矿、厂，部分开始应用机械设备。这些公司多购买旧窑，经改造后生产。1909年，大同分公司在千金峪、黑沟购买现成小煤窑，后在秦家山、磨石涧、树儿洼、马岭涧接办旧窑，对其中的部分小窑在运输、提升、通风等环节上进行了改造。1918年，同宝公司合并裕晋、义昌和民康3个公司，在白洞、黑流水、青羊湾、刁窝嘴、胡家湾分设矿厂，购买设备，拟改造后生产，因资金和经营不善未果。1920年，同宝公司在胡家湾旧窑恢复开采，翌年开凿斜井，安装了绞车，坑内敷设轻便铁道，并购置75马力锅炉两台。1920年，宝恒公司购买口泉镇白土窑煤窑，将该窑井筒改造，安装40马力卧式锅炉1台、绞车1部、气泵2台，坑内敷设轻轨。从20世纪20年代到日军占领大同煤矿前，大同煤矿小窑多有互卖、转让者，部分购买者为扩大生产，或改造延深井巷，或另凿井口，或对通风、排水、运输等进行改造，安装设备，修筑地面建筑。

四、矿井施工

1. 立井施工

1911年前，大同煤矿所凿立井井筒浅、断面小，纯用钎、锤开凿，辘轳车提升矸石、排水。井筒除井口用木井框或石料井壁外，其余井壁均不支护。大同分公司在忻州窑开凿竖井，使用炸药爆破，绞车提升排矸，并在坑内凿蓄水池2个，先由坑底池吸至坑壁池内，用蒸汽泵排至地面，每日掘进1尺左右。晋北矿务局开凿永定庄、煤峪口两立井，由承包工人立约承包，每日3班，每班8小时。施工中，根据地层岩石和井筒深度变化使用不同炸药和提升设备。“开凿之始用黑药，及至23英尺以下，石层见水一律采用黄药，燃放用电雷管。提渣排水，在80英尺以上时，悉用辘轳、渣罐提取，至 80 英尺以下，改用临时绞车提渣，吊泵排水。”“通风则全赖自然通风。”“因所经之地层均系性质坚韧之岩石，故除井口略用临时木圈防止地面浮土崩坍外，其余在开凿时期均无加圈之必要。”[①]煤峪口 2 号井只在井底水窝砌碹 15 英尺。永定庄 2 号井内两段共 219 英尺均砌碹。砌碹材料为厚 7 英寸、宽 1 英尺、长 1 英尺 3 英寸的弧形料石及水泥、砂、石。除以上两处砌碹外，余均没有永久性支护。中华人民共和国成立之初，大同矿务局对各矿井巷进行了大量修复支护，支护材料多采用坑木、料石和少量混凝土。

2. 斜井施工

1911 年前后，小窑仍沿用人工开凿，纯用锤、錾、铁锹掘进，人力背筐运碴。斜井多系不规则梯形。顶宽 3 尺余，底宽约 5 尺。因井筒浅、断面小，开凿时均不支护。小窑斜井一般开凿成 45 度“梯子窑”。沿煤层斜坡凿成台阶，以便人工负煤出坑。1910 年，积成公司在云冈东沙咀开凿一对斜井，安装了两台蒸汽锅炉作动力，用以坑内抽水，这是大同煤矿开凿矿井时较早使用的机械设备。1917 年，晋华公司继续开凿东沙咀斜井，坑内敷设轻便铁轨，坑道中安设抽水机一台。1920 年后，个别断面较大斜井开凿已用炸药爆破，这期间开凿的斜井均不支护。

3. 平峒（巷）施工

晚清以前，大同煤矿小窑平巷施工从煤层露头处或凭经验从较浅的岩石处，由石匠用锤、钎直接开巷，除峒口的木支架或片石砌碹外，其余均不支护。出矸碴则以人背筐运输，岩巷断面较大的则以畜力运矸。因岩巷开凿速度慢，井下平巷多是半煤岩巷或煤巷。民国初年，大同矿区开窑纷纷涌现，规模较大的煤窑已开始用炸药爆破。大同分公司开凿忻州窑矿井，在平巷施工中，用钎杆人力打眼，黑色或黄色炸药爆破。1929 年，晋北矿务局开凿永定庄、煤峪口两矿井，大巷以半煤岩巷和煤巷为多，极少岩石巷道，仍以手工打眼，黑色或黄色炸药爆破，轨道矿车运渣至井底，提升上井。巷道除特殊情况用木支柱外，一般不作支护。通风排水以美国和德国制设备为主，亦有少量国产设备。

---

① 档案资料：《晋北矿务局第一次报告书》。

4. 地面建筑施工

古代大同煤矿开采煤窑规模甚小，无机械设备，地面无厂房。清末，大同矿区部分煤窑开始建筑简陋地面厂房。1909 年，大同分公司购得千金峪、黑沟等处煤窑，修建了锅炉房、修理厂及公事房。中华民国建立后，一些较大规模的煤窑均建有地面厂房。裕晋煤矿公司、广兴煤矿公司、宝恒公司、同宝公司等煤矿在地面建筑有设备厂房、公事房、修理厂房。1917 年，晋华公司在东沙咀煤矿建有高车房 1 间，锅炉房 4 间，修理机器房及矿师房 5 间，职员及工人用房 16 间。厂房多是石木结构，亦有砖木结构。雇用本地泥木匠建筑。晋北矿务局成立后，陆续在永定庄、煤峪口、口泉车站等处建立了设备厂房、办公室、修械厂、浴室、医院、学校、俱乐部、图书室、宿舍等，这些厂房或购买民房，或自建，亦多为石木结构的平房、窑洞，少量为土坯或砖木结构建筑。

5. 机电设备安装

大同煤矿机电设备安装始于清朝末期，1909 年，大同分公司成立后，在黑沟、千金峪安装了锅炉、抽水机、绞车等。这是大同煤矿最早的设备安装。中华民国建立后，一些较大的煤矿公司均安装了简单设备。1915 年，广兴煤矿公司在辛庄村干沟坑内安装 24 马力两级竖锅炉 1 台，抽水机 1 部。1916 年，裕晋煤矿公司在青羊湾坑口安装 25 马力竖锅炉 1 台。1917 年，晋华公司在东沙咀斜井安装两级槽式火管 40 马力锅炉。1920 年，宝恒公司在白土窑安装 40 马力卧式锅炉 1 台、绞车 1 部、气泵 3 台。这时期的机电设备安装只限于绞车、锅炉、水泵和部分小型绞车。1922 年，大同分公司忻州窑 2 号竖井见煤后，先后安装了井架、罐笼、罐道、水泵、蒸汽卷扬机、发电机等机电设备。到 1929 年 9 月，大同分公司安装高 16 米、宽 3.2 米钢井架 2 座，承受能力 50 吨，立式交岔管式锅炉 5 台，水管式锅炉 4 台，15 马力发电机 1 座，交流发电机 1 座，80 马力直接转动式卷扬机 2 台，抽水泵 8 台。1930 年，晋北矿务局在永定庄、煤峪口两矿各安装横式汽鼓锅炉 4 台。永定庄矿井下安装双缸卧式蒸汽水泵 5 台，煤峪口矿 2 台。两矿安装 40 英尺高美松木井架 4 具及罐笼、罐道。永定庄矿 1 号井和煤峪口矿 2 号井各安装 1 部 100 马力蒸汽绞车、1 部 120 马力蒸汽绞车，并在修械工厂安装各种修械设备。1932 年，安装德制发电机 3 台，供井下无极车及照明。1933 年 5 月，晋北矿务局将修械厂原有蒸汽动力设备完全废除，安装了 20 马力电力发动机。设备安装纯用人力。

五、运输工程建设

运输工程施工包括铁路施工及公路施工。

1. 铁路建设

1918 年，平绥铁路大同至口泉支线通车。20 世纪 20 年代初，国民党山西省政府成立口泉—张家峰铁路管理局，开始修建泉峰轻便铁路。该路原为军用汽车路，后在路基铺设钢轨改为轻便铁路。凡口泉沟内小矿所产之煤，均以该路运到口泉，再销往各地。泉峰路轨距为 76 厘米，有 7 吨重机车 2 辆，均为 60 马力，有守车 2 辆，载重 5 吨的车皮 42 节，每列可挂 8 节，共装煤 40 吨。1924 年，泉峰铁路管理局奉令代修煤泉铁路（煤峪口—口泉站）。次年，完成路基土石方工程。1927 年因直奉战争，煤泉铁路停建。1928 年，军人煤厂复修建该路。晋北矿务局成立后，煤泉铁路继续修建。原定该路终点车站设在煤峪口矿第一号钻眼处，晋北矿务局成立后，调查该处地势狭小，不便存煤，遂将车站移至该矿沟口之宽敞处。1930 年 8 月 8 日，煤泉铁路建成投入营运。该路全长 1.8 公里，坡度为 1/70 与 1/60，铁路大小桥梁 6 座，总投资 6.6 万元。1929 年 8 月 14 日，晋北矿务局奉令会同泉峰路局开始修筑永泉铁路（永定庄—口泉站）。9 月 6 日，该路路基土方、永定庄车站土方及桥梁等工程均先后动工。永泉铁路系沿河修筑，故沿途按河水之强弱分别筑为全料石及半料石、半片石之河坝。1930 年 4 月 27 日，永泉铁路建成投入营运，长 3.89 公里，坡度为 1/70 与 1/60，大小桥梁 8 座，总投资 13.24 万元。在煤泉铁路修建时，大同分公司与晋北矿务局商榷拟由煤峪口矿接轨至忻州窑矿井，但遭到拒绝。为解决煤炭运输问题，大同分公司于 1929 年底建成忻州窑到口泉火车站的小铁路，全长 4.3 公里，铺设 30 磅轻便车轨，用 110 马力小型机车拉运 10 吨及 5 吨煤车。1930 年 10 月，泉峰轻便铁路线转归晋北矿务局管理。1930 年底，泉峰路筑到马林涧（亦称马营涧），距口泉车站 17 公里。泉峰路修建时，同宝公司建成胡家湾铁路，与泉峰路接轨。1934 年 9 月，泉峰路改归中医改进研究社管理，晋北矿务局路务科取消，永泉、煤泉铁路相继并入晋北矿务局测绘股管理。

2. 公路建设

民国初期，大同矿区公路主要是拉运煤炭的马车路，主要线路有大同—姜家湾、口泉—煤峪口—忻州窑、口泉—鸦儿崖。1933 年 5 月，晋北矿务局、大同分公司合修了一条大同—口泉的砾石汽车路，这是大同矿区最早的一条砾石汽车路。

六、煤炭生产技术

大同煤矿古代小窑煤炭生产，开采方式原始，技术落后。采掘不分，以掘代采。人背肩挑或拖筐运输，自然通风，采、掘、运均为手工作业，规模小、产量低。明清时期，煤窑数目增多，规模扩大，生产有了较细的分工，土法开采，积累了一定的生产技术经验。中华民国时期，大同分公司、晋北矿务局、同宝公司、宝恒公司等采矿公司采煤仍以“刨根凿壕”（掏槽）为主。提升、排水以锅炉蒸汽为动力，采用炸药爆破，矿井人力轨道运输。1925 年，忻州窑竖井建成出煤，进入半机械化开采时期，生产规模扩大，单井产量达十几万吨。

1. 开拓和掘进技术

（1）开拓技术。大同煤矿古代煤窑开拓井巷，在煤层露头处开凿平峒或斜井进入煤层中采掘。斜井（梯窑）多为 45 度左右，为了便于人力背运均凿成台阶，石梯之多寡因地而异。青羊湾、秦家山一带，斜深 30 梯即达煤层；辛庄一带 250 余梯；若至煤峪口、拖皮一带，须开筑 300 梯左右，方可见煤。一般开拓单眼窑，资本稍大者开拓双眼井。双眼窑井筒打至煤层后，首先在煤层中开一条联络巷将两井贯通，以便通风，然后布置巷道采掘。井下巷道开拓布置有双翼和单翼两种方式。双翼开拓时，井筒见煤后开一段总路（路巷、盲巷），然后在总路两侧开支路（伙岔），在各岔内分段向两旁开拓工作面；单翼开拓时，从井底沿走向掘总路（大巷），在总路两侧分段采掘，巷道高宽及工作面布置视顶板情况有所区别。坚硬顶板巷道高宽各 9 尺，一般顶板巷道高宽 5 尺左右。

1909 年，大同分公司初创时，接办旧窑，沿用土法开采。

1925 年忻州窑竖井建成后，井下开拓用柱式布置，即用巷道将煤层反复分割为 20—30 米的方块煤柱。1929—1934 年，晋北矿务局在永定庄、煤峪口矿井下除布置井底车场、大巷外，采区按柱式布置。1934 年后，将煤柱扩大为 300 英尺×600 英尺。开拓次序是从水平大巷每隔 300—600 英尺掘一对上下山巷道（上峒、下峒）。在上下山巷道中每隔 200—400 英尺掘一平巷。纵横巷道将煤层切割为长 600 英尺、宽 300 英尺的煤柱，叫一个区段，为一个工作面。巷道掘至矿界（或遇断层）后逐段后退回采。巷道宽为 6—8 英尺，井下布置有较详细的规划，第一、二层煤同时开采，这在大同是首创。

（2）掘进技术。大同煤矿古代煤窑，生产方式落后，采掘不分，以掘代采，主要使用锤、钎、錾、锹等工具开掘。根据井下的通风需要和地质情况划定采煤掌子，每个掌子开 3 条巷道，两边两条巷道叫“双弯子”，是为了圈出一块煤，所以上下见底，中间一条巷道叫“中巷廊”，是行人的，只开一人高，巷道一般都很窄小，只能容一人通过。因巷道断面小、服务时间短，一般为裸体掘进，没有任何支护。随着生产规模扩大、巷道服务时间延长，开始简单支护，用木点柱立于顶底之间，打紧木楔子以防顶板塌落。有的砌筑矸石垛支撑顶板。为提高效率，多在工作面下部及两边“刨根凿壕”，而后将煤落下运出坑外。刨底槽时，为保障人身安全，槽前留尺许煤柱，俗为“马脚”，待左右底槽掏成后砍去“马脚”，煤即坠落。不坠时在上部凿小孔，插铁楔以锤打落，破为所需块度运出。开掘面的宽窄、掏槽深浅因地而异。遇到断层时采取“曲凿弯达”的办法绕过或停止前进。

1909 年后，大同分公司和其他各小煤矿，有的生产环节虽使用机械，但采掘仍以“刨根凿壕”手工作业为主，只在遇到煤层硬不能自行坠落时，或过断层和挑顶起底用钎子手锤打眼，黑色炸药爆破落煤（岩）。为使用矿车运输，矿井巷道掘宽 6—8 尺，高 5 尺。顶板破碎处以戴帽点柱或梯形木棚维护，对采区小巷不加支护。

1925 年，大同分公司忻州窑竖井建成后，井下沿煤层走向掘进，坑道分行道、支道、纬道、风道、风眼数种。行道上宽 9 尺下宽 11 尺，高至煤层；支道宽 6 尺、高 6 尺 5 寸，与行道交角 60 度左右；纬道宽 5 尺、高 6

尺，与支道交角 60—90 度；风道、风眼纯为通风，按需风之多寡，开宽 4—6 尺、高 6—9 尺，与行道交角 90 度左右。

2. 采煤技术

大同煤矿古代小窑采煤，是在煤层露头或很浅的地方直接挖坑采取，后发展至沿煤层露头打峒或打井进入地下采掘。采掘工作面大小因地而异。马脊梁、挖金湾一带顶板坚硬，不易冒落，采煤掌子面多为“三丈面”“两丈面”；青羊湾一带一个工作面同时可容十几名工人工作；白洞以东一带顶板破碎，掌子面宽四五尺，有的窄至三四尺，只容一人工作。采煤方法以房柱或残柱式为主。房柱法以宽面前进开采，工作面之间留煤柱。工作面在总路两侧开口。为维护大巷，开口处宽三四尺，称“房颈”，进五六尺后扩至预定宽度全面推进，每隔一段距离留一段煤柱以支撑顶板，扩散通风，待采到一定深度通风困难时停止，另开辟新的工作面，将旧工作面封闭。顶板较坚硬的煤层，工作面内不留煤柱，用矸石垒墙，充填煤末，有的留一段煤柱充填一段矸石，叫“跳格式”。采煤时工人为省力常随意扩帮，支出数条岔道，因无准确测量工具，很难掌握方向。为了避水和寻找风路，互相串通，形如鼠窟。残柱法采煤是向大巷左右两侧掘巷，到一定深度将相邻两巷贯通，形成纵横巷道，将煤层切割为方块状。待到预定边界或遇断层时，掘巷来回穿插煤柱或扩帮挑顶采煤，形成许多“残柱”。采煤工有刨根工、搂炭工、界炭工。开完巷道后就由刨根工把煤层底部掏空，留下“马腿”，由搂炭工将“马腿”砍倒，煤层坠落后，界炭工将煤界成几十斤大的块，然后由背炭工背上井。如此循环，以锤、镐手工作业。

1909 年，大同分公司创办时沿用土法采煤。1925 年忻州窑矿建成后，采煤用长壁变形进采法。1929 年晋北矿务局成立后，永定庄、煤峪口矿采用残柱法采煤，煤柱长宽各 30 英尺。1934 年后，扩大为长 600 英尺、宽 300 英尺的大煤柱，后退或前进回采。回采时每隔一定距离留长宽 10 余英尺的煤柱支撑顶板，采煤空间支以戴帽点柱，采完后撤去复用。落煤方法仍为“刨根凿壕”，每煤峒每班用采煤工 3 人，沿峒内煤面两边及底根各开宽约 1 英尺、深 2 英尺之槽，各槽开凿完毕，再于距顶板近处打两个 2 英尺深的炮眼，每炮装黑火药半斤，循环作业，每 24 小时可推进

4—5英尺。采煤工具有鹤嘴镐、铁锹、钎子、八磅锤、炮勺、炮杠子等。1932 年，晋北矿务局购回一台日式割煤机，但一直未下井使用，这是大同煤矿第一台采煤机械。因煤质异常坚硬，煤峒工作颇感困难，晋北矿务局变更采煤方法。永定庄矿第一层煤东部、南部和西部，除主要运输道外，不作煤峒，而以前进式长壁法进掘。北部则每隔 500 英尺，开掘两条距离 20 英尺的平峒，为运输干线。干线之间，用长壁法采掘。永定庄矿二层煤顶板极易破碎，则改用房柱法采煤。煤峪口矿井西部亦改为每隔 200—300 英尺开掘距离为百英尺的平行煤峒，煤峒之间以部分残留长壁法采掘。残留之煤柱为 10 余英尺的正方体，以此支撑顶板压力。

3. 运输和提升技术

（1）运输技术。大同煤矿古代煤窑井下运输，除人背肩挑之外，主要用拖筐或拖车。拖筐用柳条或荆条编织，呈长方形或圆形，置于舟形木橇或四轮小车上（称小拖），每筐约装 100—200 斤，拖工四肢着地匍匐行进，由工作面拖至井底或地面。有的在木橇上钉上铁条或装上小轮或在巷道中铺以木板，以减少摩擦力。开采厚煤层的斜井或平峒多用畜力运输。

1909 年后，大同分公司、同宝公司、宝恒公司等矿厂井下敷设轻便轨道，用矿车运输。矿车有 0.56 吨容量的方形木矿车以及铁矿车、平板车等，道轨每米重 9 磅或 12 磅。起初工作面的煤先装入拖筐，拖或抬至大巷再装入矿车推至井底，后来轨道铺至工作面直接装煤。1929 年晋北矿务局成立后，大巷内敷设 12 磅轻轨铁路，凡邻近各峒所出之煤，分种类先装入长方形或圆形的铁制拉箱或抬筐运至大巷，装入长方形铁制煤车（容量约 0.5 吨）内，再推至井底屯车场。平巷为人推车，斜巷中安装 30 马力蒸汽动吊车或无动力“王八轮”。1932 年 8 月，永定庄矿西大巷 2 号上山安装 1 台 24 千瓦电绞车运煤，这是大同煤矿第一台用于井下运输的电绞车。

（2）提升技术。大同煤矿古代煤窑提升皆用人力、畜力。80％以上煤窑为斜井。所采之煤破为大块，人力背出。在平峒井则由人力、畜力拉运。

1909 年，大同分公司在各矿厂陆续装备了锅炉蒸汽绞车（高车），用蒸汽动力提升。1923年3月，大同分公司兴建的忻州窑矿用原凿1号井的50马力蒸汽绞车出煤。1925年12月改用200马力蒸汽绞车，井口安装井架，井筒安装罐笼、罐道，坑内敷设有轻便铁道。所采之煤，由人力抬送，装入煤车，运至坑底，再装上吊台，用卷扬机提出坑外。1929年，大同分公司有2台80马力直接转动式卷扬机，汽缸直径13英寸，速度为每秒15英尺，提重5吨；2座钢铁制井架，高16米，宽、长各3.2米。

1931年，晋北矿务局在永定庄矿2号井和煤峪口矿1号井各安装120马力蒸汽直动式绞车1台，提升一对单层双车罐笼，年提升能力200多万吨。1936年，晋北矿务局永定庄、煤峪口矿各有2个竖井，各井设循环升降式单层罐笼2台，每笼内容纳直列式煤车2辆，每辆煤车装煤约0.7吨。永定庄矿1号井及煤峪口矿2号井各备200马力蒸汽齿轮式卷扬机1台；永定庄矿2号井及煤峪口矿1号井各备有220马力蒸汽直动式卷扬机1台。这时用机械提升的还有同宝、宝恒等煤矿公司。

4. 通风排水技术

（1）通风技术。大同煤矿古代煤窑有自然通风和人工通风两种，自然通风又分单眼井和双眼井，后者较为普遍。自然通风是利用气压差促进风流，将进、出风井口开凿在不同的高度。单井通风是用“裱风法”和“腰风法”。裱风法是在斜井筒的一角砌一三角形风道，或在立井筒一侧凿一小沟，用片石与井筒隔开，作为回风道。回风道出口高于井筒，形如烟囱，俗名“噘嘴”，新鲜风从井口进入井下，浊风经裱墙隔出的风道由“噘嘴”抽出。“腰风法”是出风井只开凿半截，用横洞与进风井半腰凿通，进风井下半截用裱风法砌筑风道，节省了风井下半截的工程量。还有的是在井底或井口生火炉，将空气加热，利用冷热空气的比重促进风流。人工通风是用风车、风柜、风扇向窑内扇风。冬季井口结冰影响通风时，用炉火烘暖进风风流。

1909年，大同分公司接办旧窑沿用自然通风。1925年，忻州窑立井采用自然通风，风自第二井自然流下，利用各道风门之开闭，将风导于所需之处，再由第一井流出。建井之初井下呼吸尚觉畅通，1930年以后，风道、风眼如蛛网密布，风压小、风量少，井下闷热，缺氧严重。晋北矿务局煤峪口、永定庄矿井采用自然通风，均由2号井进风，1号井出风。

1931 年 8 月，晋北矿务局在永定庄矿安装 1 台 75 千瓦的电风扇，输风量为每分钟 12.35 万立方英尺①。风机平时不开动，只在出风井安装蒸汽管道促进自然通风。

（2）排水技术。明清时期，大同煤矿煤窑排水，有的将水放入邻近老塘，有的根据地形专凿水道放水，有的另凿竖坑口，以牛皮缝成水袋，用辘轳将水绞出。涌水量较大的矿井，先开采下山，其采空区即作为开采另一区的蓄水区，一区倒一区，俗称“倒槽”。但开采年久后，水在井下大量积聚，造成后患，多数矿井因无力排水而废弃。1904 年，怀仁县令汪仲洁集资购买人力水泵，排除被淹没矿井积水后恢复开采。这是山西煤矿第一次用机械排水。

1909 年大同分公司成立后，在黑沟竖坑安装锅炉和抽水机，开始用蒸汽泵排水。千金峪竖坑坑底之水用布袋盛之，以高车提出，该矿和秦家山矿后均因井底涌水过大，水泵抽水不及而停工。宝恒公司、晋华公司、裕晋煤矿公司等均以蒸汽动力排水。1925 年，大同分公司忻州窑矿建成后，坑下之水，分 3 级排出。在第二井底开凿一容量为 2560 立方英尺的蓄水池，名曰井底总水站，煤层散水，由水沟或水泵导入总站，此为第一级。在内井底掘有容积为 2000 立方英尺的蓄水池，总站之水悉排于此，是为第二级。由此排出地面，则为第三级。大同分公司有卧式抽水机 12 台，排水量每分钟 9—158 加仑②。1931 年，晋北矿务局在永定庄矿、煤峪口矿分别建成容量为 2 万立方英尺和 1.08 万立方英尺的总水窝，建成与之相连的 3600 立方英尺澄水池及高 10 英尺、宽 12 英尺、长 30 英尺的水泵房，安装气泵 7 台。1934 年，同宝公司、宝恒公司装备锅炉水泵，晋北矿务局有了蒸汽发电机，用小电泵排除下山水。

5. 机电技术

（1）供电技术。地面供电。大同煤矿最早用电的是大同分公司，1929 年有立式 7 马力交流电发电机 1 台，电压 230 伏，专供本厂照明之用。生产动力用电始于晋北矿务局。1929 年，晋北矿务局成立后，永定

---

① 1 立方英尺约合 28.32 立方分米。

② 1 加仑约合 4.55 升。

庄矿设有发电厂，备有发电机 3 部，锅炉 3 台。其中 1 部发电机为电压 2200 伏高压电机，2 部为 525 伏低压电机，其发电能力均为 125 千伏安。供照明、磨面用电。1934 年向煤峪口矿架设输电线路，供该矿照明。井下供电。1930 年代，晋北矿务局发电厂备有 3 部发电机，除供地面用电外，还供井下小绞车用电。

（2）机修技术。中华民国初期，大同煤矿部分采矿公司采用蒸汽动力进行简易机械生产，同时开始了机械设备维修。1925 年，大同分公司忻州窑竖井投产后，设锻、铸、刨、钻等修造车间。1929 年晋北矿务局在永定庄矿设机厂，机厂下设修械厂、虎钳厂、翻砂厂、锻工厂、铆工厂。修械厂备有镟床、刨床、万能铣床、打切机、钻床及磨刀砂轮；虎钳厂备有虎钳案 3 部，以及锉锯等多种工具；翻砂厂备有熔铜、熔铁炉各 1 座，7 寸口径出风管风扇 1 台；锻工厂设有锻炉 4 座；铆工厂备有人力打风炉 4 座。修械厂设备以蒸汽为动力，1933 年 5 月改用 20 马力电力发动机。机工分内厂机工、外厂机工。永定庄、煤峪口矿设机械股，负责机械设备的使用和维修管理。其他使用机器设备的小矿均设有维修组，有简单的车、钻、刨、钳等修理设备。

七、灾害防治技术

1. 瓦斯防治技术

大同煤矿古代煤窑窑工检查矿井瓦斯凭经验判断，很不准确，瓦斯爆炸事故频发。清朝晚期，开始用明火灯检查矿井瓦斯，一手端油灯，一手捏毡帽罩着灯，从巷道下方慢慢向上举，若油灯火焰由黄变蓝并升高时，就断定瓦斯浓度高，有险情，立即用毡帽将油灯扣灭，迅速撤离。然后用明火烧尽瓦斯。这种测试和处理瓦斯的方法极不安全，常常在测试中发生瓦斯爆炸事故。

2. 火灾防治技术

大同煤田各煤层极易自燃，发火期一般为 3—6 个月，最短 50 多天。古代小窑只出块煤，碎煤丢弃窑下，采后不密闭，自燃十分严重。

中华民国时期，大同分公司、晋北矿务局严禁工人在井下吸烟或带引火物品下井，场上和坑内备有土砂、铁车等救火器材。

3. 水害防治技术

大同煤田地处高原，地面无大河流及湖泊，也无积水，故平时无水渗透入井，但由于采空区域面积甚大，顶板塌落，造成地表下陷或裂缝，因此在雨季常有山洪从裂缝中渗入井下，涌水量剧增。同时各矿上部煤层因距地表较浅，亦大都为前人采空，形成古窑积水，造成水害隐患。

大同煤矿古代煤窑对水患束手无策，遇有透水即窑毁人亡，许多古窑因进风不畅，排不出积水变成废窑。窑工在长期的生产实践中积累了防水经验，凡发现煤层发潮发暗，煤壁变冷“出汗”，工作面温度降低，巷道出现雾气，顶板压力加大，煤壁疏松，淋头水增大，底鼓、片帮、渗水、煤壁挂红，水混浊、水发涩或有臭鸡蛋味，煤壁发出水叫声，即断定是出水征兆，便停止开采。

清末民初，大同煤矿开始使用新法防治水害。一般小窑为防水淹井，在坑底另凿暗道引水于外或另凿竖坑用辘轳置牛皮水袋或藤斗将水绞出。1909 年，大同分公司创办后，在《坑内保安规则》中订有“如邻近旧煤坑者，向前工作，须用 8 尺之钻孔钢针钎，先钻孔试验，的确无蓄水及毒气等物，方可前进”“各坑内备有洋灰（水泥）、石灰、毛毡、木石堵水之一切质料，以防不测”等内容。

4. 顶板灾害防治技术

大同煤矿煤窑开采无支柱，窑工凭经验观察顶板。敲击时若是“咚咚”声，为坚硬好顶；若是“嘭嘭”声，即是冒落零皮征兆。但因无支护设施，冒顶事故多，伤亡较大。

民国时期，大同分公司、晋北矿务局《坑内保安规则》只规定“坑务员负责观察煤顶塌陷”，未规定支护措施。因悬顶面积大，支柱不足，常发生顶板事故，伤害人命。

八、煤质分析

大同分公司对所产煤炭已进行煤质分析，分析的数据为：水分 3.69，挥发分 29.98，固定炭 59.0，灰分 7.33，硫黄 1.04，热量 7.898 卡路里。《保晋公司报告书》中还有这样一段记述：大同煤“系带烟煤质，下部性脆，有光泽，少具炼焦性，上都质坚而黑，焦性殆无，纯炭成分在百分之六十以上，凡火车轮船以及各种工厂，皆适用之”。

第四节　现代管理制度的初步建立[①]

现代工程技术的顺利实施要求相应的现代管理方式作为保障。大同保晋分公司时期在生产管理、安全管理及经营管理等方面实现了初步的现代化。

此一时期，大同煤矿工程的管理特点表现为现代企业制度的初始建立及应用。

一、企业性质

保晋总公司是山西开办较早且规模最大的民族资本企业，它是在反帝高潮中诞生的，是反帝爱国争矿运动的产物。因此，保晋总公司一成立，就带有明显的反帝性质，“保晋”，意即保护山西省矿产不受帝国主义掠夺。保晋总公司募股的时候，在章程里明文规定：“所收股份以本国人为限。”尽管如此，保晋总公司却仍无法完全摆脱帝国主义的控制。因为其三个主要环节，即运煤的铁路（正太铁路）、销售的市场（特别是国外市场）和技术力量（聘外国矿师、买外国机器），部分地掌握在帝国主义手中，保晋公司的生产往往受其所限，这是我国半殖民地半封建的社会性质所决定的。

保晋总公司在章程中郑重声明：“本公司用人办事，一以商务为宗，不得沾染丝毫官场气习，亦不沿用各局所名称”，还规定，“本公司既为商办，则附股者无论何人，均认为股东，一律对待”。保晋总公司的办矿宗旨为：“本公司为开辟本省和利源起见，期将各种矿产一律开采以兴地利而裕民生，并提倡地方自办以辅公司之不及。”

---

① 本节数据除注明外，均采自大同矿务局矿史党史征编办公室：《大同煤矿史》，人民出版社，1989 年。

二、组织机构沿革

保晋总公司是在山西争矿运动中诞生的，其创办的目的主要是抵制帝国主义的掠夺，保全山西矿产。 而保晋总公司成立后，一直为资金所扰，发展较为缓慢，其组织机构的健全亦如是。

保晋总公司创办之初，机构设置不健全，只设有股东大会、总公司、分公司和矿厂。 总公司自总理、协理以下设内事、外事、洋矿师、司账、书记、杂务等人员。 分公司各设正副董事及司账、书记、稽查等人员，矿厂各设司事两名。 组织形式多采用汇票庄之名称，这与保晋总公司初时各组织领导多为票号商人不无关系。

1910 年，保晋总公司才设立董事局，由董事 11 人组成，并设查账员 4 人，后来董事局改为董事会，董事减为 7 人，并将查账员改为监察人，仍为 4 人。

保晋总公司初创之时，总公司设在太原海子边，分公司为平定、大同、寿阳、晋城、保定、北平等。 1916 年，崔廷献任公司总理，对保晋总公司组织机构进行了一次较大改革。 将保晋总公司从太原海子边迁到阳泉火车站附近，取消平定分公司，阳泉各矿厂归总公司直接管辖，各矿厂实行独立核算，并自负盈亏。

1920 年以前，保晋总公司章程多次被修订，随着生产经营的不断扩充，组织机构亦多次变更，一些部门旋设旋撤，职名屡经更改。 到 1920 年，保晋总公司的组织机构日趋完善，并大体固定下来。 当时，保晋总公司以股份有限公司为准，分为主权机关、领导机关和执行机关。

股东大会为保晋总公司的主权机关。 股东会分常会和临时会两种。 常会每年举行一次，于年终结账后开会，凡入股者均可与会。 常会会议的主要议题有： 报告上年营业情形及结算账目，分配红利或筹补亏损，提议公司进行事项，选举董事监察人。 最后表决时，规定凡出资股银 1500 两以上者有一决议权，多者递加，但一股东不得超过二十个决议权。

临时会逢有特别重大事件时举行，由董事会总理、协理召集，并于一个月前通知股东。

董事会为保晋总公司的领导机关，由股东大会选举 13 名董事组成。

保晋总公司章程规定，当选的董事必须是本公司股东，其股银，公股者必须有股银 1500 两以上，私股者必须有 2500 两以上，才为合格。董事会每月 15 日举行常会一次，每届任期 3 年。

8 名监察人也由股东大会选举产生。监察人对公司财产、业务可以随时检查，年终结账时须查核公司账目二次并署名报告。当选的监察人必须是本公司的股东，其股银与董事当选人要求相同。监察人每届任期 1 年。

总公司是保晋总公司的执行机关。总公司经理和协理均由董事会选举产生，总公司经理按照董事会的决策，具体领导全公司业务，协理协助之。

总公司下设分公司、分销处、矿厂。总公司设于阳泉，下设六个矿厂。平定、寿阳、大同、晋城等分公司开采煤矿兼办营业。石家庄、保定、北平等分公司则专事销售，分销处有三，设于榆次、太原、寿阳。

总公司经理、协理以下，设总稽核和副总稽核各 1 名，负责管理全公司的工程和财务。总公司设总务处，下设营业、会计两课，再下设文书、股票、庶务、材料、测绘、修械、供给、收发等股。分公司各设分经理，有的也设分副经理。采煤兼办营业的分公司，分设事务、坑务两课，下设营业、会计、庶务、收发、测绘、转运等股。专事营业的分公司，则设营业、会计、庶务和收发等股。矿厂组织则自厂长以下，除无营业股外，其余组织和采煤分公司相同。①

1931 年，保晋总公司再一次改订组织机构。此时，白象锦已担任保晋总公司协理。这次变动的目的在于使组织机构更加系统，明确职责范围，达到事权统一，总公司有较大变动，其他则变动不大。

经变动，总公司组织如下图所示。

自此，保晋总公司组织机构一直沿用至 1937 年公司瓦解。

大同分公司 1909 年初设时，只有经理、洋矿师及雇员、杂役，到 1918 年复设时，有经理、副经理，下设坑务、工程、事务三课。

1925 年，白象锦由大同分公司副经理升任经理后，大同分公司的组织机构随着生产的发展，有一些变动。到 1930 年，大同分公司在经理、副

---

① 王智庆：《保晋公司研究》，经济管理出版社，2014 年，第 73 页。

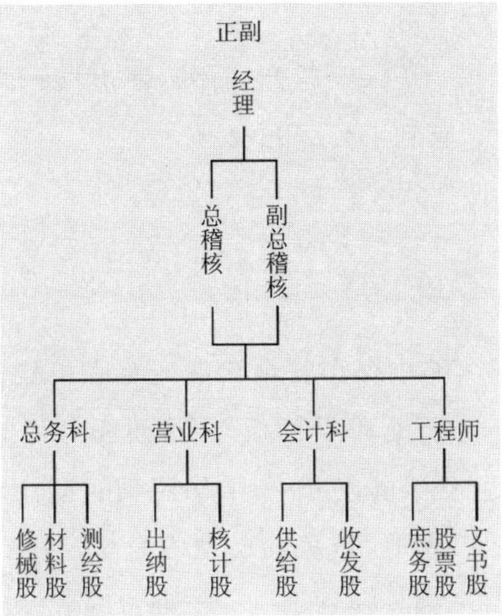

图 2-1　保晋总公司组织机构

经理下设矿师一名，取消工程课，在坑务课、事务课下设坑内股、机械股、运输股、材料股、土木股、营业股、会计股、庶务股，并招收矿警 40 名，其中设管理员 1 人，什长 1 人，伍长 4 人。 1933 年，大同分公司有工人 800 余名。

三、用人制度的革新——考用人才

保晋总公司初创时所用之人，多为票号商及其亲友，公司章程甚至明确规定:“本公司既以商务为宗，则所用号友，自宜多用商人。 一依晋商向例，经取有确实铺保”，即可录用。 保晋总公司除正副经理由董事会选举，一些高级职员由董事会同意聘用外，其他人员均系推荐。 只要有在社会上有身份、有地位的人保举，即为所用。 这样一来，所用之人能力不得而知，品行亦无从稽考，难免鱼龙混杂。 加之一些旧票号商人及伙友，既无近代企业管理知识，又不懂煤炭生产技术，势必尸位素餐，滥竽充数。

白象锦任大同分公司经理时，颇重人才，后任保晋总公司协理，深感用人不当是保晋总公司一大弊端。 1932 年，保晋总公司决定，对于普通职员的录用，由推荐改为考试。 公司明文规定:“凡有荐举职员者，必须用函件通知公司，先行登记，遇有需用人材之时，由公司定期召集，分别考试，如能合格，再行录用。”

考试择优录用职员，是保晋总公司用人制度的一大进步，此举无疑可提高公司人员的素质，有利于公司的发展。

四、安全管理

1. 管理机构

明清时期，大同煤矿小煤窑安全管理无专职机构，由把总全面负责，主要是管风、防水、防瓦斯和看顶板。首要任务是管风，其次是防水。看顶板、防水、防火全凭经验判断。中华民国时期，大同分公司、晋北矿务局等采矿公司设置工程科、坑务股负责安全生产的管理，并聘矿师负责采煤技术。矿师拟订坑内外保安规则，工程、坑务人员负责观察顶板、沼气、水、火等事故征兆，检查放炮、通风、安全路线等安全事项。

2. 安全规章制度

1909 年，大同分公司创办后，执行保晋总公司制定的《坑内保安规则》《火药管理规则》。其内容为：入坑要检身（防带易燃物）；坑内运输道两侧要设躲避峒；坑务员负责观察煤顶塌陷及煤（沼）气、火、水的事故征兆；放炮方法，反风规定，安全路线，保险灯使用及注意事项；探放水规定，救火、堵水器材的设置和火药领取使用注意事项；等等。此后开办的各大采矿公司均订有简要的安全规程或保安措施。

3. 安全检查

1929 年晋北矿务局创办后，为防止将易燃品（火柴）带入坑内，建立了入坑搜身检查制，此项制度延续多年。1935 年，国民党政府实业部公布了《工厂安全与卫生检查细则》，大同少数煤矿贯彻实施，但未形成制度。

4. 安全培训

民国时期，大同煤矿大采矿公司主要是通过“以师带徒”形式，传授生产技术和安全经验，言传口授，无理论教育。

五、经营管理

清朝中叶，煤窑生产组织为窑主管辖的货房、入伙柜和账房。货房负责日常煤窑事务，按比例抽取煤窑利润；入伙柜则雇用工人，组织生产；账房管理银钱账目和工人工资。在劳资管理方面，出现了长期工，订有劳动定额。

1909 年，大同分公司设立财务、物资和煤炭销售专门机构，建立了各种管理制度。在财务管理方面，第一次出现了固定资产和流动资金，并开始进行成本核算；在物资管理方面，开始编制物资使用计划，工人增至 1000 余名。

1929 年成立的晋北矿务局，基本建立了较为完整的经营管理体系和机构。在财务管理方面，开始按年度提出会计报告，账簿分类也变细；煤炭销售在外地设分销机构。1933 年，晋北矿务局改组为晋北矿务局工商合办股份有限公司，成立董事会。公司按期向董事会报告生产经营情况，如遇重大事情发生，董事会召开临时股东大会议决。

大同分公司初设 6 年，仅千金峪、秦家山两矿厂小窑出煤，因运输困难，所产煤炭全部在本地行销。每百斤大块煤约为 15 铜钱，碎煤约为 8 铜钱。

千金峪、秦家山矿厂 1910 年至 1915 年平均每年出煤 7006.3 吨，其中年产量最高的是 1911 年的 21161.8 吨。

1925 年，大同分公司近代半机械化矿井——忻州窑竖井正式投产。1926 年，忻州窑竖井年产煤 3.1 万多吨，这一年，煤炭全部在当地行销，颇受买主欢迎。到 1928 年，产量渐增，销场日广，大同分公司所产之煤，块末各半，块煤销于本地，仍不敷需要，末煤在本地则行销颇难。因此，大同分公司即以廉价售予平绥路局，并试销于平绥路沿线。只因平绥路运费特大，沿途捐税过重而不能远销外埠，张家口及绥远一带，都极欢迎大同煤。

1929 年，大同分公司煤炭产量达 13.1 万多吨，这一年，忻州窑矿厂至口泉站窄轨铁路铺设完毕，大大便利了煤炭运输。从此，大同分公司的煤炭，运销京津一带。

六、劳动管理

用工制度方面，古代，大同地区煤窑多由农民采煤，农闲时下窑，农忙时种地。清中叶后，小煤窑生产最普遍的是由入伙柜经营，由入伙柜雇用工人。搂炭大师傅、刨根的、跑窑的、界炭的、霸梯子的、铁匠、罗火的为长期工，背炭的为临时工。大同分公司和晋北矿务局雇用长期工或包工等，实行多种用工制度，并对所招用对象进行体检、培训等。工人分为包工、雇工两类。坑内采煤、运煤为包工，其余为雇工。晋北矿务局采矿、运输、选矿、机械、杂务等几个工种工人，均实行长期工制度，不雇用季节性临时工。其他小煤窑的劳动力来源大都是附近农民，农闲时到煤窑做短工，仅有极少部分长年以挖煤为生。

劳动组织方面，清中叶后，大同煤窑普遍实行入伙柜的劳动组织形式。入伙柜即封建把头制，雇有工人，向窑主领取掌子面后进行生产经营，按比例向窑主交纳利润。中华民国时期，大同分公司实行 8 小时工作制。不论坑内坑外，日分 3 班。6—14 时为早班，14—22 时为晚班，22 时至次日 6 时为夜班。上下班以锅炉房鸣汽笛为号。机器工房的工人实行日工作 10 小时制，任务紧时加夜班。工人实行严格的签到和交接班制度。下坑时，须到收发股领取名签（用竹、木或铁皮制作的写有工人名字的牌子），入坑后，将名签交给坑口收签人，由收签人将名签送到收发股。第一班工人须待第二班入坑交接后方能出坑。如有特殊原因不到换班时间出坑者，须经当班工头同意，并得到坑务股的允许才能出坑。1930 年晋北矿务局将直接雇用的工人称为里工，制定了《工程科里工工人暂行管理规定》，劳动组织臻于完善；将包工工人称为外工，明文规定由包工人负责管理。井下部分工人、地面推煤工、厂外机工实行 3 班 8 小时工作制，其他工种的工人实行长白班（即 1 日 1 班）制，每日工作 8—10 小时。

工资管理方面，大同分公司工种及工资状况如下。

大同分公司用工大致分为日工、月工、包工及临时包工四种。凡修路、通风、提水、挂钩、推车、抬煤、上油、点灯等工，均属日工；采煤、运煤等工均为包工；司机及领工并各处差役均属月工；凡遇特别建筑，或坑内外特别工程，如开凿厂面等，均属临时包工。

工人每日工作 10 小时，分昼夜两班，上下班均以锅炉房鸣放汽笛为号。

日工、月工工资均为计时工资，包工则为计件工资。采煤、运煤工人，占工人总数的74.4%，每日按采煤数量和进行尺数，核给工资。

工人日平均工资为4角。旧历每月朔望两日及春分、夏至、秋分、冬至四节休息。旧历腊月十八以后，外籍工人多数回原籍，当地工人也回家过年。公司规定农历正月初六开工，而坚守者极少，一般须等到二月初二之后，矿工方能全来。

工人因工受伤者，公司酌情给假日，并酌情发放一点医疗费。因工死亡者，公司发放抚恤金30元。

第五节　大同地区其他煤矿的一般状况①

继保晋总公司之后，大同煤矿掀起了办矿热潮。地主、商人、官僚和军阀纷纷投资煤矿，兴办实业。根据矿照档案资料，1914年到1924年十年间，在大同以采矿公司或私人名义划占矿区的就有47家之多，共划占矿区198处，占地面积多达280多万亩。

在这些采矿公司中，采用新法开采，规模较大，达到半机械化程度的只有保晋、同宝、宝恒和晋北矿务局四家，所谓山西四矿公司。其他一些小公司和私人小煤窑，多沿用土法采煤，也有安装机器的，但主要靠人工。

在后来的发展中，一些煤窑在竞争中被大公司吞并，如裕晋公司并入同宝公司；也有一些煤窑因井底涌水等意外情况的发生而弃置不办；还有一些煤窑避开激烈的竞争，在交通不便的山区独占一方，煤炭销于当地，如马脊梁的地主杜怀明、商人郭跃武等。

这一时期，大同煤炭行销各地。到1918年平绥路大同至口泉支线通车，大同煤炭开始销往日本。

大同分公司状况如前所述，晋北矿务局状况将专章介绍，其余各采矿公司及新旧小窑状况如下：

① 本节数据除注明外，均采自大同矿务局矿史党史征编办公室：《大同煤矿史》，人民出版社，1989年。

同宝公司 由梁士诒与阎锡山合办。梁士诒是北洋军阀政府的财政总长，搜刮了大量的民脂民膏，有“梁财神”之称。梁士诒受广东同乡邝荣光劝说，决定投资大同开办煤矿。但大同是阎锡山的地盘，不拉拢他，恐难办成。于是，就由梁士诒出资 200 万元，阎锡山及其亲信张树帜以矿地作股金 100 万元，合组同宝公司，由邝荣光负责经营。邝荣光曾留学美国，当过清政府的总矿师。同宝公司创办之初，他倚仗阎锡山的势力，大量划占矿区，先后划占矿区 105 处，几乎占据了整个大同矿区。当时，有许多小煤窑在同宝公司划占的矿区之内，同宝公司就通过官府用侵犯矿权的罪名，将一些小煤窑的窑主抓起来，逼迫他们交出小煤窑，在这种高压手段下，一些小煤窑只好宣告破产，关闭了事。邝荣光划占矿区后，大买机器。同宝公司买的机器不计其数，从上海、天津一直到大同，沿途车站、码头到处存放，甚至连和煤矿毫不相干的造船机器也被盲目买来。不仅如此，邝荣光还大肆挥霍，将自己的月薪定为 1500 元（相当于当时煤矿工人工资的 150 到 200 倍），其他职员的月薪也都在百元以上。同宝公司于 1918 年开始动工，合并裕晋、义昌和民康三个公司，在白洞村、长流水村、青阳湾、刁窝嘴、胡家窑均设厂采煤。1912 年，由于邝荣光不善经营，同宝公司因资金不足而停工。如若再行开工，还需大量投资，梁士诒虽然有大量不义之财，也不愿如此抛撒，而阎锡山、张树帜也断然不会掏自己的腰包。邝荣光带着他在短时间内捞取到的一大笔钱一走了之。而同宝公司购买的机器，此时还未全部运到，分散存放在各处码头、车站，无人过问，后来不知所终。这是大同煤矿史上，也是中国工业史上最荒唐的一页。1928 年，阎寿康着手恢复同宝公司，在胡家湾旧有小窑以土法开采煤炭，翌年又在胡家湾开凿斜井，并完成了绞车的安装。斜井长度为 180 尺，倾斜 40 度。矿区面积 30 平方里。煤层有三，厚度分别为 2.24 尺、2.28 尺、4.48 尺。坑内铺设轻便铁道，并购置 75 马力立式锅炉 2 台。到 1934 年，同宝公司有工人 200 余名，工人日工资为 4 角左右。日产煤 200 吨左右，运销当地及平绥一带。每吨煤炭成本为 2.05 元，每吨煤价 4.2 元左右。胡家湾在口泉镇西 30 里处，同宝公司所在地煤矿有轻便铁道与泉峰路（口泉到张家峰）接轨，以小火车及汗车运送煤炭。

宝恒公司 由四大家族之一的官僚资本家孔祥熙投资开办。1919

年，孔祥熙只是山西的一个大财阀，有一次，他到天镇去做买卖时，碰见太谷同乡杨天章。杨天章曾留学日本，那时正在天镇一个银矿工作。杨天章觉得银矿前途不大，便向孔祥熙宣传开煤矿的好处，建议孔投资开矿。孔祥熙便出资 1 万元，又募了 2 万元股，由杨天章负责，在大同创办了宝恒公司。1920 年，宝恒公司买下口泉镇白土窑的一个小煤窑，煤层有二，一厚 2.88 尺，一厚 3.84 尺。杨天章将此窑加以改建。并买来 40 马力卧式锅炉 1 台，绞车 1 部，气泵 3 台，在坑内敷设了轻便铁轨，以人工刨煤。井下煤炭装入煤车后，用人力推到井底，再由高车提出坑外。到 1935 年，宝恒公司日产煤 50 吨左右，工人每日工资 4 角 5 分。所产煤炭，一销本省天镇、阳高两县，用汗车运送，每吨公里运费约 1 角 8 分，一销外地，如绥远、张家口、北平一带，由火车转运，每吨公里运价约 3 分 8 厘。每吨煤价，当地销售价在 4 元左右。

晋华公司　前身为积成公司。1910 年，在京绥铁路沿线设了很多货栈的北京积成栈行，看到京绥铁路逐日向西发展，不久即到达大同，认为在大同投资办煤矿有利可图。于是，积成栈行购买了 2 台锅炉，用马车拉到大同，在大同设立了积成公司，雇人在云冈沟东沙咀开凿一对新法开采斜井，这是大同第一次用半机械化的方法开凿矿井。1911 年辛亥革命后，积成公司把尚未建成的东沙咀斜井卖给晋华公司。晋华公司接收后，在大同县城正西 25 里处划占矿区，将矿厂设于云冈河南岸石板沟坡西侧。1917 年，晋华公司继续开凿东沙咀斜井。坑内敷设轻便铁轨，坑道中间安设抽水机一台，每小时抽水 5 分钟，每次出水一小柜，重约 500 斤，水柜由铁轨上下。晋华公司有 1 台 40 马力的两级横式火管锅炉，日需煤 1300 余斤，专为坑道内抽水机及拉运水柜之用。东沙咀斜井用自然通风法，在坑口南 3 丈余另凿一风孔，孔口距井底约 500 余尺，孔口旁设一火炉，为使坑内空气容易流通。晋华公司矿厂内设备颇完备，有高车房 1 间，锅炉房 4 间，修理机器房及矿师房 5 间，职员及工人用房 16 间。据《山西矿务志略》记载，晋华公司当时资本为 11 万元，预计购置大宗机器，修建轻便铁道，使之与大同至口泉之铁路接轨，以图更大发展。晋华公司为两合公司，据其章程记载，股东王省三、李绛侯（均家居北京）各出资 2 万元，为无限责任股东，代表公司执行业务；股东王乃鼎、潘松、严师錾、王平三为有限责任股东。晋华公司总管理为王学令（只尽义务，不拿薪金）；驻大同办事处主任为王俊卿；矿师为广东人刘经芳，此人曾留学美国，工人们称其为大黑刘。1918 年，东沙咀斜井已开凿了 70 多米深，遇到出水，上海来了一名英国机械工人，为东沙咀斜井安装排水用蒸汽锅炉。后来，开采即达煤层时，人们风传晋华公司为英国人邦朗所办，大同人民群起反对，晋华公司只好关闭，留下一部分员工看守机器，直到 1937 年。

裕晋煤矿公司 位于长流水村西青杨湾，距口泉车站 22.5 公里。该公司由阎子安和张树帜于 1914 年合资开办，资本 5 万元，公司经理为徐士瑜。裕晋煤矿公司在青阳湾以土法开凿坑口两座，于 1914 年开凿西坑，在深 49 尺处见煤，1916 年因涌水过大，几乎停业。后在坑口设置 25 马力竖锅炉 1 台，在以蒸汽动力进行排水的同时，开凿了东坑，在深 25 米处见煤。两坑口均沿煤层斜开煤梯 32 级，坡度 35 度左右。按房柱法采煤。依总路两侧，每相距 9 丈内，采煤长 4 丈、深 8 丈、高 9 尺，所余长 5 丈、深 8 丈、高 9 尺之煤，留作煤柱。每工日采煤 3 吨，工人日工资洋 4 角。所采之煤皆系一尺见方之大块，由工人背负而出。每人每次背两块，每块重七八十斤，碎块及煤末，均留存坑内，因顶石坚平，从不用支柱支撑。东、西两坑互相连通，相距一里许，西坑口地势较高，以借天然之力，使坑内空气得以流通。据《山西矿务志略》记载：裕晋公司 1920 年煤炭产量为 6 万吨，销路为阳高、天镇、张家口一带，当地零售每百斤大块煤为 15 铜钱。

同发炭厂 位于距口泉车站 22.5 公里的张家峰沟内，于 1917 年领取探矿执照，当年开工，资本 3600 元，经理是崞县人张德徵。厂内有坑口 6 个。沟南 45 度之梯形坑三，为试探坑口，斜深各 50 余级；竖坑一，直深 5 丈，专为提水之用。沟北 45 度之试探梯形横坑一，斜深 80 余级；提水竖坑一，直深 9 丈，竖坑口上安有木制辘轳，用藤斗绞水。采煤纯用土法，煤炭由工人背出坑口，堆积厂内，随时出售。据《山西矿务志略》记载，同发炭厂 1920 年煤炭产量为 500 万斤，每斤为制钱 1 文 5 厘，销路为阳高、天镇、张家口一带。

广兴煤矿公司 位于在大同县西南辛庄村干沟内，距大同县城 35 公里，距口泉车站 15 公里。该公司系股份有限公司，经理汪时澍，安徽旌德县人。资本 3 万元，矿区面积为 1500 亩。1915 年 5 月广兴公司开凿梯形横坑 1 座，石梯 128 级，即达煤层，横坑专为采煤之用。距横坑 8 丈远之地，专凿长方形坑口的竖坑 1 座，深 12 丈，专备通风汲水之用。竖坑口上部建一小房，内装 24 马力两级竖锅炉 1 台，抽水机 1 部，每日早晚抽水共 6 小时。另外，锅炉房设在竖坑坑口，促进了坑道空气的自然流通。广兴公司采煤纯用土法。由坑口凿到煤层，然后在总路两侧各开 9 尺高之支路（俗名伙岔），各岔内分为数段（俗名堂），每段由入伙柜包揽开采。工人日背炭七八百斤，煤炭堆积厂内。所售之价，分为十分，公司得二，入伙柜得八。1917 年广兴煤矿公司得制钱 5000 吊，当时入伙柜 12 家，共有工人 200 名，工人每日可得工资制钱 400 文。广兴公司在 1918 年前后，日产煤为 12 万斤，并烧制焦炭，煤价当地销售为每百斤大块煤 12 铜钱，碎煤 5 铜钱，销路为丰镇县、天城村等地。

天眷煤矿公司 位于左云县东南台子村，距左云县城 27 里，东南距张家峰 1.5 公里，距口泉车站 24 公里，东北距高山镇 21 公里。1912 年开采，纯用土法。矿主为贾缙，崞县人。资本 4000 元。有梯形横坑 1 座，斜深 270 级台阶，煤层厚 9 尺，入伙柜 5 家。1920 年日出炭 5000 余斤，销于天镇一带。

天兴煤厂 位于拖皮村西，半窑沟内，距大同县城 11.5 公里，距拖皮村 1.5 公里，距平旺车站 3 公里。1910 年，土法开凿，资本 2 万元。系集股开办，经理为大同人施忠。厂内有梯形横坑一座，斜深 280 梯，每梯高 7 寸，约 20 丈，煤层上级厚 3 尺，底级厚 8 尺。天兴煤厂雇用入伙柜 7 家，每家工人十四五人，每工日采炭 1200 斤左右，每百斤炭售制钱 230 文。通年售炭所得之价，分为十分，入伙柜得八，天兴煤厂得二。1917 年天兴煤厂共收制钱 7000 余吊，除去各项开支，净得利钱 2000 余吊。天兴煤厂因距大同县城较近，销路尚好，生产颇旺。

元仁煤厂 位于怀仁县城西北大马营涧沟内，距口泉镇 17.5 公里。厂内有梯形横坑 1 座，斜深 185 级，煤层厚 1 丈 5 尺。入伙柜 6 家，每家工人 20 名，每工日采炭 1200 斤左右，售煤所得之价，分为十分，煤厂得二，入伙柜得八。该煤矿系保晋公司经理崔廷献与裕晋公司经理阎子安于

1917 年向当地人合购之矿，买价 2600 元，买后即租于元仁煤厂，由大同分公司原经理赵长庚经营，采用土法掘煤。

大兴煤矿公司 位于大同县城西 17.5 公里处，距云冈堡 2.5 公里。1915 年领照注册，呈请人为江苏丹阳人姚鸿漠。据《中国经济年鉴》记载，1934 年大兴公司日产煤五六十吨，设备有锅炉、水泵等。

兴盛煤厂 位于大同县城西南，煤峪口村西北，大北沟内，距口泉镇 4 公里。1876 年以土法开采，资本约 5 万元，经理为周万银。厂内有梯形横坑 3 座，斜深各 21 丈，煤层厚 6 尺。1920 年，有入伙柜 2 家，每家有工人 20 名。兴盛煤厂每售煤百斤，除成本及工价外，可净得余利制钱十五六文。

宝兴文煤厂 位于怀仁县属魏家村西南，距口泉镇 17.5 公里，厂内有梯形坑 4 座，平坑 1 座，煤层厚 1 丈 2 尺。1804 年集股开采，纯系土法，代表人为曹聚英。该厂 1920 年雇用入伙柜 2 家。

保华公司 位于大同县城，总办为何宗，矿区在马营洼二道沟处，有竖坑 1 座，横坑 4 座，坑深 20 余丈，炭分 3 层，厚者 2 丈 2 尺，薄者四五尺，共深 3 丈余，为大同西山一带最厚之煤层，只因涌水太多，作业困难。到 1918 年，保华公司仅有矿工 4 人，日产煤 2000 斤，煤价当地销售为每百斤大块煤 19 铜钱，碎煤为 10 铜钱，销路为云冈及大同县。

梁代仓煤矿公司 位于大同县城西南，距县城 42.5 公里，东北距高山镇 15 公里，1914 年用土法开采，矿主为大同县人王可贞，矿区面积 190 余亩，资本 6000 元，厂内有梯形坑 1 座，斜深 240 级，煤层厚 6 尺，雇有入伙柜 10 家。1920 年日出煤 8000 斤左右。煤炭销于天镇一带。

恒义煤矿公司 位于大同口泉镇西 10 公里处树儿洼，有土法开采斜井 2 座。据《中国经济年鉴》记载，1934 年日产煤为 20 吨。

同成煤矿公司 位于大同口泉镇西 1.5 公里处。有竖井 1 座，蒸汽锅炉 3 台，绞车 1 架。据《中国经济年鉴》载，1934 年日产煤 70 吨。

义成煤矿公司 位于大同口泉镇西约 10 公里处马营涧，有 1 座斜井，并安装了锅炉、绞车等设备。据《中国经济年鉴》记载，1934 年日产煤 20 吨，煤炭由泉峰路运往口泉镇。

宝丰公司 先为洪茂公司，后易名为宝丰公司，矿区在小马营涧。有竖坑 1 座，用机器抽水，横坑 6 座，出煤之横坑 2 座。煤层厚 1 丈 2 尺左右。据《山西矿务志略》记载，1920 年，宝丰公司有工人六七十名，日出煤 3 万余斤。

聚宝沟煤矿　位于拖皮村附近，口泉北约 10 公里处。1881 年，王子昌开凿此矿井，因收支相抵而停业。中华民国元年（1912 年）翟二将其买下，再度着手开凿，斜井开凿到 230 尺处达煤层。从坑口开始向西掘进，一时出现了兴盛的开工景象，后因出水多、施工困难而停工。开采煤层为第六层，采高为 4 尺 5 寸。1918 年矿工为 6 人，日产煤 3500 斤。煤价当地销售为每百斤大块煤 22 铜钱，销路为大同县。

黄土金(黄土湾)煤矿　位于兴旺庄附近，口泉北约 5 公里处，矿主为施某，中华民国三年（1914 年）开始凿井。到 1918 年有深 140 尺的斜井，采煤区域为距坑口北方 750 尺，开采煤层为第六层，采高为 3 尺。矿工为 7 人，日产煤 3000 斤。煤价当地销售每百斤大块煤为 19 铜钱，销路为云冈、小站、兴旺庄村等处。

大沟煤矿　位于口泉北约 6 公里处，系清光绪元年（1875 年）开凿，为周万银和杨某共同经营，矿区面积 500 多亩。1918 年有 3 个斜井出煤，开采煤层为第六层，采煤 3 尺 5 寸。矿工 200 余人，日产煤 10 万余斤。煤价当地销售为每百斤大块煤 25 铜钱，销路为平旺火车站及大同县。

热窑沟煤矿　口泉北约 4 公里处，系同治年间开凿，有三眼斜井。因出水太多，开采困难，到 1915 年完全废弃。后又新开深 211 尺的斜井，1918 年有矿工 35 人，日产煤 2 万斤，窑主为周万银，开采煤层为第七层，采煤 2 尺 8 寸，并兼炼焦炭。煤价当地销售为每百斤大块煤 30 铜钱，销路为平旺火车站及大同县。

二道沟煤矿　位于口泉镇北约 1.5 公里处，中华民国七年（1918 年）开凿，窑主为郑山。井筒为北 30 度向西，水平方向开凿 55 尺，由此向下掘进到 42 尺处见煤。开采煤层为第七层。1918 年有矿工 3 人，日产煤 1500 斤，煤质脆弱。煤价当地销售为每百斤 15 铜钱，销路为口泉镇。

四峪沟煤矿、陈家峪煤矿　均座落在大同西南 40 公里处，在凉帽山的东麓。

小磨沟煤矿　位于大向西南约 40 公里处，1916 年为汪用九收买。当时有旧坑口 4 座，后又开采坑口 1 座。开采坑口为斜井，由北 30 度向西掘进 600 尺，在深 140 尺处见煤，开采煤层属于第六层，厚度为 10 尺多，但中间夹杂有厚 3 尺的页岩，分为上下两个煤层，上部煤层为无烟煤，采 3 尺，下部煤层为烟煤，采 4 尺。1918 年有矿工 4 人，日产煤 2000 斤。煤价当地销售为每百斤无烟煤 9 铜钱，烟煤 8 铜钱，销路为怀仁县、应县。

铁匠炉沟煤矿 位于大同西南约 40 公里处，1915 年开凿。窑主为鹅毛口村的杨某和另外 2 人，有一个坑口，从第六层的露头开始向北西掘进 300 尺，成水平坑道，煤层厚 7 尺 2 寸，因中间夹杂有 1 尺的页岩而分成上下两层，开采的上部煤层为 3 尺的无烟煤，下部煤层为 2 尺 6 寸的烟煤。1918 年有矿工 10 人，日产煤 5000 斤。本地售价为每百斤煤 10 铜钱，销路为鹅毛口及怀仁县。

庄瓦沟煤矿 位于大同西南约 40 公里处，1912 年开凿，窑主为怀仁县的李禀英。开采煤层为第六层，矿井为深 17 尺的斜井，坑道为南 60 度向西掘进，开采煤层为 5 尺。1918 年有矿工 4 人，日产煤 1800 斤。煤价当地销售为每百斤 60 铜钱，销路为鹅毛口及怀仁县。

吾道沟煤矿 位于大同西南约 45 公里处，系 1909 年前后开凿的矿井，属于怀仁县吾道村的共有矿区。该煤矿第五层、第六层及第七层煤的露头是平行的，从北东走向南西，含煤层皱曲而形成二背斜及一向斜构造，北西方成 30 度的倾斜，开采煤层为第六层及第七层。第六层煤厚 8 到 10 尺，中间夹杂有 2 到 3 尺的页岩，因而能采平日趋 5 寸的煤。第七层厚 6 尺，中间夹杂有厚 5 寸的页岩，上部还有 2 尺 5 寸的劣质煤，因而只能采平均 3 尺的煤层。该煤矿虽旧井口数量不少，但到 1918 年开采的仅 1 座坑口，开采坑道从第六层煤的露头处向北西掘进，延至 130 尺。还有从第七层露头向北西掘进的坑道，据说是供吾道村村民随时采掘用。当时矿工为 3 人，日产煤 1500 斤。煤炭当地售价为每百斤 6 到 7 铜钱，销路为吾道村及怀仁县。

白头沟煤矿 位于大同西南约 62.5 公里处，窑主为小峪口的果某，采掘出的煤为大块煤，销路为磨道河、薛家庄及路家庄。

东沟煤矿 位于口泉西南约 20 公里处，1915 年开凿，窑主为唐祖尧。斜井深 140 尺，在第六层见煤，使役马 3 头进行排水，开采煤层平均能采 3

尺。1918 年有矿工 6 人，日产煤 3000 斤。煤价当地销售为每百斤大块煤 10 铜钱，销路为怀仁县。

水沟煤矿 位于口泉西南约 15 公里处。1916 年开凿，窑主为谷逢盛。斜井深 280 尺，在第六层见煤，可采煤层 6 尺。1918 年有矿工 10 人，日产煤 5000 斤。煤价当地销售为每百斤大块煤 10 铜钱，销路为怀仁县、应县。

四峰山煤矿 位于口泉西南约 20 公里处，吴家窑附近。该煤矿旧坑颇多，1915 年由窑主李启成新开坑口，在深 257 尺处见煤，由南 30 度向西掘进 2000 尺，开采煤层为第六层，可采煤层为 5 尺。1918 年有矿工 20 人，日产煤 1.2 万斤。煤价当地销售为每百斤大块煤 10 铜钱，销路为山阴县、应县。

五成山煤矿 位于口泉西南 27.5 公里处，距四峰山煤矿 15 华里，1918 年尚在开采中。

东庄煤矿、水头煤矿、黄老沟煤矿、前山子煤矿 这 4 个矿作为旧岱岳附近的煤矿而闻名，坐落在口泉西南 25 公里处。采出的煤炭用驴骡运至旧岱岳及山阴县，水头煤矿、黄老沟煤矿产煤较多。

乱道沟煤矿 系位于乱道沟的 4 个煤矿，即胡家窑、康家窑、回家窑及唐家窑的总称。这些煤矿开采第六及第七两个煤层，煤层间隔为 45 尺。第六层煤虽厚为 8 尺，但采掘部分仅为 6 尺，中间有约 2 尺的页岩夹层。第七层煤虽厚为 5 尺，但有 2 尺的页岩夹层和 2 尺的劣质煤，平均只能采 2 尺的煤。1918 年煤价当地销售为每百斤大块煤 6 铜钱，销路为平鲁县、三里庄、大干庄及井坪堡。

胡家窑煤矿 1909 年开凿，窑主为贾伍李。斜井深 98 尺，有沿第六层煤北 30 度向东掘进 800 尺的水平巷道，并从该巷道末端向下掘深 45 尺，还有从第七层煤向东北掘进 100 尺的水平巷道。1918 年有矿工 2 人，日产煤千斤。

康家窑煤矿 系清光绪年间开采，窑主为唐立，斜井深 210 尺。1918 年有矿工 15 人，日产煤 9000 斤。

回家窑煤矿 1911 年开采，窑主为鄣某，斜井深 140 尺。1918 年有矿工 3 人，日产煤 1800 斤。

康家窑煤矿 系清光绪年间开采，窑主为王某，斜井深 350 尺，1918 年有矿工 3 人，日产煤 1500 斤。

炉子沟煤矿 系指炉子沟的 3 个煤矿，即大石煤矿、四盛成煤矿及万和成煤矿，位于口泉西南约 40 华里处。煤矿开采第六煤层，煤层厚虽为 8 尺，但除掉劣质煤及夹层外，可采部分平均为 5 至 6 尺，煤价当地销售为每百斤大块煤 12 铜钱，销路为朔县及井坪堡。

大石煤矿 1909 年开凿，窑主为闫芝，斜井深 196 尺，并从该坑底北 40 度向东掘进 1800 尺。1918 年有矿工 3 至 4 人，日产煤 2000 多斤。

四盛成煤矿 1915 年开凿，窑主为郭效仪，斜井深 210 尺，并从该坑底北 20 度向东掘进 100 尺。1918 年有矿工 4 人，日产煤 2400 斤。

万和成煤矿 1915 年开凿，窑主为杨清，斜深 210 尺，并从该坑底北 10 度向东掘进 500 尺。1918 年有矿工 5 人，日产煤 3000 斤。

安吉岭煤矿 位于口泉西南 50 公里处，1918 年尚在开采。

刘家窑子煤矿 常泰和、东沟窑、五泰和、五龙洞、石硖子及六合柜总称为刘家窑子煤矿，分布在口泉西南约 55 公里处。开采煤层为第六及第七层，第六层厚为 10 尺，除掉 1.8 尺的石子和 3.5 尺的劣质煤外，采煤部的厚度平均为 4 尺。第七层厚为 6 尺，有 2 至 3 尺的劣质煤，采煤部的厚度为 3 到 4 尺。煤价当地销售为每百斤大块煤十五六铜钱，销路为朔县、山阴县及应县。

常泰和煤矿 1917 年开凿，窑主为王殿，斜井深 126 尺，1918 年有矿工 20 人，其中包括童工 15 名，日产煤 7000 斤。

东沟窑煤矿 由上窑及下窑组成，为 1913 年前后的旧井。东沟上窑为刘化鱼所有，斜井深 35 尺，1918 年前后有矿工 6 人，其中童工 4 人，日产煤 2500 斤。东沟下窑为刘克明所有，斜井深 14 尺，1918 年前后有矿工 8 人，日产煤 4800 斤。

五泰和煤矿 1918 年前后有矿工 2 人，日产煤 2000 斤左右。

五龙洞煤矿及石硖子煤矿 1918 年前后有矿工 2 至 3 人，日产煤均为 1200 斤左右。

六和柜煤矿 1917 年再行开凿的旧井，窑主为罗镒，斜井深 350 尺，1918 年前后有矿工 10 人，日产煤 8000 斤。

全五营煤矿　位于全五营村的 3 个煤矿——万荣成、万盛成与天泰成，坐落在口泉西南约 60 公里处。这些煤矿开采第六及第七两个煤层，煤层间隔为 72 尺，第六层厚约 7 尺，第七层厚约 5 尺。煤价当地销售每百斤大块煤 10 铜钱，销路为朔县及花庄。

万荣成煤矿　1904 年前后开办，窑主为边珍，开采第七煤层，斜井深 90 尺，矿工 12 人，日产煤 7000 斤。

万盛成煤矿　1915 年开凿，窑主为边常存，井深 180 尺，矿工 4 人，日产煤 2200 斤。

天泰成煤矿　1916 年开凿，窑主为边珍，井深 245 尺，矿工 5 人，日产煤 2600 斤。

滋裕煤矿　位于口泉西南约 60 公里处，1906 年开凿，窑主为滋裕村的落芝宋。1909 年由于出水而停业。

桃八洼煤矿　位于窝窝会的 3 座煤矿——五盛成、三盛成和双盛成的总称，坐落在口泉西南约 60 公里处，该煤矿开采第六煤层。煤价当地销售每百斤 16 铜钱，销路为井坪堡及神池县利民堡。

五盛成煤矿　1916 年开凿，窑主为贾太如、李映堂及武光裕，斜井深 210 尺，矿工为 3 至 4 人，日产煤 2000 斤。

三盛成煤矿　1916 年开凿，窑主为贾奎，斜井深 210 尺，有 10 余名矿工，日产煤 6000 斤。

双盛成煤矿　1904 年开凿，窑主为周禧，斜井深 210 尺，矿工 5 人，日产煤 3000 斤。

斗窑沟煤矿　1910 年前后开凿，后因收支相抵而停工，到 1913 年转为官营，因探矿及采掘方法不当，不到一年即废弃。1915 年大同县人郭福新重凿斜井，在深 160 尺处见煤，1918 年有矿工 40 人，日产煤 2.4 万斤。煤价当地销售每百斤大块煤 22 铜钱，销路为大同县。

老四沟煤矿　老四沟煤矿原有旧坑口 3 座，1916 年又重新开凿，在深 10 尺处见煤，可采煤层为 4 尺。窑主为鸦儿崖村的黄西园，雇用矿工 4 人，日产煤 2000 余斤。煤价当地销售为每百斤大块煤 10 铜钱，销路为口泉镇。

小峰山煤矿　位于小峰山的 3 个矿，即旺家窑、赵家窑及高家窑，坐落在口泉西南 50 公里处。煤矿开采第六及第七煤层。煤价当地销售为每百斤大块煤 11 铜钱，碎煤 4 铜钱，销路为平鲁县、三里庄、交界、向阳堡等地。

旺家窑煤矿 为吴天庆所有，1916 年开凿了深 140 尺的新井，在第六层见煤，有矿工 7 人，日产煤 4000 斤。

赵家窑煤矿 1914 年开凿，窑主为吴天辅，斜井深 210 尺，有矿工 5 到 6 人，日产煤 3000 斤。

高家窑煤矿 1913 年开凿，窑主为高某，斜井深 210 尺，有矿工 4 人，日产煤 2000 多斤。

马家洼煤矿 位于口泉西南 60 公里处，1911 年开凿斜井，在深 91 尺处见煤，开采煤层为第六层，可采煤层平均高为 4 尺。窑主为白日龙，有矿工 10 多人，日产煤 6000 斤。煤价当地销售为每百斤大块煤 10 铜钱，销路为下窑、甫家村、威平堡、威远堡等地。

范家屯煤矿 位于口泉西南约 66 公里处。

元甫子煤矿 位于口泉西南 55 公里处，窑主为张家山的张举人。该煤矿 1896 年开办。1918 年有矿工 7 人，日产煤 2000 多斤，矿工的工资每日给莜麦 3 斤，每斤 8 铜钱。煤价当地销售为每百斤大块煤 7 铜钱，销路为张家山、威平堡、威远堡等地。

北沟煤矿 位于云冈西北 7.5 公里处，1918 年前后因坑内涌水而停业。

姜家湾煤矿 位于云冈西 6 公里处，曾由大同县人民开采，后因坑内涌水逐渐增多，到 1915 年即行停业，1918 年复开工。

阴堂沟煤矿 位于口泉镇西北 11 公里处，1917 年，由京绥铁路工程局收买，雇有三四十名矿工，可采煤层厚约 6 尺。

羊家见煤矿 位于口泉南约 17.5 公里处，1875 年前后开采，由于坑内涌水逐渐增大，遂于 1917 年停业，窑主为侯忠。

窑沟煤矿 位于口泉南约 15 公里处，1899 年前后开采，1918 年，张树帜以 3000 元将其收购。矿区面积为 2 平方公里，有坑口 3 座，南为旧坑，北为采煤坑，中间为通风坑。有矿工 10 余人，日产煤 6000 斤。煤价当地销售每百斤大块煤 14 铜钱，销路为附近的村落。

胡家窑煤矿　位于口泉西南约13.5公里处，1917年，张树帜将其买下，矿区面积为5平方公里，有3座坑口，靠南的称为胡家窝窑，靠北的称为庆封梁窑，中间的称为范金窝窑。胡家窝窑开采第三及第四煤层，有矿工40余人，日产煤2.5万斤。当地销售为每百斤大块煤12铜钱，销路为口泉车站及大同县。

范金窝窑　为斜井，距井口深90尺处在第四煤层见煤，有矿工七八人，日产煤4000斤。

庆封梁窑　为斜井，距井口深92尺处第四煤层见煤，后由于涌水太大，停止作业。

园子沟煤矿　位于口泉西南约17.5公里处，窑主为鸦儿崖村的黄金德，矿区面积为0.5平方公里，有南北2坑。北坑于1916年开凿，南坑于1918年开凿，有矿工3人，日产煤1500余斤，煤价当地销售为每百斤大块煤15铜钱，销路为口泉镇。

树儿沟煤矿　位于口泉西南约11.5公里处，1918年开凿斜井，在深17尺处见煤，开采煤层为第四层，可采煤层厚4尺左右。窑主为张树帜，有矿工5人，日产煤700斤。煤价当地销售为每百斤大块煤12铜钱，销路为口泉火车站及大同县。

小马林涧煤矿　位于口泉西南约18.5公里处，1907年前后开采，到1916年因坑内涌水太大而停业。

红石崖煤矿　位于口泉西南约20公里处，1918年窑主为天津人陈某，当时有矿工2人，日产煤千余斤。煤价当地销售为每百斤大块煤10铜钱，销路为口泉镇。

于家沟煤矿　位于口泉西南约20公里处，窑主为黑流水村的吴某。1918年前后有矿工2人，日产煤千余斤。煤价当地销售为每百斤大块煤15铜钱，碎煤为7铜钱，销路为附近村落。该矿有3座斜井，其中2座于1914年前后停产。

青家窑煤矿　位于口泉西南24公里处，1879年前后开采。1902年，王可贞、李美、闫明及栗思汉将其收购。有矿工12人，日产煤7000斤。煤价当地销售为每百斤大块煤12铜钱，碎煤6铜钱，销路为口泉火车站、大同县及怀仁县。

大石头山煤矿 位于口泉镇西南约 25 公里处，1894 年前后开采，窑主为水窑村有权势的地主孟敬儒。有新旧坑各 1 个，新坑为 1918 年开凿，在深 40 尺处见煤。有矿工 30 人，日产煤 1.8 万斤。煤价当地销售为每百斤大块煤 15 铜钱，销路为怀仁县、应县。

土沟长煤矿 位于口泉西南约 26 公里处，1912 年开凿，窑主为孟敬儒，开采煤层为第二层，可采煤层厚 12 尺，有矿工 10 人，日产煤 6000 斤。煤价当地销售为每百斤大块煤 5 铜钱，销路为怀仁县、应县。

董家嘴煤矿 位于口泉西南约 26 公里处，1897 年开凿，窑主为孟敬儒。开有两口斜井，称为上窑与下窑。上窑在深 35 尺处见煤，后因涌水太大，于 1916 年停止开采。下窑在深 21 尺处见煤。共有矿工 3 人，日产煤 1500 斤。煤价当地销售为每百斤大块煤 16 铜钱，销路为怀仁县。

大路坡煤矿 位于口泉西南约 26 公里处，可采煤层厚 10 尺。

刁落寺煤矿 位于口泉西南约 25 公里处，距董家嘴煤矿 7 华里，该煤矿可采煤层厚 9 尺。

兴隆沟煤矿 位于口泉西南 22.5 公里处，窑主为唐某，矿区面积为 2 平方华里，有 3 座斜井，称为北窑、中窑及南窑。南窑于 1917 年开凿，在深 70 尺处见煤，后因涌水太大而停止作业。中窑系清光绪年间所开，在深 84 尺处见煤，后亦因涌水太多，于 1913 年停止开采。北窑于 1912 年所开，在深 140 尺处见煤。1918 年共有矿工 200 余人，日产煤 12 万斤。煤价当地销售为每百斤大块煤 15 铜钱，碎煤 8 铜钱，销路为左云县、右玉县、宁远等地。

乳家嘴煤矿 位于口泉西北约 19 公里处，1867 年开矿，在其鼎盛时期雇用矿工 1000 余人，日产煤 50 万斤，后逐渐萧条，到 1918 年仅有矿工 5 人，日产煤 3000 斤。1917 年末，北京人陈某以 2770 元钱将该煤矿收买。1918 年该矿开采斜井 2 座，可采煤层厚 11 尺。煤价当地销售为每百斤大块煤 16 铜钱，销路为丰镇县。

堡子湾煤矿 位于乳家嘴煤矿的南西 1 公里处，有 1 座竖井，开采煤层厚 12 尺，可采煤层厚约 10 尺。

雀儿山煤矿 位于云冈村西约 12.5 公里处，1909 年前后开凿，窑主为成某。坑道从露头处进掘，采高 2 尺，煤质低劣，含有硫化铁，有矿工 7

人，日产煤 3500 斤，煤价当地销售为每百斤大块煤 8 铜钱，销路为附近的村落。

斗子沟煤矿　位于云冈村西约 15 公里处，窑主为赵某，1891 年开凿，有东窑及西窑 2 个坑口采煤。1918 年有矿工 4 人，日产煤 2500 斤。

新叶子山煤矿　位于云冈村西约 10 公里处，窑主为左云县的谢某，1891 年前后开凿，1912 年又开凿新井，有矿工 12 人，日产煤 7000 斤。

杨树湾煤矿　位于云冈村西约 15 公里处，窑主为福某。1918 年从露头处进掘，开采第一煤层，采高 3 尺，煤质低劣，碎煤多，大块煤少。有矿工 10 人，日产煤 6000 斤。煤价当地销售为每百斤大块煤 10 铜钱，碎煤 5 铜钱，销路为附近的村落。

交泥沟煤矿　位于云冈村西约 12.5 公里处，1915 年开凿，窑主为大同县的汪某。坑口系从露头处进掘的水平巷道，开采煤层为第一层，煤层厚 3 尺 5 寸，采高 2 尺 7 寸，煤质低劣并含有硫化铁。煤价当地销售为每百斤 5 铜钱，销路为附近的村落。

吴家坨煤矿　位于云冈村西约 7.5 公里处，在十里河南岸，后因井下涌水太多而废弃。

如此多的煤矿竞相开采煤炭资源，缺乏统一的规划和管理，势必造成一定程度上的资源浪费及经营秩序的混乱。这种状况与大机器工业规模化要求相抵牾，官僚资本的介入在一定程度上可以改变这种不合理的状况。

第六节　同期大同煤业的历史贡献及行业地位

一、此时期，民族采煤业在大同地区得到长足发展，使这一地区的煤炭资源禀赋得到开发。与中国其他重要煤矿由外资开发、外资控制、外资获利不同，大同地区的煤炭开发自始就是由民族资本开发、控制，其利益亦由民族资本获得。因此，称保晋公司所开创的山西煤业及大同煤业为中国近代民族煤炭工业的先驱当不为过。

二、此时期，是采煤技术由手工向现代机器转变的时期，现代采煤技术及现代采煤管理方式在大同地区开始生根开花。此时期大同煤矿的工程技术特点是手工技术与机器采煤技术并存，但机器采煤技术的应用领域逐步扩大。

三、此时期，就山西境内各煤矿之间比较而言，随着采煤量比重的逐步扩大，大同地区煤业的重要性逐步提高。

总之，此时期山西大同地区煤业，为该地后续采煤业的大发展奠定了坚实基础。

第三章

近代煤炭工业的发展壮大
——晋北矿务局时期（1930—1937）

1911年10月10日，武昌起义爆发，各省纷纷响应，是为辛亥革命的开端。10月29日，山西起义成功。1917年，阎锡山由督军而兼省长全面掌握了山西政权。从此，终民国之世，山西便与这个民国时期的重要历史人物结下了不解之缘。阎锡山初掌山西统治大权之时，正是在辛亥革命中宣布独立的各省督军拥兵自重，军阀割据纷争的时期。阎锡山自忖其经济及军事实力不足以与其他军阀相抗衡，且无帝国主义国家可倚作靠山，故而审时度势，提出了“保境安民”的口号，表示不参加军阀混战，以求偏安一隅，造成割据山西的局面，为其扩充实力与巩固在山西的统治形成有利条件。当时第一次世界大战正在进行，西方帝国主义国家经过几年厮杀，都已精疲力竭，对中国的控制有所放松，且由于军阀混战，国内陷于混乱局面，各军阀无暇顾及山西；加之山西的自然条件易守难攻，地理环境可以凭恃，这些客观条件有助于阎锡山采取偏安政策。

从1917年始，为了巩固在山西的统治，阎锡山提出了一系列在山西进行政治、文化、经济（特别是工业经济）建设的主张。从此，山西的经济建设，特别是工业建设，开始了与阎锡山的政治命运互为表里，有起有伏的发展历程。

此时期山西的工业有了长足发展。对于当时山西的工业状况有如是评价：“惟炼钢工业、机械工业、电气工业，至抗战前夕，已发展至最高峰，并由轻工业迈向重工业的阶段。至1936年，重工业亦达相当程度。据当时可靠估计：山西的重工业建设，至1937年七七卢沟桥事变前……在全国已居于首位。仅以太原一地为例，除了与东北沈阳兵工厂并驾齐驱，而为中国最大的太原兵工厂外，其他如火力发电厂、炼钢厂、机车制造厂、精钢炼制厂、铝炼制厂、制针厂、汽车配件制造厂、洋灰（水泥）厂、各种化学制造厂、卷烟厂、棉业纺织厂，均占生产顶峰方位。可见山西省的轻重工业的经济建设是有相当惊人的成效。”①

山西轻重工业的发展离不开能源的支撑。为了获得稳定的能源供给及垄断能源经济的巨大利润，阎锡山采取措施将原本民营的山西煤炭企业置于其政权控制之下。此时期大同地区的煤矿企业渐渐地由民族民间企业变为官僚资本企业。此时期大同煤矿的发展折射出其时中国官僚资本企业的发展特点。

第一节　阎锡山的经济思路与工业政策

1930 年，蒋冯阎战争（又称中原大战）爆发，以阎冯等倒蒋派的失败告终，阎锡山被迫逃往大连。

九一八事变使日本帝国主义的侵略野心彰显于天下，华北广大民众抗日救亡的情绪不断高涨。蒋介石为了更好地控制华北这一战略要地，防止共产党领导的革命力量继续壮大，同时向日方表示自己的睦邻姿态，在亲日派汪精卫等人的支持下，经过反复思考，认为阎锡山不仅在反共方面态度坚决，且与日本方面有千丝万缕的联系，可以起作用。而阎锡山为了恢复对山西的控制，也积极活动。在这种情况下，阎锡山在“抵御外侮”的幌子下，表示愿意捐弃前嫌，遂于 1932 年 8 月新任太原绥靖公署主任，主政山西、绥远，掌管两省政治、军事及地方治安大权。

阎锡山从自己的经验教训，特别是从中原大战失败的教训中，深切感到经济实力对于巩固政权的重要意义。在大连时，他在日记中写道：“造

---

① 吴文蔚：《阎锡山传》，1982 年，第 369 页。

产增人为中国今日固有之要件，当有分年计划。”①之后，他又进一步认为：“我国国势不振，其根源在于物力不足，人力亦无从显现，盖国力乃人力物力。”“数千年来闭国自为，不知自振，迨于英美交通方觉远落人后，以致今日之一切受人压迫，何莫非因力不足之所致？故居今日以言救国，舍造产其道莫归。”②这些言论，反映了阎锡山急于发展经济的心情。但如何发展经济呢？阎锡山认为：“锡山外观各国之富强，内之忍辱我国之贫弱，深感中央政府有及时确定十年计划之必要，分而治之。在政治下，应能确定集权制度，以期共治，树立廉洁负责政府，积极训练人民政治职能，并促进政治经济合一之地方自治，以推进民主政治之实现。在财政上，实行财政公开，力除弊端，以所取于民、用于民，而公于民之原则……在经济上，应大规模开发物产，望国省是材，分别计划进行，如矿产之开发，工业之振兴，农业之改良，以及交通之建设，凡可以增加输出，减少输入，均须就其范围，俾人尽其力，地尽其利，以达产业救国之目的。”③产业救国也就是现代工业救国，而现代工业以现代科学技术为基础。因此，阎锡山着意强调发展自然科学技术的重要作用。阎锡山认为自然科学可以救国：“且西洋各国所以繁昌有今日者，唯此自然科学的发达，是他们称霸全球的主因。我国所以衰弱至于今日者，唯无此自然科学的发达，为我们被各国侵略的主因。居今日而说救国，唯有提倡此自然科学，迎头去学，才能希望成功。谈文化建设，亦唯有提倡此自然科学为当务之急。”④那么，借助于自然科学进行救国的实现路径是什么呢？阎锡山提出“学科学贵能实行生产”的主张，并进一步要求：“培植实业生产人才……现在学校里培养人才，应该赶快向实际生产方面来注意，如垦殖、水利、农业、牧畜、化学、机械、电气等等。因为有了专门的研究，才能得到专业人才，将来把所习的完全应用在社会实际需要的事业里边去，这才算是解决社会问题。像旧日的一般文学人才、政法人才，现在实在不堪

① 山西省地方志办公室，山西省政协文史资料委员会：《阎锡山日记》，社会科学文献出版社，2011年。

② 阎锡山为《山西造产年鉴》所作“序”，1932年。

③ 山西实业厅：《山西实业公报》(第1期)，1932年。

④ 阎锡山：《阎伯川先生言论辑要》(第8卷)，绥靖公署办公处，1937年。

急需，因为他们不是解决社会上生活问题的最要者。”[1]至此，从目的论到方法论，阎锡山提出了完整的山西经济思路：经济建设的目的是以经济建设的成效救山西、救中国；经济建设的方法则将自然科学用于工业建设实践，以达到救山西、救国的目的。

20世纪30年代，阎锡山经济思路的形成，既受国内外各种思潮的影响，也有他对当时中国内忧外患时局的清醒认识——非有突破性的作为，奋发图强，厚植民力，不足抗敌御侮，更不能偏安一隅，自保图存。其经济思路的核心可以概括为：“按劳分配”“造产救国”。

思路和方法只有化为具体的政策才能再化为实践，才能化为现实。阎锡山重新主政山西所面对的是战祸之后百业凋敝、百废待兴的局面。为了尽快恢复其政治、军事和经济实力，巩固对山西的统治，阎锡山采取了一系列的政治、经济和军事政策。在恢复和发展经济方面，阎锡山进行了深入的思考，制定了“资公有、产私有”的按劳分配制度及以“物产证券”为中心的货币制度。为落实这些制度相应地制定了多种鼓励发展科学技术促进工业建设的政策措施。

一、罗致并重用科技人员

到1937年七七事变前，山西的工业建设经历了1920年到1930年的初创发展及1932年到1937年的壮大兴盛两个时期，建立起了包括冶金、煤炭、化工、炼油、机械、建材、铁路交通、纺织、电力在内的规模宏大、产品种类齐全的工业体系。以山西当时的骨干企业——西北实业公司为例，至1937年，所辖工矿企业已达33个，拥有2051名职员，18597名工人，仅公司机器厂管理处所辖独立经营的11个工厂就拥有各种机器设备4951部[2]。这个工业体系涉及工业门类很多，所需各类技术人才从何而来呢？

途径之一，依靠山西的学校自主培养。应当说，山西的科学教育在1917年阎锡山执掌山西大权时已具备了一定的基础。1902年3月，清政

---

① 阎锡山：《阎伯川先生言论辑要》（第6卷），绥靖合署办公处，1937年，第118页。

② 景占魁：《阎锡山与西北实业公司》，山西经济出版社，1991年，第78页。

府在山西开办了山西大学堂，分中西两斋。其中，西学专斋的学科设置即为西方近代科学，课程包括英语、数学、物理、化学、采矿、土木工程等①。1912 年，山西大学堂更名为山西大学校，并于 1914 年将山西工业专门学校归并，开设有土木、机械、冶金三科。1924 年 9 月，山西大学校开设了电气工学科。1931 年，依照部颁大学组织法与大学规程，山西大学改组为山西大学，将文法工三科改称为文学院、法学院、工学院。从 1902 年到 1937 年，35 年间，山西大学（堂）培养理工类毕业生 2069 名。这些山西自己培养出来的理工人才，在校期间均系统地接受西方近代科学技术知识的教育，毕业后又大部分留在山西，在山西工业建设中发挥了一定的作用②，成为山西工业建设所需人才的重要来源之一。

途径之二，吸引省外、国外科技人才。1904 至 1905 年间，山西大学堂曾选送 60 名学生赴日留学，其中一些人学习科学课程。1907 年又选送 50 余名毕业生到英国各大学深造，学习铁路、采矿、机械等工程科目③。无疑，这些学生直接在科技水平先进的国家学习，可掌握最先进的科学技术知识。吸引这些学生回省参加山西的工业建设，有助于科技在工业中的推广与应用。事实上，这些留学生中的许多人回到了山西，为山西兴办工业做出了贡献，成为山西工业建设所需人才的另一重要来源。毕业于东京工业大学应用化学科的西北实业公司经理彭士弘，毕业于日本东京工业大学的西北实业公司襄理（相当于副经理）曹焕文，即是其中的代表性人物。此外，根据实际需要，或派出人员到省外工厂学习所需要的技术，或从省外、国外聘请一些技术人员到山西工矿企业进行短期或长期工作。这些受聘人员大多为急需人才，为山西的工业建设解决了许多关键技术难题，发挥了重要作用。送出去、请进来，成为科技人才来源的重要补充。

在科技人才的使用上，阎锡山的政策是："酬以勋位，加以优赏。"④

民国时期山西工矿企业中的重要领导岗位，基本上都由学有专长的专家型科技人员担任；许多管理人员"也都是留学国外或由国内各大专院校

---

① 阎锡山：《阎伯川先生言论辑要》(第 6 卷)，绥靖公署办公处，1937 年，第 17 页。
② 山西文史资料编辑部：《山西文史精选》，山西高校联合出版社，2008 年，第 25 页。
③ 山西文史资料编辑部：《山西文史精选》，山西高校联合出版社，2008 年，第 17 页。
④ 阎锡山：《阎伯川先生言论辑要》(第 1 卷)，绥靖公署办公处，1937 年，第 6 页。

毕业学有专长的专家、学者，课长和课长以下的职员，也大部出身于高等学校或中等专业学校。仅以抗战胜利后的1946年为例，西北实业公司共有工程技术人员794人，其中留学国外者26人，国内大专院校毕业者249人，中等专业学校毕业者519人”①。在对这批人才委以重任，让他们参与企业管理且有职有权的同时，在生活待遇上亦给予“优赏”②。

对科技人员的使用并非持“学历主义”的态度，而是注重实际工作能力。每年山西大学和工业专科学校毕业的优等生，都被派到各厂的绘图室或化验室当练习生，待有实际经验后，逐步任命担任各项工作，经实际工作证明确有真才实学者方能予以提拔并委以重任。

广揽人才及对人才的倚重，成功地解决了山西工业建设人才匮乏的难题，为山西的工业建设带来了高额回报。山西的工业能在短期内有大的发展，并在经济上取得良好的效益，与各企业中的科技人才积极工作，充分发挥他们的聪明才智密不可分。

二、引进先进技术

山西工业建设的另一难题是缺乏工业技术。山西科技落后的现实，决定了要迎头去学西方的先进科学技术。什么是“迎头去学”呢？从民国时期山西工业建设的实际过程来看，其做法是直接从国外引进先进技术。工业技术包括设计、制造工艺及制造设备等方面。在山西工业建设的起步阶段，大部分企业的制造工艺及设备都是从国外引进的。

1924年，阎锡山为加速军事工业的建设，决定创设育才炼钢厂和育才机器厂。同年夏天，派山西工艺实习厂厂长李蒙淑和技术科长洪中等人赴欧洲各国考察军火制造技术和兴办工厂之法。随后，决定采用德国1.5吨电弧炼钢炉，由德国的礼和洋行提供主厂房建筑和电炉安装的全套技术资料，并请来一位挪威籍工程师进行指导。育才炼钢厂的电炉炼钢当时在中国算是新兴工业，经过不断努力，该厂技术人员逐步掌握了炼钢技术，使产品的成品

---

① 山西文史资料编辑部：《山西文史精选》，山西高校联合出版社，2008年，第216页。

② 景占魁：《阎锡山与西北实业公司》，山西经济出版社，1992年，第167页。

率达到 80%，钢种亦由碳素钢，发展到了工具钢、合金钢①。

1932 年，随着大批工厂的兴建及同蒲铁路的修筑，需要大批水泥。经过经济比较，阎锡山决定建造一个大的洋灰厂。当时山西尚无这方面的技术，便派曾在日本留学的张焯福承办。张焯福于 1933 年 6 月先在国内一些洋灰厂考察，想得到一些建厂资料，但因技术保密，一无所获，之后便受派到一家日本洋灰厂实习，兼带洽询订购机器设备。半年后实习期满，买机器的事也洽谈完成。机器设备从日本订购，由大阪栗木铁工所制造。电气产品是三菱，由日本技术人员指导安装。经多方努力，1935 年 4 月，西北洋灰厂正式投产②。

1927 年，组建山西火药厂。为使该厂设计更具有先进性，专派工程师曹焕文赴日本考察，决定引进日本技术设计，并由德国雅利商行以 140 万美元订购全套设备，德国工程师指导建设。新建的山西火药厂规模之大、设备之新、能力之强，当时在全国首屈一指。尤其是废酸还原设备在我国为首创，溶剂回收装置为活性炭方式，在德国也是最新发明③。

上述仅是民国时期山西引进先进技术的几个实例。在科学技术及工业基础极为薄弱的现实条件下，直接引进技术不失为一条见效较快的捷径。先进技术的引进使得山西工矿企业在很短的时间内缩短了与国外企业在科技水平方面的差距，甚至将山西工业科技水平提高至其时国内领先地位。如此“迎头去学”还是可取的，达到了迎头赶上的目的。

三、奖励技术发明

中华民国时期推动山西科技进步的另一重要举措是奖励技术发明。在山西经济建设计划《山西省政十年建设计划案》及《西北实业公司章程》中，均有奖励发明的规定。虽然如此，但从 1920 年开始大规模工业建设到 1937 年七七事变前，并未形成制度化的发明奖励。在实践中，对有新工艺、新方法、新工具发明的发明者，给予特殊奖励，但这种奖励带有很

① 山西文史资料编辑部：《山西文史精选》，山西高校联合出版社，2008 年，第 224 页。
② 山西文史资料编辑部：《山西文史精选》，山西高校联合出版社，2008 年，第 201 页。
③ 山西文史资料编辑部：《山西文史精选》，山西高校联合出版社，2008 年，第 253 页。

大的随意性。

到 1945 年抗战胜利，西北实业公司迁返太原后，情况发生了很大的变化。日据时期，日军对山西工业设施极尽破坏之能事，使原来各工矿企业机器设备损坏严重。因此，为尽快恢复并加大生产，解决生产中遇到的许多技术难题，不得不十分重视对各种技术发明的奖励，以激发员工的生产积极性。这时的发明奖励工作开始朝着规范化、制度化的方向发展。

在阎锡山的督导下，1947 年 11 月 7 日，成立了山西省工矿业技术奖进委员会，并颁布组织大纲及奖励办法，对奖励事项、形式、等级、金额等详加规定："第三条，奖励定为奖章、奖金。其奖章得按其价值分为九等，获得奖章者，并得按等给予一次奖金。第四条，其奖分九等，其奖金数目如左：一等，1000 万元；二等，900 万元；三等，800 万元；四等，700 万元；五等，600 万元；六等，500 万元；七等，400 万元；八等，300 万元；九等，200 万元。"①

以该规定的颁布为标志，发明奖励已步入制度化、规范化的阶段。此后，大凡技术革新与发明有所成就的员工，都受到了不同程度的奖励。"从 1946 年 4 月到 1948 年 6 月，公司各项技术改进与发明，共受奖 87 次……个人获奖者 122 人次，集体获奖者 14 人次，两年多共发奖金 69461 万元。在这些奖励中，有关军火制造方面的奖项占受奖总数的 11.6%，炼钢设备及煤炭方面占 20.6%，机械方面占 23.2%，电化方面占 20.9%，纺织方面占 4.6%，其他方面占 19.1%。"②

这些奖励的背后是技术进步与技术难题的解决，于抗战后山西工业的恢复帮助极大。西北实业公司所属各厂能于 1946 年上半年即陆续恢复生产，并开始产出产品，与这些奖励制度的实施不无关系。

四、加强科学技术管理工作

现代工业企业的生产是多种科学技术的综合运用。要想不断提高企业生产的技术水平，实现技术与生产的最佳结合以获得最好的经济效果，就

① 山西省档案馆：《西北实业周刊》，第 72 期。

② 景占魁：《阎锡山与西北实业公司》，山西经济出版社，1992 年，第 345 页。

必须做好科学技术管理工作。

1920 年至 1935 年间，山西各工厂多由厂长或技术人员个人进行管理。由于技术在工业中的运用有一个从简单到复杂的过程，也由于管理者对于技术在工业企业中运用的规律认识不深，故而科学技术管理工作较为简单、不尽科学。曹焕文曾就此时期的管理工作评论道："在最初小规模的工厂里，其目的初步只求能做出成品，至于成品的高低、时间的多寡是不计较的。"①科学技术管理工作的滞后，在一定程度上影响了技术效能的发挥。

抗战期间，由于日寇的大量拆迁和过度使用，山西各工业企业变得千疮百孔。回到太原并接收了山西全部工业企业的西北实业公司，为集中全公司的技术力量，加强专业间的协调合作，尽快恢复生产，于 1946 年 2 月成立了技术委员会，同时颁布了简章。在简章中清楚地规定了技术委员会的职责、权限、工作方法及人员组成。技术委员会的职责是，指导改进并计划公司的一切技术方面之事项。其权限限于规划、督导、检查，并不参与各厂的具体经营管理，技术委员会提出的各项管理措施仍由各厂负责实施。技术委员会的工作方法则是召开会议、听取报告和到各厂考察，发现问题后进行研究，并提出指导意见。其组成人员上至公司经理、协理，中至各厂长、各处长，下至各厂工程师、副工程师，共计 56 人。绝大多数人都有一定的技术专长和实际工作能力，确实网罗了西北实业公司当时的各类技术专家。将这些专家集中起来，是期望他们能够发挥"要形成公司的神经中枢；要负起公司'参谋本部'的任务；要作各生产部门的保健医生"这三种功能。②

1946 年 10 月公司提出了"管理科学化，制造合理化，成品标准化，工作责任化"的"四化"要求，而"技术委员会是负责公司四化运动的研究设计指导者"。③ 从技术委员会成立至 1948 年 10 月，共召开过 5 次全体委员大会，下设各专业小组亦召开多次会议推进"四化"工作。在三年左

① 景占魁：《阎锡山与西北实业公司》，山西经济出版社，1992 年，第 316 页。
② 张公恕：《西北实业月刊》(第 5 卷)，第 1 期，第 16 页。
③ 档案馆材料，《西北实业周刊》，第 25 期，第 2 页。

右的时间内，各委员深入有关工厂，就现有设备能力、生产效率、原料供应状况、生产中遇到的技术难题等，进行多方面的考察指导，发挥了自己的作用。 虽然从 1945 年到 1949 年 4 月太原解放，山西工业生产未恢复到抗战前的水平，但这一时期的科学管理工作却可以说是民国时期山西工业建设以来最好的时期。 其中，西北实业公司技术委员会的工作及其成果功不可没。

技术委员会这一管理形式的出现，可谓是一个创举。 对于多层次的大型企业而言，这种管理形式既可沟通企业高层与基层企业的联系，以便及时掌握各基层企业生产中遇到的问题，又可集中企业的技术力量联合攻克一些基层企业独自无法解决的技术难题。 而且，技术委员会独立于各基层企业的经营之外，不干预各企业的独立经营，在为各基层企业提供咨询服务、替他们排忧解难的同时，还有足够的权力督责基层企业改进管理和技术。 此外，技术委员会循环考察、深入基层的工作方法，也值得称道。技术委员会的管理形式在山西的工业史上开辟了专家治厂的道路，其成功之处对于今天大型企业的管理仍有许多值得效法之处。

上述各种推进技术进步和工业生产的政策措施的施行，可谓卓有成效。 其直接结果是，科学技术在山西各工矿企业中广泛应用，从而促进了山西工业的大发展；其间接成果是将山西带入了近代科学技术时代。 后者的意义更为重大，对山西的影响也更为深远。

阎锡山的经济思路和工业政策有力促进了山西矿业和大同矿业的发展。 晋北矿务局的成立及其发展是山西工业发展的一个缩影。

第二节　官僚资本企业——晋北矿务局

晋北矿务局是阎锡山所操纵的官僚资本企业。 在阎锡山的官僚、军阀势力扶持下，晋北矿务局发展迅速，以致垄断了大同煤业。

阎锡山曾是清政府封建军队的一个普通军官（协统），辛亥革命时，起义的山西人民杀掉了山西巡抚陆钟琦，阎锡山窃夺了革命果实，一跃而成为山西都督，后兼任省长。 从那时起，他就成了山西的“土皇帝”，他不仅扩张其军阀势力，巩固其军阀统治，而且倚仗军阀势力大搞实业。

1921 年，阎锡山与英国人开办的开滦煤矿公司洽谈，商妥在大同并办规模较大的煤窑。开滦公司随即派来许多勘探人员，在大同枫子沟勘探煤层。年底，此事传开，北京的晋籍官吏及太原上层人士大哗，认为并办煤矿之事违反了晋人当初争矿运动规定的“晋矿收回自办，以后不准外人在山西境内开矿”的条例。人们虽然议论纷纷，但慑于阎锡山的权势，不敢贸然公开反对。

此事很快为山西各阶层人民知晓，学生们率先起来抗议。当时，山西崞县人梁善济在北京担任参议院副议长，颇有权势，他接受了山西旅京人士和学生代表的请求，出面向北京政府告阎锡山的状。同时，鼓励群众起来公开反对，谁知阎锡山利欲熏心，一意孤行，竟蛮不讲理地雇用一些流氓打手，围攻北京梁善济的公馆。还以禁烟和禁赌为名，将在崞县原籍居住的梁善济长子梁上楹逮捕扣押。梁善济的三子梁上椿，此时正在大同保晋分公司任职，闻此风声，赶回北京，保护其父。

阎锡山的行径，引起了北京、太原、大同等地许多人的愤慨和反对。阎锡山觉察到势头不对，怕引起更大的风波，就私下向梁善济求情，请梁谅解。开滦煤矿公司亦知难而退，停止了在大同的勘探工作，阎锡山与开滦公司合开大同煤窑之事，遂告结束。此事虽已了结，但梁善济三子梁上椿不敢回太原和大同，跑到河南焦作中原公司担任了工程师，后又到东北本溪煤矿任职。直到 1929 年阎锡山成立晋北矿务局时，梁上椿受聘返回山西，任晋北矿务局局长。

阎锡山与开滦煤矿公司合开大同煤窑之事告吹后，阎挖空心思，想出了在大同开煤窑的办法。

1. 从军人煤厂到晋北矿务局

阎锡山是封建军阀，他在大同开煤窑，当然不同于一般的官僚、地主和资本家，1924 年，阎锡山在大同开办了“军人煤厂”。为什么冠以“军人”二字呢？据说有两个原因，一是该煤矿是由军队出资办的，二是为了行事方便。

办矿需要投资，阎锡山不愿掏自己的腰包，就在他的军队身上打主意，美其名曰：“兴办地方实业”，叫全体官兵每人出资一元。在那些薪饷很少的士兵身上，如何能筹起这一万多元的款项，那只能是通过军队转嫁到劳动人民身上。

1924 年前后，正是军阀混战之时，阎锡山所办之矿命名为军人煤厂，一方面可以避免其他军阀部队的敲诈勒索，另一方面还可以转过来敲诈别人。那时，军人煤厂的厂员，每人都发了军服，出外也用军阀政府的护照，叫作“双重身份”。

阎锡山用军队搜刮来的一万多元作资本，这离开办一个煤矿还差得很远。于是就倚仗其军阀势力，强迫其他公司出设备与人力。没有技术力量，就让保晋公司的技术人员为军人煤厂服务，没有机器设备，就把保晋公司的机器借过来使用。保晋公司对这种强盗行径，敢怒而不敢言。

阎锡山委派其叔父阎子安主持军人煤厂。军人煤厂成立之初，对口泉车站附近的永定庄、煤峪口和曹家窑进行了钻探勘测。当时，阎子安聘用矿师王庆祚、土木技师晋德峻负责此项工作。他们用人力、汽动两用的美国沙利文式金刚钻，钻探了十余处，后确定在煤峪口大南沟开凿煤井，并修筑口泉到煤峪口的铁路路基，以备敷设铁路。

军人煤厂开办不久，直奉战争爆发。阎锡山的军队退到雁门关内，奉军开进了大同。奉军一来，阎锡山的军人煤厂全部停工。为防止奉军得知此为阎锡山的财产而加以接收，在阎军撤退之后，军人煤厂换上了“山西图书馆产业”的招牌。

1925 年 10 月，反奉战争开始，奉军退到东北，大同又回到阎锡山手中。1926 年初，在英国、日本帝国主义国家的指使下，奉、直两大军阀联合，并且结成包括山西阎军在内的北方军阀大同盟，从多方攻击和广州革命政府站在一起的北方国民军。阎锡山则乘此机会，打出山西，向外扩张势力。打到天津时，进行了一次大掠夺，阎锡山以后在大同煤矿修筑矿区铁路所用铁轨及其他一些机器设备，有一部分就是从天津抢来的。

1927 年，北伐战争正在进行的时候，蒋介石公开背叛革命，上海发生了“四一二”惨案，蒋介石委派阎锡山的老师赵戴文携带 100 万元来拉拢阎锡山，阎锡山与蒋介石立场一致，便投靠了蒋介石。这 100 万元，成为阎后来经营晋北矿务局的资本。

1928 年，军阀混战的局面结束，蒋介石为了答谢阎锡山在关键时刻的支持，封阎为第三集团军总司令。阎锡山重返山西，又开始经营他的“独立王国”。

战乱之后，阎锡山意欲恢复军人煤厂，就委派在军人煤厂初设时曾负责勘探工作的王庆祚为军人煤厂筹备长，委赵全功、侯德旺等十人为筹备员，着手军人煤厂的筹备工作。王庆祚此时又任平绥铁路局工程师，经常因事羁留北平，不能常回大同，军人煤厂之种种事情难免照顾不周，后经开会，公推侯德旺（保晋公司大同分公司工程科长）为代理筹备长。

侯德旺任代理筹备长期间，因委员中有自由行事之人，不好统率，就电请王庆祚，要辞去代理职务，王无权处理，只好拖延下去。等半年筹备期满后，阎锡山听从赵全功的建议，选定梁上椿接办。

阎锡山选定梁上椿为其经营煤矿，是有原因的。首先，梁上椿之父梁善济曾为清政府的翰林，做过清政府翰林院的检讨和山西省的议长，是山西有名的封建官僚和大地主，很有权势，也是保晋总公司最有势力的股东之一。梁善济跟阎锡山曾多次发生冲突，任用梁上椿，可以拉拢梁善济，缓和矛盾。其次，梁上椿留学日本，毕业于日本早稻田大学，有亲日倾向。阎锡山本人曾就学于日本士官学校，是亲日的军阀，任用梁上椿，符合他的政治意图。最后，梁上椿从日本留学回来后，在保晋总公司和河南焦作中原公司任职，颇有名气，被传为铁腕人物。

阎锡山选定梁上椿为其经营煤矿，梁上椿提出两个条件：一是拨款若干，存于银行，以便随时提用；二是煤矿用人行事，不得随意干涉。阎锡山首肯后，梁上椿于 1929 年 5 月上任，同时，军人煤厂也更名为晋北矿务局，并由省方拨款一百万元为晋北矿务局限定资本。①

以前叫军人煤厂是为了利用军人的特权，改成晋北矿务局，则明显含有垄断晋北采煤事业的企图。梁上椿在《晋北矿务局第一次报告书》中毫不掩饰地说：大同煤田盛誉全球，而“素有根底之保晋公司因经济拮据，未能充分发展，而资本充足之同宝公司复因极复杂之原因，一年余竟空耗股本百余万元，创业未半而中途停顿”，唯晋北矿务局可担当发展大同煤业之重任，“树立大同煤业之基础”，“筹办晋北一带之煤矿”。在官僚资本

① 大同矿务局矿史党史征编办公室:《大同煤矿史》,人民出版社,1989 年,第 95 页。

的支持下，晋北矿务局迅速发展。

2. 人、财、物齐备，基本建设进展迅速

梁上椿担任局长后，将总局设在大同帅府街，矿厂设于煤峪口、永定庄。在局长之下，设工程、路务、营业、会计、总务五科，并在北平、天津、塘沽等地设立办事处。

梁上椿为各科、矿厂、办事处、医院等均订立了《办事通则》，明确工作程序、职责范围，公开奖惩办法，晋北矿务局所任员司，各有职责范围及工作标准。梁上椿还到处招贤纳士。晋北矿务局105名员司中，大学毕业生占44.04%，科别为采矿、机械、建筑、铁道管理、经济、法学、化学、师范、医科等。

晋北矿务局资金充裕，实力雄厚，又有阎锡山做靠山，发展很快。军人煤厂在1929年2月即已动工开凿的永定庄矿1号井和2号井，晋北矿务局成立后，加快了进度。到7月，永定庄1号井已下掘239尺，并在228尺处见煤，二号井在10月下掘到250尺处见煤。

同年10月，晋北矿务局动工开凿煤峪口1号井和2号井，2号井在1930年2月见煤，1号井在4月凿达煤层。煤峪口矿厂、永定庄矿厂两对矿井见煤后，井上场面建筑亦竣工。

与此同时，晋北矿务局修筑口泉站至永定庄、煤峪口两矿厂之间的铁路。永泉路于1930年4月通车，煤泉路8月通车。①

控制运煤铁路，开拓销售市场。当时，西北各地无销售大批煤炭的可能，而内地工业又很不发达，亦无法消纳大量煤炭，大同地区所产煤炭只有外运沿海各埠，才有更大的销售市场。这样，平绥铁路可说是大同煤矿的生命线，大同煤的外运，全都依赖于它，若控制了平绥铁路，就等于控制了大同各家煤矿。《保晋公司报告书》中这样写道："经营煤矿，发端在产额，尾闾在销路，而枢纽则在乎运输"，可见铁路运输之重要。

当阎锡山的势力扩至张家口、北平一带时，阎锡山即令晋北矿务局经理梁上椿兼任平绥铁路局副局长，这样，晋北矿务局紧紧地控制了运煤的铁路。当时，煤炭铁路运费偏高，煤炭成本较大，梁上椿任平绥路局副局

---

① 晋北矿务局：《晋北矿务局第一次报告书(1929—1930年事)》，1987年，第37页。

长后，立即为降低煤炭铁路运费而奔波。

1929 年 11 月，梁上椿专程赴京向铁道部请求减轻晋煤运费。 1930 年 1 月 1 日，铁道都命令平绥、北宁两路局实行运输晋煤专价及专章。 平绥路局订立《运送晋北煤斤办法》七条，按特价（每吨公里 7 厘 3 毫 2 丝）计算运费，免除平绥路军事附加捐、察哈尔粮货统捐等税捐。 同时，晋北矿务局出资 32 万元给平绥路局，平绥路局遂拨专车 6 列为晋北矿务局运煤。晋北矿务局以优惠运费，将煤炭运送至各地。

1930 年初，晋北矿务局还接办了晋煤公运局的运输业务。

大同矿区泉峰路与晋北矿务局无甚关系，但为了通过铁路控制其他公司，阎锡山于 1930 年 10 月发布行政命令，将泉峰路拨归晋北矿务局管理，这样，泉峰路沿线的各家公司，如白洞的恒义公司、胡家湾的同宝公司等，只能仰晋北矿务局的鼻息。 晋北矿务局通过泉峰路紧紧卡住了这些公司的脖子。

晋北矿务局控制了运煤的铁路，运输畅通，生产发展很快。 到年底，永定庄、煤峪口两矿日产煤已逾 3000 吨，最高可达 4000 吨。

晋北矿务局倚仗阎锡山的势力，飞扬跋扈，在平绥路线上，只运矿务局的煤，不准其他煤厂走煤，大同矿区其他公司均受到不同程度的打击，大同分公司的损失愈发惨重，煤炭堆积矿厂，无法外销，资金周转不灵，几乎不能维持现状。

晋北矿务局所出之煤，何以快速行销全国各地？ 原来矿井还在建设之时，梁上椿就对外极力宣传大同清烟煤之优质，并购买了保晋、同宝等公司煤炭六万多吨，分送国内外各大城市厂商、轮船试用，还在北平、天津、上海以至日本等地招募殷实商号承办包销煤炭业务，大同煤炭煤质优良，就此赢得不少用户。

晋北矿务局为取得用户信任，特别强调按期装煤，如期发送。 在煤炭质量上，也严格把关。 口泉镇胡家湾一带，在清烟煤之上层有煨炭炭层，因其火力耐久，无烟无臭，又不发放火花，故最适用于日本家庭。 1925 年前后，日本人竞相从事煨炭贩运。 后因车辆缺乏及窑主掺和烟炭，结果信用扫地，以致窑主、购主两败俱伤，均赔累不堪。 1930 年 5 月，晋北矿务局与日商天炭公司订立包销煨炭合同，严格收买，虽煤价较高，但保证质量，颇受日本人欢迎。1930 年 8 月至 12 月，共销往日本煨炭 3118.6 吨（包括煨炭末）。

1930 年初，蒋介石与阎锡山发生矛盾，阎锡山、冯玉祥发出倒蒋通电，爆发了中原大战。蒋介石有英国、美国帝国主义的支持，以阎冯为首的倒蒋军，则有日本帝国主义做靠山。年底，阎锡山的势力退出平绥路，平绥路落入蒋介石手中。平绥铁路局将晋北矿务局 6 列运煤专车收回 5 列，拨作他用，致使晋北矿务局运输陡然停滞，销额大减。翌年初，平绥铁路局呈准铁道部，将晋北矿务局在平绥路每吨公里 7 厘 3 毫 2 丝及北宁路每吨公里 8 厘 8 毫 3 之运煤专价取消，改照普通运价核收。

不仅如此，铁道部还要晋北矿务局补交过去少算的运费 5 万多元和站务费 1.8 万多元。晋北矿务局当然不愿支付。

1931 年春，晋北矿务局与承包销售大同煤炭的各家商号联名向铁道部、平绥铁路局呼吁、请求酌减煤炭联运价格，并请求北宁路局拨车协助运煤，以利联合销售。民国政府以鼓励出口、特价照顾之名，对出口煤削减了少许运费。

当时，国内市场除铁路用煤外，主要是北方的天津和南方的沪杭一带。平津一带已完全是日本帝国主义的势力，运销沪杭的煤要走海道，而由塘沽到沪杭各地的海船又几乎全掌握在日本帝国主义手中。至于国外市场，则主要是日本与朝鲜。

梁上椿经常在平津一带活动，跟日本驻华的各种机构、各种人物周旋，先后同日本大包洋行订立向青岛销煤的包销合同，同宇高商会订立由津沽出口、日轮运煤的包销合同，等等。通过日本帝国主义的势力，晋北矿务局在市场争夺上，同开滦、井陉、山东中兴公司和河南焦作中原公司等煤矿抗衡。

成立"大同矿业公司"及"同煤总销处"，垄断煤炭销售业务。1932 年，蒋介石与阎锡山又重新勾结在一起，晋北矿务局又飞扬跋扈起来。阎锡山驻北平代表出面同铁道部交涉，迫使平绥铁路局局长曾广勷辞职。后来，晋北矿务局虽然在平绥路恢复了一些特权，但远不如过去优厚。

1929 年，资本主义世界爆发经济危机，外国矿业资本家为转嫁危机，将大量煤炭倾销中国。同时，外资开采的中国煤炭大量投放中国市场。

这两种煤由于受到优惠待遇，运价低廉，售价不高，与大同煤相比具有相当优势。外煤在上海、汉口所开之价，大同煤即使仅卖成本价，也无法与之竞争。山东中兴煤在津浦线之运费，每吨公里不及 6 厘，大同煤在平绥、北宁两线，则平均近 1 分，路程又远于中兴。据当时的一份报告书说:“大同清烟煤，抵津沽每吨运费共计十一元二角，在天津口岸交货价仅十二元”，“忍痛出售，只为大同清烟煤名播远东”。大同焦炭，远抵日本大阪或横滨，每吨成本加运价已达日金 30 元，而售价仅得 28 元有零，每吨要亏日金 2 元。

晋北矿务局迫于煤炭行销之难，同时，为了控制大同其他煤矿公司，以“分产合销”的名义，成立了大同矿业公司，控制了大同煤炭的销售业务。

大同矿业公司的资本为 30 万元，全部由省营业公社支出，办事处设在天津。大同矿业公司的董事长是阎锡山，徐一清、樊象离、陈敬棠、白象锦、梁航标、梁上椿六人为董事。阎锡山的外交处长梁航标任经理，梁上椿兼任副经理。矿业公司的职员基本上是晋北矿务局营业科的人员，大权操纵在晋北矿务局手中。各个公司虽然名义上也参加大同矿业公司的董事会，实际上无权过问公司的业务，名为“分产合销”，实质上是通过对销售的垄断，晋北矿务局控制了各公司的生产。

成立大同矿业公司，是阎锡山计划中事，阎锡山在《山西省政十年建设计划案》中，就提到“山西煤炭，销售不及产量之半，刻下无扩充开采之必要，应提倡分采合销，以免各厂间之竞争”①。晋北矿务局也毫不掩饰他们的垄断目的，梁上椿在《晋北矿务局第二次报告书》中公开承认:由于“本矿感受困苦，尤以同煤有统制运销之必要”，所以才成立大同矿业公司。

大同矿业公司成立之后，即向铁道部呼吁，请求平绥路局减轻运费。费时半年之久，铁道部允准于 1933 年 2 月起减轻出口运价。

大同矿业公司的主要销售市场为天津、北平、南京及上海。所规定的日分配运煤量为晋北矿务局 800 吨，大同分公司 400 吨，同宝公司为

---

① 山西省档案馆档案资料:《山西省政十年建设计划案》。

150 吨，其他矿业者为 150 吨，但实际运出的煤炭并未达到此数量。

自此之后，大同小煤窑的生存愈发困难，平绥铁路往往是先运晋北矿务局的煤，然后是保晋公司等大矿的煤，余下的车皮，才给小煤窑。各小煤窑常常将煤运到口泉站等待，有时等一两个月也等不到一个火车皮。这样，小煤窑就基本上失去了通过平绥路运销外地的市场，而只能依靠当地的零售。

1933 年春，日本帝国主义向华北发动进攻，榆关、热河、察东相继沦陷。此时，各地煤商恐塘沽存煤受战火影响而蒙受损失，均关门袖手。平绥路车辆奇缺，晋北矿务局所产之煤无法外运。5 月，晋北矿务局仅运煤数千吨，到 6 月，运输完全停顿。晋北矿务局各矿厂煤炭堆积如山，出路断绝，周转不灵，晋北矿务局煤峪口矿厂不得已于 5 月 26 日暂行关闭，矿工一律发资遣散，大小监工及工头匠役等，除酌留少数人看守矿厂外，其余悉数解雇，与此同时，缩减了永定庄矿厂的煤炭产量，并裁减部分工人。

同年 9 月，局势暂告缓和，平绥路恢复通车，但车辆极少，一个月不过十余辆列车运送煤炭。10 月，煤峪口矿厂开始复工。到年底，运输状况才有所好转，但车皮数量仍有限。

1934 年春，平绥路运输情况逐渐好转，晋北矿务局销量亦逐步上升。尤其夏季，平绥路其他货运较少，运煤车辆有所增加。

在国外和国内的煤炭市场上，大同煤始终受到日本帝国主义经营的东北煤和英帝国主义经营的开滦煤的排挤，销路不佳，晋北矿务局便转回来夺取大同地区的零售市场。1934 年秋，在晋北矿务局的提议下，又成立了“同煤总销处”，晋北矿务局把大同当地的煤炭零售业务也垄断了。同煤总销处在各地设立零售站，用煞价的办法，争取零星的买主。永定庄矿厂零售厂“凡挑担抬筐之请求购买者，亦售给之”①。晋北矿务局插手零售市场，导致大同地区不少小煤窑破产关闭。

1935 年，平绥路新购大批货车。运煤能力快速提升，平绥、北宁两路均畅通无阻，晋北矿务局煤炭销售额上升，这一年，销煤 26.95 万吨。

---

① 山西省档案馆档案资料：《晋北矿务局第三次报告书》第六篇零售厂。

晋北矿务局从 1929 年成立到 1937 年日寇入侵，先后划占永定庄、煤峪口、曹家窑、后沟、新村、郑家岭、永定庄后沟及瓦渣沟八处矿区，面积达 3.79 万亩。开有永定庄、煤峪口、永定庄后沟、瓦渣沟四处矿井。

3. 倚仗军阀势力，投靠日本帝国主义

晋北矿务局倚仗阎锡山的军阀势力，在大同煤矿控制运煤铁路，垄断煤炭销售市场，其他各家公司只能俯首听命。

晋北矿务局提议成立大同矿业公司时，起初，各家公司不同意。梁上椿将情况报告阎锡山后，阎锡山立即把各公司的负责人叫到太原，由他出面进行“磋商”。他搬出什么“困难时期”“经济统治为急务”等等，叫大家“牺牲”一些利益，还说这样“与国与民都有好处”。面对强权，各家公司只好忍痛“牺牲”，只有瓦渣沟煤矿敢于起来反抗。

瓦渣沟煤矿是铁路系统的人办的，他们自恃铁路掌握在自己手里，不怕晋北矿务局卡脖子。另外，他们不属阎锡山管辖，而且也有相当的靠山，因此敢于起来反抗。

阎锡山碰到这样的对手，当然非常恼火。

没过多久，有一天晚上，瓦渣沟煤矿突然被一连阎军包围，经理、矿师和其他职员全部被抓了起来，关进监狱，罪名是“有共产党嫌疑”。1932 年 10 月，在晋北矿务局的大事年表上，记上了“增领瓦渣沟采矿区”一事，瓦渣沟变成晋北矿务局的了。①

瓦渣沟事件的发生，使大同各公司及小煤窑都害怕了，从此晋北矿务局说一是一，说二是二，谁也不敢反抗。

晋北矿务局有阎锡山撑腰，到处畅通无阻，但在建设煤峪口矿场时，因激起公愤，惹了一点麻烦。

煤峪口村某姓家族的坟地正在矿场范围之内，梁上椿派人将坟地内蔓丘百余尽行铲除，引起此姓全族反对。他们一面向阎署告状，一面联络男女老少若干，围在晋北矿务局门口不走，梁上椿不敢出来讲话，派人婉言劝解，才将围攻之人暂时劝退。后阎锡山指令梁上椿和平解决，梁上椿托

---

① 大同矿务局矿史党史征编办公室：《大同煤矿史》，人民出版社，1989 年，第 95 页。

人说和，赔偿 2000 余元才算了事。

阎锡山是亲日的军阀，晋北矿务局亦投靠日本帝国主义。晋北矿务局在煤炭销售上依靠日本帝国主义的势力，一切机器设备也由天津日商大仓洋行代办。1931 年九一八事变之后，全国人民愤怒万分，一致抗日，而晋北矿务局为了拉拢日本帝国主义，梁上椿还于同年 10 月“赴日考察”，向日本帝国主义献媚。

不仅如此，晋北矿务局还不断接待打着各种旗号“参观”“访问”的日本人。这些人拿着阎锡山军阀政府颁发的通行执照，被晋北矿务局奉为上宾。他们在晋北以及山西各地测绘地图，调查资源，为日本帝国主义日后的掠夺创造了条件。

第三节　现代煤炭工程技术体系的进一步完善

此时期，是大同煤矿机器生产的发展壮大期，其标志是现代煤炭工程技术体系在晋北矿务局的进一步完善。此时期工程的技术特点是建立了较完备的现代机器生产体系。

1. 原动力及机械设备①

晋北矿务局发电厂备有发电机 3 部，锅炉 3 部。其中 1 部发电机为电压 2200 伏之高压电机，2 部为 525 伏之低压电机，其发电能力均为 125 千伏安。电机专用之锅炉，有蓝克沙式 2 具，拔柏葛式 1 具。在永定庄、煤峪口两矿厂矿井之旁，各有拔柏葛水管式锅炉 4 具。永定庄矿厂还另有蓝克沙式锅炉 3 具，专为高车、水泵提供动力。

晋北矿务局机厂下设修械厂、虎钳厂、翻砂厂、锻工厂、铆工厂。

修械厂备有德制 10 尺镟床 1 部，本省制 8 尺镟床 3 部，英制及本省制 6 尺镟床各 1 部，本省制六角镟床 2 部，德制扣头刨床 1 部，本省制龙门刨床及万能铣床各 1 部，英制打切机 1 部，德制钻床 1 部，本省制钻床 2 部，本省制磨刀砂轮 1 架，其原动力均为电动。

---

① 山西省档案馆档案资料：《晋北矿务局第三次报告书》。

虎钳厂备有虎钳案 3 部，以及锉锯等多种工具。

翻砂厂备有熔铜、熔铁炉各 1 座，7 寸口径出风管风扇 1 具。

锻工厂设有锻炉 4 座。

铆工厂备有人力打风炉 4 座，以及各种工具。

永定庄矿厂和煤峪口矿厂各有 2 座竖井。永定庄矿厂 1 号井深 246 尺，2 号井深 431 尺。煤峪口矿厂 1 号井深 322 尺，2 号井深 298 尺。矿井内侧均用扇形石圈砌，井口直径 14 尺。每井均安装循环罐笼 2 具，罐笼内直立式煤车 2 辆，每辆煤车装煤约 0.7 吨。永定庄矿厂 1 号井及煤峪口矿厂 2 号井，各有 200 马力蒸汽齿轮式卷扬机 1 具；永定庄矿 2 号井及煤峪口矿 1 号井，各备有 220 马力蒸汽直动式卷扬机 1 具。

其余采煤、运输、排水、通风等专用机器设备在“采煤方法”“搬运”“排水”“通风”等部分介绍。

2. 采煤方法

晋北矿务局最初采用残柱法采煤。先从井底向左右两方开掘与走向平行的大巷，与大巷每相距 100 尺开掘与大巷平行的平行硐（亦称顺槽），在大巷与平行硐之间及两邻近平行硐之间，每距 100 尺，开掘与走向垂直的上下煤硐，沿坡向上开者为上硐，向下者为下硐。各硐均冠以 1、2、3、4 等号以辨别之。如此经纬纵横，即在采煤区域开成若干十字网络。存留之煤，即成每边百尺之正方体。俟煤硐进展至相当时期，再着手回采存留煤柱。

矿井大巷宽 10 尺，高 7 尺。永定庄矿厂第一煤层煤硐宽 8 尺，高 5 尺。煤峪口矿厂煤硐宽、高各 7 尺。

永定庄矿厂煤层厚约 5 尺，故在大巷内除开掘煤层外还须凿去石顶 2 尺，才能足 7 尺之高，各煤硐则以煤层厚、高开掘。

煤峪口矿煤层厚约 9 尺，煤层之上有煤性页岩一层，厚约 2 尺，质极脆弱。如将煤层完全取去，则页岩层难免要崩坍，这就需用大量支柱。晋北矿务局为节省支柱，就于这 9 尺煤层中仅开高 7 尺的煤硐，上余 2 尺留作顶板。

每煤硐每班用采煤工 3 人（大巷用 4 人），缘硐内煤面之两边及底根各开宽约 1 尺，深约 2 尺之槽，一人开凿一槽（大巷内、两边槽各用 1 人，底槽用 2 人）。各槽开凿完毕，则拟采之煤两边及底部均掏空，再于距顶板近处打两个 2 尺深的炮眼，每炮装黑火药半斤，如此循环作业，每 24 小时可推进 4 尺到 5 尺不等。

采煤工具有鹤嘴镐、铁锹、钎子、八磅锤、炮杠子等。如遇特殊情形，须燃放黄火药炮时，则备有电箱和电线。

后因煤质异常坚硬，煤硐工作颇感困难，晋北矿务局的采煤方法有些改变。

永定庄矿第一层煤东部、南部和西部，除主要运输道外，不作煤硐，而以前进式长壁法进掘。北部煤柱相间 500 尺，开掘距离 20 尺的平硐 2 条，为运输干线。干线之间，用长壁法采煤。

永定庄矿二层煤顶板极易破碎，则改用房柱法采煤。

煤峪口矿井西部亦改为每隔 200—300 尺开掘距离为百尺的平行煤硐，煤硐之间以部分残留长壁法采掘。残留的煤柱为每边 10 余尺的正方体，以此支撑顶板压力。这样，比用木材支顶节省很多经费。晋北矿务局此种做法，仅从眼前利益出发，浪费了煤炭资源。

煤峪口矿厂仅采掘第一层煤。永定庄矿厂同时采掘第一、第二两层煤，由 1 号井采第一层煤，2 号井采第二层煤。

1932 年，晋北矿务局购置日式割煤机 1 台，这是大同矿区也是全省煤矿第一次出现采煤机械，但始终未下井使用。

3. 搬运

晋北矿务局在井下大巷内敷设 12 磅双轨轻便铁路，凡邻近大巷之各煤硐所出之煤，由监工人分种类先装入长方形或圆形的铁制拉箱或抬筐运至大巷，倾入长方形铁制煤车（车厢高 2 尺 6 寸，宽 2 尺 8 寸，长 3 尺 10 寸，容量约 0.5 吨）内，再由人工推至井底屯车场。

在距大巷 500 尺的平行洞敷设单轨轻便路，若在大巷的上方，则于洞内相宜地点设有竖轴吊轮，凡邻近该硐所采之煤均先装入煤车，推到吊轮处，然后借自动之力输于大巷，推至井底。若在大巷的下方，则在大巷设有电动吊车，凡邻近吊车底端所采之煤装车后，用吊车拖于大巷，再推至井底。

每井都装有循环升降单层罐笼 2 具，每具可放前后 2 辆煤车。煤车推至井底后，依次送入罐笼，用高车提出井口，再由井上推车夫推至井口附近站台上所设翻笼中，倾入转侧式铁制煤车内，推至屯煤场倾卸。其大炭、二炭出罐后，即直接运至屯煤场，不经翻笼，主要怕煤块被撞破裂。

晋北矿务局在井上有自筑宽轨铁道 2 条，与平绥路口泉车站衔接。一条由永定庄矿厂至口泉站，计长约 4 公里；一条由煤峪口矿厂至口泉车站，计长约 2 公里。永定庄、煤峪口屯煤场煤炭，可以直接装入平绥路火车，运送各地。

4. 排水

永定庄矿井下设有双缸卧式蒸汽水泵 5 具。于第二煤层 2 号井底建一小泵房，内有 3 寸出水管水泵 1 具，井底水窝积水全部从这里排于第一煤层总水窝。另将 4 个水泵分设在 1 号井底水窝及其他各处，直接将水排出井口。

1 号井底靠北修建泵房 1 间，装置 5 寸出水管水泵 4 个，水泵房旁有一容量为 2 万立方尺的总水窝。第一、二煤层之水先通过水泵汇贮于此，然后由此排出井口。与总水窝相连有一清水池，容量 3600 余方尺，水先经此池滤净，出井后注入蓄水池，以备锅炉蒸汽之用。

各采煤上硐之水皆顺势流入大巷水沟，再注入井底水窝。下硐距大巷近的，由挑水夫用桶将水挑至大巷，倾入沟中，较远的则挑到临时水窝内后用水泵抽到总水站。

煤峪口矿厂于 1 号井底设 3 寸和 4 寸出水管之水泵各 1 个，其中一为常用，一为备用。井底积水都由此排出井口，井口向东各处，因地势高于井底，水均顺势沿水沟流入 1 号井底。井口向西各硐均在井底水平之下，此处积水由人工用水车或柳斗将水先倾于大巷水沟，再流入井底水窝。

井底向北 35 尺处于石层内开有泵房 1 间，高 10 尺、宽 12 尺、长 30 尺，内凿有直径 8 尺、深 20 尺的水窝 1 个。水窝底向南有一高 4 尺、宽 5 尺的水洞，与井底水窝相连，这样，总水窝容量约 1.08 万立方尺，凡井下之水皆由此排出井口，注入蓄水池中，以供锅炉之用。

5. 通风

永定庄矿厂及煤峪口矿厂皆系自然通风，两矿均以 2 号井为进风井，以 1 号井为出风井。

6. 照明

晋北矿务局在大巷及主要运输巷道安装了电灯，但有些工作面还是用麻油灯、电石灯采光。

7. 选煤

晋北矿务局将所产之原煤，分为大炭、二炭、三炭、筛末、混煤 5 种。1 英尺以上者为大炭，1 英尺以下、5 英寸以上者为二炭，5 英寸以下、2 英寸以上者为三炭，1 英寸半筛眼以下之末为筛末，原煤拣去大、二炭所余块末相混之煤为混煤。井下装运仅分大炭、二炭、混煤 3 种，混煤运至屯煤场后，才由选炭夫提选，分出三炭、筛末。大炭、二炭、三炭、筛末、混煤各出多少，均以用户需要商定。

第四节　现代企业管理组织及管理制度的进一步完善[①]

工程技术的发展要求管理工作的相应发展。此时期，大同煤矿工程的管理特点是有了较完备的现代企业管理组织，建立了较完备的现代企业管理制度。

1. 企业性质及组织结构

晋北矿务局先为公办形式，1929 年 5 月成立之初，组织系统如图 3－1。

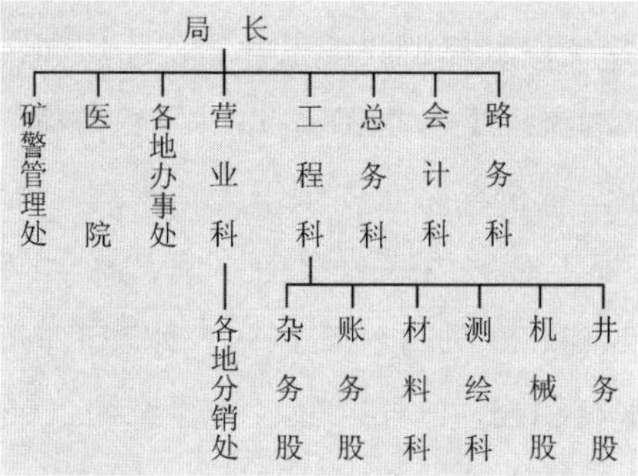

图3－1　晋北矿务局组织机构

---

①《晋北矿务局报告书》之“组织系统及大事提要”。

晋北矿务局在天津、北平、塘沽等地设办事处，办事处主要有两大任务：一是对外扩充营业；二是对内采运材料。此外，还在北平西直门设一运煤所，以便存放煤炭。

矿警管理处下分为4队，计60名矿警，分别驻守永定庄、煤峪口两矿厂，并定期巡视泉峰、永泉、煤泉铁路。

晋北矿务局总办公处初时设在口泉车站附近，后于1930年3月24日临时迁移到大同城内兰池街，7月18日迁入帅府街，帅府街除办公室、客厅、俱乐部、膳室外，还设有员司宿舍。

1930年9月，阎锡山以“充分发展地方产业”为由，在太原组织晋北矿务局募股委员会，欲将晋北矿务局由公办逐步改归商办，委樊象离、梁汝舟、张之杰、刘笃敬、耿步蟾、李尚仁、张豫和、王平、王肇泰、王镛、赵全功及梁上椿12人为委员，并指定樊象离为主任委员，进行募股事宜。

1932年，蒋介石见晋北矿务局生意兴隆，也想插一手，派人来大同“调查矿产”。阎锡山见来者不善，立即加快了改归商办的步伐。年底，晋北矿务局在太原召开创立大会，将晋北矿务局改组为公商合办的股份有限公司。

经过两年多的股金募集，此时晋北矿务局新旧资本为国币150万元，其中公股115万元，商股35万元。晋北矿务局股份有限公司以100元为一股，共合1.5万股，章程中还规定，股东以中华民国国民为限，不得售于外国人。

第一届股东大会选举阎锡山为董事长，樊象离、邱仰睿、梁航标、耿步蟾、王潮珊、梁上椿为董事，李尚仁、刘笃敬、孙越为监察，并由董事会推选樊象离为常务董事，梁上椿为董事兼任经理，公商合办晋北矿务局股份有限公司于1933年1月1日正式成立，内部组织亦改组，组织系统如图3-2。

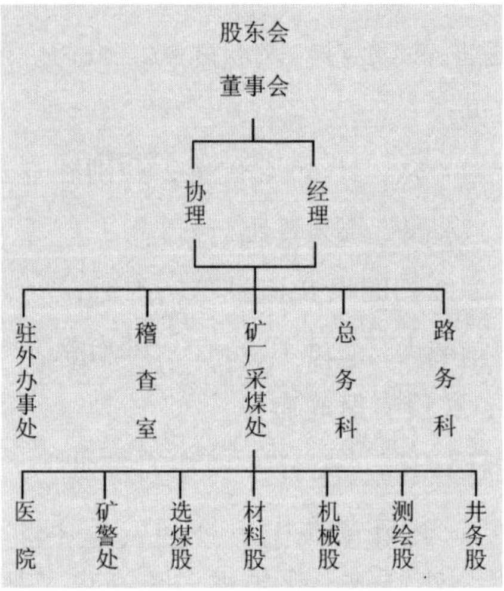

图3-2　晋北矿务局股份有限公司组织机构

大同矿业公司已于 1932 年 6 月成立后，晋北矿务局煤炭运销业务完全交由大同矿业公司办理，此组织系统内遂不设营业科。

1934 年底，泉峰路拨归中医改进研究社管理，所得费用，用于研究发掘祖国医学。 路务科随之取消，永泉、煤泉两支路并入测绘股管理。

晋北矿务局股份有限公司董事会设于太原，总事务处设于大同。 设煤厂于各采煤区域，并设各地办事处于运销煤炭之各埠。

1936 年 4 月，第一届董事会任期已满，晋北矿务局召开第二次股东大会，阎锡山仍任董事长，樊象离、张之杰、王平、孙越、梁航标、梁上椿等为董事，赵承绶、李尚仁、刘笃敬为监察，樊象离仍任常务董事，梁上椿兼任经理。 组织结构如前所述，未作改动，一直延续到 1937 年日军入侵。

2. 管理制度

晋北矿务局成立之后，订立了各种规章制度，有《房租规则》《员司请假规则》《练习生练习规则》《抚恤规则》《工程科里工工人暂行管理规则》《工程科各股工人赏罚条例》《工程科办事通则》《总务科办事通则》《营业科办事通则》《会计科办事通则》《各科报账手续》《路务科办事通则》《医院办事通则》《矿警管理处办事通则》等，做到了职责范围明确，赏惩条例分明，事事有章可循。

对于工人的招收及管理，晋北矿务局也有明确的规定。里工工人均由各主管部门登记管理。外厂机工由井务股管理，内厂机工由机械股管理，木工由测绘、机械两股共同管理，工人夫役则由杂务股管理，押运夫由营业科管理，铁路工人由路务科管理。各科均有权按照晋北矿务局工人管理规则进行赏罚处理。

里工的雇用，由主管部门对被雇人进行考察，认为合格者，被雇人还须有保证人，才准其上工。

晋北矿务局的里工待遇较为优越，外工还是基于过去小煤窑入伙柜那一套封建组织，是包工工人，对他们的管理雇用，晋北矿务局明文规定“概由包工人自行负责”。1932 年 7 月，采煤工改为里工，设立了班长、大监工、小监工、帮监工、工头五级管理工人的封建把头制，无论大小监工或工头，都有权任意打骂工人，或者扣工人的工资。晋北矿务局还订立《工人暂行管理规章》十六条及《工人赏罚条例》十四条对工人进行管理。

1933 年 1 月 1 日，晋北矿务局股份有限公司成立，由原先的公办企业改为公商合办企业，晋北矿务局股份有限公司设股东会、董事会、监察会。

股东会定于每年 4 月召开，由公司将营业报告书、资产负债表、财产目录、损益计算书、公积金及红利分配之议案，交董事会复核，并由监察人查核后提交股东会。如遇重大问题，则由董事会召集股东临时会议进行决策。

股东会的表决权与选举权由股份多寡而定，1 至 10 股为每 1 股有 1 权，10 股以上，每 2 股增 1 权，但每一股东之表决合计不得超过全体股东表决权的五分之一。

董事会由董事 7 人组成，董事由股东会投票选举产生，任期 3 年。凡认有公司股金 45 股以上者，才可当选董事。

董事长由董事 7 人互选而定，并设常务董事 1 人。

董事会每年召开两次例会，分别于 3 月及 9 月举行，由董事长召集通知。如有必要，则召集临时会议。公司若遇紧急事件，来不及召集股东大会，则由董事会决定办理，事后报告股东大会追认。

监察会由 3 人组成，监察人由股东会投票选举产生，任期 1 年。凡认有公司股金 15 股以上者，才可当选监察人。

公司经理由董事会选任，公司若遇重大事件发生，由经理提议董事会，召集股东临时大会决议之。

3. 人事状况

晋北矿务局股份有限公司董事及监察人多为有权势之官僚及军阀，公司管理人员多为有才学之士。晋北矿务局105名员司中，受过高等教育的占44.04%，这为晋北矿务局近代半机械化生产及管理提供了先决条件。

晋北矿务局工程科科长兼永定庄矿厂主任赵全功，毕业于国立北京大学采矿冶金科，曾任河南福公司技师、中原煤矿公司井务股主任。工程科副科长兼煤峪口矿厂主任王玉田毕业于北洋大学采矿冶金科。永定庄矿厂副主任郁龈毕业于河南焦作福中矿务大学。煤峪口矿厂副主任王则懋毕业于日本秋田矿山专门学校。总务科科长陈步渊为山西大学采矿科毕业生。总务科副科长张士儒为北京高等师范学校毕业生。会计科科长白雨生毕业于保定军官学校，曾任中原煤矿公司会计主任、清华大学庶务主任。路务科科长吕祖耀为天津北洋大学采矿冶金科毕业生。路务科副科长梁上桐毕业于日本东京高等工业学校建筑科。晋北矿务局医院主任郭应槐毕业于国立北京医科大学。矿警管理处主任管理员赵承缙为山西大学机械科毕业生。平津办事处主任续珽毕业于日本神户高等商业学校。

4. 工资及工种

清朝中叶后，大同地区小煤窑工资基本是计件工资。大同分公司，采煤和运煤两大工种实行包工制，工人为计件工资。大多数辅助工，如修路、提水、通风、挂钩、推车、抬煤、点灯、上油、泥工、木工等工种均为固定的日工资，日薪大洋2角5分至2角8分。只有提煤工和锅炉工为月工资，月薪8—12元。实行计件工资制的人数占工人总数的三分之二。1922年大同分公司职员平均月工资为大洋34.32元。

晋北矿务局采用长期工制度，均实行月薪制，工人工资分为多种，工种也分得很细，具体如图3-3。员司月薪水最高340元，最低的15元。各驻外办事处主任、各科副科长等薪水根据职务之繁简，比照科长、股主任酌定。1929年，永定庄矿有职员80名，月薪总额为3600元，人均45元；工人1387名，月工资总额1.67万元，人均12元。

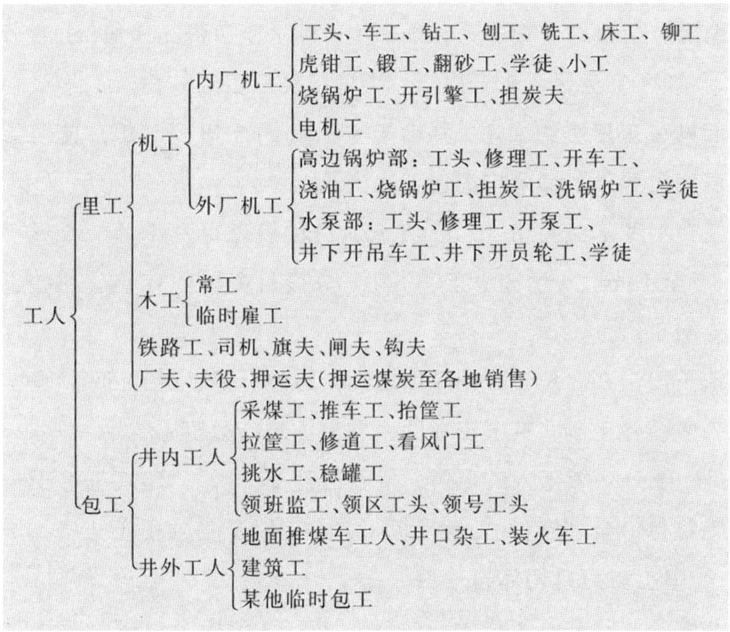

图3-3　晋北矿务局工人构成

晋北矿务局内部等级森严，工资差别很大，员司月工资最高达345元，最低只有15元。员司薪水等级详见表3-1。

表3-1　晋北矿务局员司薪水等级表

类别	薪水额	等级	每级薪水
工程科长	180—340元	五	40元
总务、会计、营业、路务科长	120—320元	五	25元
井务、测绘、机械股主任	90—190元	六	20元
材料、账务、杂务股主任	60—135元	六	1.5元
办事员	30—50元为五级 50—120元为七级	十二	5元 10元
书记	20—50元	七	5元
练习生	20—40元	五	5元
站长	16—36元	六	4元
雇员	15—27元	五	3元

工人工资少得可怜。采煤工日资（即8小时一班制工资）约4角，修道工、稳罐工日资约3角5分，推车工、挑水工日资约3角，拉筐小工约2角以上。领区工头日资1元以上，领号工头日资约6角。

地面推车工日资约3角，井口杂工日资约3角至4角，其中除挑水工工资由局里支给外，其余均由包工人支给。

机工、木工工头月资40至42元，各种机工月资13至36元不等，木工月资12至15元。学徒小工、厂工、夫役月资9至12元，这些工种均由矿务局支给工资。

建筑工日资在3角5分到6角之间，各种小工、土工日资3角到4角。但建筑工多系包工制，其工资往往由包工人自行处理。

另外，部分采煤工人的工资，每五日开支一次。建筑工每于一宗工程完成后始将包价全部支付。至于机工、木工以及各项里工工资，一律为月底开资。里工每月月初休息一日。

晋北矿务局除井下工作为三班轮值外，其余均上白班，工作时间8至10小时。

矿警管理处警长和矿警均为月薪，一等警长为16元，二等警长为14元，三等警长为12元，一等矿警为10元，二等矿警为9元，三等矿警为8元。

5. 煤炭产量

永定庄、煤峪口两矿厂设计产量为日产煤共3000吨，最高产额4000吨，后因铁路运价高昂，无法全数运销，几年中，煤炭产量一直为运销所限。1930年至1935年两矿厂煤炭产量如表3-2。

表3-2 1930—1935年永定庄和煤峪口矿厂煤炭产量

类别／年份	永定庄矿厂	煤峪口矿厂	共计(吨)
1930	87877.80	21204.00	109081.80
1931	65851.80	42346.00	108197.80
1932	163324.80	79455.00	242779.80
1933	78107.00	45431.00	123538.00
1934	163369.00	91272.00	254641.00
1935	183487.00	118476.00	301963.00
总计	742017.40	398184.00	1140201.40

煤炭销售 晋北矿务局自 1930 年 4 月起开始销售自产之煤，煤炭销于北平、天津、大沽、青岛、上海以及日本。

晋北矿务局煤价当地销售为大炭每吨 3.8 元，二炭 3.6 元，三炭 3.1 元，混煤 2.4 元，筛末 2.2 元，平均煤价 3.02 元。

晋北矿务局 1930 年 4 月至 1936 年煤炭销额如下：1930 年 4 月至年底煤炭销额为 82597.820 吨，1931 年煤炭销额为 112399.22 吨，1932 年煤炭销额为 201553.94 吨，1933 年煤炭销额为 154026.37 吨，1934 年煤炭销额为 240534.25 吨，1935 年煤炭销额为 269512.31 吨。在不到 6 年的时间里，晋北矿务局共销售煤炭 1060623.91 吨。

文化、医疗、教育等诸种设施 晋北矿务局成立之后，相继建起了图书馆、俱乐部、医院、学校等，这在大同煤矿地区还是第一次，尽管服务对象仅限于晋北矿务局百余名员司。

晋北矿务局在大同总局及永定庄矿厂各成立一小图书馆，以备各员司公余阅览及研究之用。1935 年，这两个小图书馆书报杂志计有 1700 余种。

俱乐部分设于大同帅府街总局、口泉车站、永定庄矿厂和煤峪口矿厂，内有游艺、台球、棋戏等。俱乐部供晋北矿务局员司公余玩乐，不收费。帅府街大同总局及永定庄矿厂还设有网球场和篮球场。

医院建于 1930 年 8 月。一为总院，设于永定庄矿厂，内有诊疗室、手术室、调剂室、浴室、病人被服储藏室、挂号室等，有房屋 10 余间。一为分院，设于煤峪口矿厂，设备较简单，相当于门诊部。1934 年，总院设有主任 1 人，大夫 2 人，医徒 4 人。分院有大夫 1 人，医徒 2 人。医院为前来就医的本局人员开列医疗诊断书。诊断书分为三种：一就业，令其仍就原任业务；二半休，免除其劳重勤务；三全休，令其入院休养或在外休养。

医院除办理晋北矿务局疗病、医伤、救护、抚恤及矿厂卫生外，并应地方之请求，施行普遍疗诊及培养医护人员。还做一些公益工作，如防疫救急、散发救疫药品、施种牛痘等。

晋北矿务局于 1932 年 5 月在永定庄矿厂自办职工初级小学校，初时学生不足 10 人。到 1936 年，晋北矿务局自办初级小学 4 所，永定庄矿厂 2 所，煤峪口矿厂与口泉车站各 1 所，并成立教育委员会进行管理，备有教育基金。四校共有校舍 30 余间，学生 60 多人，学生多为晋北矿务局员司的子女。

另外，由晋北矿务局及员工出资合组职工消费合作社，并设董事会管理，自行采购日常生活必需品，以供给员工需要，还设有电磨 2 部，昼夜可磨粮 30 余石①，供员司吃用。

职工协济会是由全体员司组成，并设委员会管理。晋北矿务局拨给一定基金，各员司按月捐助一定数目，凡员司有困难遭际，确需救济，由委员会协议确定救济数额。

晋北矿务局还成立了职工储蓄部，储蓄部分为定期、活期及分期三种。定期与活期为自由储蓄，分期为强制储蓄性质，按各职工每月所得薪水多寡，以取一定成数，于发薪时分别扣除。除离职、停职或另有其他变化，不得中辍，亦不得中途提取。

第五节　晋北矿务局的历史贡献及行业地位

晋北矿务局的出现标志着山西大同地区的煤炭企业由分散民营转向官僚资本经营。官僚资本的介入，整合了山西煤炭资源，增强了山西煤炭企业的竞争实力。从此，山西大同地区的煤炭企业以一个整体的面貌出现在历史舞台上。从工程的角度来看，大同地区的煤炭生产已经属于现代企业的工程技术范畴了。在晋北矿务局时期，大同煤炭的独特品质得到公认，产量及营销量大为提高。大同煤矿的生产及经营水平居全国先进水平。

窥一斑而知全豹。从晋北矿务局的发展历程可以看出中国官僚企业的一般特点。近代工业进入中国之时，正是中国军阀混战时期。军阀画地为牢，各自以所控制地盘的经济资源支撑其割据。辛亥革命前后渐成气候的民营工业企业，在军阀强权之下根本无力抵抗，强权剥夺民营企业而成官僚企业，是中国当时官僚企业发展的一大特点。

① 1 石约 60 千克。

第四章

日据时期对大同煤矿的掠夺式经营（1937—1945）

1937 年 7 月 7 日，日本帝国主义蓄谋已久的全面侵华战争爆发。7 月底，平津陷落后日军兵分三路进犯华北各省。其中一路沿平绥线直扑晋察绥。阎锡山所部相继弃守阳高、天镇，日军不战而取大同。虽然，平型关一战日军受到重创，忻口战役中国军队苦战兼旬，但在北面日军与由石家庄西进日军的围攻下，山西省会太原落入敌手。1938 年 2 月 28 日，日军侵占临汾，3 月 8 日占领平陆和风陵渡。从此，整个山西沦丧，山西人民陷入水深火热之中，沦陷区的经济一步步殖民化。日本侵略者对山西的经济资源进行了长期的疯狂掠夺，其中，大同煤矿是其掠夺的重点之一。

第一节　日本对山西工业的垄断性掠夺

日本国土狭小，资源匮乏，这种条件与其发展资本主义的要求之间存在巨大矛盾。日本侵华战争的重要目的之一，是对幅员辽阔的中国进行持久的物质和人力掠夺。为了支撑其战争机器及满足财阀对巨额利润迫不及待的追求，日本帝国主义对中国的经济掠夺在其铁蹄刚踏上中国土地的时候就开始了。在战争的各个阶段制订了详尽的产业开发计划。[①] 日本占

---

① 郑伯彬：《抗战期间日人在华北的产业开发计划》，资源委员会季刊，1947 年 10 月，第 33 页。

领区的经济侵略活动有两项方针：一为美其名曰“共存共荣”，实则以占领区人民的血汗喂肥日本军阀和财阀；二为“以战养战”，侵略者所谓的“现地自活”，赤裸裸地暴露了其掠夺的目的。两个方面有着共同的本质，即在占领区实行殖民地经济和战时经济，其核心即掠夺。

日本在华实行殖民地经济的主要特征是垄断贸易，倾销商品，低价收购原材料，掠夺劳动力，实行差别工资，推行鸦片政策，接管矿山、铁路和现代产业，发行伪币，控制金融，等等。

战时经济也就是统制经济。由于日本侵略战争的推进，太原地区经济在1938—1939年的虚假繁荣之后，物资紧张、物价波动的现象开始出现，并迅速波及整个沦陷区。为了巩固“后方”，支撑侵略战争，日本侵略军开始实行经济统制。日本侵略者在占领区所实行的统制经济的主要表现是：对工厂实行军管，优先供应军需，实行物资配给，控制物流，冻结物价，搜集粮食，收缴苛捐杂税，等等。

上述殖民经济措施给山西人民带来了深重的灾难。

日本侵略者占领山西期间，对华北，尤其是对山西经济的掠夺是全方位的，其对山西工业的掠夺对于维护其战争机器的运转尤其具有重要意义。①

七七事变后，山西工业经济遭到毁灭性打击。太原和一些主要城镇及主要交通线被日军占领后，原有的一些官僚、私营企业，绝大多数沦于敌手。据统计，1938年8月，日军在山西管理的工矿已达44座，其厂名均用“军管理第×号工场”排名。② 从总体上来看，在日军占领期间，山西沦陷区的40多个厂矿企业有一半分布在太原，日军对山西工业的掠夺呈现出如下特点：

1. 机器设备遭到掠夺和破坏

日军霸占了山西的企业后，将许多比较先进的机器设备拆迁运走。当时阎锡山政府的太原兵工系统各厂，共有工作母机4000余部。阎锡山退却时，搬走600—700部，其余3000多部绝大部分被运往日本本土和我国

---

① 郑伯彬：《抗战期间日人在华北的产业开发计划》，资源委员会季刊，1947年10月，第33页。

② 张全盛、魏卞梅：《日本侵晋纪实》，1992年，第152—154页。

东北地区。[①] 太原的工矿企业中，日军对机器设备只顾使用，极少维修，使许多设备在日军投降时都已报废。

2. 现代工业被日军据为己有

从1937年始，至20世纪40年代初，日军对各工矿企业采取军管理的办法，并委托“三井”“三菱”等日本财阀负责经营，迫使各企业以侵略战争为中心进行生产。到1939年8月，共有军管理工厂46个。1942年春，经山西派遣军批准，将各军管理工厂的现有资产抵作投资，并吸收北支那开发株式会社的投资，组成山西产业株式会社，统一管理所有军管理工厂，并将所有军管理工厂统一改用中国名称。

3. 疯狂进行资源掠夺

在武力的强制下，日军对山西丰富的资源进行了疯狂的掠夺。掠夺的资源种类包括煤炭、锰、铅锌、硫黄、石膏、池盐、芒硝、木材等。在强盗式的掠夺过程中，对山西的各种自然资源造成了极大的破坏和浪费。

日军对山西工业的掠夺涵盖煤炭工业、重化工业及轻工业。这里只论及其对大同地区煤炭资源的掠夺情况。

第二节　“以人换煤”的掠夺式采煤工程技术

日据时期，占领大同煤矿的日军管理机构想达到“以战养战”的目的。此时期大同煤矿工程技术特点是竭泽而渔。

一、日寇对大同煤炭资源的觊觎及早期勘探

日寇的掠夺野心及对大同的煤炭资源的觊觎由来已久，对大同煤田的储量、分布、地质状况多次进行调查。早在1918年，日本临时产业局工程师门仓三能受命来大同调查煤炭资源状况，历时四个月之久。门仓三能所写的《大同炭田地质调查报告》，成为日后日本侵略者制订掠夺大同煤炭计划的依据。1923年，日本的上野、太田等人，以考察为名，在大同进

①《山西省经济史料》(第2册)，第13页。

行了长时间的秘密活动，窃取了不少地质资料。1929 年，晋北矿务局成立以后，日本帝国主义则利用阎锡山及晋北矿务局局长梁上椿给予的方便条件，打着“参观”“访问”的幌子，经常在大同矿区活动。①

1937 年，七七事变之后，日本侵略者无耻宣称“华北正是大东亚共荣圈内战争资源之中核地带”“对大同煤矿之期待甚大”，毫不掩饰地把大同煤矿称为“东亚热源”“大东亚共荣圈的主要燃料基地”。日本对华经济侵略机构——“南满洲铁道株式会社”（以下简称“满铁”）——将掠夺大同煤炭看作“华北产业开发”的中心目标。“满铁”产业部为确定其掠夺大同煤炭的计划，于 1937 年对大同煤田的储存情况进行两次调查，分别写出《山西省大同煤田北东部地质调查报告》和《华北矿山调查报告》。“满铁”华北经济调查所在调查报告中这样写道：“山西省的煤炭储量为 1271 亿吨，这是一个天文学的惊人数字”，“据有识之士估计，昭和十三年（1938 年），日本缺煤将达到 1200 万吨。而抚顺煤的对日输出，今后十年将每年止于 300 万吨，新邱煤即使在条件好转的情况下，每年也不过可望输出 200 万吨，因此，这两个煤矿绝难满足日本的需要”，②而大同煤矿则是日本的掠夺目标。

日本帝国主义掠夺大同煤炭还不仅仅是为了满足其侵略扩张和解决国内煤炭的需求，他们妄图通过掠夺山西煤炭（主要是大同煤炭）来控制我国其他产业，进而在世界经济中产生影响。日本帝国主义的这一野心，在“满铁”的调查报告《北支那炭矿业开发计划案》中表露无遗。计划案中这样写道：“控制华北煤，实际上也就等于控制了中国的煤业，进而控制其他产业，因而实在有着深远的意义，并在完成我国的世界经济政策上又将会起很大的作用。华北煤对于我国是不可缺少的”，“而大同煤在华北煤矿之内是最能对此做出贡献的煤矿之一，它担负国家的使命将是重大的”。③

《北支那炭矿业开发计划案》对大同煤进行了量和质的分析：“大同煤田面积为 186189 平方米，煤储藏量达到 960174 万吨……其增产潜力是巨

---

① 吕秀琴：《日寇对大同煤矿资源的野蛮掠夺》，《文史荟萃》，1993 年，第 39 页。

② 满铁调查部：《北支那经济开发方案调查资料》（第二编第一卷），1942 年，第 369 页。

③ 南满洲铁道株式会社调查部：《北支那炭矿业开发计划案》（第二编第一卷），1987 年，第 369 页。

大的，可以说是华北第一……从质的方面观察，大同煤的煤质是所谓清烟煤的高级煤炭，发热量高，没有黏结性，用途相当广泛，特别在一般工业，如船舶、发电、采暖等方面，几乎是他处找不到的优质煤炭。……就这一点说，它有非常大的价值，日本对于大同煤的期望是非常大的”。①“满铁”将掠夺大同煤炭上升到基本国策的高度。

为掠夺大同煤炭，日本帝国主义多次制订掠夺计划，他们在《华北产业开发计划》中提出要在大同煤矿当时产量的基础上增加 4.5 倍。日本对华主要经济侵略机构——华北开发股份有限公司——于 1940 年 5 月成立了以调查地下资源为中心任务的北支那开发调查局，仅调查煤炭资源就派出五组人员，对整个华北煤田，尤其对大同煤田的地质储量、现有生产规模、开采方式及生产管理等进行了详尽的调查，并整理汇编专著《北支那炭矿概要》，根据各方面的调查资料，制订了《华北产业开发第一个五年计划》。

《华北产业开发第一个五年计划》中，把大同列为六个重点掠夺的矿山之一。1938 年到 1942 年在大同煤矿的计划投资占博山（博山、淄川）、中兴（中兴、大汶口）、井陉（井陉、正丰）、磁县（磁县、六河沟）、太原（太原、平定）、大同（大同、下花园）六个矿山总计划投资的 44%。

日本帝国主义对大同煤炭的掠夺野心达到了登峰造极的地步。1938 年，日本政府在《大同煤田开发计划》中，要求“大同煤田于昭和十七年（1942 年）能向日本输出 1000 万吨煤炭，于昭和二十二年（1947 年）能向日本输出 3000 万吨煤炭，以此作为大同煤田的开发目标”，并声称：本计划的基础材料为门仓三能 1918 年实地勘查所制《山西大同煤田调查报告书》。日本侵略者膨胀了的掠夺野心显然难以实现，1940 年，日本政府又制订了《宫本计划》，计划中对大同煤炭的掠夺数字是：1941 年计划掠夺 300 万吨，1942 年 380 万吨，1943 年 500 万吨，1944 年 630 万吨，1945 年 760 万吨，并计划把掠夺煤炭的 58%运往日本。②

---

① 南满洲铁道株式会社调查部：《北支那炭矿业开发计划案》(第二编第一卷)，1987 年，第 371 页。

② 居之芬：《中国人民抗日战争纪念馆文丛》，2011 年，第 42 页。

二、日寇为掠夺大同煤炭资源进行的基本建设[①]

日军侵占大同煤矿后，为加速掠夺煤炭资源，先后将各段窄轨铁路改为宽轨。1939 年 5 月，将保晋煤矿之窄轨改为宽轨。6 月，完成永定庄到白洞村之间宽轨铁路的敷设。1942 年，又将宽轨铁路从同家梁矿延伸到白土窑矿。日军侵占大同矿区后，对矿区道路进行了整修和改造。但矿区整个道路状况正如日本人高田清在《对大同矿区交通工务之意见书》中所描述的那样："土沙道、自然道、自动车道、牛马车道"等大都是"黄土路面""车行沙尘蒙前方""下雨泥泞，断绝交通"。20 世纪 40 年代初，日军在口泉河上修建了狼儿沟水泥桥，桥宽 4 米，并修整了与铁路平行的口泉—雁崖段的简易运煤公路。

1937 年 9 月，日本侵略军占领大同。10 月 1 日，日本关东军委托"满铁"接办大同煤矿，投资 800 万元，除继续开采煤峪口、永定庄、忻州窑等矿外，1938 年又开凿了同家梁井。之后，又在白洞（同宝坑）开凿了一个斜井。为进一步增强掠夺煤炭能力，1940 年 1 月，成立了大同煤矿株式会社，总投资 4000 万日元。3 月，大同煤矿株式会社投资 51.5 万元在平旺村至石头村之间开凿平旺炭矿，6 月又投资 17 万元开凿大北沟煤矿。同年，还相继开凿了四老沟（宝藏坑）井及鹅毛口北的昭和坑。到 1942 年，除小型矿井外，主要生产矿井为煤峪口、永定庄、忻州窑、四老沟、同家梁、白洞、白土窑、胡家湾，称为八大煤矿。日军除继续开采原有煤矿和建新矿外，先后改建了白土窑、胡家湾井，对煤峪口、忻州窑、永定庄等矿井采煤、运输、提升等环节进行了改造。

日寇为了掠夺大同丰富的煤炭资源，于 1938 年 5 月成立了蒙疆电业株式会社大同支社。为解决永定庄、煤峪口、忻州窑三对矿井排水、提升、通风和照明问题，1938 年 7 月，蒙疆电业株式会社在口泉岩岭村兴建坑口电站——岩岭发电厂。为了适应大规模开采，蒙疆电业株式会社于 1939 年秋动工建设平旺发电厂。[②]

---

① 大同矿务局矿史党史征编办公室：《大同煤矿史》，人民出版社，1989 年，第 131 页。

② 大同矿务局矿史党史征编办公室：《大同煤矿史》，人民出版社，1989 年，第 132 页。

日寇不仅兴建发电厂，还建起了炸药制造厂。1938 年下半年在平旺西北方建设的炸药制造厂，于 1939 年 1 月投入生产。

日军占领大同煤矿后，大同煤矿株式会社在矿务部内的工事事务所设建筑科、土木科负责矿建和地面建设。建筑技术人员均为日本人和伪满州人。储煤场是地面建筑的重要部分。永定庄矿储煤场容量为 7 万吨，煤峪口为 5 万吨，保晋南厂为 5.2 万吨，三个储煤厂总储煤量 17.2 万吨。另外，各矿均设现场储煤场，储煤能力保晋坑为 646 吨，裕丰坑 14531 吨，永定庄矿 7469 吨，同家梁坑 1061 吨，白洞坑 23997 吨，宝藏坑 40937 吨，白土窑坑 27642 吨，昭和坑及胡家湾土法开采小窑储煤量为 11190 吨，各矿总计储煤能力为 127473 吨。

三、日寇掠夺大同煤炭资源的技术状况①

日寇的掠夺目的决定了其在大同煤矿的采煤技术的原始性和血腥性。

1. 井下施工方面

日军占领大同煤矿后，开凿斜井均采用汽动凿岩机打眼，黑色炸药爆破，人工装碴，绞车提矸。井筒口用片石砌碹，较为整齐。20 世纪 40 年代后，汽动凿岩机部分改为手持电钻打眼。日军占领大同煤矿后，井下岩巷开凿始用手持式风钻打眼，眼深 0.1 米左右，黑色或黄色炸药爆破，人工装岩，轨道矿车运矸，通风排水多以日制设备为主。在半煤岩巷中以木棚支护。

2. 地面建筑施工

日军占领大同煤矿期间，除在各矿增建厂房、宿舍外，也在平旺村附近建筑了高级职员宿舍。宿舍结合日本人住房与寒冷气候的特点，以砖木结构建造，房内地面均以木板铺成，木板下为暖气通道，建筑风格与当地住房殊为不同。

3. 机电工程技术

日军占领大同煤矿期间，在新建的同家梁、白洞、四老沟（宝藏坑）坑安装箕斗、绞车、风机等，并在各主井井底、主要运输巷、峒室中全部

① 大同矿务局矿史党史征编办公室：《大同煤矿史》，人民出版社，1989 年，第 132 页。

改用 200 伏安全电灯。

1937 年，日本侵占大同煤矿，劫夺各大采矿公司，并开凿数座新井。为加快掠夺步伐，兴建发电厂。 井下开采用煤龟钻打眼，放炮落煤，割煤机掏槽，矿井提升、运输、通风、排水等以电为动力。 8 年掠夺煤炭 1400 万吨，最高年产 230 万吨。

4. 开拓、掘进和采煤技术

（1）开拓技术。 1937—1945 年日军侵占大同煤矿期间，除继续开采煤峪口（裕丰坑）、忻州窑（保晋坑）、永定庄矿外，又相继开凿了同家梁、四老沟（宝藏坑）、白洞（同宝坑）、鹅毛口（昭和坑），改建了白土窑、胡家湾窑。 据不完全统计有矿井 22 个，其中立井 7 个、斜井 14 个、平峒 1 个。 每个矿井均为单煤层单水平盘区前进式开拓，井筒到达煤层，开凿水平运输大巷，分盘区开掘上山或下山，进行开采。

（2）掘进技术。 1937—1945 年日军侵占大同煤矿期间，采用房柱采煤法，部分掘进工作面开始用煤电钻打眼放炮，人工装煤，大部分巷道仍是“刨根凿壕”掘进。 煤巷掘进时使用截煤机，岩巷掘进开始使用压气凿岩机。 全矿共有日产铄式截煤机 4 台、凿岩机 49 台、泉式 1.51 - P 式麻花钻 315 台。 掘进岩石巷道时，采用压气凿岩机。 在煤层掘进时使用截煤机、压气凿岩机及电钻。

（3）采煤技术。 1937 年日军侵占大同煤矿后，先沿用残柱和房柱采煤法，驱使工人手工掏槽或凿孔爆破。 1940 年后，在部分工作面使用割煤机，代替人工掏槽，煤电钻打眼放炮落煤。 共有链式割煤机 4 台、泉式 1.51 - P 型煤电钻 315 台。 后采用房柱法，并混同前进式长壁法、后退式长壁法等。 日军掠夺大同煤矿期间，以多产、迅速为宗旨，忽视开采规程，乱采滥掘，吃肥丢瘦，取易撇难。 采煤后不作任何填充，甚至连掌子面煤柱、大巷煤壁也盗采一空。 国民党政府在日军投降后的接收报告中写道：“日人占领期间，专注出煤，井下工程多有未尽合理者，如主要大巷的煤柱，竟有薄至 5 米以下者……”

5. 运输和提升技术

（1）运输技术。 1937 年，日军侵占大同煤矿后，井下铺有路轨，将煤车直接推进工作面装煤。 矿车全部为铁制，有原煤用 0.5 吨（保晋坑为

0.45 吨）与块煤用 0.45 吨（保晋坑为 0.35 吨）两种。采区巷道的运输，初时全部手推，斜井运输使用蒸汽绞车。后在口泉岩岭村修建了发电厂，蒸汽绞车逐渐换为电绞车。1941—1942 年，各矿井下顺槽安装了一批内齿轮小绞车（俗称电马机）和无极绳绞车。井下铺有路轨，将煤车直接推进工作面装煤。采区巷道的运输，初时全部手推，后用皮带输送机将煤运送到巷道，再装入五吨电机车，用绞车从提升竖井提到地面。

（2）提升技术。1937 年日军侵占大同煤矿后，仍用原提升设备生产。岩岭、平旺发电厂建成后，开始用电绞车提升。新开凿的同家梁、四老沟、白洞、白土窑、胡家湾坑口安装了单滚筒绞车，电动机功率皆在 200 千瓦以下。多数井口用矿车提煤。同家梁矿 9 号井和白洞矿 14 号井等则开始使用翻斗式箕斗提升。由竖井提上来的重车，以人力将其推到轻便铁道的装载点，煤车推入翻笼内翻入货车。从井口到储煤场还铺有路轨，有时翻斗矿车不足，就将煤车直接运至储煤场。

6. 通风和排水技术

（1）通风技术。日军侵占大同煤矿后，1940 年在大同煤矿安装了通风机，共有 30、50、100 马力风机 13 台，通风方式多为对角式。各矿在井田两端风井安设抽风量为每分钟 5000 立方英尺的风机各 1 台，或在井田一端安设风量为每分钟 1 万立方英尺的风机 1 台。虽然为机械通风，但日军只顾掠夺资源并不重视改善通风条件，各矿井通风普遍不良。永定庄矿 1 号、2 号井因通风道不完整，气流分割不充分，入风量仅每分钟 1200 立方英尺，人均风量不足 1.6 立方米。煤峪口矿（裕丰坑）最好的采掘面煤尘也很多，空气中含有水湿气和火药烟雾。日军投降后，各矿的风机大部分被破坏。1949 年，只有煤峪口矿 1 台风机开动。

（2）排水技术。日军侵占大同煤矿后，矿井排水全部用蒸汽动力泵，因效率低各矿逐渐改用电力排水泵。各坑的涌水量均比较小，永定庄坑每分钟涌水量 35 立方英尺，煤峪口坑每分钟 45 立方英尺，忻州窑（保晋坑）每分钟 27 立方英尺。因此各坑均使用小容量水泵。忻州窑（保晋窑）因煤层呈波状起伏，存水的地方多，故使用的辅助泵较多。

7. 机电技术

（1）供电技术。①地面供电。日军侵占大同煤矿后，为了加快掠夺大同煤炭资源的步伐，1938 年 7 月，“蒙疆电业株式会社”在口泉岩岭村兴建坑口电站——岩岭发电厂。在岩岭村半山腰泉眼附近修建了水塔和厂房，安装 1000 千瓦发电机 2 台，11 吨锅炉 2 台，于 1939 年 2 月 19 日正式对外供电，定名为岩岭发电厂第一发电所。同年 6 月又增装 2000 千瓦发电机 2 台，13 吨和 18 吨链条锅炉各 1 台，于 1940 年元旦投产发电，定名岩岭发电厂第二发电所。1940 年增装 2000 千瓦和 3500 千瓦发电机各 1 台，15 吨煤粉炉 3 台，同年 8 月，2000 千瓦机组投产发电，1941 年 4 月 3500 千瓦机组投产发电，定名为岩岭发电厂第三发电所。3 个发电所装机容量 1.15 万千瓦。“蒙疆电业株式会社”于 1939 年秋动工建设平旺发电厂。1942 年平旺发电厂进行主设备安装。1944 年 1 月，1 台 2000 千瓦厂用发电机和 1 台 80 吨煤粉炉投产。7 月，1 台 1.5 万千瓦汽轮发电机组投产，以 77 千伏输电线路送岩岭变电站，再由岩岭变电站转送各矿及工厂使用。平旺发电厂是日据时期“蒙疆”地区最大的发电厂。②井下供电。日军侵占大同煤矿期间，“蒙疆电业株式会社”兴建了岩岭发电厂和平旺发电厂，供井下采掘、运输、排水、照明设备用电。

（2）机修技术。日军侵占大同煤矿后，对各修理厂进行了扩充，装备了一些简陋的维修设备。在永定庄和忻州窑（保晋坑）分别设有机械工厂及电气车间。永定庄机械工厂分别设有机械（钳工、车工）、钣金加工、锻冶、铸造、木工 5 个车间，担负永定庄、煤峪口两坑的机械制造加工和电气设备维修。保晋机械工厂设有机械（钳工、车工）、钣金加工、锻冶、木工 4 个车间，担负忻州窑（保晋坑）的机制加工及电气设备维修。

（3）通讯技术。1941 年 8 月，大同煤矿株式会社始在永定庄矿安装 1 部日。式 50 门磁石交换机，并在煤峪口、忻州窑、同家梁、四老沟、白洞等 7 个矿各装 1 部 10 门磁石交换机。

8. 瓦斯防治技术

日军侵占大同煤矿后，大小把头和监工开始使用电桥式理研瓦斯检定器检查瓦斯，检查精度有所提高。但由于通风设施差，瓦斯事故没有从根源上解决。

9. 水害防治技术

日军占领大同煤矿后，根本不防水患。1939 年 4 月，煤峪口矿南沟井下发现水险后仍强迫工人下井生产，致使特大透水事故发生，100 多名矿工丧生。

10. 顶板灾害防治技术

日寇侵占大同煤矿时期，为加速掠夺大同煤炭，乱采滥掘，巷道煤墙不足几尺。大小把头为减少坑木开支，掌子面支护数量远远达不到实际所需，顶板事故经常发生。1941 年 9 月，白洞矿西坑掌子面一次冒顶，70 多名工人丧生。

第三节 日寇在大同煤矿的野蛮管理①

日寇对大同矿区占领的侵略性质，决定了其生产经营管理的剥削性。此一时期大同煤矿的管理特点是对工人的残酷压榨。

一、日寇对大同煤矿矿工的残酷压榨

日本侵略者的掠夺计划在日寇侵占大同矿区后得到实施。1937 年 7 月 7 日卢沟桥事变发生，日本帝国主义向我国发动了全面的侵略。9 月上旬，日寇分两路侵入山西北部，板垣部主力由察南地区南下，千田、板仓诸部沿平绥铁路侵占了山西北部的军事要地大同，9 月 13 日，大同沦陷。从 1937 年 10 月到 1945 年 8 月，大同煤矿处于日本侵略军的铁蹄之下。日寇侵占大同期间，惨无人道地实行“以人换煤”的政策，在不到 8 年的时间里，掠夺煤炭 1400 万吨，有 6 万多名矿工在日寇的皮鞭下丧生。日本侵略者的野蛮开采，使得大同煤田千疮百孔，大同矿工生活在人间地狱之中，日本法西斯强盗对大同矿工犯下了滔天罪行。

日本侵略者为掠夺大同煤炭，不惜追加投资、多开矿井、修建铁路、建设发电厂，并控制煤炭销售，等等，但最使他们头痛的，则是缺乏劳动力。日本帝国主义对大同煤炭资源的掠夺，是建立在对大同矿工疯狂掠夺

① 本节数据除注明外，均采自大同矿务局矿史党史征编办公室：《大同煤矿史》，人民出版社，1989 年，第 85—140 页。

的基础之上，靠拼命榨取中国工人的血汗，来实现其所谓的大增产。他们一再强调要强化募集劳工，采用各种手段，解决劳工问题。他们为了获得所需要的劳动力，在北平设立了招工事务所，配备了专门的招工队员（多由把头充任），并对招工队员定有奖赏，即所谓“招募津贴”，规定招50名以上者津贴为50元，60名以上者为60元，70名以上者为70元，80名以上者为85元，90名以上者为95元，100名以上者为110元。

为了弥补招工不足，日寇将三班作业制改为两班作业制，以延长劳动时间来增加产量，拼命榨取工人的血汗，来换取更多的煤炭。1943年，大同煤矿有1559名日本人，奴役着近1.5万名中国工人。

“只见煤车天天走，不见矿工几个活”，这是日寇“以人换煤”血腥政策的真实写照。日本侵略者在异国土地上，丧失了人性，丧尽了天良，他们对大同煤矿工人的野蛮迫害令人发指。

日寇为了达到掠夺大同煤炭资源的目的，首先需要解决的就是劳工问题。“为了达成大增产，其必要条件，诚有种种。然劳动力之量的确保与质的向上，是最大的条件。历来大同煤矿是华北‘蒙疆’一带的最机械化之煤矿，然劳动之地理条件不良，尤其是代替最近资材不足，唯在于劳动力之确保。因此，该煤矿自创立以来，即努力于劳动力之确保与劳务之管理。首先强化募集工人……”这就是日寇用劳力代替“资才不足”，用劳力在“地理条件不良”的情况下达成“大增产”的自供状。

日寇采用种种手段，强化了募集劳工。

一为骗。日寇经常以“盖房”“筑路”等为名，在山东、江苏、河北、河南、安徽、天津、北平、山西等地，用“到大同煤矿后吃得好、穿得暖”为理由，哄骗大批破产农民、失业手工业者到矿山当劳工。仅1940年6月一次，日寇就从河北保定一带骗招来800多名劳工。大同炭矿北平事务所的一个招工人员供认，他在1944年从河北蓟县、易县、山海关等地骗来400多人。北平事务所的另一个书写人员，虽不专门招工，但也曾经三次往大同输送工人共150多名，其中还有工人家属。

二为抓。日寇常常以“剿匪”为名，到乡下四处抓人，充作劳工。其中有五六十岁的老人，也有十二三岁的小孩。大同炭矿北平事务所一人员供认，那一年，他们到了山海关以后，就有一个日本人控制了100多人。

这批人并不是招来的，听说是从东北回关内的人，走到山海关被扣押了。后来，这些人被强行抓到大同煤矿。

三为押。为了扩充劳动力，日寇还经常把战场上的战俘、监狱里的囚犯押解到矿上，另行看守，为其出煤。大同炭矿北平事务所一伪人员说他们曾经“将两辆卡车开到蓟县伪政府……在大街上看见有几个警察押着近百人排队走来，马上停下车，满满坐了两卡车人。警察上车押送，天黑了才回到北平，听说这批人是从监狱提出来的”。

四为派。日寇串通地方日伪统治机构，每年在煤矿附近的农村按村庄大小摊派民夫，每个村子 20 到 30 人不等。另外，日寇还以组织“勤劳报国青年队”为由，强行组织青年到煤矿做工，规定每六个月一期，每期 3000 人。有时候，派到矿上的人，去了就回不来了。1940 年，王村一带一次派来 400 多人，结果一个也没回去。

此外，日寇还大量收罗童工。当时，一些矿井看风门、扳道岔、挂钩、打钟、往坑外抬石头、推煤车、给机器注油等工作，均由童工负担。煤峪口矿有一个姓姜的把头，他手下使用的全是童工，从八九岁到十五六岁的孩子全都有。

在日寇的残暴统治下，大同矿工生活在暗无天日的牢狱之中。从外地抓来、骗来的矿工都住在劳工大房子里。大房子相当于平常房子的八九间，房子对头 2 条大炕，通常一间大房子要住一百四五十人。墙上留几眼窗子，窗子不糊纸，也不装玻璃，全用木板、铁条封死。房内光线暗淡，空气污浊，而且又潮湿，臭虫、苍蝇、蚊子到处横行。

被抓骗来的工人当中，许多人没有行李，只铺些烂麻袋、破席片、洋灰袋纸片。没枕头的，就用砖头、石头当枕头。日寇还在大房子四周打起土板墙，墙上架着电网。大院门口设立了岗楼，有日寇和矿警在里面站岗。

日寇还对工人进行指纹管理，并声称“应用指纹管理，以防止工人之移动和不良分子之潜入”①。日寇劳务系的登记卡名目繁多。贴相片，按指纹，填写身体特征、皮肤颜色，编号码，然后发给劳工证明书。劳工证明书上也贴相片，编号码，并注明年龄、籍贯、现住址。

---

① 新中国印书馆：《北支那开发事业之概观》，1942 年，第 36 页。

当时工人吃的多是红豆面，有时候红豆面发霉，变成了疙瘩，还给工人吃。还曾给工人吃高粱、糠、花生皮磨成的混合面，美其名曰“兴业面”。[①] 每天清晨，看房人把工人喊起来，由小把头在前面领着，矿警在后面押着下井，晚上回来时也是如此。

日寇以延长劳动时间来弥补工人数量之不足。七七事变前，大同煤矿近代半机械化矿井多为三班制，日寇则除白洞坑的掘进是三班制外，其余各矿均为两班制。“满铁”华北经济调查所在《大同煤矿劳动概要调查报告》中不得不承认，“从三班制向两班制转变，工人被强制地在两班制下完成三班制的工作量”，对工人来说，“这是相当痛苦的，他们如果不是每隔四五天休息一天，就不能消除疲劳”。这种改变是为了弥补劳动力不足实行的，但这也解决不了根本问题。日寇“为了掠夺煤炭甚至强制病人参加劳动”。[②]

工人每天在井下劳作 12 小时以上，而在“努力出煤日”这一天，要劳动 20 多小时。日寇还常常采用“赶煤”的方法，就是头天出了几车煤，第二天一定要工人赶上或超过头天出的煤，这样，不仅大大延长了工作时间，还增加了劳动强度。

在“努力出煤日”这一天，工人下井 6 小时后送下干粮。平时，在井下无论干多长时间，工人都得饿着肚子。

工人的工装就是随身衣裳，矿上只发给鞋、帽，还要扣钱，有的矿工衣服完全烂掉，就用麻袋片、洋灰袋纸连起来遮体防寒。

除本地工人每日可回家外，被日寇从外地抓骗来的工人，活动范围仅限于铁丝网圈子以内。日寇把医院、卖店、俱乐部（赌场）都迁到铁丝网圈子里，以防工人逃跑。

工人宿舍大房子里还设有抬尸工，往外运送工人尸体。这项工作开始由杂工兼作，1942 年以后，矿工死亡率上升，成立了专门的拉尸队。忻州窑 9 个把头柜，就有 36 个抬尸队员。

开始死了人，矿上给一只薄板匣子，后来用席子卷，再后来用两个铁

---

① 陈慈玉：《一九四〇年代的中国》(上卷)，社会科学文献出版社，2009 年，第 572 页。

② 满铁华北经济调查所：《大同煤矿劳动概要调查报告》，1941 年，第 63—67 页。

丝圈将死人的胸、腿分别套住，用木杠抬着，将尸体扔到荒山狭谷或废旧矿坑中。

日寇为满足其掠夺欲望，经常用榔头、镐把殴打工人，强迫工人在恶劣的生产条件下出煤。至于井下的安全设施，则根本不予考虑。有些把头柜为了节约坑木开支，掌子面支护数量远远达不到要求，井下各类事故经常发生。日本满铁华北经济调查所在《大同煤矿劳动概要调查报告》中对这一事实亦有记载："大同煤矿作业环境恶化，为节省必要的坑木……根本谈不上采煤粗放化以至安全等考虑。另外，煤矿方面由于原材料价格高涨，对必要的设备等闲视之。"①

由于劳动条件极端恶劣，工人伤亡惨重，死伤率高达70%以上。据上述调查报告统计，1941 年，在籍人员 6934 名，死亡 869 名，死亡率为 12.5%；负伤者 2983 名，负伤率达 43%。② 到 1942 年，死亡人员增加到 1700 多名。

日寇、把头对工人视如草芥。有的掌子面冒顶了，日寇强迫工人从石头缝里爬进去往外拉煤；有的巷道水深过膝，冰冷刺骨，日寇强迫工人涉水背煤。

1938 年春，煤峪口南沟井下涌出大水，100 多名工人死于非命。1941 年 9 月，白洞矿西坑掌子面冒顶，70 多人丧生。1943 年春，忻州窑矿南 4 号采煤掌子面顶板下落，压住 8 个工人，其中一个工人半截身子被压在石头底下，而人还活着。在场的日寇为了让幸存者去抢救机器，竟将这位半个身子露在外边的工人用刀活活砍死。

1939 年春，煤峪口南大巷 24 号掌子面的大顶已经响了两三天，人们不敢进去，一个叫"小高桥"的日寇硬叫工人把里面两节车皮、十节 7.8 米的道轨和十几根柱子拿出来。人们不去，他就用镐把打。结果，工人刚刚被逼进去，3 米厚的顶板便塌落下来，压死十八九个工人。

许多工人不堪忍受这种非人的折磨，纷纷出逃。逃跑时，有的工人跨越电网时被电击死，有的则被日寇开枪打死。永定庄矿厂有一名矿工叫杨

---

① 满铁华北经济调查所：《大同煤矿劳动概要调查报告》，1941 年，第 71—72 页。

② 满铁华北经济调查所：《大同煤矿劳动概要调查报告》，1941 年，第 81—82 页。

高，他由于劳累过度在井下睡着了，被把头发现，挨了一顿打，他气愤极了，上井后拿了东西就走，把头带着人追上去，夺走他的行李、皮袄，将他打得半死，扔在荒郊野外。

七七事变前，工人日平均工资为 4 角，当时 1 元钱可买白面 40 斤。七七事变后物价猛涨，1 元钱只能买两斤半白面。 1942 年，工人日工资最高为 3.18 元，最低为 0.84 元，平均 1.58 元，1 元 5 角左右的工资，又何以维持工人一家之生活。

住在工人宿舍中的单身工人，每人日平均生活费大约为 1 元 4 角。 生活费大部分用来买把头发行的饭票，每月两次结算，把头扣除了饭钱、铺底金（房钱），实际上，根本拿不到工资，而且欠账者很多，高达 50%以上。 就算个别工人略有结余，也拿不到现金，而是拿到一种“引换证”，只能在把头开的店里买东西。

工人一旦患病，每日只能拿到 5 角补助费，别说就医，连伙食费都不够。 工人若短时间内不能康复，那只有死路一条。

单身工人尚且如此，养活家小的矿工的生活可想而知。 他们当中，病饿而死的更是不计其数。

日寇为了维护其在大同煤矿的黑暗统治，除了在矿区设立宪兵队以外，还实行“以华治华”的政策，在矿区成立了矿警队和督察队。 矿警队和督察队的汉奸为虎作伥，帮着日寇凶狠地镇压工人。

矿警队的总部设在永定庄，归宪兵队管。

每个矿都有矿警队。 每支矿警队有 30 多人，并养了一两条洋狗。 矿警队队长是日本人，其余则是中国人。 矿警队队员穿军服、执长枪。 其主要任务是站岗、巡逻。 岗位有大房门口，押送工人上下班，防止工人逃跑；各山头岗楼，替日寇监视八路军、游击队的行动；在井口搜身，检查工人是否偷东西，在运煤路口收煤票；还设有流动岗哨。

督察队分两种。 一种归各矿“劳工协会”管。 任务是监视工人，看大房子，向把头汇报情况，等等，他们都是中国人，不穿军服，也无武器。一种归宪兵队管，无论汉奸还是日寇都穿便衣，带短枪，这种督察队又被称作密探队或便衣队，他们的主要任务是对付抗日力量。

矿警队和督察队常常打骂工人，敲诈勒索矿工。 日寇缺少工人时，常常派他们外出抓工。抓到一名工人，把头就给他们 5 元钱。1938 年夏，忻州窑大房子有 7 个工人逃跑。其中一个工人跳墙时摔断了腿，另一个工人跑到半路被抓了回来，矿警队先把他俩吊起来毒打，然后绑在木柱上，被洋狗活活咬死。

当时，宪兵队、矿警队、督察队向矿区人民施行的酷刑主要有榔头打、皮鞭抽、火柱烫、坐老虎凳、灌辣椒水、过电刑、洋狗咬、刺刀捅、浇汽油烧等。日寇使用暴力统治矿区的同时，还在矿区开设了俱乐部（赌场）、烟馆、妓院来腐蚀工人，残害矿工的身心健康。

工人一到矿上，把头先给工人两片大烟。起初不会抽大烟的，因耐不住大房子的烦闷与井下劳动之艰辛，又因抽得人太多，慢慢也就抽上了。上瘾以后，工人不下井劳动就得不到大烟，于是只能拼命干活。有时候，把头还把大烟带到井下，刺激工人赶煤。这样，用不了多久，一个强壮的小伙子就会被折磨得骨瘦如柴。

大同煤矿在日寇的血腥统治下，大批矿工被摧残致死。1937—1945 年，死难矿工达 6 万多人。按日寇掠夺大同煤炭的数量计算，每掠夺 1000 吨煤，就有 4 名矿工死亡。当时在矿区的荒郊野外、河滩山谷、废旧矿井等地形成了大大小小的“万人坑”。

大同煤矿究竟有多少万人坑，现在很难查出确切数字。据老工人回忆，比较大的万人坑就有 21 处。如忻州窑的杨树湾、同家梁的黄草洼、永定庄的大南湾、白洞的老爷庙、煤峪口的南沟等。

其中，煤峪口矿南沟的万人坑，是现存万人坑中比较完整的一个。这个万人坑位于煤峪口矿南沟的北山坡上，分为上下两洞。上洞宽 6 至 7 米，深 40 多米，这里层层叠叠堆满了矿工的尸骨。从尸骨的姿态看，有一部分矿工是活着被扔进万人坑的，他们有的正挣扎着向洞口爬去，有的则痛苦地抚摸着臂上的伤痕，还有的被截掉了四肢，击穿了头颅，扭断了脊骨。

当时，很多矿工只因丧失了劳动能力，就被活活扔进万人坑。煤峪口矿老工人钱奎保的父亲，就是在丧失劳动能力之后被扔进万人坑的。

1937 年，日寇从河北省开平等地抓骗来 300 多名工人，最后只剩下煤峪口的莫会英父子两人，其余都被折磨致死。1938 年，日寇从北平一带抓骗来300多人，就剩下焦宗如一人。1939年，日寇从河南灾区抓骗来400多人，到最后，只剩下永定庄的崔子才。

1940年10月19日，《抗战日报》上的一篇文章写道："黄土沟是人们去口泉的一条捷径。往年路上的行人总是络绎不绝，今年这条路上几乎没有行人，即或有人走，也是寥寥无几，原因是黄土沟的死人臭气太大了，每天总有三五个死人从口泉煤矿抬到黄土沟，不是病死的，就是自缢的或被打死的煤矿工人，赤条条地躺在那里，被野狗野狼咬得血肉狼藉。有脚无手或有腿无头，伤心惨目，莫过于斯……"

除万人坑以外，日寇还用烧人场或炼人坑来残害、荼毒矿工。

1942年夏天，矿区流行传染病，每天成百成百地死人。日寇在井口、大房子里、大街上、居民区，见人就抓。发现病的，就抓到"隔离所"，每天给一片大烟，早晚给两个窝头，大小便都在里边。半个月后快死的人就送到烧人场烧死，没病的，用冷水洗澡后才能回家。

"隔离所"设在永定庄的大南街。后来人多，关不下，也有关进附近妓院的。这种"隔离所"，没病的和病人在一起，过不了几天，没病的也会病倒。被关进去的人，也有趁看守不注意跑出来的。

烧人场长10米多，宽八九米。场里架起炭火，把人扔在里边烧。炼人坑3米多深，把人扔进去，浇上汽油，然后点火烧。当时永定庄料炭沟、忻州窑的小南沟都设有烧人场和炼人坑。被烧的很多都是活人。

1942年，忻州窑南山上的劳工房暴发了传染病。日寇很快将矿区严密封锁，发现逃走的一律开枪打死。7月12日早晨，日寇调来100多名大夫。不论男女老少、里工、外工，全部被日寇赶到康乐庄（妓院）大院，逐个检查人们的粪便，病情轻的扔上汽车拉到"隔离所"，重的，马上用铁丝将手脚拧住，拉到小南沟统统烧掉。没病的，身上挂个牌子，由窗口放出去。当时，忻州窑每天要烧掉几十人，但传染病仍在蔓延，病人成倍增加。后来日寇干脆停止了检查，凡认为有病的，一律烧死。那一回，忻州窑整整烧了四天。

二、日寇对大同煤炭资源的疯狂掠夺

日寇在劫夺大同煤矿的同时，也对大同煤田储量之丰富、煤质之优良极为惊奇。日本人手冢正夫在《中国的铁、煤与东亚》中这样写道："大同煤田的天然贮存条件非常好，所以，前抚顺炭矿长久保孚博士说这是世界一流的，酷似美国的宾夕法尼亚州附近的烟煤。"为了满足侵略战争的需要，日寇对大同煤炭的掠夺，几近疯狂的地步。

大同煤矿株式会社成立之初，资本为4000万元。到1943年，日寇对大同煤矿的投资追加到1亿—2亿元，其中华北开发股份有限公司5000万元，伪蒙疆自治政府6000万元，"满铁"仍为1000万元。①

日寇除继续开采煤峪口矿（裕丰坑）、忻州窑（保晋坑）、永定庄矿外，又相继开凿了同家梁、四老沟（宝藏坑）、白洞（同宝坑），改建了白土窑、胡家湾，还在怀仁县鹅毛口北开凿了昭和坑。大同拖皮村与石头村之间开凿了平旺炭矿，在土窑沟开凿了大北沟坑。除此之外，日寇还同样将大同煤矿各小窑掠为己有。日寇除将庄瓦沟、大青窑、马口窑、马脊梁、苏家堡、和尚嘴、黄土沟、梅家坟、杨树湾、小窑沟等17处煤窑以无主为由，没收归"兴亚公司"掌握外，也对其余位置偏僻、交通不便的小窑，一律下了禁令，不许开采。

1941年太平洋战争爆发，日本对煤炭的需求大增，为了满足其庞大的掠夺需要，日本各炭矿业经营资本家集股，成立了"华北石炭贩卖公司"，资本2000万元，对煤炭销售实行控制。在日寇的严密控制下，连民用煤也得经过贩卖公司。当时大同煤矿所产之煤多运往日本，小窑煤炭为了获取暴利，也远销外地。日本政府规定"煤炭的运日数……必须达到65%，尽管华北煤荒日益严重，对日煤炭输出总数也不能减少"②。遍地煤炭的大同，竟无煤可烧。农民被迫无奈，到那些停开的小煤窑上挖点煤，但一经发现，不仅车辆和牲畜会被没收，而且难以活命。日寇在大同设"兴亚公司"，专供民用燃料。"兴亚公司"只在财神庙设煤场一处，每天早6时排队挂号，下午3时开始卖煤，每人只卖2角钱的土煤面。煤场每天拥挤不堪，妇女小孩哭叫吵嚷，有的人甚至被挤碰得头破血流。

日寇占领时期，山西开采的煤炭大部分被劫运到日本和我国东北地

---

① 陈慈玉：《一九四〇年代的中国》(上卷)，社会科学文献出版社，2009年，第567页。
② 郑伯彬：《日本侵占区之经济》，鸿福印书馆，1945年，第16页。

区，变为日寇侵华的军需品，只有少量销售于山西和平津一带。不到 8 年时间，日寇掠夺大同煤炭计 1418 万吨。①

三、掠夺机构的演化及基本状况

日寇侵占大同以后，立即分兵占领大同矿区。大同矿工有的跑回农村，有的跑到日寇还未占领的马脊梁、挖金湾等小煤窑，有的和一些爱国的大矿职员采取了积极的抗日行动。拖皮小窑被矿工一把火烧了，忻州窑的地面建筑被矿工捣毁了，一些器材被掩埋起来。但留守在大同矿区的晋北矿务局留日技术员陈宽馥，却带着一帮晋北矿务局的残留人员，到口泉沟外去迎接日寇。

晋北矿务局以梁上椿为首的一些资方代理人与高级员司，在七七事变之前，就与日本帝国主义有联系。七七事变后，梁上椿卷起细软，逃往北平，在日寇侵略中国的一个经济机构中担任要职。梁上椿将亲信留在大同煤矿，希望维持晋北矿务局的生产。但是日寇很快解除了晋北矿务局的全部矿警武装，对大同煤矿实行了军事管制。

1937 年 10 月，早已做好准备的“满铁”受日本关东军军部委托，劫夺了大同煤矿。

“满铁”产业部调查员植田房雄同其他有关技术人员共 11 人，于 1937 年 9 月 27 日从“满铁”总社所在地大连出发，途经天津、北平、张家口，抵大同，10 月 6 日到达大同煤矿永定庄矿（原为晋北矿务局管辖）。植田房雄在《山西省大同煤田北东部地质调查报告》中写道：“十月上旬，周围的形势发生了完全的变化……正在进行调查的永定庄、煤峪口各矿，受到了数次袭击，调查工作受到阻碍。”

当时大同煤矿划归伪蒙疆联合委员会管辖。1938 年 2 月 11 日，伪蒙疆联合委员会与“满铁”签订协议，正式委托“满铁”临时经营大同煤矿。同时，伪蒙疆自治政府与兴中公司缔结煤炭委托销售合同，大同煤炭的销售由兴中公司负责。

---

① 王贵春、岳文源：《大同煤矿煤炭生产经济技术发展篇章》，煤炭工业出版社，2007 年，第 6 页。

兴中公司实际上是“满铁”的子公司。“满铁”为日本侵略我国经济的国策公司，随着日寇势力向华北渗透，“满铁”已难以满足日本政府的需要。1935 年 12 月，日本政府决定由“满铁”出资 1000 万日元，成立兴中公司，表面上看，“满铁”为调查机关，兴中公司为实行机关。

1937 年底到 1938 年初，“满铁”从劫夺多年的抚顺煤矿派 317 名各类管理人员至大同煤矿，并从各地抓骗来 5500 名矿工，他们首先利用晋北矿务局、保晋总公司近代半机械化矿井永定庄矿、忻州窑矿、煤峪口矿出煤。1938 年 6 月下旬，“满铁”通过兴中公司，第一次将 35 万吨大同煤供给日本大阪、神户的重化工业会社和电力会社。在“满铁”经营下，至 1938 年底，大同煤矿出煤 87 万吨。

由于大同煤矿得天独厚的资源贮存条件，日本国内大资本集团对“满铁”独揽大同煤矿大权异议颇多，他们相互争夺，并向日本政府提议将大同煤矿分割经营。

日本政府对大同煤矿的经营归属举棋不定，最终导致了“满铁”的观望态度，后经日本军部、“满铁”及伪蒙疆自治政府多次协商，经日本政府批准，于 1940 年 1 月 10 日成立了大同煤矿株式会社。

大同煤矿株式会社总资本 4000 万日元，日本内阁总理大臣阿部信行批准“满铁”向大同煤矿投资 1000 万日元，其余 3000 万由伪蒙疆联合自治政府出资 2000 万，华北开发股份有限公司出资 1000 万。

华北开发股份有限公司是日寇在华北进行经济侵略的垄断公司，成立于 1938 年，资金 4.43 亿元，是和在中国中部进行经济侵略的中支振兴株式会社相对应的。其涉及交通、运输、通信、电业、矿业、盐业等领域，子公司近 40 个，投资总额达 3.1 亿日元。日本政府批准华北开发股份有限公司投资大同煤矿，主要是为了便利煤炭的外运。

当时，日本政府对于至为重要的行业，依据特殊法成立特殊会社。在华北，大同煤矿及龙烟铁矿均为特殊会社。

后来，大同煤矿划归伪蒙疆联合自治政府管辖，由伪蒙疆联合自治政府产业专门委员会直接管理。经日本关东军军部、伪蒙疆联合自治政府、“满铁”三方协商，将大同煤矿临时委托“满铁”经营。“满铁”从抚顺煤矿调入 317 名日本人，其中参事 3 名、副参事 2 名、职员 48 名、雇员 35 名、佣员 223 名、嘱吒 1 名、常佣方（即技工）5 名，由这些人对大同煤矿进行管理。当时，煤矿组织如下：

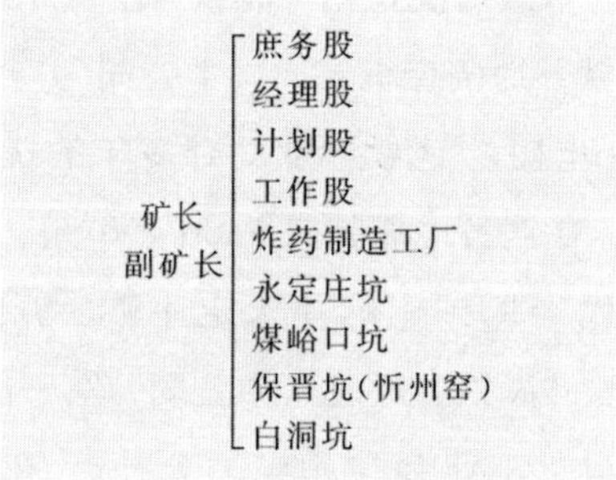

图 4-1　大同煤矿组织情况

“满铁”、日本关东军军部及伪蒙疆联合自治政府就大同煤矿的经营权多次协商，后经日本政府批准，于 1940 年 1 月 10 日成立了伪蒙疆特殊法人大同煤矿株式会社，初时资本金为 4000 万元，1943 年，追加投资至 1.2 亿元。

大同煤矿株式会社设在大同县平旺村，支社在张家口市东菜园，日本东京、大阪都设有出张所（办事处），天津设驻在所。

清代小窑，经营计划由窑主、把总提出。中华民国建立后，较大规模的煤矿公司仍未设立计划机构，各种计划由各股股长提出。日军侵占大同煤矿后，“满铁”临时经营的大同煤矿设有计划股。1940 年，伪蒙疆特殊法人大同煤矿株式会社在矿务部内设计划科。

大同煤矿株式会社总股份数为 240 万股，定期的股东总会日期为每年 6 月，每年一次决算，会计年度从当年 4 月 1 日到次年 3 月 31 日。

大同煤矿株式会社下设董事会，董事会由理事长、副理事长、理事、监事组成。

理事长夏恭（中国人），副理事长荒本章，理事郑平甫（中国人）、前原多助，监事治野英不二、工藤武夫。

董事会下设总务部、劳务部、经理部、矿务部、张家口支社、企划委员会、监察役室。

总务部、劳务部、经理部、矿务部下属机构如图 4－2、图 4－3、图 4－4、图 4－5 所示。

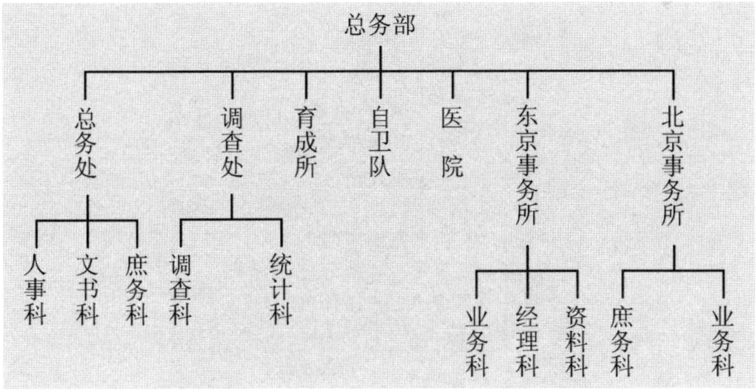

图4-2　大同煤矿株式会社总务部组织机构

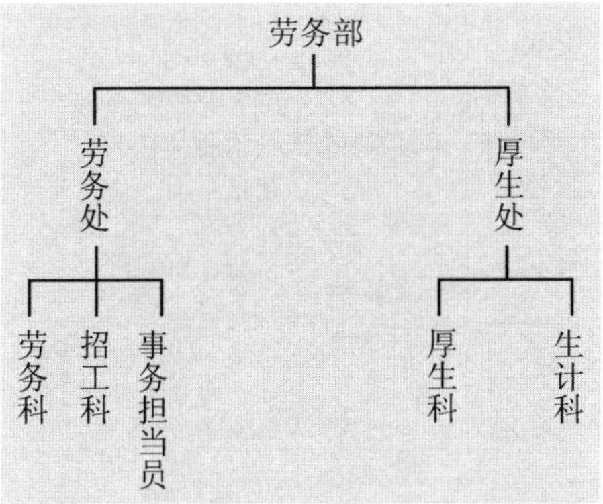

图4-3　大同煤矿株式会社劳务部组织机构

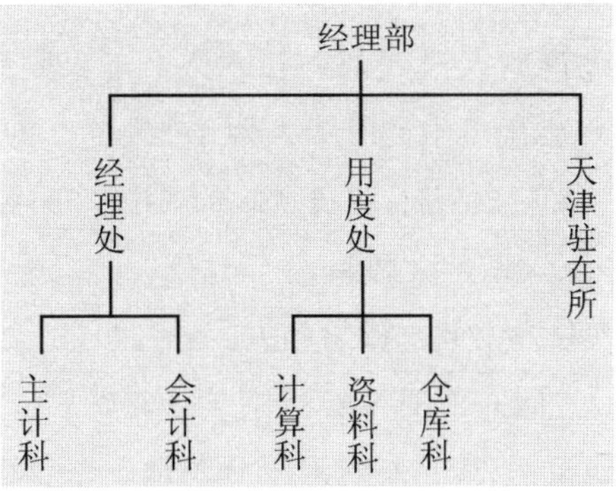

图4-4　大同煤矿株式会社经理部组织机构

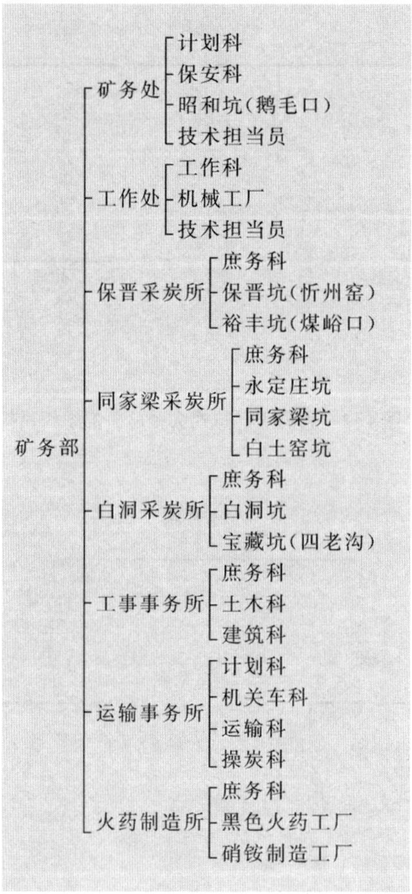

图4-5　大同煤矿株式会社矿务部组织机构

1. 经营管理

大同煤矿的各级管理人员大都为日本人，工人则都是中国人。 1943年，大同煤矿株式会社社员中，日本人为1559名，其中包括自卫队员80名、入营者217名、嘱吒30名、雇员38名，还有50名经常缺勤；中国人804名，主要是里工工人和各级把头。

日伪时期，工人分为常佣方和常佣夫。 常佣方由会社直接雇用并支付工资，是直属工人；常佣夫由把头招募并支付工资。 此外，还有土木工程使用的临时工和承包工。 常佣夫绝大部分是从山东、江苏、河北、河南、安徽、天津、北平和山西各地骗来或抓来的。 里工是技术工人，如电气、机械工等。 里工由会社直接雇用并支付工资，是直属工人。 外工则多为井下采煤工，由把头招募并支付工资，会社与工人的关系是间接的。里工的工资为月工资，由会社发薪。外工的工资为计件工资，每月发两次，由把头发薪。临时工的工资每日结算，承包工的工资一次性发给包工人，由包工人再发至工人手中。1940 年，工人平均日工资为 1.2 元。

大同煤矿井上、井下作业计划由日管理人员负责制订。各作业现场所需工人数量由会社通知各作业现场的把头，把头从各宿舍召集所需工人。工人均被圈在电网中，并有日寇把守，以防逃跑。把头及工头直接监督工人劳动，日寇常以榔头、镐把殴打工人，强迫其劳动。除白洞矿为三班工作制外，其他矿均实行两班制，工人每日工作时间为 11—12 小时。

大同煤矿株式会社工人最多时近 15000 人（1943 年），各矿均设一名大把头，下设几名小把头管理工人。大把头的主要任务是招募、管理属下工人，统一领取属下工人的工资，并经营把头商店。

日寇侵占时期，中国籍的职员、雇员、佣员、工头为月薪制，其基本工资为职员 36.75 元、雇员 12.45 元、佣员 15.25 元、工头 13.77 元。长期雇用工、承包工为日薪制，长期雇用工每日 0.4 元，承包工 0.45 元。承包工工资被包工人克扣后所剩无几。

大把头按出煤量从会社领取属下工人工资，大把头的津贴，由会社另外支付，相当于工人总工资的 3%。1940 年，各矿大把头工资如表 4－1。

表 4－1　各矿大把头工资统计

各矿名称	工资
永定庄矿	2029.50 元
煤峪口矿(裕丰坑)	2076.71 元
忻州窑矿(保晋坑)	2895.94 元
白洞矿	2022.75 元
同家梁矿	1119.41 元

大把头之下有若干小把头，小把头属下有工头、先生、看房人、工人等。小把头从大把头处领取工人工资并负责采煤现场的监督工作。小把头由会社从工人中选出任命，津贴由会社支付，通常按属下工人总工资的百分之七八来计算。

工头是小把头从外工中任意选定的，因为小把头属下工人数量较大，难以管理，因此设置工头帮助监督工人。 工头属下有 10—30 名工人，工头与工人同样从事体力劳动，在劳动中指导并监督工人，但工头的地位极不稳定。 工头及工人的工资由小把头决定、支付。

先生是小把头的司账者，管理现金出纳和预借款等。 看房人负责管理工人宿舍，并登记吃饭的工人数。 工人的伙食费由看房人向小把头报告，从工资中扣除。 大把头发给工人饭票，饭票只可供吃饭及在大把头开的卖店中使用。

各矿井上、 井下的作业计划均由日本人制订，各作业现场每天需要的工人数量，由会社通知各处把头，把头根据通知，从工人宿舍中召集所需工人。 劳务系人员依次按采掘面将出勤工人的名字与照片添至劳动卡片，卡片直接交给井下日方负责人员，负责人依次将卡片与工人进行对接。

关于作业的技术指导，则由里工或日本人负责。

2. 安全管理

日寇侵占大同煤矿期间，在矿务处下设保安科，多由把头、监工操办，根本不顾矿工安危。 矿井风量不足，生产作业环境恶劣。 虽订有保安规程，但由于日寇以多产、迅速为宗旨，实行“以人换煤”的血腥政策，一切“规程”条文都变成了废纸。

3. 财务管理

日伪时期，大同煤矿株式会社设有会计科。 日寇投降后，1946 年，国民党经济部资源委员会与山西省政府合办大同煤矿，成立大同煤矿整理筹办委员会。 其下设会计室，内分财务、账务、综核、成本 4 个组，办理会计、统计事务。

第四节　大同矿工对日军残酷掠夺的反抗①

在日军残暴的殖民统治下，大同矿工没有人身自由，险恶的劳动环境，沉重的劳动负担，恶劣的生活条件，矿工们过着暗无天日的奴隶生活。

大同矿工在中国共产党的领导和影响下，为争取自由解放，进行了英勇顽强的反抗斗争，其形式多种多样。

矿工们不甘忍受日军和汉奸的压榨和奴役，许多矿工冒险逃走。日军侵占大同煤矿 8 年期间，不少矿工得以逃脱，有的单独潜逃，有的三五结伙而逃。他们当中，有的从大工房跨越电网逃走，有的在上工或下工的路上相机逃跑，有的被送进“隔离所”后设法脱难，一些不在大工房内居住的本地工人，带着老婆孩子一起远走他乡。许多逃跑未成的矿工，惨遭日军杀害。

1942 年夏天，传染病流行，忻州窑的矿工及家属被日军成批地烧杀，矿工们时刻在寻找逃生的机会。每天晚上，都有几个逃亡者被日军开枪打死。

单身矿工的 8 栋劳工房，几乎没有几个人了。第八栋房最多住过 100 多名工人，后来只剩下 30 多个。他们清醒地意识到，只有逃跑，才是唯一的活路。

一个当过海员的山东小伙子小韩，组织过一次逃离行动。一天夜里，大家先绑了看房人，夺走钥匙，然后打死门岗的日本兵。在一个姓宋的矿警的帮助下，拉掉电网电闸，全矿立刻轰动起来。劳工们四散奔逃，本地矿工也领着老婆孩子，拼命往外跑。

北山上的日军发现后，马上架起机枪扫射逃跑的人群，许多人被打死，有 300 多人成功逃脱。逃跑的人们还打死五六个日军和十几个伪

---

① 本节数据除注明外，均采自大同矿务局矿史党史征编办公室：《大同煤矿史》，人民出版社，1989 年，第 85—140 页。

警察。

小韩等夺了枪的矿工是日军追捕的主要目标。小韩把子弹打光后，不幸被日军抓住，第二天，十几位被日军抓回的矿工，活活被狼狗咬死。

1940 年 6 月，日军通过侵略军和华北伪组织，从河北保定一带抓骗来 800 多名劳工，用闷罐火车运到煤峪口矿。这些劳工一下火车，就被枪押着进入电网围起的大工房里。日军打算把这些人长期关在井下，让他们在井下吃饭、休息，以实现其掠夺煤炭的计划。

矿区的党组织决定救出这一批受害的劳工，他们经过仔细研究，作出周密的部署，通过当地老工人与大工房里的劳工取得联系，确定了逃跑时间、路线。正在这 800 多人无可奈何、悲愤万分之时，得知矿上的共产党工人兄弟帮助他们逃生，顿时看到了希望。

行动当天夜里，矿区党组织秘密派人切断电网电源，800 多人一拥而出，按照计划路线，迅速向四面跑开。在山头放哨的日军见状盲目地乱打枪，值班的日军急忙给大同城里的日军打电话，叫他们派军队来追捕。等大批的日军满山遍野地搜捕逃跑的工人时，这 800 多人已被党组织派人从各个路口接应走了，只有一个人，在逃跑的路上跌伤了腿，没有跑脱，被抓了回去。

日军侵入矿区以后，欲壑难填，强行掠夺煤炭资源。针对敌人的掠夺计划，矿区党组织提出了“不给日军出煤”的战斗口号。矿区人民响应党的号召，采取了一系列行动，破坏日军的掠夺计划。

大同矿工想方设法不给日军出煤，他们能躲就躲，能磨就磨，并寻找机会破坏矿井设备。有的矿工下井后，把炮眼打得很浅，这样既省工、又打不出煤来。装完炮，他们就轮流到安全地点去休息。有人来检查，就远远地喊:“放炮了!”轰隆轰隆一阵炮响，日军自然不敢靠近了。为了防止工人怠工，日军实行了计件出煤的方法，每一个工人下井，就要出 3 吨煤，否则不准出井。矿工就经常把矸石与煤混在一起，以此来应付。

矿工破坏机器设备，从而造成停产以阻碍日军的掠夺计划。1938 年春，煤峪口矿火药库突然爆炸。上千箱火药全部被引爆，矿井被炸得七零八落，停产半个多月。1940 年初，煤峪口出煤主井发生了严重的跑车事故，井筒被撞坏，全矿停产一个多星期。1942 年 9 月，忻州窑矿井下火药库爆炸，停产一个多月。其他像割断电缆、打碎灯泡等破坏机械设备的事，经常发生。这些活动，有的是在党组织的领导下进行的，也有工人们自发进行的。

大同矿工还积极配合八路军打击日军，破坏生产。1938 年冬的一个夜晚，驻扎在后山的八路军的一个连，在矿工门开受等同志的带领下，摸到口泉沟外的同泉铁路，一连人分成 20 多个组，分散在五六里长的铁路线上，把从火药库偷来的炸药埋在铁轨下。一列煤车开过来，二十多处同时爆炸，火车被炸得东倒西歪，五六里长的路轨被炸得七零八落，矿区停产两个多月。

1940 年 8 月，矿区工人配合党组织武装部队进行行动，多次破坏北周庄到刘晏庄、刘家庄到怀仁的铁路线；多次割断长流水到左云、鹅毛口到小峪口、大同到怀仁的电线、电杆；2 次炸毁敌人汽车，还炸了同家梁铁桥和岩岭发电厂。炸同家梁铁桥，是由六支队九连侦察员何大有带领几名矿工执行的。炸岩岭发电厂是由六支队九连指导员赵明远领导、张健的哥哥去执行的。张健和他哥是日军从青岛抓骗来的矿工，他们逃到后山参加了八路军，张健的哥哥懂一点电学知识，自告奋勇去炸电厂，结果电厂爆炸，他英勇牺牲。

1941 年，在中共大怀县委书记马浩同志的领导下，由火车司机肖凤负责，在口泉沟口将一列运煤火车弄翻。

1943 年春，在晋绥边区五分区政委李登瀛同志和矿区干部高文玉等 8 名同志的领导下，地下党员和矿工配合，永定庄、周家堡、白洞、四老沟、鸦儿崖、鹅毛口、岩岭发电厂等行动小组同时行动。一夜之间，发动鹅毛口火药库爆炸、四老沟煤场放火、忻州窑罐轮过卷等联合行动。忻州窑罐里的几个日军全部被消灭，忻州窑井下配电所被炸、岩岭发电厂被炸、十里河铁桥被炸断、同家梁和白洞的排水设备被毁坏……整个矿山被炸得七零八落，生产全部停顿。

表 4－2　1941—1945 年日军掠夺煤炭统计表

年份	日军掠夺计划	实际掠夺煤炭	占计划的百分比
1941	300 万吨	221 万吨	73.6%
1942	380 万吨	251 万吨	66%
1943	500 万吨	227 万吨	45.4%
1944	630 万吨	226 万吨	36%
1945	760 万吨	169 万吨	22.2%

1937 年，大同煤矿前山区各大矿被日军侵占，后山区是中国共产党领导下的抗日根据地。党组织除了从后山区派遣干部深入前山区开展具体领导外，还通过前后山区矿工的各种关系开展前山区的抗日活动。

敌人深知后山抗日根据地的威胁，因此，他们千方百计要打击后山区的抗日组织。从 1938 年下半年起，日军就开始调集兵力进攻后山区。1940 年，日军把主要兵力放在敌后战场，对各抗日根据地进行大规模的“扫荡”。晋北地区的日军，也调集重兵，反复对大同矿区后山抗日根据地进行残酷的“清剿”。敌人在后山区设立了据点，修建了公路和碉堡，妄图编织起一张对付抗日力量的罗网。他们还加强特务工作，收买地痞流氓充当密探，强令伪保甲长按期报告抗日根据地的活动情况，实行“连环保坐”，“一人通‘匪’，全家当罪；一家通‘匪’，血洗全村”，妄图用恐怖手段扑灭群众的抗日烈火。

1942 年以后，日军变本加厉，从军事上反复调集重兵进剿，并实行严格的经济封锁，妄图以此消灭矿区的共产党。他们哪里知道，共产党深深扎根于矿山人民心中，得到矿区人民的极大拥护。

当时，八路军缺乏武器弹药，大同矿工就千方百计转移矿区的武器弹药支援八路军。1938 年，白洞矿发炮工刘元章利用工作之便，经常把火药、雷管运到面窑沟的一个古窑中，然后由党组织派交通员运走，送给八路军。

煤峪口矿的莫会英等同志，也经常把火药、雷管运出来，送到后山交给八路军。有些矿工在途中被日军发现，壮烈牺牲。

1943 年冬天，武工队通过后山区的群众，捎信给白土窑的矿工常玉，请他设法弄几支枪。常玉立即找来伙伴王吉、二虎，他们白天看好山头上日军岗楼的情况，夜晚，二虎装作送信的，大大方方地朝日军的岗楼走去，常玉、王吉悄悄跟在两边。日军看见了，大声斥问，二虎将信高高举起，日军以为是密探送来的情报，就让二虎走近。当日军正要接信时，旁边的王吉和常玉猛地抱住日军，三人一齐下手，很快把日军制伏，成功得到两支枪。

挖金湾矿工门开受利用社会关系，从口泉伪军手里买来一支冲锋枪、一支三八式步枪和半口袋子弹，都交给了八路军。他还多次进大同城，替八路军购买纸张。白土窑矿工李兆祥曾经替八路军一次性购买1300打电池。1945年，晋察冀边区一分区城工部需要一部电话机，李兆祥和其他几位同志成功从日本人那里弄到一台送去。

当时，在后山根据地遭到敌人严格封锁的情况下，大同矿工冒险偷运电池、布匹、油印机、纸张等紧缺物资，有力地支援了后山八路军的反“扫荡”斗争。

此时期，大同煤矿遭到日本占领者的野蛮掠夺，是大同煤矿遭遇劫掠破坏最严重的时期，也是大同人民陷入水深火热生活的时期。抗战时期，大同地区人民对日军的掠夺进行了艰苦卓绝的反抗，在一定程度上减少了大同煤矿资源的受损程度。

第五章

国共内战时期大同煤矿的惨淡经营[①]

1945年8月15日，日本宣布无条件投降。中国人民经过14年浴血奋战，终于取得了抗日战争的伟大胜利。以蒋介石为代表的国民党政府，开始在全国收复失地。阎锡山奉命行动，派遣部队，抢占山西地盘。

在此之前，阎锡山就开始了各种准备工作。在派代表与日方商谈“抢占太原”等问题的同时，还组织各种接收委员会，积极做接收敌伪资产的准备工作。尤其对工矿企业的接收工作更为上心。为此，阎锡山指派了一批西北实业公司的官员，随抢占太原的部队返回太原，要求尽快对敌伪厂矿予以接收。至1945年9月1日前，这方面的接收工作已经基本结束。

阎锡山所接收的厂矿企业主要由三部分组成。其一是被日军占领的原西北实业公司各厂矿，共有20多个，其中包括西北煤矿所属的4个煤矿。其二是日军占领山西时在太原、大同等地所建工厂，共有13个。其三是借接收敌产之名，乘机劫收的十几个被日军侵占的民营厂矿。阎锡山对工矿企业的接收工作结束后，国民党经济部曾派员去山西着手接收工作，但遭到了阎锡山的坚决反对。他的理由是，山西的工业都是抗战前西北实业公司创建的，既然是山西的“人民公营事业”，中央就不应接收，而应归山西自己管理。至于日本所建工厂，阎锡山则伪称是西北实业公司所建，其他各地的小厂也都说成是旧建的。经济部的接收官员们既不了解山西工业

① 本章数据除注明外，均采自大同矿务局矿史党史征编办公室：《大同煤矿史》，人民出版社，1989年，第170—190页。

的历史，也不做详细调查，最后就不了了之。

经过接收，西北实业公司所辖单位达 60 多个。阎锡山对这些工矿企业极为重视，为尽快恢复并投入生产，从 1945 年 10 月起，相继成立了西北实业公司的有关领导机构，制定了经营管理章程，并在天津、上海设立分公司，在大同设立工厂管理处。

在接收山西工矿企业的过程中，阎锡山令晋北矿务局接收原晋北、保晋、同宝、宝恒等矿。1946 年，国民党经济部资源委员会和山西省政府合资办理大同煤矿，先成立“经济部资源委员会山西四矿公司大同煤矿整理筹办委员会”（四矿公司即晋北、保晋、同宝、宝恒），再合组大同煤矿特种股份有限公司，后因资金、战事等原因而流产。

抗战胜利后，解放军建立后山解放区，晋绥五分区贸易局接管了马脊梁、和尚嘴、挖金窑等后山小煤窑，通过实行民办公助，鼓励私人投资和亦农亦工办矿等政策，限制山主、窑主的剥削，改善矿工生活，加快了小煤窑的恢复和发展。1948 年，贸易局收入 100 多万元，为巩固和发展解放区、解放口泉和大同，提供了大量的物资援助。

在整个解放战争时期，大同煤矿成为解放区政权和阎锡山政权争夺的焦点，并在内战双方的争夺中艰难图存，正是此一时期大同煤矿的特征，构成了大同煤矿特殊的历史背景。

第一节　阎锡山对大同煤矿的接收

抗日战争胜利后，百业凋敝，大同煤矿劫后余生，面临着艰巨的生产恢复任务。此时期的工程技术特点是从大机器生产方式向手工生产方式的暂时倒退及经营管理的艰难。

一、阎锡山的全盘接收、重组及组织机构

阎锡山的部队占领大同之后，即以第二战区长官部令晋北矿务局接收敌伪时期的大同炭矿，包括晋北、保晋、同宝、宝恒等矿厂，并接收了平旺发电厂。

阎锡山委派孟启瑞接收平旺发电厂，仍委梁上椿为晋北矿务局局长。梁上椿抵大同后，立即着手接收工作，将保晋总公司、同宝公司、宝恒公司及日本人新开矿井全部划归自己名下，并且筹建组织机构如图 5-1 所示。

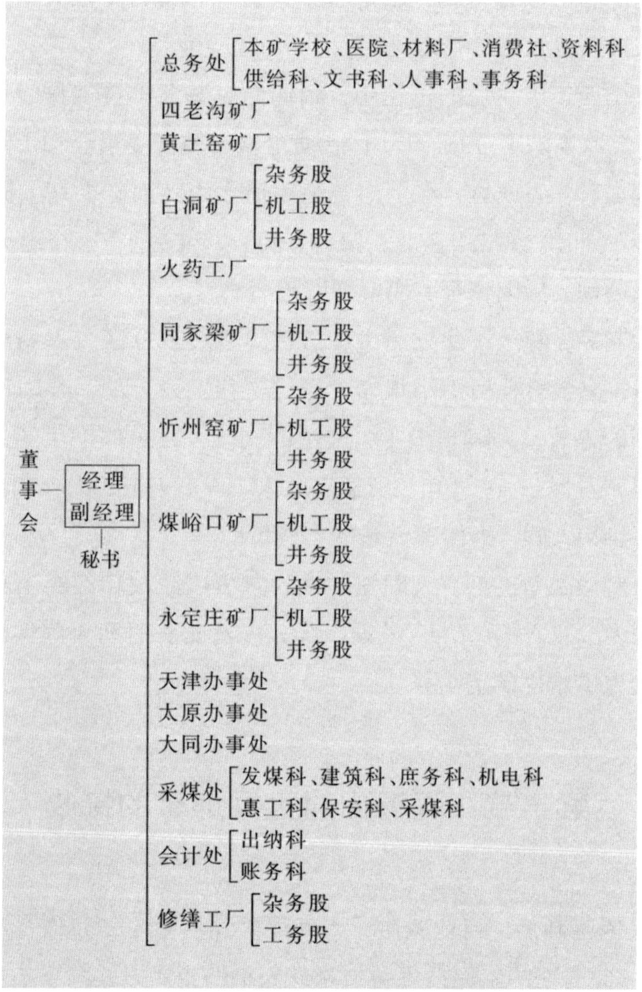

图 5-1　晋北矿务局组织机构

晋北矿务局有平旺发电厂的电力供应，利用现有设备，首先在永定庄、煤峪口、忻州窑、同家梁、白洞五个矿厂开采煤炭，日产煤 400 多吨。

1. 阎锡山和蒋介石合办大同煤矿

蒋介石政府对阎锡山独占大同煤矿甚为不满，也要分一杯羹。阎锡山慌忙搬出晋北、保晋、同宝、宝恒这四个公司的名义，以私人财产来抵挡。经过一番明争暗斗，1945 年 11 月，阎锡山在重庆与蒋介石政府商妥合办大同煤矿之事，订立《经济部资源委员会、山西省政府合资办理大同煤矿合约》。

合约订立 7 项条款：

①资源委员会（以下简称甲方）与山西省政府暨其他商股股东（以下简称乙方）合资开发山西大同、左云、怀仁境内各煤田订立本合约。

②甲乙双方依照公司法及特种股份有限公司条例合组大同煤矿特种股份有限公司，资本总额暂定为国币。

甲方出资 55%，乙方出资 45%。

甲方股本得以适用于本煤田之国外器材及敌伪在第一条所载各煤田内所建立之资产，经政府没收后抵作一部分，余以现金缴足。

乙方股本得以适合新发展之已有资产抵充一部分，余以现金缴足。

甲方所拨之器材应折成国币计算。甲方所没收之敌伪资产与乙方所拨之资产须由双方派员公平估价评定。

如乙方各矿资产经敌人拆毁或搬移，此项损失应在敌人投资产内补偿之。

③特种公司组织董事会，由董事 9 人组织之，甲方指派董事 5 人，乙方选派董事 4 人，互选 1 人为董事长，另设监察 2 人，甲方指派 1 人，乙方选派 1 人。

④特种公司设总经理 1 人，主持公司一切业务，由董事会选聘之。

⑤特种公司成立后，所有第一条所载各煤田煤矿矿权须移转为特种公司矿权，并依法将矿照呈部办理移转手续。

⑥特种公司成立前所有第一条所载各种煤田煤矿之债权债务均归为各矿自行清理。

⑦特种公司开始营业后，每年如有盈余，除提法定公积金一成及股本官息按周年一分计算外，余数再按十成分配，以一成为特别公积，五成为股东红利，一成为董监酬劳，二成为在职员工奖金，一成归省政府办理地方公益。

合约签订之后，阎锡山代理人多次召集晋北、保晋、同宝、宝恒四矿的公司代表开会商议，代表们提出一些意见，如：各矿 8 年间之损失，应各自计算提出，将日人所留之财产应尽先抵补各矿损失，有余再作为政府没收之财产，计入政府之出资；各矿矿区，为各矿基本财产，所有各矿合法矿区，均应作价或作股；8 年间日人采取之煤炭，均应列入损失内计算；等等。

经济部资源委员会对四矿公司提出的要求，除明确答复“各矿财产估计应限于地上地下工程及设备、房屋、材料等，矿权依法不能作价”外，其余均以既定“合约”搪塞。

2. 大同煤矿整理筹办委员会宗旨及业务

因大同煤矿各公司财产清点、评估、作价等事务及一些纠葛，大同煤矿成立所谓特种公司时机尚不成熟。经双方协商，过渡机构“经济部资源委员会山西四矿公司大同煤矿整理筹办委员会”（以下简称“大同煤矿整理筹办委员会”）于 1946 年 5 月 5 日在太原成立，主任委员是国民党经济部资源委员会委员谢树英，副主任委员是山西省建设厅厅长、行政院参议樊象离。大同煤矿整理筹办委员会于 6 月抵大同平旺开始办公，并接办大同煤矿及所属各单位之全部工程业务。

大同煤矿整理筹办委员会声称：“经济部资源委员会（甲方）商同山西人民公营事业督理委员会暨董事会与保晋、晋北、同宝、宝恒四商营煤矿公司（乙方）依照甲方在重庆向阎锡山指出两方合资办理大同煤矿合约草案，为整理筹办大同、怀仁、左云境内煤田，维持过渡期间生产业务，积极筹组新公司起见，特会同成立大同煤矿整理筹办委员会，以三个月为限，必要时延长，俟新公司一成立，本委员会即行撤销。”话虽这样说，但特种公司始终未能成立。

大同煤矿整理筹备委员会的业务为：①依照双方在重庆所订合约草案积极清理资产，筹组新公司。②维持各矿厂继续生产，推展业务，并补充必要的设备器材。③清点并依法评估日伪为增加原有乙方资产设备价值。④统筹过渡应需资金，核计盈亏，由双方按照合约股额支付。业务范围作如此规定，但四矿公司属被兼并的对象，他们绝不会再掏一分钱，所以筹备委员会特别强调，过渡时期全由甲方借垫，俟新公司成立，即作为甲方投资股本计算。

其组织机构的大致情况是，大同煤矿整理筹办委员会设委员 11 人，由甲方指派 6 人，乙方推选 5 人。设主任委员 1 人，由甲方在委员中指派，综理委员会对内对外一切业务，开会时，为当然主席。副主任委员 1 人，由乙方在委员中推选，协同主任委员处理业务。

秘书室办理机要、议事、总务、人事及其他交办事宜；工务处处理各矿厂有关生产业务之一切事项；清点处清理并查点双方所有资产、设备，并负保管之责；会计室依照主计法令办理会计、统计事务；评价委员会评估并清理双方全部财产、设备价值。

组织机构如图 5－2 所示。

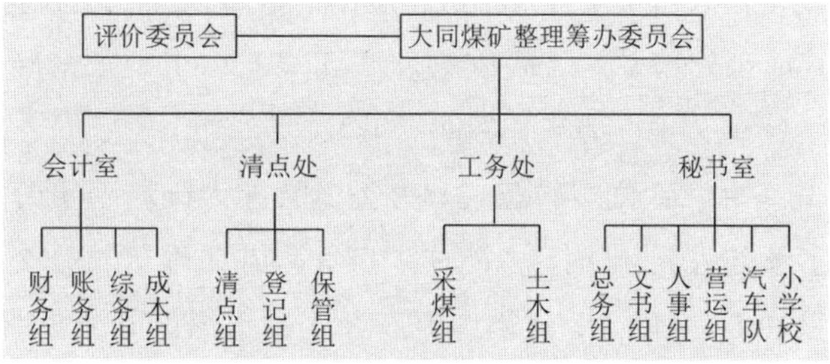

图 5-2　大同煤矿整理筹办委员会组织机构

评价委员会由甲方推派 6 人、乙方推派 5 人组织之，设常务委员 3 人，甲方 2 人，乙方 1 人。如评价有争议时，则请经济部及山西省政府派员鉴定。

大同煤矿整理筹办委员会会址设于大同城内城隍庙街。委员会例会于每周二、五举行，必要时召开临时会。评价委员会每周开会一次，开会时以出席人数过半数为有效表决。

大同煤矿整理筹办委员会除会计人员依照主计法令办理外，所有主任、秘书、处长、组长、工程师、副工程师、专员均由委员会选派，报请资源委员会备查，其余由大同煤矿整理筹办委员会另派。

二、其时大同煤矿的生产经营

大同煤矿整理筹办委员会的当务之急是接收矿厂，恢复生产。大同煤矿整理筹办委员会接收了忻州窑、煤峪口、口泉、永定庄、同家梁、白洞、白土窑、四老沟、雁崖、鹅毛口十处矿厂，另接收胡家湾、老史沟土法开采小煤窑两处。当时能开采者仅为煤峪口、永定庄、同家梁、口泉四处，而同家梁在阎锡山部队驻扎防区之外，口泉则因井内煤壁坍塌，只能用土法开采。1947 年初，同家梁、永定庄、煤峪口、口泉日产煤 900 多吨，采煤方式为前进无填充采煤法。

此时，平旺发电厂已丧失原有发电能力，阎军于 1947 年 3 月用 10 千瓦柴油机发电，供市府机关及大同城墙照明，无力再为大同煤矿供电。

为了解决资金不足的问题，大同煤矿整理筹办委员会采取公开招标、发包工程的办法，以尽快恢复矿井生产。1947 年 8 月，大同煤矿整理筹办委员会在大同《复兴日报》公开招标，发出“招募采煤包工投标广告”，采掘永定庄矿厂、煤峪口矿厂、同家梁矿厂煤炭及白土窑正窑筒采煤工程。投票者须缴纳保证金 100 万元，领取标纸及投标须知。

8 月 29 日下午，大同煤矿整理筹办委员会在大同城隍庙街办公处当众开标，确定了承包人。当时，永定庄矿厂 3 号井采煤区共分 2 段，每段规定日平均产量在 50 吨以上；煤峪口矿厂 3 号井采煤区共分 3 段，4 号井采煤区共分 2 段，每段规定日平均产量在 80 吨以上；同家梁矿厂 2 号井采煤区共分 4 段，每段规定日平均产量在 60 吨以上。

包工人于 9 月 1 日开始工作，按照合同规定，15 日后必须达到规定产量，否则令其退包。

中标者还须觅殷实铺保一家，经验证认为合格后方可办理承包手续，如若无合适铺保，则取消中标资格。

到 1947 年底，共有 17 家包工人承包出煤，煤峪口矿厂 4 号井 2 家、3 号井 3 家，同家梁矿厂 4 家，永定庄矿厂 3 家，口泉矿只出了 7 个月煤，便告停顿。

风雨飘摇中的大同煤矿尽管尽力维持，但终不可支。此时，经济拮据是一个大问题，由此导致重重矛盾。

大同煤矿整理筹办委员会原定 3 个月完成使命，成立大同煤矿特种公司，结果一拖再拖。在 1948 年底逃离大同之前，大同煤矿整理筹办委员会多次发生资金危机。

1947 年初，春节即将来临，工人放假回家。而委员会因资金匮乏，无钱支付工资，于 1 月 27 日在大同城内大北街招待所首次召开紧急会议，讨论应急措施。在万般无奈的情况下，只好由到会之各层首脑人物分头，四处赊购实物下发，以抵工人之工资，并发急电给经济部资源委员会催要资金。

当时，大同煤矿虽生产一些煤炭，但无奈当地售价太低，每吨最多 60 万元，不到迫不得已之时，不愿在当地销售。1947 年 5 月，物价飞涨，粮食价格一日数变，工人叫苦不迭。大同煤矿整理筹办委员会不得不调整各项工程包工工资，从 5 月起，各种工程包价及工人工资皆以粮食价格作为标准计算，按每月 5、15 及 25 三日之小米、莜麦面平均价格计给国币。

大同煤矿整理筹办委员会成立之初，蓝图宏伟，雄心勃勃，但事实是每况愈下。当时，委员会要求各公司在 1 个月内将公司债权债务自行分别清理，并将各公司 1937 年以前各年及日人移交之资产负债表和财产目录提交至委员会。唯因晋北矿务局自 1945 年 9 月至 1946 年 5 月底代管大同煤矿，其间之债权、债务及一切银钱往来，仍由该局清理。

因计划 3 个月即完成清点工作，成立新公司，晋北矿务局只留 3 个月工资金额。清点工作一拖再拖，晋北矿务局要求委员会支付每月工资，双方因工资资金多次争论。1948 年 12 月，晋北矿务局呈文大同煤矿整理筹办委员会，声言因矿厂失陷，仅留经理 1 人，办事处主任兼秘书 1 人，会计 1 人，书记 1 人，杂务 1 人，车夫、厨役、勤务员 3 人，要求拨给经费 3 亿元。

面临危局，停工遣散、逃之夭夭就是其必然的结局了。1948 年 3 月，大同煤矿整理筹办委员会业务停顿，财源枯竭，情形殊为困窘，不得不紧缩开支，遣散员工半数以上。4 月，大同煤矿整理筹办委员会躲进大同城内，生产全由包工人主持。10 月，生产完全停顿，全部职员工人悉数遣散。12 月 19 日，大同煤矿整理筹办委员兼大同煤矿管理处处长陈步渊离开大同赴北平。

1949 年初，大同县九区区委书记薛光明带领少数民兵，初步接管了大同煤矿。

第二节　中共对大同煤矿的斗争及接收

一、“八九”矿工起义

1945 年 8 月，毛泽东发表《对日寇的最后一战》，动员全国一切抗日力量将日本侵略者赶出中国。全国人民企盼着胜利的到来。

当时还处在隐蔽状态的大怀县委在井儿上村召开紧急会议，根据新的形势，决定立即行动，广泛发动群众，开展武装斗争。会后，县委召集了后山区的 40 多个地下党员和积极分子，由县委书记马浩带队，开往前山矿区。

马浩一行从长流水、鸦儿崖、四老沟一路下去，经白洞、同家梁、白土窑、岩岭，最后到达口泉。他们每到一处，就召开群众大会，宣传抗日战争的新形势，发动矿工参军，保护矿山，并召集敌伪军政人员及其家属开会，劝告敌伪军政人员看清形势，当机立断，主动投降。

在日寇残酷统治下坚持斗争的大同矿工，听到捷报，欣喜若狂。只几天时间，马浩就组建起了一支 300 多人的矿工武装部队，编成三个连和一个通讯排。后经晋绥边区五分区地委指示，正式命名为“口泉支队”。

口泉支队的战士们从敌伪军手里缴获了一部分武器，同时，大怀县人民政府给敌伪军发布命令，命他们交出枪支弹药。武装起来的口泉支队打击敌人，保护矿山与群众。

当时，口泉支队派人接收了白洞、同家梁等矿，那里的伪职人员也投降归附。但还有一些顽固分子，坚持与人民为敌。永定庄矿的伪矿警负隅顽抗，拒不投降。口泉支队夜袭永定庄，镇压了几名为首的汉奸，收编了矿警队。四老沟矿有个姓孟的把头，过去为非作歹，压榨矿工。矿工起义后，他仍不诚心归顺，口泉支队给予了严惩，没收其 1000 多元银洋周济了贫苦的矿工。

8 月 15 日，日本政府正式宣告投降。平旺、大同等地的日伪军队纷纷缴械，矿工们斗志昂扬，口泉支队迅速扩大到 1500 多人。

在大同矿区人民欢庆胜利的时刻，阎锡山的军队凭借着便利的交通条件，于 8 月 18 日开进大同和口泉。原来收编的一部分伪矿警和敌伪人员哗变，投奔其军队，口泉、岩岭、永定庄也相继落入阎锡山之手。

8 月 20 日，晋绥边区五分区主力部队克服重重困难，开到后山矿区的长流水一带，在李登瀛政委和王赤军司令员的指挥下，突袭岩岭，沉重地打击了驻扎在那里的阎军。

8 月 23 日，晋绥主力部队转移，口泉支队中大部分战士编入主力部队。大同矿区党的工作人员撤退到后山矿区，前后矿区落入了阎锡山军队手中。

1946 年 7 月，蒋介石撕毁国共双方停战协定，第三次国内革命战争爆发。马浩等地下工作者于 1945 年 8 月随主力部队转移后，雁北工委派徐刚民和张葵等同志来到大同矿区的长流水、和尚嘴一带，成立大同县人民政府，同时又发动了 200 多名矿工参军，建立了大同支队。县委书记徐刚民多次深入口泉沟各大矿，领导矿工斗争。后来上级党组织又派了孔原、杨明箴、白奇（刘耀宗）等同志来大同，以加强中共大同县委的领导力量。晋察冀边区还派王堪等同志来大同煤矿开展工作。

1946 年 8 月，晋北地区的解放军部队第一次围攻大同，大同矿区再次获得解放。矿区解放后，立即成立了口泉市人民政府，由宋国栋担任市长，领导大同煤矿。同时，成立了公矿专署，组织工人抢救着火的小煤窑，恢复生产，解决矿工生活问题。当时，各矿都派有干部，一面领导矿工进行反霸斗争，一面组织支援解放军，并在口泉设立了支前机构。

9 月，大同城破在即，形势却发生了变化，解放军为着眼于大局，奉命撤围转移。晋北地委书记李登瀛同志在云冈沟召开会议，向群众分析了时局的变化。解放军大部队撤离后，地下工作者白奇留在矿区继续坚持工作。

二、后山解放区及边区贸易局

1. 后山解放区中的大同煤矿

1948 年初，中国人民解放军在全国各个战场上取得了节节胜利，大同地区也开始全面反攻。晋绥、晋察冀野战军先后发动了察南、绥东、应县战役。晋绥边区武装力量首先解放了大同煤矿的后山区——马脊梁、挖金湾、黑流水一带。3月27日，怀仁支队曾一度解放口泉，进驻口泉矿区。4月25日，怀仁支队配合晋察冀野战军在平旺附近歼灭大同敌三十八师的3个连。

晋绥边区五分区和中共大同县委将马脊梁、挖金湾等首先获得解放的大同煤矿后山区作为根据地，建立了公开的革命政权，设立乡政府，成立工会、农会组织。矿工出身的薛光明同志担任西大同县工会主席，马脊梁工会、农会主席李善倩也曾是个刨炭工人。

2. 中共领导下的煤矿管理机构——边区贸易局

大同煤矿后山区解放后，晋绥边区五分区贸易局便接管了马脊梁、和尚嘴、黄土沟、挖金湾、吴家窑等后山小煤窑。贸易局将原属于窑主的煤窑收归公有，委派得力干部担任小煤窑的管理和事务长，并选拔了一些优秀工人参加小煤窑管理工作。当时，贸易局保留了入伙柜的生产形式，对入伙柜资本家采取限制、利用、改造的方针。入伙柜负责生产和销售等各项业务，贸易局按一定比例抽取税金。贸易局一方面鼓励入伙柜资本家继续投资，组织工人进行生产，另一方面，又制定了诸如不准打骂工人、不准随意解雇工人、适当增加工人工资等条款，以限制其剥削。这样，后山小煤窑的生产有了较大的发展。1948年后，挖金湾地区从过去的一个小煤窑发展为窑口、香炉山、杏儿沟3个小煤窑。1948年到1949年，仅马脊梁小煤窑一处，冬天就有上千名工人，夏天也有三四百人从事生产。

3. 小煤窑的生产恢复和发展

中共领导下小煤窑的生产恢复和发展，不仅有利于解放区秩序的稳定、有利于解放区政权的巩固，还为晋绥边区提供了大量的财政收入。仅马脊梁矿小煤窑一处，每逢生产旺季（指中秋节后到第二年农历二月初二），一天就能销售六七百吨煤炭，贸易局收取税金2000银圆，一年合计约30万元。加上吴家窑、挖金湾、和尚嘴、黄土沟等小煤窑的收入，贸易局一年可收入100多万元。这笔巨大的收入，在当时对晋绥边区的巩固、建设以及后来解放口泉、大同的斗争，都发挥了极为重要的作用。

1948年，晋绥边区五分区贸易局还在马脊梁的枯树村设立了一个粮站，向农民和外地商人收购莜麦、小米、黄米等各种粮食，以供应晋绥边区、解放军大部队及后山解放区各小煤窑工人。为了防止敌人抢劫，粮站采取上午收购、下午运走的办法，用骡子把收购的粮食运到吴家窑等比较安全的地方。从 1948 年 4 月到大同解放前夕，枯树村粮站收购粮食近 3000 担，为巩固解放区和解放口泉、大同做出了贡献。

贸易局还通过各种关系和敌占区的商人贸易往来，解决当时急需的各种物资。这种贸易扩展到内蒙古、河北甚至平津一带。1948 年中秋，北平的四五名商人，通过大同、口泉等敌占区封锁线，把一些解放区紧缺的物资带到马脊梁，其中有钢笔、织布梭子、牙膏、肥皂、药品等。

1948 年 2 月到 1949 年 2 月，驻守在大同、口泉一带的国民党阎锡山部队和白存保安团八、九大队，经常到后山解放区进行破坏。为了对付敌人的突然袭击，保卫后山解放区，贸易局配备了十几名武装人员，配合民兵保护矿山，负责押运粮款与其他物资。贸易局的干部经常在井下结账、开支，并将一部分粮食、白洋和一些紧缺物资保存在井下。

马脊梁、挖金湾一带后山区，在解放口泉、大同的斗争中发挥了极为重要的作用。解放军部队经常在这里休息、整顿，矿工们担负着掩护部队、补充给养的任务。白奇后来回忆说："那时候，我们经常在马脊梁，敌人一来我们就下煤窑，晚上在窑下睡觉，有时会议也在窑下开。矿工们把我们领到安全通风的地方休息，敌人来了找不到，就是知道我们在窑里也不敢下去。"

大同煤矿后山区马脊梁、和尚嘴一带于 1948 年 2 月获得解放。大同矿工为保护矿山、恢复生产做了大量工作。

大同煤矿前山区在敌我双方拉锯战中，损坏严重。忻州窑、煤峪口、永定庄、四老沟等矿的矿井，被水淹没，同家梁矿井下则是一片火海。广大矿工生活无着落。1948 年 5 月，口泉市市长谷跃武在同家梁将工人组织起来，进行生产自救，在市政府的领导下，永定庄、煤峪口等矿相继组织一些采煤"罗圈班"（相当于小采煤队，一个班一二十人）进行少量煤炭生产。为了加强领导，口泉市政府派任太任永定庄矿经理，马金福任胡家湾 3 号井经理。

1949 年 2 月，口泉和前山区各大矿获得完全解放。3 月，大同市军事管制委员会派遣煤矿接管组军代表驻扎在永定庄、煤峪口、同家梁 3 个大矿和面窑沟、东沙咀 2 个小矿。

从此，大同煤矿以其不息的生命力，在新的历史条件下开始了新的发展历程。

现代编

第六章

新中国初期大同煤矿的恢复性发展（1950—1952）[①]

1949年4月24日，太原解放。同年5月1日，大同和平解放。至此，山西回到人民手中，山西的历史进入了一个崭新的时代。

战争结束和建省之初，可谓百废待举，山西面临的首要任务是在战争的废墟上建设一个新的山西。

在阎锡山统治时期，山西的工业虽然有所发展，但整体上仍很落后。在整个国民经济中，现代工业所占比重很小。农业虽然自给有余，但基础薄弱。整个社会教育落后，文盲众多。交通在战争中遭到了严重破坏，亟待修复。

1949年8月27日至31日，中共山西省委在太原召开了省委全委（扩大）会议，适时确定了党在山西的基本任务：全党今后的基本任务是生产建设、文化建设和社会治安。会议指出，从全国范围来说，战争还在进行，必须把战争进行到底，争取最后胜利；从山西来说，我们的中心任务便是生产建设，“展望未来，我们是要建设一个工业化的山西”。[②]

能源是工业化建设的基础。国民经济恢复时期，根据国家“为国民经济的全面好转而奋斗”的方针及山西确定的以生产建设为中心任务的要求，山西煤矿建设确定了“全面恢复，重点建设”的指导思想，集中财力、

① 本章数据除注明外，均采自《大同矿务局志》编纂委员会：《大同矿务局志》，山西人民出版社，1996年，第1—105页。

② 刘泽民等：《山西通史》(当代卷)，山西人民出版社，2001年，第13页。

物力对收归国有的煤矿进行恢复建设，重点放在了大同矿区、阳泉矿区和潞安煤矿、西山煤矿、富家滩煤矿，同时，省政府积极鼓励民间采煤业恢复生产，扩大规模。为了保证“全面恢复，重点建设”方针得以贯彻落实，1950年至1952年，根据政务院财政经济委员会批准的《公私营煤矿暂行管理办法》《公私营煤矿安全生产管理要点》《土采煤窑暂行处理办法》3个法规和政务院公布的《中华人民共和国矿业暂行条例》①，燃料工业部和山西省人民政府分别对山西境内所辖公私营煤矿进行了整顿。全面调查、登记、测绘，调整煤矿布局，为恢复建设的矿井购置急需的物资设备，取缔山租、地租、窑租、路租等封建剥削制度，同时，封闭不宜恢复的小煤窑2000多座，对可以恢复的煤窑，有的划归公营煤矿统一规划，给予私人资本适当补助，部分从业人员转入公营煤矿。富家滩煤矿以10万斤小米，一次赎买小煤窑63处，这些措施对于保证重点煤矿的恢复建设起到了积极作用。

总的来说，此时期，山西煤炭工业进入新的历史发展时期。企业生产迅速恢复，新的生产秩序得以建立，使企业在现代的发展有了良好开端。

1948年2月，大同煤矿后山区解放，晋绥边区五分区贸易局接管了马脊梁、和尚嘴、黄土沟、挖金湾、吴家窑等小煤窑。1949年2月，大同矿区解放。同年3月，察哈尔省大同市军事管制委员会派接管组接管大同煤矿，实行军事管制。同年5月，大同和平解放，成立大同煤矿筹备处。大同煤矿筹备处隶属于华北人民政府公营企业部，办公地址设在北平东郊民巷26号，后迁至永定庄矿。1949年8月30日，根据燃料工业部燃办字第四号令，大同煤矿筹备处改称大同矿务局，撤销军事管制，实行厂、矿长负责制，隶属华北人民政府燃料工业处。② 1950年，大同矿务局由燃料工业部煤炭管理总局领导。同年，办公地址由永定庄矿迁至新平旺。1953年，大同矿务局隶属华北煤炭管理总局。在此期间，大同煤矿进行了恢复性建设和生产。

---

①《中国煤炭志》编纂委员会：《山西通史》(综合卷)，煤炭工业出版社，1999年，第8页。

②《大同矿务局志》编纂委员会：《大同矿务局志》，山西人民出版社，1996年，第8页。

第一节　因地制宜、因陋就简的矿区基本建设

经过多年战争的大同煤矿，伤痕累累。新中国成立初期亟待恢复国计民生，对于能源有着紧迫的需求。作为重要的矿产资源地，大同迅速开始了煤矿的恢复性建设。新中国的成立，为中国现代化的稳定施行开创了前提条件，对于大同煤矿而言，按照现代工程技术规范进行建设是理所当然的。此时期，基本建设的工程技术特点是：全面系统，因地制宜，因陋就简。

三年调整时期大同煤矿建设包括规划设计、矿井建设、煤矿施工、运输工程施工等。

一、恢复时期的规划设计

1. 矿区总体规划

新中国成立后，为适应国民经济发展的需要，1954 年，大同矿务局委托燃料工业部设计局首次对口泉沟进行全面规划，编制了《口泉沟煤田总体规划》，这是新中国成立后大同矿务局的第一个全面规划。该规划划分了煤峪口、永定庄、同家梁、四老沟、忻州窑、白洞、白土窑、雁崖、胡家湾、珍珠沟、马营涧、魏家沟、长流水、南信庄 14 对矿井，开采部分煤层。规划的地质储量为 12.89 亿吨，井田面积达 108.7 平方公里，设计规模年生产能力 720 万吨。在此基础上确定对煤峪口、永定庄、同家梁、四老沟 4 对矿井进行改扩建；忻州窑、白洞、白土窑恢复生产，并新建雁崖矿井。但由于规划的各矿井资料不全，矿井规划储量少，回采率估计过高，加之煤炭产量递增快，造成原计划开采 40—60 年的矿井，经过 5—6 年的开采后，服务年限减少了近一半。为此，1959 年，对口泉沟各矿井按原勘探区进行了全面扩界：对永定庄、同家梁、煤峪口、忻州窑、四老沟、大巴沟等矿井进行开拓扩建。

2. 采矿工程设计

大同矿务局建局之初，组织专业技术人员对恢复和改造矿井进行简单

设计，矿建设计由计划处负责，土建由修建处负责。采用的是在现场边调查、边勘测、边设计、边施工方式。采矿设计的内容涉及审查地质资料，确定井田范围，计算储量，选择井口位置，确定井筒类型、开采水平及巷道采区布置，设计井筒、井底车场、大巷、峒室、采区巷道等，确定采煤方法、采掘机械造型、运输及通风方式、灾害预防措施、施工组织及劳动组织，设计细部施工图和提出工程预算，等等。1953 年，大同矿务局在全煤系统成立了第一家设计处，下设采矿、机电、土建、预算、地测、总务 6 个组室，共有 56 名工程技术人员，负责全局矿井新建和改扩建设计。自此，大同矿务局的矿井改建、扩建、技术改造、中小型新井建设皆由设计处承担，生产正常衔接的盘区、工作面由各矿技术科负责设计，特大型矿井（年产 90 万吨以上）则外委。

3. 机电机制工程设计

大同矿务局机电、机制工程设计是新中国成立以后逐步发展起来的。矿井恢复时期，各生产矿井机械化程度低，供电条件差，地面生产系统简陋，井下生产系统仅有一些小绞车、小型扇风机和小水泵等机械设备，因此，设计也较简单，无详细设计方案。

井下运输设备的设计方面，新中国成立初期，多采用 U 型矿车、无极绳或小绞车牵引，牵引矿车少，运行速度慢，制约着煤炭产量的提高。

主副井提升设备的设计方面，各生产矿井的主副井提升多选用单滚筒绞车提升箕斗、串车和平板车。

在通风系统设备的设计选型方面，普遍采用 75 千瓦 BY－16B、直径 1.8 米风机。

在输变电设计方面，新中国成立后的 1953 年，委托北京煤矿设计院设计了平旺—岩岭—同家梁 35 千伏输电线路和变电站。

4. 地面建筑工程设计

新中国成立后，大同矿务局成立设计机构，开始自行设计地面建筑工程，先后对各矿井的煤仓、筛分楼改建进行了设计，但规模较小，一般为 700—800 吨。

二、矿井建设

1. 机构队伍

大同矿务局成立后，为了尽快恢复生产，设立了修建处，在修建处内设修建管理科、土木建筑科、设计科、物资科、经理科，共有 187 名职工，其中 46 名为合同工和临时工。由于自身建设力量不足，修建处只负责井上下维修工程，井上大型建筑工程均委托华北建筑公司承担。1952 年，修建处改称基本建设处（以下称“基建处”），原设计科、物资科、经理科未变，土木建筑科改为土建大队，大队辖 3 个土建分队。除将农村合同制工人全部转为固定工外，又招收了部分长期工，并从东北调来一批技术工人，先后成立了排水队、钻探队和井巷工程队。基建处直辖的专业施工队伍负责未生产矿井的恢复施工，生产矿井成立了井巷工程分队或工程区，负责井巷工程的施工，隶属各矿领导。基建处负责井上工业与民用建筑工程的设计与施工。恢复时期，基建施工由单一的土木施工发展到土建、井巷、机电安装，基本建立起集设计、钻探、施工和职能管理为一体的基建管理体制，基建队伍发展到 966 人。

2. 新井建设

1948 年 2 月，解放军晋绥边区武装力量解放了马脊梁、挖金湾、黑流水以西一带，晋绥边区五分区贸易局接管了马脊梁、和尚嘴、黄土沟、挖金湾、吴家窑等小窑进行生产。在保持原有小窑生产的同时，贸易局不断扩大生产规模。1949 年下半年，挖金湾由 1 座小窑发展为窑口、香炉山、杏儿沟 3 座小窑。1948 年至 1949 年，后山区小窑发展为 10 余处，工人数千名，仅马脊梁一带的小窑工人就有上千名。新中国成立初期，大同矿务局贯彻“恢复为主，生产为辅”的方针，恢复了煤峪口、永定庄、同家梁、四老沟、挖金湾、马脊梁、杏儿沟、胡家湾、香炉山、张家坟、马林涧等矿井的生产，对一大批危害煤田开采秩序的小井进行了封闭。

3. 矿井改扩建

新中国成立后，大同矿务局贯彻煤炭部以“恢复改建”为主的方针。三年调整时期，先后对煤峪口、永定庄、同家梁、四老沟、挖金湾、马脊梁等矿进行排水、整修巷道、安装设备，恢复生产。各矿井共排除积水

1215.82 万立方米，修复井巷 14.28 万米，新增建筑面积 10.36 万平方米。1950—1952 年，矿井投资 1613 万元，至 1952 年，产量达到 240.8 万吨，全部为恢复的老矿井产量。

三、煤矿施工

1. 立井施工（资料不详）

2. 斜井施工

新中国成立后，三年调整和“一五”计划时期，斜井井筒采用手持电钻或风钻打眼，耙子、铁锹、簸箕装岩，小绞车提升，“V”形矿车运输，片石或料石砌碹，片石或木结构桥台。平均月进度 20—30 米。

3. 平峒（巷）施工

新中国成立后，恢复和“一五”计划时期，岩石平巷掘进使用 01 - 30 型手持式凿岩机，眼深 1—1.3 米，楔形或锥形掏槽，硝铵炸药爆破，瞬发雷管起爆，手工装矸，人力或无极绞车运输，木支架临时支护，片石或砼砌碹永久支护，平均月进度为 30—40 米，循环进度 0.8—1.2 米。

四、地面建筑施工

新中国成立后，三年调整和“一五”计划时期，地面工业建筑多是小型设备厂房，以建筑灯房、浴室、配电室、车间等为主，职工住宅则完全是平房，建筑材料以砖木为主，部分职工住宅是土坯木结构。建筑施工队伍技术力量薄弱，全靠人力扛、提，灰浆用人力拌合，施工机械设备很少。

五、机电设备安装

组成了专业安装队伍，重点进行水泵、锅炉、绞车等设备的安装。1949 年 8 月，永定庄矿 6 号井安装了 65 马力绞车，是恢复时期大同矿务局最早安装的绞车。1950 年 1 月，煤峪口矿安装了 200 马力汽绞车，是建设初期最大的绞车设备。其间，安装设备完全靠人力分件组装。

六、运输工程施工

运输工程施工包括铁路施工及公路施工。

1. 铁路建设

解放战争时期，大同矿区铁路大部分遭到破坏，铁路运输停顿。1949年3月，大同矿区解放。大同铁路办事处军代表接管了口泉站及矿区铁路线20余公里，并立即开展修复工作。三年调整和“一五”计划时期，大同矿务局对煤泉铁路及口泉至忻州窑铁路专用线进行了恢复性建设。建成同家梁至口泉站铁路专用线4.9公里，投资224.1万元；建成煤峪口至口泉站铁路专用线3.3公里（正线1.9公里，站线1.4公里），投资161万元；建成忻州窑至口泉站铁路专用线7.26公里（正线4.7公里，站线2.56公里），投资286.8万元。

2. 公路建设

大同矿务局成立后，开始进行公路建设。50年代初，口泉沟各生产矿先后对各段自然路进行了整修。

此时期的基本建设为同期煤炭生产奠定了基础。

第二节　现代煤炭工程技术体系的恢复与提升

在新中国初期的恢复性生产过程中，大同煤矿着力恢复被破坏的生产技术，在此基础上尽可能地采用新的现代工程技术手段，各项技术在恢复中获得新的发展。

一、煤炭生产技术

日本投降后，国民党政府接收大同煤矿，永定庄、煤峪口、忻州窑、同家梁和白洞5个矿生产，最高年产11.84万吨。后因战乱，大部分矿井被淹，设备毁坏。新中国成立后，大同矿务局逐步恢复各矿生产，并兴建新井。进行生产改革，推广新采煤方法，将自然通风改为机械通风，蒸汽提升改为电力提升，大巷运输由手工推车、无极绳发展为电机车运输。在此期间，各项采煤技术和安全技术在恢复的基础上有一定的发展。

采煤技术包括开拓和掘进技术、采煤技术、运输和提升技术、通风和排水技术、机电技术等。

1. 开拓和掘进技术

(1)开拓技术

日军投降后，国民党政府接收大同煤矿，未建新井，井下开拓基本沿用旧式布置。

新中国成立初期，大同矿务局恢复忻州窑、煤峪口、永定庄、同家梁、白洞、四老沟等老矿，大多数矿为多井口生产，每个生产矿井只开采一个煤层，如煤峪口矿 3 号井开采 8 号层，4 号井开采 3 号层；永定庄矿 6 号井开采 8 号层，5 号井开采 11 号层；同家梁矿 8 号井开采 8 号层，9 号井开采 11 号层。井下开拓布置，结合长壁采煤法，采用盘区上下山布置采区。沿煤层开掘水平运输、回风大巷。在大巷两侧布置上下山盘区巷道（宽 3 米，高至煤层），再从盘区上下山巷两侧布置顺槽和采煤工作面。长壁工作面倾斜长 80—100 米，走向长 300 米，短壁工作面倾斜长 30—60 米。盘区内工作面有单翼和双翼布置两种，单翼长即一个工作面走向长，双翼布置时加倍。盘区的倾斜长直至井田边界，一般为 500—800 米，有的长达 1500 米。盘区和工作面前进式布置，后退回采。这种开拓方式投资少、出煤快，在 50 年代初资金不足、国家急需煤炭的情况下，有良好的效果。

(2)掘进技术

新中国成立初期，由于机械设备短缺，沿用传统的手工掘进方式。一人手把六棱钎杆，一人持长柄大锤，用以击钎钻进，成孔后用长约 1.2 米的掏勺清除煤粉，用黑火药爆破，人工装煤，人力推车运输。这种掘进方式费工又费时，打眼工序占去约三分之二的时间，掘进效率低下，每工仅 0.12 米。岩巷掘进基本上是风钻打眼，炸药爆破，人工装矸，人推矿车运输。井巷支护采用木棚子，两根立柱顶一根顶梁，后改为亲口棚子，由一根顶梁、两根棚腿、背板和木楔等组成。背板与顶帮之间的空隙用矸石或废料填充。1951 年 2 月，大同矿务局组成 19 个使用电钻的掘进小组，开始用煤电钻打眼放炮落煤。巷道以梯形木棚支护，铺以轻轨，半吨矿车运输。煤电钻多为修复旧式 TBG - 4 型、S - 1.2F 型和从苏联购进的 BD -

1.2型手提式，放炮器为手旋发电式。3月，永定庄矿张万福掘进队用电钻打眼放炮法创日进2.25米纪录。4月，同家梁矿马连（马六孩、连万禄）掘进组试验成功“双孔道循环作业法”，解决了炮烟呛人问题，也减少了窝工浪费现象。5月，马六孩、邱德、韩有贵3个组组成一个圆班，用双巷循环掘进法月进187.3米，6月提高到318.71米，最高班日进4.39米，创全国电钻掘进最高纪录。7月，全局出现4个“马连式”快速掘进组。10月，燃料工业部向全国煤矿企业推广了“马连掘进法”——双孔道循环作业法。1950年代初，井下巷道均为木棚支护，棚距1米，运输、回风永久巷道用料石砌碹。

2.采煤技术

新中国成立初期，大同矿务局主要采用刀柱式、房柱式两种采煤方法。1950年5月，燃料工业部颁发《关于国营煤矿全面推行新生产方法的决定》。大同矿务局组织技术人员和工人到东北参观，开始试验新采煤方法。1950年7月23日，在永定庄矿6号井8号层802、809工作面试验单一长壁采煤法，采用木支柱和垒矸石带充填方法管理砂岩顶板。工作面装备苏制截煤机1台、张家口煤机厂试制的刮板输送机1台、1.5马力电钻3台。工作面长度50米，截煤机掏槽，煤电钻打眼放炮落煤，人工装煤，输送机运煤。这是大同矿务局第一个半机械化长壁采煤工作面。经过73天的试验，平均日产由72吨提高到182吨，回采工效由每工0.95吨提高到每工2.87吨，工作面回采率达98%，主要材料消耗比计划降低40%，成本降低64.8%。同年8月和9月，煤峪口矿和同家梁矿分别进行了试验，均获得成功。10月，试验了正规循环作业。1950年，挖金湾、马脊梁两小矿仍沿用大搂大解搜根砍马腿的旧法采煤，1951年，改为正台阶一次采全高采煤法。

1951年，永定庄矿在6号井8号层，以采煤工作面为中心，实行了含采煤、掘进、运输在内的全面图表正规循环管理法。在80米长的工作面用割煤机掏槽，打眼放炮落煤，人工装煤，刮板输送机运输，一日双循环，产量、效率提高一倍，日产达500吨。1952年10月，永定庄矿6号井试验苏制顿巴斯-1型康拜因（联合采煤机）采煤，当年产煤1.4万吨，第一次使落煤和装煤实现了机械化，这是新中国成立后大同矿务局使用的第一代采煤机。1953 年，在辽宁阜新召开的全国采煤方法研究会上，大同矿务局介绍了永定庄矿使用康拜因的经验。采用长壁采煤法，使用截煤机和康拜因，提高了生产效率和回采率，也改善了安全状况。1949 年到 1952 年，大同矿务局的全员效率由每工 0.12 吨提高到每工 1 吨，回采工效由每工 1.19 吨提高到 3.05 吨，采区回采率由 46.97%提高到 74.52%。

3. 运输和提升技术

（1）运输技术

新中国成立后，国民经济恢复时期，大巷一般采用无极绳运输，个别矿还用人力推车，也有采用畜力运输的（如马脊梁矿、挖金湾矿）。盘区上下山一般采用绞车运输，回采工作面和顺槽用 11 型刮板输送机运到顺槽口装煤车。到 1952 年，全局共有运搬绞车 23 台（其中井口运搬绞车 2 台）、无极绳车 10 台、回柱绞车 4 台、刮板输送机 4 台。

（2）提升技术

新中国成立后，大同矿务局恢复生产时，修复了被毁坏的提升设备，并补充了一些蒸汽绞车。1950 年，煤峪口矿 4 号井 200 马力汽绞车开始运转；同家梁矿 7 号井安装 65 马力汽绞车，8 号井 150 马力绞车恢复提升；永定庄矿 3 号风井（后改为 18 号井）安装 50 马力汽绞车提升出煤。1951 年 5 月，永定庄矿 5 号井恢复井口提升。1952 年 3 月，四老沟矿 11 号井恢复提升。到 1952 年，全局有提升绞车 8 台（立井提升绞车 5 台，斜井提升绞车 3 台），其中 2 台为汽动绞车，提升能力达 362 多万吨。

4. 通风和排水技术

（1）通风技术

新中国成立后的恢复时期，大同矿务局各矿主要靠自然通风。永定庄矿 3 号风井安有 1 台 134 马力扇风机，为机械通风。煤峪口、同家梁两矿各装有 65 马力风扇（电动机 100 马力）1 台。各矿井有效风量不足，普遍存在漏风现象。大同矿务局建局初期，通风管理统属采煤处，1952 年 7 月，生产技术处下设通风科，负责各矿通风技术改善与管理。1950—1952 年，大同矿务局修复使用了旧风机，掘进整修巷道 1.4 万米，砌碹 2512 立方米，架棚 545 架，充填 417 立方米，排积水 1275.3 立方米，起底 1017.7 立方米，改善了井下通风。至 1952 年底，全局共有主要扇风机 4 台、局部扇风机 39 台。

（2）排水技术

新中国成立初期，大同矿务局恢复生产时修复了战争时期被破坏的水泵，增加大量电泵，蒸汽泵逐渐淘汰。恢复时期，对煤峪口、永定庄、同家梁、四老沟等矿井进行排水，共排除积水 1275.3 万立方米，并建立了正常的排水系统。到 1952 年，全局主排水泵增至 11 台，其中煤峪口 3 台、同家梁 3 台、四老沟 5 台，采掘区有水泵 14 台。

5. 机电技术

（1）供电技术

①地面供电

1946 年，国民党大同政府架设投运王煤线（王家园至煤峪口）、平岩线（平旺发电厂至岩岭）、煤岩线（煤峪口至岩岭）3 条 35 千伏输电线路，总长约 26 公里，导线为截面面积 150 平方毫米的 LGJ 型电线，线杆为木单柱。

新中国成立初期，大同矿务局生产、生活供电主要依赖电力部门，从大同电厂分别由平岩线、平煤线两条 35 千伏输电线路向矿区供电。

②井下供电

新中国成立初期，大同矿务局井下高压供电电压 3300 伏，低压供电电压 220 伏、380 伏。变电峒室为裸体煤峒，采区变电所设在工作面 50 米处。井下供电系统为：井底变电所 3300 伏柱上油开关—采区工作面变电所柱上油开关—高压普通插销（装保险丝）—动力变压器—低压石板闸—采区工作面设备开关（石板闸或铁盒开关）。照明及信号采用普通四种线传送，动力大部分采用橡套电缆。1952 年底，由于苏联顿巴斯康拜因联合采煤机的引进使用，低压防爆开关开始使用，主要有 AØB 低压馈电开关（380 伏）、JIMB－1355 低压防爆磁力启动器（380 伏），动力变压器容量增加到 100 千伏安，仍为普通型。

（2）机修技术

新中国成立后，大同矿务局恢复、扩建了原修理厂，逐步增加设备和人员。各矿设备的大中修由设在永定庄的机厂担负，日常维修由矿机修部门承担。机厂占地 10000 多平方米，有 250 多名职工，35 台简易设备。

1950 年，大同矿务局参照苏联的做法，制定了《机电设备定期检修制度草案》。在三年调整时期，机厂修理了大量井下被水淹没和残缺不全的割煤机、风机、水泵、电钻等矿用设备。同家梁、永定庄、煤峪口、四老沟、白洞、挖金湾等矿相继成立维修组，为恢复被淹没旧井筒，搜集修理生产设备。1952 年，为了统一掌握全局各单位主要机电设备，大同矿务局制定了《机电设备领发管理检修及调配制度》。这时期，设备大多是苏联制的。修造设施简陋，技术条件差，管理制度不健全。各矿的维修项目主要有小水泵、小绞车、煤车、局部扇风机、电钻、变压器、电动机、小溜子、日式割煤机等。同时还加工制作钎杆、铁绞、紧固件、管卡、法兰盘、电煤钻头等少量配件。

（3）通讯技术

1946 年，国民党大同政府将永定庄 50 门交换机移装至口泉，永定庄安装电话机。

大同矿区解放后，仅有 4 部日本造皮盒式磁石电话机。1949 年 6 月，为了尽快恢复生产，大同煤矿筹备处开始筹建矿区通讯，购置了一台 20 门磁石电话交换机，招收 6 名电话通讯专职人员（话务员和机线维修人员）。同年 8 月，又购置 1 台 50 门磁石电话交换机，作为永定庄、煤峪口、同家梁、白洞、忻州窑矿恢复生产的调度总机。这两台交换机全部安装在矿务局所在地永定庄矿，电话线路是日军留下的永定庄至同家梁，永定庄至煤峪口矿的杆路，没有横担。永定庄至其他各矿没有杆路，只有临时电话线。一般矿只有一两部电话机。1950 年 2 月，矿务局将磁石式交换机换成 100 门供电式交换机。同年 9 月，矿务局址迁至新平旺，在新平旺办公室安装了 150 门 3 座席的供电式交换机，并将各矿的电话线接到交换机上，形成了矿务局通往各矿的电话通讯网。

20 世纪 50 年代初，大同矿务局电话通讯主要发展建设局至各矿的线路。电话线路全部为木杆、木横担、镀锌铁线。

二、灾害防治技术

1. 瓦斯防治技术

新中国成立初期，大同矿务局改进通风系统，加强密闭，维护整修巷道，加强风门、风帘管理，减少阻力漏风。各矿配备瓦检人员，严格瓦斯检查，及时处理积聚瓦斯，防止瓦斯爆炸事故。

1953 年，全局更新瓦斯检查仪器，全部换为国产瓦斯监测器。这种监测器精度高，检查范围大，又可测二氧化碳，瓦检人员可随身携带，有利于工作效率的提升。

2. 粉尘防治技术

新中国成立前，大同煤矿煤炭生产机械化程度低，生产规模小，无防尘设施。新中国成立后，大同矿务局开始粉尘防治工作。但在三年调整时期，粉尘防治技术只是处于准备阶段，并无大的进展。

3. 火灾防治技术

大同矿务局建立初期，在市、区政府的协助下封闭了一批燃火小煤窑。各矿井下一般的仓库、火药库、变电所及易发火之处备有防火砂或灭火机。1951 年，根据燃料工业部《中华人民共和国煤矿技术保安试行规程》，大同矿务局逐步加强火灾治理。

4. 水害防治技术

新中国成立后，国家对防治矿井水害极为重视。1951 年，燃料工业部颁发《煤矿安全生产试行规程》，对地面和井下防水、探防水作了明确规定，并制定了“有掘必探（后改为有疑必探）、先探后掘”的方针。大同矿务局为防治水害进行了大量防探水基础工作。1949—1953 年，矿务局有关部门召集知情人员，访问调查老窑位置、开采层位、范围及停产原因，对井下的积水和涌水量进行测算，结合矿井地质测量，将矿区积水区和老窑位置测设标定在图上，并在矿山救护队的协助下探测、查清了老窑开采范围和积水情况。对靠近老窑的采区，在布置工作面之前，划定老窑积水区、探水线和警戒线。探水线距实际测得的老窑边界 50 米，距调查推断线 150—200 米，警戒线在探水线外 100 米。采掘接近警戒线前，按“有疑必探、先探后掘”的原则，根据矿井水文地质资料编制防探水作业规程。在警戒线内掘进，设专人检查出水预兆，必要时提前探水。开采水害威胁严重的煤层时，建筑水闸门、防水墙，增强排水能力，综合防治。为搞好地面防洪，雨季前对矿区内的塌陷区进行调查，充填裂缝，备足雨季抗灾物资，制订灾害预防和处理计划，并落实到有关部门。

5. 顶板灾害防治技术

新中国成立后，大同矿务局注重顶板灾害防治工作。1950 年，改革采煤方法，试验单一长壁采煤法，试用充填法管理顶板。1951 年 9 月，改为陷落法处理采空区，消除了悬顶威胁。对于坚硬难冒顶板，则用刀柱采煤法留煤柱予以维护。在长壁回采工作面，用点柱、帽柱、鸭咀棚、密集支柱等方式进行支护。采厚煤层的小矿用“分层破肚”（从煤层中间掏槽先放顶煤最后起底煤）代替了“刨根凿壕”落煤法，以保障采煤工的安全。永定庄矿应用土法接电式顶板下沉指示器观测顶板，该指示器标有顶板下沉指示读数，设有指示红灯和电铃，当顶板下沉到一定程度时，指示器与接点接触，工作面红灯亮，电铃响，即可立即撤人。

第三节　现代管理制度的恢复与发展

煤炭企业的管理千头万绪，但管理的最根本目标是生产效益。只要人员和设备处于正常工作状态，则合理的生产目标就可以达成。企业的经营目标是赢利，良好的经营管理是达成此目标的重要环节。以安全生产为重点，着力恢复现代管理制度，是大同煤矿此时期管理工作的特点。

一、同期的安全管理

大同煤矿古代煤窑生产技术落后，安全设施差，矿井抗灾能力低。窑工凭经验判断险情，无法保障生命安全。一旦发生水、火、瓦斯等事故，即窑毁人亡。中华民国时期，大同分公司、晋北矿务局等采矿公司，半机械化生产，设有兼职安全管理人员，矿井灾害防治能力有所提高。但对防治矿井重大水、火、瓦斯、顶板等事故，仍束手无策。日军侵占时期，采用电力机械生产，掠夺式开采，实行“以人换煤”的血腥政策，根本不顾矿工生命安全，重大透水、顶板事故不断发生。

新中国成立后，大同矿务局贯彻执行“安全第一”的生产方针，建立安全监察机构，组建矿山救护队，制定各项规章制度，装备安全检查仪器，开展安全生产竞赛运动，矿井安全生产发生根本性变化。安全管理工作大致包括安全管理机构、安全规章制度、安全检查及安全培训等环节。

1. 安全管理机构

新中国成立后，煤矿安全受到党和政府的高度重视。1950 年 1 月，大同矿务局在计划处设保安科，负责指导各矿保安工作。同年 4 月，成立采煤处，保安科移属该处。保安科是新中国成立后大同矿务局最早建立的安全管理机构，负责通风及井下安全技术指导事宜。矿设保安股，配备技术安全员 2—3 人，负责矿井保安工作，采区每班有保安班长 1 人，专管保安检查汇报工作，每组有保安组长负各自范围内保安之责。1950 年 6 月 9 日，大同矿务局成立生产安全委员会，主任委员由局长担任。重点矿建立了工人保安小组，保护矿山安全，恢复矿井生产。1951 年，大同矿务局成立小窑管理处，局属各小窑保安工作均由该处负责。1951 年 10 月，保安科改为技术安全检查科，每矿派有驻矿检查员，进行安全检查与安全情况报告。

2. 安全规章制度

新中国成立后，党和政府十分注重安全生产，连续出台了一系列的安全生产方针、政策。1950 年 5 月，燃料工业部作出《关于煤矿保安问题的决定》。同年 8 月，大同矿务局根据这一决定，制定了《井下采煤保安工作奖惩办法（草案）》，主要内容为关于管理人员、一般工人、采掘工人、卷扬工人、斜坡运搬工人、放炮人员等的奖励惩罚办法。同年 10 月，鉴于小矿屡次发生重大伤亡事故，全局开展了安全生产运动，并制定《搂炭制度》《提前入坑检查制度》《劳动队背炭制度》。同年 12 月，同家梁矿制定《井下生产规则》，共 9 项：上下井规则、来宾参观规则、井上下打钟人员之责任、登钩人员之责任、井下运搬规则、回采规则、掘进规则、钉道规则、装药遵守事项。1951 年，燃料工业部颁发《中华人民共和国煤矿技术保安试行规程》，这是新中国成立后的第一部安全规程。大同矿务局将这一规程作为生产技术的安全准则，严格执行。1952 年 1 月，燃料工业部颁布《煤矿技术操作规程》，大同矿务局制定《采掘面作业规程》。同年 8 月 5 日，大同矿务局制定《保安工作几项规定》，主要规定了交接班制度、实行专责制。具体规定要求：①取消井下火炉；②井下不许吸烟；③不戴柳条帽不许下井；④不带灯不许下井；⑤一律禁止登钩；⑥推车工两个车之间必须有 30 米的距离。

3. 安全检查

新中国成立后，安全检查纳入国家法规。1949 年 11 月，燃料工业部在全国煤矿会议强调了安全检查工作的重要性，要求各级政府主管部门和煤矿企业将安全检查作为重要制度，坚持定期检查。大同矿务局随着矿井的恢复生产和建设，逐级建立了安全检查制度。各矿在井口区队实行了跟班专检、半月全面检查制、重点检查工程质量、机电维修、工作面支护、放顶等。

4. 安全培训

新中国成立后，安全培训工作提上议事日程。1949 年 11 月，燃料工业部要求煤矿企业坚持安全教育培训。国民经济三年调整时期，随着恢复矿井生产，整顿安全秩序，大同矿务局对干部进行了安全思想教育，在井口实行了班前学习，班后教育，学习安全知识，贯彻作业规程。一旦当班发生事故，上井开收班会，追查原因，总结教训，进行安全教育。举办脱产保安培训班，工人学校由保安科增授保安课程，同时，教育工人熟悉井下避灾路线、安全出口，掌握预防灾害和自救知识，增强自救技能。各矿工薪科（后改为劳资科）负责对新工人进行 2 至 3 天的安全培训，然后分配到生产岗位，以老带新（以师带徒）学习安全技术。1950 年，马脊梁矿保安股长王垂宪编写《入坑保安须知》，经采煤处增订后印刷成册，发往各矿，其主要内容为：通则 16 条、采煤工须知 9 条、支柱垒垛工须知 4 条、运搬工须知 10 条、修护工须知 10 条。词句短小易记，四字一行，八字一句，这是早期的安全培训教材。

二、同期经营管理

新中国成立初期，大同矿务局成立计划、工资、财务、物资专门管理机构，建立了劳动、工资管理制度和经营核算制度。此后，随着企业的发展，经营机构内部分工逐渐细化，管理日益专门化。职能处室和专门管理单位增多，每个职能处室、专门管理单位对其分管单位、分管业务的管理、考核逐步达到有章可循。1985 年，随着审计制度的确立，企业自我监督、自我约束的能力增强。从1988年起，煤炭逐步进入市场，开始注重经济效益，加强了运销、物资、煤质、计量的管理，后又开设了经营调度，企业由生产型向生产经营型转变。随着企业向市场经济的过渡，加大了运销力量，增强了煤炭外运能力。1993年进行机构改革，将部分职能处室改为经济实体，同时进行了财会制度改革。

大同矿务局不断扩大，职工由1949年的3003名增加到1993年的13.4万名。经营管理取得了可观的效益，固定资产原值由1949年的91万元增加到1993年的65.08亿元；外销煤炭由1952年的207.24万吨增加到1993年的3768.02万吨；销售收入由1952年的2754万元增加到1993年的35.54亿元；上缴利润由1952年的585.3万元增加到1993年的2.88亿元；商品煤含矸率由1956年的1.25%下降到1993年的0.07%；坑木万吨煤消耗量由1949年的53.9立方米下降到1993年的24.21立方米；钢材万吨煤消耗量由1949年的11.25吨下降到1993年的4.07吨；职工平均年工资由1950年的408.63元上升到1993年的5134.92元。

各时期的生产及经营状况与相应的经营管理工作密切相关。山西煤矿的经营管理工作大体包括如下几个方面：计划管理、劳动工资管理、财务管理等。

1. 计划管理

（1）管理机构

1949年，大同矿务局成立计划处，各矿（厂）设立计划科。计划处下设设计组、采煤组、修建组、化验组、机电组、勘测组、资料统计组。计划处组织编制、审查全局生产和建设长远发展规划，基本建设、各项专用基金工程的年度和季度建议计划；参加审查工程方案设计和重点工程施工图设计及维简工程预算；对各种计划执行情况检查分析，对各类计划的综合平衡、调整、修改提出意见，并按计划管理办法向上级呈报、向基层传达；组织协调完成全局各项统计调查任务，及时编制月度、季度、年度各种统计报表，定期汇编统计资料。1951年，计划处下设生产计划科、综合计划科、成本计划科、统计科、化验室。1952年，统计科改为综合统计科。

（2）计划编制

1950 年，大同矿务局开始编制月度、季度和年度计划。 年度计划包括生产、劳动工资、物资供应、销售、财务、专用基金、基本建设计划等，是年度内生产经营活动的准则。 月度和季度计划，是年度计划的具体工作计划，也是年度计划的近期调整。 月度、季度和年度计划均由各矿（厂）编制。 矿务局以明细项目确定指标，矿（厂）根据指标提出要求，交各业务部门编制。 由于明细项目是由上而下提出的，因而编制的计划和实际存有一定距离，加上计划不向群众宣传，对计划执行情况不进行检查，计划的指导作用较差。

（3）统计管理

新中国成立初期，计划处设资料统计组，负责全局的统计工作。 从 1950 年开始，资料统计组负责编制上报中央财经计划局规定的 10 种工业生产报表、5 种基本建设报表和燃料工业部的 10 种基本建设报表。 工业总产值按 1950 年 6 月份的不变价格计算。 1951 年，资料统计组改设统计科。 1952 年，计划处统计科改设综合统计科，生产、人事、基建、安检等部门也建立了专业统计。 同年，从矿务局所招收的知识青年中选拔 36 人，经统计专业培训，落实到各统计岗位。 计划处综合统计科的统计人员由 5 名增加到 8 名。 1952 年，综合统计科实施了《大同矿务局暂行统计规程草案》，该规程规定了局、矿（厂）两级统计机构的设置、人员配备，综合统计的职能和业务范围，各专业统计的业务分工，综合统计与专业统计的关系，部门之间统计资料的传递制度，等等。 同年，根据燃料工业部《关于 1952 年下半年统计工作的几项指示》，在各矿（厂）建立了基层原始记录和台账，并规定记录单为一式五份，分送至计划、财务、工资、材料部门。

2. 劳动工资管理

（1）管理机构

1949 年 8 月，大同矿务局成立人事科。 1950 年，成立人事处。 人事处设工薪科、定额管理科和劳动组织科。 煤峪口、永定庄、同家梁等矿设立人事工薪组。

（2）劳动管理

①用工制度

新中国成立后，大同矿务局用工制度及劳动力招收、调配制度在废除雇佣劳动制的基础上建立。1950 年，在废除把头制以后，学习苏联经验，初步确立了固定工、合同工、临时工 3 种用工形式。1952 年，根据国家有关规定，矿务局与原有的和新招的临时工统一签订了劳动合同，从此有了合同工制度。合同工一般来自农村，由县和乡统一组织或指定委派。合同工须向所在生产队（村委会）交纳费用。

②劳动组织

1948 年 2 月，晋绥边区五分区贸易局接管马脊梁、和尚嘴、黄土沟、挖金湾、吴家窑等小窑，根据当时的实际情况，保留了入伙柜的劳动组织形式，但对其进行限制、改良。新中国成立后，职工一律实行 8 小时工作制。1950 年，按照中央人民政府关于清除封建把头制的通知，大同矿务局彻底废除了以入伙柜为主体的封建把头制，实行民主管理，初步建立了由工人群众选举产生的小组长负责制。同年 9 月，制定了《生产管理制度草案》。1951 年，制定了《大同矿务局暂行职员职责范围及等级标准》《大同矿务局请假规则》《计时职工考勤规则暂行草案》。1951 年，同家梁矿马六孩、连万禄掘进小组摸索出一套新的劳动组织经验，主要为强化一专多能和分工协作，形成综合工作队的雏形。10 月，马六孩、连万禄掘进小组的劳动组织经验及快速掘进经验在全国煤矿推广，同月，永定庄矿在长壁式回采工作面试行综合工作队、正规循环图表作业，提高了全员效率。

（3）工资管理

①工资管理

1949 年初，大同煤矿实行军事管制后，在工人中实行计时工资制和计件工资制。工人工资以实物小米计算，职员实行供给制。1950 年，工业生产职工平均年工资 408.63 元，基本建设职工平均年工资 509.2 元。1951 年，新用毕业生工资执行国家煤炭管理总局的新用毕业生工资标准：大学毕业生每月小米 280—320 斤，大专毕业生 260—280 斤，高工毕业生 230—250 斤，高中毕业生 220—240 斤，初中毕业生 180—200 斤。同年 9

月，根据国务院颁发的《工资条例草案》进行了第一次工资改革。废除了以小米计算工资的实物工资制，改为以工资分为计算单位的8级工资制。职工工资按1951年8月份发放基数，将同年7月份工资分价折成工资分。原实行供给制的干部仍实行供给制，只将原供给制每份所含小米1.615斤、小麦0.56斤、煤3.75斤、五福市布0.31尺改为小米0.48斤、大同通粉0.32斤、胡油0.05斤、食盐0.02斤、煤2斤、五福市布0.2尺。执行华北煤矿管理总局颁布的统一工资等级表，分为矿工和机电两个标准，改进了计件工资的分配办法。这次工资改革强调了按劳分配原则，工资改革后全局工资增加20.42%。在此期间，大同矿务局建立了职工升级制度：每年一次，升级面为20%。此后，实行供给制的职工改为供给制加津贴的工资制度。1952年，工业生产职工平均年工资595.38元，基本建设职工平均年工资582.4元。

②劳动定额管理

新中国成立后，1951年前大同矿务局的劳动定额凭“经验估计”。此阶段，部分工作面仍由手工开采，工作点分散，工人流动性大，因此大部分工种采用计时工资制，只有少数工种为计件工资制。计件形式为大混全计件，工资平均分配。定额的制定由工程技术人员凭经验估计，干部和工人同意后即成为正式定额。刨根工人以市尺计算工资，每尺折合小米1.62斤；掘进工人以掘进进尺和掘进场的条件计算，每前进1米，高者得小米161斤，中高者得小米115斤，中等者得小米100斤；运输工人每运块煤100斤得小米2斤10两，每运混煤100斤得小米2斤6两；装车工人每装1吨块煤得小米3斤，每装1吨混煤得小米2斤。1951年下半年至1952年6月为“经验统计”定额阶段，以工人工作效率为发放工资的依据。

1952年，开展了查定运动。首先通过个人或小组工作写实与所测时间，进行技术定额测定，在此基础上根据生产过程中的自然条件、机械设备、劳动组织，参考统计数字制定技术定额。

③奖励津贴管理

新中国成立后，大同矿务局开始建立各种健全的奖励制度。1950年5月，制定了《合理化建议奖励办法》。办法规定，发明者最高奖奖励小米

200 斤，技术改进者最高奖奖励小米 100 斤，提合理化建议最高奖奖励小米 500 斤。1951 年，制定了《生产奖惩试行办法草案》，规定奖励标准为 4000 元至 1.5 万元（旧币）；惩罚为本人标准工资的 1%—3%，行政处分分为降级、记过、撤职查办。1952 年 7 月，建立了《安全生产及成本节约奖励办法》，执行的范围仅限于井下工人、采掘队干部、技术员和调车员。奖励考核的内容包括原煤生产任务、安全、质量、效率、成本等。

3. 财务管理

（1）管理机构

大同矿务局成立后，设经理处，管理财务。经理处设有会计、成本、资产（管理固定资产）科。煤峪口、永定庄、同家梁矿设财务股。1950 年，经理处增设财务审计科，局所属大矿成立财务科，小窑成立财务股。1951 年，大同矿务局成立财务处，下设会计、成本、资产、审计 4 个科和小窑财务股。同年，财务处改称经理处。1952 年，煤炭销售业务交由经理处办理，经理处设立销售科。同时，审计科更名为财务检查科，资产科改设财务科。财务科编制管理财务计划，核算管理固定资产、流动资金，进行综合财务管理。恢复时期，各二级单位建立了健全的财务机构。

（2）经济核算管理

大同矿务局成立后，开始了经济核算。1949 年 8 月至 1950 年 6 月，经济核算工作完全集中于矿务局，各矿费用按月报矿务局核销。1950 年 7 月，各矿和机修厂成立财务科（股），成为核算单位，开始核算生产成本，编制会计报表。1950—1951 年，实行供给制，由华北煤矿管理总局代表国家对大同矿务局实行集中管理、统一经营、统收统支。吴家窑矿（小窑）为独立核算单位，自产自销，自负盈亏。1952 年，实行经济核算制。以矿务局为独立核算单位，汇总、计算全局成本、利润，统一核算全局的营业外收支。各矿（厂）编报年度、季度成本计划，核算固定资产、流动资金、成本、销售和利润。

（3）固定资产管理

新中国成立后，大同矿务局固定资产由本局管理和核算。

固定资产分为土地、井峒坑道工程及设备、房屋及设备、运输工程及设备、杂项设备、未完工程及设备 6 类。1950 年，根据燃料工业部煤矿管理总局暂行规定，使用年限在 1 年以上、单位价值在 200 元以上者为固定资产。同年，将固定资产分为土地、房屋、井峒坑道及设备、采掘设备、保安设备、供水设备、排水设备、运输设备、运搬设备、蒸汽设备、供电设备、照明设备、测绘设备、医疗设备、通讯设备、制修设备、发电设备、杂项设备、未完工程及设备 19 类。1951 年，固定资产又分为：①固定资产：土地、房屋及设备、建筑物、动力设备、传导设备、机器及设备、运输设备、工具及生产用器具、家具用品、其他生产用固定资产、非生产用固定资产；②未使用固定资产：核资代管固定资产、停用固定资产；③不需用固定资产：不需用已安装固定资产、不需用未安装固定资产。1952 年，将固定资产下放到各矿（厂）管理和核算，矿务局本部固定资产由行政处管理和核算。同年，固定资产分为：①生产用固定资产：土地、机器及设备、运输设备、工具及生产用器具、家具用品、其他生产用固定资产；②非生产用固定资产：住宅建设、文教建设、科学试验研究建设、卫生建设、公共事业建设、其他非生产用固定资产；③未使用固定资产；④不需用固定资产；⑤固定资产清理；⑥产权未定资产；⑦租赁固定资产改良工程；⑧待摊基本建设事业费。

（4）流动资金管理

①资金管理

明清时期，大同煤窑因其规模小，又是私人经营，流动资金很少，只能用卖煤的钱支付工资或购置一些简单的工具。

大同分公司及其后成立的晋北矿务局，在生产经营中除财产账外，逐步设立了间接采煤费账、直接采煤费账、总务账、损益账，对流动资金进行管理。流动资金包括职工工价、原材料、辅助材料、燃油、设备修理备件、低值易耗品购置费和邮电广告费等。据《晋北矿务局第二次报告书》称：1931 年，该局支出采煤费用、路务费用、贩炭部费用、煨炭部费用共 92.03 万元，同期销煤总收入 52.73 万元。依此计算，每百元销售收入占用流动资金 174.5 元。

新中国成立后，大同矿务局流动资金由矿务局核算，所产煤按定额成本交燃料工业部经理司驻大同办事处，由其经销，不计算销售收入。从 1950 年起，大同矿务局制订财务收支计划，各矿月度所需生产费用，一般以成本计划为基础核定吨煤定额后，乘以月度原煤产量。工程按预算、进度拨款。此后，财务收支计划不断完善，从而提高了收支的准确性，发挥了组织收入、控制支出的作用，保证了资金的使用效果。1952年，大同矿务局成为独立核算单位，所产原煤由本局经销，开始计算资金周转速度和资金占用水平各项指标，原煤销售收入由本局统一收取，各矿所需费用由局按计划下拨。

②储备资金及包干工资管理

储备资金通常占定额流动资金的80%，是流动资金管理的重点。矿务局通过清仓挖潜搞活储备资金。1951年，清仓划出呆滞材料95万元。

（5）专用基金及专用拨款管理

①维简基金管理。在各项专用基金中，维简基金数额最大，来源和使用范围广，项目多。先后计有维持生产工程基金、灾害复旧基金、固定资产复置金、更新改造基金、井巷工程基金、生产发展基金、四项费用拨款（技术组织措施费、劳动安全保护费、新产品试制费、零星固定资产购置费）等。维持生产工程基金从1952年始，按吨煤1.2元提取，计入成本；灾害复旧基金按吨煤0.07元提取，计入成本。

②大修基金管理。从1952年开始，大修理基金按吨煤0.2元提取，计入成本。

③企业及职工奖励基金管理。企业奖励基金由局、矿（厂）两级管理、核算。从1950年开始，按工资总额的1%提取，计入成本；从1951年起，改按吨煤0.3元提取，计入成本。

④福利及医药卫生补助金管理。福利补助金各基层单位自提自用，自己管理与核算。1950年始，按工资总额的1.5%提取，计入成本；从1950年起，医药卫生补助金按工资总额的3%提取，计入成本；从1951年起，医药卫生补助金改按工资总额的5%计提。医药卫生补助金由局、矿两级管理，局一级核算。

（6）成本管理

①项目。新中国成立后，1949—1965年间，成本项目在6至11个之间。项目繁多，口径不一。

②管理。大同矿务局成立初期，各矿费用按月报局核销，计入成本

项目，由矿务局统一列出成本报表。1950年7月，各矿（厂）成立财务科（股），成为核算单位，但各矿核算仅限于生产成本，销售成本由矿务局统一核算。各矿（厂）编报季度、年度成本计划，矿务局汇总。成本管理和核算的重点是材料和工资。1952年，推行班组核算，班组核算是成本管理的基础。国民经济三年调整时期，大同矿务局吨煤成本7.22元。

（7）利润、税金管理

①利润。国民经济三年调整时期，煤炭销售利润755万元。

②税金。1950年，国家开始向大同矿务局征收印花税。1952年，销售煤炭产品缴纳货物税，税率为销售收入的5%。

4. 物资管理

（1）管理机构

1909年成立的大同分公司在公司经营机构中设立材料股，这是大同煤矿企业最早的物资管理专门机构。材料股配备专职采购供应人员，负责煤矿物资的采购、保管、供应。1929年成立的晋北矿务局也设有物资管理机构材料股。日军占领时期，大同煤矿株式会社在经理部用度处设资材科和仓库科。1946年，国民党经济部资源委员会山西四矿公司大同煤矿整理筹办委员会成立，内设清点处，负责材料、设备的清点和保管。

1949年5月，大同煤矿筹备处成立，经营处下设营运、采购和材料3科。同年8月，大同矿务局成立后，矿务局经理处下设的仓库科、各矿相应成立的仓库组负责物资供应。仓库科办理采购、记账两项业务，设保管员10余名；仓库组配备管理人员、采购员、事务员6—8名。1950年9月，矿务局经理处随局机关由永定庄矿迁至新平旺，增设器材供应科。器材供应科设立采购、供应、料账、会计4股和驻东北木材检运站，在北京、天津、上海等地派驻了采购人员，全科共20余名干部。同年，仓库科更名为仓库管理科，由永定庄矿迁至煤峪口矿南厂，设立装卸、运输两个队和起重、仓库、木材、总务4个组，配备24名干部。各矿（厂）的仓库由经理科领导。1951年，大同矿务局成立材料供应处，下设器材供应科、采购科、材料会计科、仓库科和驻东北木材检运站，在北京、天津、上海设立驻外采购组，成立了矿务局总仓库。各矿

（厂）成立材料科，材料科下设木材组、建材组、仓库组、井口供应点和井上、井下火药库。1952 年末，材料供应处有干部 30 余名，矿（厂）材料科共有干部 15 名。

（2）物资供应管理

①渠道。新中国成立后，大同矿务局物资供应渠道随国家各时期经济体制和物资管理体制的变化而变化。1949 年，所需设备由燃料工业部华北煤矿管理局供应。因国家尚未建立起统一的物资供应体制，部分材料如木材、火工品等由企业自主采购。

②计划。新中国成立初期，大同矿务局经营管理工作薄弱，在物资供应计划编制方面没有一套固定的管理方法。供应人员组织货源所依据的物资计划是技术人员按生产、建设实际需要提供的明细资料，无消耗定额作依据。属于国家控制的物资由计划处和机电处结合实际情况提供数据，物资供应部门汇总后向主管部门提报申请解决。

③订货采购。新中国成立初期，机电设备等主要物资由上级调拨，其他物资由企业自行采购。外埠结算用汇款，当地结算用现金。凡外地进货大部分为火车运输，部分急需物资用汽车运输。

（3）仓储管理

新中国成立后，大同矿务局总仓库设在永定庄矿，是原晋北矿务局的仓库。1950 年 8 月迁到煤峪口矿南山脚下，新旧库房 10 个，约 2700 平方米，敞棚 1 座，约 450 平方米；有两条铁路专用线，全长 720 米；四周筑有围墙。总仓库下设仓库组和装卸组，共约 30 名工人。装卸、搬运基本上是体力劳动。根据物资的种类，总仓库划分为若干个存放区域。矿务局在经理处内设有仓库管理科。仓库管理科下设装卸队、运输队、起重组、仓库组、木材组、总务组，配备干部 24 名，为相对独立的机构。各矿（厂）设有仓库组。局统一印制了材料账卡，收发退料单据，以及库存盘点结算报表，建立了业务办理程序。针对木材验收、发放换算困难的问题，编制了统一的《木材体积表》。1951 年初，总仓库配备了 4 辆马车，担负局内运输任务。

（4）物资消耗与回收管理

①物资消耗管理。新中国成立初期，大同矿务局建立了材料账卡、收

发退料单据和库存盘点结算报表，确立了业务流程手续。编印了《木材体积表》和《器材价格目录》，统一了器材类别、名称、规格、单位和计算方法。

②修旧利废。大同煤矿筹备处建立后，即组织职工对矿井内废旧设备进行修复利用。三年调整时期，矿井设备短缺严重，各矿对绞车、矿车等设备进行修复、利用。

5. 煤质及计量管理

煤质及计量管理是质量管理的重要部分。国民经济三年调整时期，初步开展了煤质管理，计量管理则未开展。

1950 年，煤质管理工作由矿务局计划处负责。同年，大同矿务局建立了煤质化验室，化验项目仅限于煤中所含灰分和水分。各矿煤质化验均由局化验室进行。煤炭品种仅为原煤。煤质管理主要是对所采煤层和售出煤炭的质量作一些统计、分析。1951 年，根据燃料工业部《在矿井及露天矿采取煤层煤样及生产煤样工作暂行规则》和《关于组织化学实验室工作的暂行规定》，开始加强煤质化验和检查工作。

6. 煤炭运销管理

企业经营的目标是赢利，这一目标的最终实现有赖于销售环节。

（1）管理机构

新中国成立后，1950 年 1 月，成立燃料工业部经理司口泉办事处，负责大同矿务局煤炭销售。该办事处由燃料工业部和大同矿务局双重领导，初设时有 3 人，后扩大至 4 个股：销售股、财务股、调运股、行政股，并在各矿设立收煤站。用煤大户铁路系统、电力系统等购煤，直接与经理司结算；小户由口泉办事处结算，销售货款全部上缴经理司。1952 年 1 月，煤炭产销合一，局经理处成立销售科，撤销燃料工业部经理司口泉办事处。

（2）销售管理

新中国成立后，1950 年，大同矿务局原煤产销分管。所产之煤由燃料工业部经理司口泉办事处验收销售。销售货款缴燃料工业部经理司，再由经理司向全局各矿下拨生产所需资金。1952 年 1 月，产销合一。煤炭外销实行“托收承付”的办法，大同矿务局营运处财务科通过结算银行与用户结算银行结算售煤货款及代垫运费、杂费，用户收到所购之煤 3 日内将货款汇交大同矿务局结算银行，汇款直接划入局财务处银行账号。国民经济三年调整时期，国家没有为原煤制定统一价格，销售煤炭随行就市，价格灵活。其时煤炭生产工艺简单，成本较低，出厂价格低廉。大同矿务局所产的弱黏煤，出厂价格每吨 2.6 元。1949—1952 年，外销煤炭 352.73 万吨，销售收入 3910.1 万元。煤炭产品主要销售对象为煤炭工业部、石油工业部、冶金工业部、化学工业部、建筑材料工业部、电力工业部、铁道部、交通部、商业部、解放军装备计划部。

(3) 调运管理

新中国成立后，1949—1952 年，大同矿务局只有煤峪口矿、永定庄矿、同家梁矿、四老沟矿外运煤炭。煤峪口、永定庄、四老沟矿用翻斗车配侧壁式滑坡仓装车。每批车厢为 10 节左右，需装 6—7 小时。同家梁矿为人工背筐装车，由 60 余名包工工人或临时工分成 3 个组完成，并于矿设 1 名管理人员。每批车厢 3—5 节，需装 10 小时。装车计量为人工量尺划线。

第四节　同期煤矿历史贡献及行业地位

1949—1952 年是国民经济恢复时期，国家经济建设需要有大量的煤炭能源作支撑，煤炭工业是这一时期国民经济建设的重要内容。山西煤炭工业通过购置采煤机械、改革采煤方法、推广快速掘进作业、贯彻安全第一方针、改善煤矿劳动条件等措施，经过三年的恢复建设，原煤产量逐年增加。1950 年，销售煤炭 377.6 万吨，占当年总产量的 99.4%，比 1949 年增长 42.3%。在同年销售量中，大同、阳泉、西山、富家滩、潞安 5 大矿区销售量为 210.9 万吨，占当年产量的 99.4%。1952 年，在煤炭生产大幅度增长的情况下，全年销售量增加到 1058 万吨，比 1951 年增长 75.6%，比 1949 年增长 2.97 倍。三年平均递增率为 58.4%。1950 年至 1952 年，累计销售煤炭 2029.6 万吨。其中，销往外省煤炭 927.1 万吨，占销售总量的45.7%，为支援国家恢复经济建设发挥了积极作用。[①] 占全国煤产量的比重，由1949年的8.4%上升为1952年的15.3%。[②]

由于山西优质的煤炭资源，国民经济三年调整时期，山西煤炭工业延续了在全国煤炭工业中的重要地位。

① 《中国煤炭志》编纂委员会：《中国煤炭志·山西卷》，煤炭工业出版社，1995年，第347页。

② 《中国煤炭志》编纂委员会：《中国煤炭志·山西卷》，煤炭工业出版社，1995年，第6页。

第七章

"一五"计划、"二五"计划大同煤矿的曲折发展（1953—1962）[①]

1953 年，我国制定了国民经济第一个五年计划，即"一五"计划。由此，国家进入了经济建设时期。根据"一五"计划，中共中央要求我国的煤炭工业至 1957 年原煤产量达到 11298 万吨，并保证满足钢铁工业对炼焦洗精煤的需要。为了逐步消除全国工业集中于北方和沿海地区所造成的生产布局不合理及国防上的不安全状态，还要求煤炭工业建设的部署力求使煤炭生产接近消费地区，以减少远距离运输，并照顾钢铁、电力和交通运输等主要用煤部门的需要，对煤炭的地区产需和品种平衡做出了比较合理的安排。根据这一部署，煤炭工业部按照"把基本建设放在首位"的原则，对全国的煤炭工业建设进行了重新布局，并在此基础上全面开展了扩建、新建等基本建设工作。到"一五"计划末期，煤炭工业共完成基建投资 35.55 亿元，开工建设新矿井 194 处，年生产能力 1134 万吨；改扩建矿井 103 处，净增年生产能力 2536 万吨；新建和恢复洗煤厂 24 处，年处理原煤能力 2275 万吨。煤田地质队伍先后勘探了 72 个煤田，在基石探明多数老矿区地质全貌的同时，还发现了淮北的宿蒙，山东的肥城、济宁、滕县等一批储量丰富、开发条件好的新煤田。[②] 1954 年，燃料工业部提出了生产改革的任务，包括生产准备、采掘工程、井上下运输、通风安全、矿

① 本章数据除注明外，均采自《大同矿务局志》编纂委员会：《大同矿务局志》，山西人民出版社，1996 年。

②《中国煤炭志》编纂委员会：《中国煤炭志·综合卷》，煤炭工业出版社，1995 年，第 8 页。

井地质测绘、生产组织管理等所有生产环节以及生产技术责任制，并提出在有条件的地方要用机械化、半机械化替代传统的体力劳动。到1957年底，国营煤矿长壁采煤法产量的比重达95.3%，联合采煤机、截煤机、风镐、爆破落江的比重达96.3%，回采工作面各种输送机及自动滑落运煤的比重达69.62%。井下平巷电机车、钢丝牵引和自动滑行运输的比重达85.16%，井下采掘工作面普遍推行了正规循环作业。随着采、装、运机械化程度的提高和生产管理工作的改进，生产效率显著提高，“一五”计划末期，全员效率达0.978吨/工。①

1958年，我国开始执行发展国民经济第二个五年计划，即“二五”计划。根据中国共产党第八次全国代表大会通过的《关于发展国民经济的第二个五年计划的建议的报告》的精神，煤炭工业部决定继续加强地质、设计、施工技术力量，并有计划地建设新井。同时，加速建设洗煤厂，提高洗煤技术，积极增加煤炭品种，做到合理供应，计划到“二五”计划末原煤产量达到1.9亿—2.1亿吨。1958年开始的“大跃进”，影响了煤炭工业“二五”计划的进程。据1962年统计，采掘失调的生产矿井占全国矿井总数的77.5%，失修巷道长度占全国各煤矿巷道长度的16.5%，失修设备占全国各煤矿总数的32.5%，煤矿生产能力受到严重破坏。“大跃进”时期开工建设的矿井设计年生产能力32419万吨，经过核实，能续建的只有3268万吨，其余皆关、停、并、转，或废弃；提出的煤田地质报告共474份，而达到标准的仅60份，不合格的占60%。②中共中央为了解决“大跃进”中出现的问题，提出了“调整、巩固、充实、提高”的方针，煤炭工业部认真贯彻这一方针。1961年上半年，开始压缩基础建设规模，精简职工队伍。到1962年，先后停建456处矿井，停建100多处洗煤厂、机修厂、化工厂项目。对简易投产的矿井进行了填平补齐，完成了大量井巷工程以及地面建筑和设备安装工程，使这些矿井实现了完整的生产系统及生活设施配套，增强了综合生产能力。煤田地质勘探队伍也先后从40多个地区撤出，用以加强生产矿井的补充勘探和重点建设矿区的勘探，其工

① 《中国煤炭志》编纂委员会：《中国煤炭志·综合卷》，煤炭工业出版社，1995年，第8页。
② 《中国煤炭志》编纂委员会：《中国煤炭志·综合卷》，煤炭工业出版社，1995年，第9页。

作量约占1962年煤田地质勘探总工作量的三分之一。生产矿井的调整虽然起步晚，发展较曲折，但到1964年底，简易投产矿井的补套和老矿井的开拓延伸工程及采掘关系也基本恢复正常，开拓煤量和准备煤量有较大幅度的增加，矿井生产面貌明显好转，同时，煤炭工业部全面推行质量标准化，推行全矿井正规循环作业，推行矿井合理集中生产和加强基层、基础、基本功的工作以及试行用经济办法管理的“托拉斯”与政企合一的“特区”等一系列措施，使煤炭工业逐步恢复元气。

就山西情况而言，在“一五”计划期间，山西省人民政府和煤炭工业部按照中央对发展煤炭工业实行“新建与改建相结合，以改建为主，大、中、小相结合，以中小为主”的方针，确定对大同、阳泉等老矿区进一步增强生产能力。大同以恢复和改建旧井为主，阳泉以建新井为主。为发展炼焦用煤，相继成立义棠煤矿筹备处、轩岗煤矿筹备处、潞安煤矿筹备处。1956年，将西山煤矿与西铭焦炭厂合并，成立西山矿务局。义棠煤矿筹备处与富家滩煤矿合并，成立汾西矿务局，并划为中央直属企业。同时，省属霍县辛置煤矿开工建设。为了加快山西煤炭工业的建设步伐，相继从外省抽调勘探、设计、施工力量支援山西，成立华北煤田地质勘探局、大同煤矿基本建设局和太原煤矿基本建设局等，使山西形成了从勘探、设计到具有扩建、土建、安装等施工力量的煤矿建设队伍。①

1958年，开始实施第二个五年计划，潞安和轩岗煤矿筹备处改称矿务局，泽州煤矿筹备处改称晋城煤矿筹备处，并在辛置煤矿的基础上成立省营霍县矿务局。

“大跃进”时期，全省新开矿井81处，设计年生产能力5457万吨，在“高指标、瞎指挥、浮夸风”的指导影响下，违背了煤炭生产的客观规律，造成人力、物力、财力上的严重浪费。由于基建战线长、规模大，而资金、技术力量、设备和原材料短缺，致使33对矿井停建，损失5000多万元。在生产上，由于盲目“夺高产、放卫星”，在41对中央直属矿井中，有32对矿井采掘比例失调，占78%；在管理上，破坏了正常的生产秩序，

---

①《中国煤炭志》编纂委员会:《中国煤炭志·山西卷》,煤炭工业出版社,1995年,第6页。

重大事故接连发生，技术经济指标下降。小煤窑不经批准，乱采滥挖，在一定程度上破坏了煤炭资源。①

1960 年 12 月，中共中央提出“调整、巩固、充实、提高”八字方针。中共山西省委、山西省人民委员会决定，为确保国家经济建设，支援兄弟省市，努力发展煤炭生产，材料、设备、三类物资、粮食及生产用品等优先供给煤矿生产一线。全省煤炭行业职工在调整中奋进。1962 年，原煤产量达 3189 万吨，比 1957 年增长 33%。至 1962 年末，全省有中央直属煤矿 45 处，地方国营煤矿 169 处，手工业合作社和社队煤矿 1200 余处。5 年累计产煤 1.89 亿吨，平均年递增率为 6.1%。②

总的来看，“一五”“二五”计划时期是现代山西煤炭企业蓬勃发展及在曲折中发展的时期。“一五”计划时期，大同煤矿以恢复和改建旧井为主，完善管理机构，建章立制，煤矿现代生产队伍、管理队伍、管理制度初步形成。“二五”计划时期，大同煤矿经历了“大跃进”及随后的经济调整时期。此时期，调整规模，以发展机械化为中心的技术革命蓬勃兴起。作为在山西乃至全国有重要影响的大型煤矿，大同煤矿也经历了同样的起伏发展历程。

第一节　恢复、改建为主的基本建设

此时期，大同煤矿建设包括规划设计、矿井建设、煤矿施工、运输工程建设等。“一五”计划期间，以恢复改造老矿井为主。“二五”计划期间，经历了“大跃进”的冒进式建设及随后的调整停顿。大起大落是此时期大同煤矿基本建设的特点。

①《中国煤炭志》编纂委员会：《中国煤炭工业志 · 山西卷》，煤炭工业出版社，1995 年，第6 页。

②《中国煤炭志》编纂委员会：《中国煤炭工业志 · 山西卷》，煤炭工业出版社，1995 年，第7 页。

一、“一五”“二五”计划时期的矿区规划设计

1. 矿区规划设计

1957 年，北京煤矿设计院提出了云冈沟总体规划，规划了 13 对矿井：晋华宫、青磁窑、云冈、姜家湾、郭家坡、四台沟、新高山、燕子山、碾子沟 1 号、碾子沟 2 号、白塘沟、旧高山、东条涧。

2. 采矿工程设计

20 世纪五六十年代，矿井设计主要学习苏联经验。开拓方式一般采用斜井、立井和平峒。水平划分一般为一个水平开采 1—3 层煤。由于盘区受运输设备限制，设计盘区长度一般为 600 米左右，两翼各 300 米。1953 年初，大同矿务局设计处依据燃料工业部颁发的《第一个五年计划期间煤矿矿井设计技术方向》，首次编制了永定庄矿技术改造设计文件。文件确定：扩大 5 号井和 6 号井井筒，从 8 号层延伸到 9 号层，在 6 号井井底开拓东西两条大巷等，矿井改扩建设计年生产能力为 90 万吨。1954 年，设计处进行了同家梁矿改扩建设计，设计年生产能力为 120 万吨。北京煤矿设计院进行了四老沟、忻州窑两个矿井的改扩建设计，设计年生产能力分别为 150 万吨和 90 万吨。

1955 年，北京煤矿设计院完成了新白洞矿井的初步设计，设计年生产能力为 90 万吨，这是大同矿务局兴建的第一对大型矿井。设计确定该矿井采用一对立井开拓，其中，主井井筒垂深 96 米，直径 6.5 米；副井垂深 58.2 米，直径 6.5 米。

1957 年，设计处第一次独立编制了新建大斗沟矿井初步设计。矿井设计年生产能力 45 万吨，服务年限 35 年。采用平峒及斜井开拓方式，通风方式采用压入式。同年 10 月，由北京煤矿设计院设计的雁崖矿井开工建设。设计确定该矿井为一对斜井石门开拓，设计年生产能力 90 万吨，服务年限 56 年。

1958 年 2 月，设计处提出了《马武山生产勘探井扩大初步设计》，设计年生产能力 30 万吨，服务年限 28 年。马武山井是新中国成立后在云冈沟设计建设的第一对矿井。这一时期的采矿工程设计，因无地质资料，大多是通过踏探、调查和参考日伪留下的地质资料确定开采范围，选定井口

位置。

60年代初期到中期，按照煤炭工业部颁发的《关于矿井设计几个重要问题的暂行规定》和《煤炭工业设计规范》，设计工作逐步走向正轨。

3. 机电机制工程设计

井下运输设备的设计方面，20世纪50年代末至60年代中期，大巷运输设备多选用CZK系列7吨或10吨架线式电机车，牵引矿车40余辆，架线为铜线，供电电压为直流250伏。

主副井提升设备的设计方面，1957年，北京煤矿设计院设计的晋华宫大井，首次选用了多部普通皮带搭接，形成连续运输提升。50年代末到60年代中期，提升绞车设计选型由双筒2米改为双筒4米，提升箕斗为8吨。1958年，设计的马武山井主井提升为双钩列车，副斜井提升为单钩列车。1962年4月，大同矿务局设计处在永定庄矿井的整体改建设计时，选用了1.2米胶带输送机。

在通风系统设备的设计选型方面，50年代，普遍采用75千瓦BY-16B、直径1.8米风机。50年代末期，采用70B2型轴流式扇风机、直径由1.8米扩大到2.8米。该型号扇风机一直延用到20世纪70年代。

在地面生产系统和洗煤厂设备设计方面，50年代中期，设计处第一次设计了老白洞地面生产系统，筛选设备设计主要选用苏式九轴筛和吊挂式振动筛，筛分品种为三级。

在输变电设计方面，1955—1957年，矿区输变电能力增大，设计了岩岭—四老沟、煤峪口—忻州窑、大斗沟—四老沟35千伏输电线路和装机容量分别为15000千伏安、12600千伏安、15000千伏安的煤峪口、忻州窑、四老沟3个变电站。60年代，大同矿务局设计处和北京煤矿设计院共同设计了大斗沟、王村、晋华宫、挖金湾35千伏变电站。

4. 地面建筑工程设计

1953年，设计完成了宿舍大楼和白洞矿跨线煤仓，设计煤仓储煤能力90万吨，这是大同矿务局首次完成的楼房建筑和建筑工程设计。1954年，完成了800人规模的大同矿务局技工学校单项工程设计。1957年，在大斗沟矿地面生产系统工程设计中，首次采用槽型煤仓，储煤量达到了4500吨。完成了口泉沟公路方案设计。委托北京煤矿设计院完成了中央机厂设计，设计年制修能力 6.15 万吨。在这一时期，煤仓、筛分楼设计均采用钢筋砼全框架式结构，对标高 50 米以上的烟囱和水塔的施工工艺设计均采用垂直运输，水平运输采用了“车子化”。60 年代初，大同矿务局的设计能力和设计水平都有所提高。

二、矿井建设

1. 机构队伍

“一五”计划开始后，国家把大同矿区列为重点建设矿区。为适应煤炭生产建设的需要，基建组织机构多次变更，基建队伍不断扩大。1952 年 12 月，奉燃料工业部煤炭管理总局之令，成立大同矿务局工程公司，原基建处所辖的土建、井巷、排水等各工程队划归工程公司，未生产的基建矿井统归工程公司领导，有基建任务的生产矿井配备基建副矿长。各矿工程分队受双重领导，行政受生产矿领导，业务由工程公司负责。工程公司成立时，基建处改为职能处，各矿修建科改为基建科。1954 年 3 月，奉煤炭管理总局之令，将综合性的大同矿务局工程公司划分为矿井工程公司和土木建筑工程公司，均直属大同矿务局领导。同年 9 月，成立华北煤矿第一基本建设局，大同矿务局所辖的土建工程公司划归华北煤矿第一基本建设局领导，同时，成立了机电工程公司。1955 年 5 月，华北煤矿第一基本建设局更名为大同煤矿基本建设局，撤销了矿井工程公司，成立建井第一、第二、第三工程处和包头工程处（1957 年改为包头综合公司），土建和机电两公司未变。大同煤矿基本建设局隶属煤炭工业部领导。大同煤矿基本建设局成立后，从外地调入部分成建制的工区，并分配和招收了大量的干部和工人，使基建队伍迅速扩大。1957 年，大同煤矿基本建设局职工达到 1.09 万人，其中在大同地区施工的有 7602 人，大同矿务局自营的施工队伍1283 人。

进入“二五”计划时期，基建组织机构变动频繁。1958 年 1 月，直属煤炭工业部的大同煤矿基本建设局撤销，同时，大同矿务局成立基本建设处，撤销了土建公司和机电工程公司，将土建公司所属 4 个土建工区划分给建井第一、第二、第三工程处和包头综合公司，将土建公司机关和一个土建工区、铁路队、机电工程公司及其他井上单位合并，成立了大同矿务局建筑安装工程处。同年 3 月，成立大同矿务局企业处。1960 年，将企业处的运输队划出成立了大同矿务局运输处。这期间，除包头综合公司调出外，由大同矿务局直属领导的基建单位共 6 个：建井第一、第二、第三工程处和建筑安装工程处、企业处、运输处。

由于基本战线缩短，投资压缩减少，1961 年 5 月，撤销建井第一、第二、第三工程处和企业处、运输处，将建井第一工程处改为雁崖矿筹备处，建井第二工程处并入晋华宫矿，建井第三工程处改称建井工程处。随后将建井第一、第二工程处的土建工段以及运输处和企业处的木材加工厂、砖瓦厂、预制厂划归建筑安装工程处，水泥厂划归器材处，企业处的机修加工厂归矿务局直接领导，改称为大同矿务局基建修配厂，后更名为大同矿务局第二修配厂。基建队伍减到 7000 余人。1962 年 4 月，建筑安装工程处、建井工程处和第二修配厂合并为大同矿务局工程公司。

2. 新井建设

“一五”计划时期，国家把大同矿区列为重点建设矿区，根据煤炭工业部“恢复改建为主，减少投资，缩短基本建设周期，迅速增加产量”的方针，在对煤峪口、永定庄、同家梁、忻州窑、四老沟、白洞、胡家湾、挖金湾、狼儿沟及晋华宫等井进行恢复改建的同时，开始新建矿井。

表 7-1 1950—1993 年大同矿务局新建矿井表

矿井名称	开拓方式	设计年生产能力(万吨)	开工时间	投产时间	总投资(万元)
新白洞	立井	90	1955.40	1958.12	1779.07
雁崖	斜井	90	1957.10	1962.60	2731.92
大斗沟	平峒	45	1957.12	1961.40	1493.73
晋华宫(大井)	斜井	90	1957.12	1966.10	3894.73
马武山	斜井	30	1958.40	1959.90	850.94
云冈一期	立井	150	1966.10	1973.30	7719.68
云冈二期		120	1973.40	1978.12	6684.13
燕子山	斜立井混合	400	1980.80	1988.12	55491.00
四台	斜立井混合	500	1984.12	1991.12	96539.87

1955 年 4 月，新建第一座新井——新白洞矿井，设计年生产能力 90 万吨。1957 年 10 月，动工新建雁崖矿井，设计年生产能力 90 万吨。同年 12 月，设计年生产能力 45 万吨的大斗沟矿平峒井和设计年生产能力 240 万吨的晋华宫井开工建设。“一五”计划时期，新建矿井设计年生产能力总计 465 万吨。

进入“二五”计划时期，根据煤炭工业部确定的“中央办矿与地方办矿并举，地方办矿中地方国营办矿与社队集体办矿并举，大型矿井与中小型矿井并举”的方针，在大规模投资建设大型矿井的同时，在无设计、无计划、无地质资料的情况下，不切实际地开工建设一批小型矿井，兴办小窑，大、中、小井一哄而上，形成了急剧膨胀的基本建设规模。1958 年开工的先后有：姜家湾井，设计年生产能力 300 万吨；云冈矿井，设计年生产能力 240 万吨；鹅毛口平峒，设计年生产能力 240 万吨；马武山井，设计年生产能力 30 万吨；峰子涧井，设计年生产能力 30 万吨；桃花沟井，设计年生产能力 10 万吨；店湾 1 号井、2 号井、鹅毛口小井、吴家窑井及露天煤矿和设计年生产能力 450 万吨的朔县露天矿。“二五”计划初期开工的新井除马武山斜井于 1959 年 10 月移交生产外，其余矿井均于 20 世纪 50 年代末到 20 世纪 60 年代初中止进行，造成了人力、物力的巨大损失和浪费。这期间，上期开工的新白洞矿井于 1958 年 10 月投产，大斗沟矿井于 1961 年 4 月移交生产，雁崖矿井于 1962 年 6 月投产。“二五”计划期间新井净增年生产能力 255 万吨。马武山斜井是大同矿务局在云冈沟建成的第一个新井，标志着大同矿务局对云冈沟大力开发的开始。

3. 矿井改扩建

“一五”计划时期，在对忻州窑、白洞、晋华宫小井、胡家湾小井、狼儿沟小井恢复生产的同时，开始对永定庄、煤峪口、同家梁、四老沟矿井进行改建，并于期内完成了永定庄、煤峪口矿改建工程。改建后的永定庄、煤峪口矿设计年生产能力分别达到 120 万吨和 90 万吨，两个矿井净增年生产能力共 80 万吨。这一时期，矿井投资 9716 万元，其中老矿井投资 8694.1 万元，占矿井投资的 89.5%。1957 年，大同矿务局全局产量达到 556.7 万吨，比上年净增 315.9 万吨。

表 7-2　1950—1993 年大同矿务局改扩建矿井表

矿井名称	开拓方式	设计扩大年生产能力(万吨)	实际开始建设时间	投产时间	总投资(万元)
煤峪口	斜井	40—90 90—150	1953.1 1975.1	1957.12 1978.12	2798.79 1231.31
永定庄	斜井	90—120	1953.1	1957.12	3331.44
同家梁	斜井	78—120	1953.6	1958.12	2170.98
四老沟	斜井	30—150 150—300	1955.3 1986.1	1960.12 1992.12	3497.72 27317.50
大巴沟	斜井	21—90	1966.3	1974.12	1284.27
忻州窑	立井	90—150	1975.1	1979.12	3747.37
晋华宫(大井)	斜井	120—315	1983.1	1990.12	32425.82
王村	斜井	60—180	1984.1	1988.12	11030.99
云冈	立井	270—600	1986.6	续建	
马脊梁	斜井	30—180	1988.4	续建	

“二五”计划开始后，由于受“大跃进”的影响，大批新井上马建设，改扩建矿井减少。四老沟矿井于 1960 年 12 月投产，改建设计年生产能力达到 150 万吨，净增年生产能力 120 万吨。同期，还先后对挖金湾、胡家湾、马脊梁等小井进行了改造。这一时期，矿井投资 1.54 亿元，其中老井改造投资 6377.44 万元，占矿井投资的 47.5%。1962 年，大同矿务局全局产量达到 742.2 万吨，比 1957 年净增产量 185.5 万吨，其中老矿井净增 32.1 万吨，占 17.3%。

三、煤矿施工

1. 立井施工

“一五”计划期间，建立了专业建井队伍，立井施工技术和施工机具得到发展。这一时期，立井施工多采用二次成巷，普遍使用小抓岩机、小吊桶，手持风钻打眼，炸药爆破，木井架，料石砌壁，绞车提矸。1953 年开工的煤峪口矿 3 号副立井刷大延深施工中，凿井设备采用木井架，1.5

米绞车，0.7 立方米吊桶下料、提矸，手持式风钻凿岩，甘油炸药爆破，段发电雷管引爆，人工装岩，人工翻矸，临时支护为井圈木背板，永久支护为料石井壁，平均月进度 20 米左右。 1955 年，新白洞副立井施工时，遇特大含水层，苏联专家组认为应采用冻结法，在我国无实施此法的设备的情况下，建井公司创造了反工序施工方法，综合应用围、堵、疏、注措施，成功地通过了涌水量每小时超过 100 立方米的特大含水层。 1956 年，该经验提交到波兰国际建井会议。 1957 年，在净直径 5 米的四老沟矿中央风井施工中，采用多台风钻打眼，仿苏 0.1 立方米 2 台抓岩机装岩，2—3 米绞车提升，1.2 立方米吊桶，木井架，01—30 风钻，2 米深直眼，甘油炸药爆破段发雷管引爆。 采用大（30 米）掘砌，临时支护为井圈木背板，永久支护为料石砌壁，无壁座砌碹。 施工中 302 建井队加强劳动组织管理，采取定钻、定人、定区域、分段流水作业，平均月进度约 25 米，每天砌壁 10 米。 同年 3 月，月进 42.31 米。 中共大同市委在该井召开现场会，要求学习并推广这一经验。 四老沟矿中央风井施工工艺，代表了“一五”计划时期的立井施工技术装备和施工工艺水平。“一五”计划期间，井下煤仓、溜煤眼和通风立眼等暗立井施工中，均采用木垛法。

“二五”计划和三年调整时期，立井施工技术有较大进步，普遍使用多台抓岩机、双层吊盘，由木模板发展到金属模板，管路下混凝土浇筑井壁，反井施工采用了吊罐注。 1958 年 12 月，刘长根大队创月成井 43 米的山西省纪录。 1962 年，根据煤炭工业部指示，普遍推行了一次成巷。 1964 年，开工的同家梁矿主立井，井筒掘进直径 7 米，净直径 6 米。 采用 2 米绞车、1.5 立方米吊桶、双层吊盘、8 立方米大矸石仓、多台 0.1 立方米抓岩机、金属模板、钢管下料、混凝土浇筑井壁、预留梁窝，一次成井，最高月进 82 米，平均月进 35 米。

2. 斜井施工

“一五”计划时期，斜井井筒采用手持电钻或风钻打眼，耙子、铁锹、簸箕装岩，小绞车提升，“V”形矿车运输，片石或料石砌碹，片石或木结构桥台。 月进度平均 20—30 米。 1956 年，建井公司开始在永定庄矿斜井施工中用湿式风钻凿岩，因作业较干式凿岩复杂而影响进度，未坚持使用。 这期间，斜井井筒开凿多采用二次成巷施工技术。

“二五”计划初期，斜井施工开始由二次成巷改为全断面掘进一次成巷，推广综合工作队、正规循环作业，并先后研制了数种装岩机。1958年，建井第二工程处李树宝建井大队在晋华宫矿掘进断面20.4平方米、半圆拱料石砌碹、全长320米的副井井筒施工中，使用3台凿岩机6人同时打眼，用柳条筐、双道多人多车装矸，15和35马力两台绞车提升，综合工作队多工序平行交叉作业，炮眼深度由1—1.5米改为2—2.2米，4月创月进101.25米的全国大断面斜井掘进纪录，5月再创111.2米的全国斜井掘进纪录。7月和11月，曹克制、白贵虎建井队在云冈矿主斜井施工中，月成井分别为152.7米和155米，两创斜井纪录。1959年，马武山矿井施工中，在岩巷中首次试用了喷浆支护，不砌碹，但因技术问题，效果并不理想。1960年1月，上海机械设计院、北京煤炭科学研究院和大同矿务局机械厂共同设计制造了我国第一台ZYX-1型斜井装岩机，在永定庄矿大斜井施工中应用。同年9月，建井第二工程处机分厂在上海机械设计院和北京煤炭科学研究院的协助下，对ZYX-1型斜井装岩机进行改进，制成滚把式装岩机，在30度以下的斜井中使用。“二五”计划时期，斜井施工基本形成了全断面掘进一次成巷、湿式凿岩、装岩机装岩、箕斗提矸、多台凿岩机同时打眼、锚杆喷浆支护等施工工艺和综合工作队、平行交叉、正规循环作业等施工组织管理方法。部分斜井施工工艺和方法，在全煤系统推广。

1962年，煤炭工业部总结了斜井井筒施工14项经验，在全煤系统推广。大同矿务局结合本局特点进行了推广应用。主要为：全断面掘进一次成巷；多台凿岩机同时打眼；毫秒雷管一次爆碴；双道快速装渣；无腿棚子；锚杆喷浆支护；湿式打眼；综合防尘；正规循环图表；多班交叉作业；短段片石砌碹；等等。

20世纪60年代，虽然对斜井井筒施工14项经验进行了推广，但由于施工工艺、设备的不配套，掘进速度始终没有大幅度提高，仍徘徊在30—40米。

3. 平峒（巷）施工

“一五”计划期末，在平峒和岩石平巷中逐步推广了全断面掘进一次成巷、综合工作队和“四·六”作业制等施工组织管理方法。1956年，杨荣建井队应用上述作业方式，创月成巷100米的平巷纪录。

“二五”计划和三年调整时期，岩石平巷施工推行了湿式凿岩，应用了气腿式凿岩机，眼深增加到1.3—1.5米。直眼掏槽，硝铵炸药爆破，段发雷管引爆，铲斗后卸式装岩机、电动式ENM-1型平巷装岩机装碴，无极绞车运输，无腿棚子或型钢支架临时支护，片石或钢筋砼注永久支护。采用了正规多循环、多工序平行交叉作业。1959年，在晋华宫矿主井大巷施工中，首次应用了水泥喷射支护，因技术不过关，这一尝试没有进一步推广。1962年，在岩石平巷中应用了楔缝式锚杆支护。1965年5月，第六工程处301工程队在晋华宫矿7号层东大巷施工中，使用YT-25型凿岩机，月成巷达到253米。

四、地面建筑施工

“一五”计划期间，大同矿务局开始建造筛分楼等大型工业建筑，均由华北煤矿第一基本建设局施工。1958年，大同煤矿基本建设局划归大同矿务局后，地面建筑施工队伍的技术力量有所增强、机械设备有了较大提高。“二五”计划到“三五”计划期间，地面工业建筑由前期的小型厂房为主，发展到大型工业厂房的建造，地面储装运系统及职工住宅、办公楼等的大量兴建。期间，建筑施工机械设备得到改善，由小平车进行地面倒运，使用龙门钢结构提升架，0.4立方米铁料斗或单轨铁斗车进行材料设备的垂立运输，搅拌机拌合灰浆。在储装运等施工中，采用装配式钢筋混凝土结构，脚手架用竹竿或木杆，8号铅丝绑扎。1958年，在晋华宫矿工业广场平场工程中，采用了水力机械化的施工方法，水枪开挖土方，水力运输、充填及脱水等，每立方米直接费用比预算费用降低88.44元，全部工程节约3.5万元。

五、机电设备安装

“一五”计划时期，随着矿井的新建和改扩建，开始安装一些大型设备和井架。1954年，煤峪口矿3号井井架安装施工中，在苏联专家的指导和抚顺安装公司技术人员的协助下，机电工程公司采用手动稳车起吊，固定地滑轮反转提升法，首次整体成功地竖起大同矿务局第一座钢制井架，并于同年在 3 号井安装了重 112 吨的加拿大 1000 马力绞车，这是大同矿务局最早安装的大型绞车。这时期，除小型设备自己安装外，大型设备的安装均依靠华北煤矿第一基本建设局，先后完成了永定庄矿、同家梁矿、四老沟矿、白洞矿井架及 20 立方米以上压风机、直径 2.4 米主扇风机、2.5 米以上绞车、主排水泵、锅炉等大型设备的安装工程。1955 年，成功安装了忻州窑矿立井 45 米高井架。1957 年，在白洞矿立井 500 马力绞车的安装中，采用预安装、一次性水平找正等工艺，只用四天半时间完成，获煤炭工业部“飞马奖”。此时期，机电设备安装技术仍很落后，设备运输靠人力或滑轮、绞盘、手动葫芦等简单机械。水平找正以普通水准仪、水平尺、钢板尺、扳手、榔头、撬械为主要安装工具。井架吊装多以双杆滑轮提升，罐笼、罐道的安装采用双层吊盘。“二五”计划初期，推行了快速安装和部分整体组合安装，使施工速度加快。1959 年，建井第三工程处在土塘井施工中，16 小时安装完 16 米的高木井架，35 小时成功安装 200 马力绞车。

六、运输工程建设

1. 铁路建设

1957 年 10 月，煤峪口、忻州窑矿装车站建成并投入使用。1958 年 10 月，建成白洞矿铁路专用线 7.98 公里，投资 302.5 万元。同年，建成水泥厂铁路专用线 3.28 公里，投资 149 万元；建成四老沟矿铁路专用线 4.99 公里，投资 226.8 万元；建成雁崖矿铁路专用线 6.15 公里，投资 279.5 万元；建成魏家沟铁路专用线 2.68 公里，投资 121.5 万元。

1959 年，建成魏家沟至红石崖（挖金湾）铁路专用线 6.6 公里，投资 300.5 万元；建成红石崖至青羊湾铁路专用线 4.56 公里，投资 206.9 万元；建成青羊湾至王村矿铁路专用线 5.9 公里，投资 268.7 万元（该线建设由山西省公安厅劳改局投资并组织施工，担负大青窑劳改煤矿所产煤炭的外运任务。1960 年，该路段由王村延伸至黑流水）；建成晋华宫矿铁路专用线 2.53 公里，投资 114.9 万元；建成马武山专用线 0.67 公里，投资 30.4 万元；建成机修厂铁路专用线 3.98 公里，投资 83.58 万元。

1960 年 5 月，为了抢运老窑沟 40 万吨存煤，山西省委决定改扩建雁崖站线并新建胡家湾支线。1960 年 10 月 1 日，建成雁崖站至胡家湾铁路专用线 1.75 公里，投资 121.5 万元。同年，建成云冈至大同西站铁路专用线 22.08 公里，投资 1000.5 万元；建成大斗沟矿铁路专用线 2.35 公里，投资 106.6 万元（该铁路专用线的修建，利用了原白土窑线路的部分路基及被破坏的桥墩）。以上 15 条铁路共长 77.64 公里，共投资 3464 万元，除水泥厂支线与老平旺接轨外，其余 14 条分别经口泉沟和云冈沟铁路与口泉站和大同西站接轨。

1961 年 5 月，口泉站至永定庄矿装车站线的复线工程竣工。该段复线长 3.8 公里，投资 197.6 万元。1962 年 5 月，建成土塘井铁路专用线 2.79 公里，投资 34.45 万元（该线与大同水泥厂铁路大桥接轨）。

1962 年 5 月至 1963 年 4 月，为了提高口泉沟铁路运输能力，开行市郊旅客列车，对四老沟至青羊湾路基进行整修。1963 年 5 月 1 日，市郊旅客列车通至口泉沟终点站——王村西站。

2. 公路建设

到 20 世纪 50 年代中后期，各矿整修后的道路连通，形成了新平旺—挖金湾砾石级公路。该公路以黄土、河沙、砾石路面为主，宽 5.5—9 米，与口泉沟铁路平行。1956 年，大同—口泉路面宽 7 米、路基宽 9 米的水泥砼公路建成通车，该公路是大同矿区的第一条水泥砼公路。1957 年，由大同矿务局设计处设计，建井第二工程处组织施工的南厂—忻州窑—晋华宫公路动工兴建，至 1958 年全部修通，该公路全长 10 多公里，路面宽 5.5 米，路基宽 8.5 米，为土路面，大坡道和悬崖旁为砾石路面。1957 年，还修建了同家梁矿经大斗沟、韩家窑、北羊路至马脊梁公路，并对韩家窑土坡盘山公路调坡加宽，改成了汽车路。1959 年，在晋华宫工人村新建了一座石拱桥，桥长 146 米，宽 6 米，该桥是云冈沟第一座公路大桥。至此，以新平旺为中心，形成了以新平旺—口泉—挖金湾、新平旺—忻州窑—晋华宫—云冈、同家梁—大斗沟—韩家窑—马脊梁为主干的公路网络，连接了两条沟的所有生产矿井。

60 年代，大同矿务局公路建设步伐加快，质量明显提高。1960 年 2 月，在新平旺西门至广场段铺筑了较高标准的 16 厘米厚的水泥砼公路。

第二节　现代采煤和灾害防治技术体系的全面形成和改进

“一五”“二五”计划时期，大同煤矿的采煤及灾害防治技术全面实现现代化，各生产环节尽可能地采用最先进的机械化工程技术。其间，为了提高煤炭生产的现代化水平，以大力推动机械化为主要内容的技术革命蓬勃发展，增添矿井设备，推广新采煤方法，改革井巷布置，提高采掘运等环节的机械化水平，生产能力大幅提高。现代采煤技术体系全面形成并不断改进是此时期的工程技术特点。

一、煤炭生产技术

“一五”和“二五”计划时期，开拓和掘进技术、采煤技术、运输和提升技术、通风和排水技术、机电技术等采煤技术有了可观的进展。

1. 开拓和掘进技术

（1）开拓技术

“一五”“二五”计划时期，随着矿井的新建和改扩建，产量加大，分层建井、分层开采的缺点便逐渐暴露出来。最突出的是盘区生产能力弱，井巷开拓工程量大，巷道维护费用高，生产盘区和工作面多而分散，占用设备多，运输、通风复杂且不易管理，生产费用高，成本高。为了克服这些弊端，改单层建井、分层开拓为分组联合开拓，集中生产。分2—3组联合开拓，每组2—5个煤层。1954年，四老沟矿改扩建时，将井筒打至11号层煤，建1200水平大巷，用溜煤眼及斜巷穿透上覆2号、3号、4号、9号各煤层，将5层煤一起联合开拓。1955年新建白洞井，1957年新建雁崖井、晋华宫2号井、挖金湾的青羊湾井、马武山斜井，同年改造的煤峪口井及1963年改扩建的同家梁井都是分组联合开拓的。当煤层较多，其中几层煤间距较近时，即分为一组小联合集中，设一辅助水平，然后转主水平。主水平大巷与辅助水平的运煤有暗斜井和溜煤眼两种方式，暗斜井方式是用绞车串车放煤，能力弱、环节多、不安全，常因矿车周转不灵影响出煤，故逐渐被淘汰而采用溜煤眼放煤。各煤层与辅助水平的运煤也多采用溜煤眼方式。当盘区为集中输送机运输时，每 2—4 个工作面设一个溜煤眼。进风、运料、行人由暗斜井担负。当煤层层数较少、间距较大时，各煤层即分别布置运输（兼进风）或回风道，组成独立的运输、通风系统，用盘区溜煤眼和暗斜井与主水平联系，煤由集中溜煤眼放到主要运输大巷装车。风流则由暗斜井进入各煤层至出风井。

到 1963 年，各矿全井田由一对矿井采用 1—2 个水平和 1—2 个辅助水平分组、集中开采的有四老沟矿、雁崖矿、忻州窑矿、煤峪口矿和白洞矿，全井田由 2—3 对矿井采用 1—2 个水平单层或一个层组进行开采的有同家梁和永定庄矿。单层开采的矿井有新白洞（11 号）、胡家湾（12 号）、挖金湾（12 号）、大巴沟（12 号）、晋华宫小井（2 号）、马武山（7 号）和马脊梁（2 号）等矿井。1963 年，全局 48 个盘区，其中前进式占 28%，后退式占 31%，过渡的一翼前进一翼后退的混合式占 11%。

（2）掘进技术

1954 年，张万福掘进队用接力掏槽法，一荐炮进度高达 2.9 米，平均 2.5 米。推广综合工作队、正规循环作业、三点定向等经验，在两个半掘进头（双巷加横贯）创月进 750 米的全国纪录。此后又创 1078.3 米、1125.25 米新纪录，工效达到 0.67 米/工。超过煤炭工业部红旗竞赛指标一倍多，既保证安全，又提高质量，成为全局安全生产“三高一低”（进度高、效率高、出勤高，材料消耗低）的红旗标兵。在推广“马连掘进法”活动中，重点掘进队单进达到 200 米/（月、个）。

“一五”计划时期，大同矿务局建立了地测专业机构，开始提供采掘地质说明书，作为编制采掘规程的依据，达到了巷巷有资料、面面有图纸，为开拓掘进提供了准确的资料，减少了无效进尺。随着生产规模的扩大、井下坑木用量的增多，为节约木材，降低成本，开始研制使用水泥支架，用在服务年限较长的盘区上下山、总回风巷道中。1956 年，开始试验锚杆支护，因对锚杆缺乏认识，试用一年即停用。“一五”计划后期，在重点掘进队配备 C－153 型装煤机。矿工开始从笨重的体力劳动中解放出来。装煤机为履带行走，蟹爪装煤，电动机功率 17 千瓦，装载能力每小时 50 吨。1957 年 1 月，煤峪口 3 号井傅大贵组试用苏制康拜因掘进机，这是大同矿务局在掘进巷道中最早使用的联合掘进机，它使落煤与装煤两道工序实现了机械化。该机每分钟可装满一个车皮（3 吨），掘进速度为每日 15 米，最高班进 8.8 米，2 月工作 16 日，掘进 194 米，最高日进 21 米。

1958 年，煤峪口矿、白洞矿、四老沟矿和挖金湾矿青羊湾井掘进队再次试用 6 台苏制 IIK2－1 型掘进机，最高日进 30 米。后皆因煤质坚硬，机器磨损严重，掘进速度慢而停用。1959 年，推广阜新矿务局制造的“59”型攉煤器（大簸箕），配合 CKP－30 型刮板输送机在掘进面装运，效率比使用大铁锹提高一倍多。“二五”计划后期和三年调整时期，井巷的主要支护形式是：回采巷道用木支架和部分锚杆，准备巷道是砼棚。全局一年水泥消耗高达 5500 吨左右，坑木万吨煤消耗高达 90 立方米左右，支护钢材达到 3800 吨以上。

2. 采煤技术

“一五”计划时期，大同矿务局继续探索新的采煤方法，在厚煤层先后试用一次采全高、分层煤皮假顶、分层金属网假顶、分层木板假顶等采煤法。1953 年，永定庄矿 5 号井 853 工作面，在 4 米厚煤层中试用正台阶一次采全高采煤法。上台阶采高 2.5 米，下台阶采高 1.5 米，应用风钻放顶，改革了过去丢护顶煤只采 2.5 米的采法，工作面回收率提高 40%。1953 年 10 月，四老沟矿在 805 工作面试验倾斜分层金属网假顶采煤法，煤层厚 6.8—7 米，上层采高 2.2 米，中、下分层各采高 2.4 米，循环进度 1.6 米，铺设直径 20—22 厘米圆木底梁，长 1.6 米，间距 1 米。开始时用 14 号铅丝织成的 1 米×10 米金属网，交错铺双层。后因材料太软，回柱时易扯坏，改用 10 号铅丝金属网，规格为 2 米×5 米，眼孔 25 毫米×25 毫米，单层垂直工作面铺设。从此，假顶分层采煤在全局逐渐推广。1954 年，四老沟矿进行人工木板和竹笆假顶试验。后因上下层开采时间过长，假顶腐朽，大块岩石塌落，于是停止使用。“一五”计划初期，煤峪口、忻州窑、永定庄、同家梁、四老沟矿采煤方法均为长壁后退式，机械配备有德式 50 马力割煤机、日式 50 马力割煤机、苏式 63 马力割煤机、苏制顿巴斯-1 型康拜因，电钻打眼，硝铵炸药爆破，人工装煤，电溜子运输。“一五”计划后期，长壁工作面逐渐完善了正规循环作业法。1955

年，大同矿务局制定了《回采工作面正规循环试行规定》，根据工作量和劳动定额，合理配备各工种人员，组织正规循环作业，将位于砂岩、砾岩坚硬顶板下的残柱和房柱采煤法改为刀柱采煤法。这种采煤法工作面空间大、作业方便、单产高、成本低，但开切眼和工作面设备搬动频繁，资源回收率低，采区回采率为60%—65%，采后大面积悬顶，存在安全隐患。

1957 年，四老沟矿首创 6.5 米的“厚煤层短壁锚杆锚顶正台阶一次采全高采煤法”，这是我国第一次将锚杆用于回采工作面。1958 年，在煤炭工业部举办的科技成果展览会上展示了这一新方法。该工作面截煤机掏槽，钻眼爆破落煤，C－153 装煤机装煤，CTP－30 型刮板输送机运煤，最高日产 864 吨，平均月产 1.61 万吨，回采工效平均每工 10.28 吨（每工最高 17.28 吨）。万吨煤坑木消耗 20 立方米，仅为分层采的 1/6。吨煤成本 1.85 元，比用金属网分层采低 2.75 元。无顶板死亡事故。但丢煤多，工作面回采率仅为 68.7%，万吨掘进率 219.8 米，工作面搬家准备工作频繁，打锚杆眼工作繁重，后因不适应顶板条件而停用。到“一五”计划期末，全局新采煤法比重和采区回采率分别为 89.55%和 74.86%。马脊梁、挖金湾等小型矿井基本结束了手工“刨根凿壕”作业法。

“大跃进”期间，为追求高产，在薄煤层及中厚煤层中，将大部分单一长壁式采煤法改为刀柱式采煤法；在厚煤层中，将人工假顶分层采煤法及正台阶一次采全高采煤法改为仓房、房柱和短壁刀柱式采煤法。资源回收率降低，致使大多数矿井采掘失调。回采工作面装煤，革新使用了擢煤锹、耙煤机、煤耙子、大同Ⅰ型回采装煤机等装煤机械，并推行了长截盘、多循环、对开掌子作业和爆破装煤法。煤峪口、同家梁、忻州窑、白洞等矿纷纷进行水力采煤试验，但均无成效。永定庄矿在土塘建成的轻液（水力）提升井，被列为全国六大水采井之一，但因大同煤较坚硬不适于水力开采，采空区顶板不好处理，成本高，产量低，轻液提升未能解决管道堵塞，后改为旱采。先后浪费 57.48 万元。

为克服丢煤多与顶板大面积来压的问题，寻求坚硬顶板厚煤层的合理采煤方法，1960 年着手进行新采煤方法的研究试验，恢复分层开采方法，同时改进已有的采煤方法。1962 年，白洞矿 11 号层恢复了金属网假顶分层开采方法。

3. 运输和提升技术

（1）运输技术

“一五”计划时期，大同矿务局综合改造人力轨道推车，修复、新增一批电绞车和无极绳绞车，作为井下主要运输设备。长壁采煤法推广后，工作面大量使用了链式、刮板式输送机，回采顺槽用小型无极绳车代替电溜子运输。1955 年，永定庄矿使用 2 台小型电机车运输。1957 年，忻州窑矿根据煤层平缓的特点，将电机车应用到下山运输巷，为缓倾斜煤层使用电机车运输积累了经验。至 1957 年底，全局有铁制煤车 4468 辆（其中 1 吨以上 2420 辆，“V”形翻斗车 461 辆），小型架线式电机车 13 辆，运搬绞车 161 台（其中井口运搬 6 台），无极绳车 52 台，回柱绞车 69 台，刮板输送机 243 台，皮带输送机 11 台，井下大巷运输机械化程度为 86.57%。

“二五”计划和三年调整时期，各矿大巷运输由无极绳车逐渐发展为架线式电机车，电机车普遍使用 7 吨和 10 吨标准机车，一列可拉矿车 20 辆，工作面、顺槽、采区开始使用可弯曲刮板输送机和吊挂皮带输送机。1963 年，开始进行采区运输改革，顺槽和盘区试用皮带输送机。在同家梁矿进行试验，使用 PTY－30 型皮带输送机，带宽 700 毫米，运输能力每小时 300 吨。同年，永定庄矿 5 号井 863 工作面顺槽也安装使用了皮带输送机。1964 年，大斗沟矿进行了运输改革：一是在 25%—30%的下山运输巷使用了电机车；二是将 2000 米大巷改为固定道床，铺 24 公斤/米的钢轨及道岔，这是山西省煤矿第一次使用固定道床；三是采区车场和井底车场应用了钢丝绳推车机，提高了运输能力。

（2）提升技术

“一五”计划时期，随着电力工业发展，在矿井改扩建中，将蒸汽绞车更换为电绞车。1954 年，永定庄矿将汽绞车换为电绞车。其他矿的单滚筒电绞车逐渐换为双滚筒电绞车。同家梁、煤峪口和白洞矿开始使用箕斗提升，每次提升 5 吨，比提升矿车效率高、成本低。这是大同矿务局在斜井中最早使用箕斗提升的一批矿井。煤峪口矿 3 号立井安装 1 台滚筒直径为 3.66 米的双滚筒绞车，由两台 500 马力电机拖动，提升一个可容 3 吨矿车的罐笼，这是当时全局最大的电绞车。此时期，同家梁矿井改建，7 号、8 号两个井筒由 8 号层延伸到 15 号层，8 号井的 150 马力电绞车换为

300 马力，同时将单钩提升改为双钩提升；7 号井汽绞车换为 200 马力电绞车。1957 年，煤峪口矿 2 号主井改建完成，采用 500 马力绞车 8 吨箕斗提升。同年 10 月，忻州窑立井将 1 吨矿车普通罐笼提升改为 4 吨箕斗提升，提升能力增加两倍，是大同矿务局的第一个立井箕斗。到 1957 年，全局有 11 台提升绞车（立井提升绞车 6 台，斜井提升绞车 5 台），其中汽动绞车 1 台。全局年提升能力达到 836 万吨。

“二五”计划和三年调整时期，由于新建矿井和老矿井改扩建，生产能力增强，提升绞车向大型化发展。各矿逐渐更换为大型绞车，主立井全部改为箕斗提升，主斜井改为胶带输送机提升。1960 年 12 月，四老沟矿新开凿斜井移交生产，安装 3 部 1.2 米皮带输送机提升，10 号副井安装 1 台国产 155 千瓦绞车，3 吨矿车提升。1961 年，大斗沟矿投产，主井安装 1 部带宽为 1 米、带速为每秒 1.25 米的胶带输送机。1962 年雁崖矿投产，主井安装 2 部带宽为 1 米的皮带输送机，副井安装 75 马力单筒绞车。1962 年底，全局 11 个矿 18 对井年提升能力达到 1338 万吨。1964 年，永定庄矿整体改建完成，在原工业广场新开一个倾角 15 度的主斜井，安装 7 部 1.2 米胶带输送机提升，代替原 5 号、6 号井出煤。5 号井刷大延深后改为副井，将 4.2 米直径的井筒刷大到 6.5 米，一对 1.5 吨矿车普通罐笼换为一对 3 吨矿车罐笼，采用 3 米提升机提升。

4. 通风和排水技术

（1）通风技术

“一五”计划时期，由于产量增长，需风量增大，原用中央并列式和大串联通风的矿井风阻大、负压高，急需改进。各矿对主通风机和巷道阻力进行了测定，在整定通风机、提高效能、整修巷道、减少阻力的基础上增开风井、安装风机，将中央并列式大串联改为对角式、并联式通风。1954 年，永定庄矿六道沟东风井安装 125 马力主扇风机，由单翼改为双翼对角式通风，使 5 号、6 号、18 号井由串联改为并联通风，通风能力提高到 45.3 万吨，满足了生产需要。同年，同家梁矿南四风井、煤峪口矿东风井分别安装 75 和 65 马力通风机。1955 年，同家梁矿又在北四风井安装 1 台 100 马力轴流式通风机，专为 14 号层西部供风。同年，白洞矿安装 1 台 75 马力通风机。1957 年，白洞矿郑家沟风井、大斗沟风井、四老沟矿小井各安装 100 马力通风机；煤峪口矿东风井将 65 马力通风机更换为 500 马力。

“一五”计划时期，全局增设通风机 8 台，共 1165 马力。 各矿井开拓掘进工作面都是双巷掘进，横贯联络，全负压通风，局部通风机辅助。 回采工作面为一进一回的通风方式，长壁工作面是运煤巷（下巷）进风，运料巷（上巷）回风。 通风设施主要有密闭、风门、风桥、风帘。 密闭有木板墙密闭、矸石密闭、砖密闭 3 种；风门为木制，多为一道；风桥数量很少，一般为直径 900 毫米的铁风筒风桥；掘进巷口挡短路风采用风帘。 到“一五”计划期末，除个别小井外，各矿井均为机械通风，有主要扇风机 13 台（其中轴流式扇风机 7 台）、辅助扇风机 5 台、局部扇风机 117 台。

“二五”计划和三年调整时期，大同矿务局的 3 级瓦斯矿井需风量、风压增加，陆续将轴流单级风机改为双级，并增加一批功率 300 千瓦以上的大型通风机。 煤峪口、同家梁、四老沟、白洞、雁崖、晋华宫、大斗沟等矿都安装了苏制 2BY－166－1.8 号、2.4 号、2.8 号和 BYДM 型功率 300—1000 千瓦的通风机。 1950 年 2 月，四老沟矿中央风井安装苏式 B－YДM－2.8 轴流式风机，同步电机功率为 1000 千瓦，采用压入式通风，这是当时大同矿务局最大的庄扇风机。“二五”计划初期，受“大跃进”影响，管理混乱，许多矿井有效风量低，工作面供风不足。 1960 年，全局使用的主扇风机有 15 台，电机功率达到 3190 千瓦。 1963 年 3 月，马脊梁矿主扇风机投运，全局矿井实现机械通风。 1964 年 5 月，煤峪口矿西一风井建成，安装 2 台沈阳 950 千瓦主扇风机，改压入式通风为抽出式通风。

（2）排水技术

“一五”计划时期，大同矿务局水仓、泵房的设计有了正规标准。 水仓容积要求能容纳矿井 16 小时的正常涌水量，并分为主、副仓两部分，以便轮换清理。 要求配备在 8 小时内排除 24 小时涌水量的水泵 3 台，其中 1 台正常运转、1 台检修、1 台备用。 永定庄矿正常涌水量每小时 110 立方米，水仓容量 2000 立方米，配备 SSM－200 型 6 级水泵 3 台（后改为 6DA65×5），每台水泵排水能力每小时 259 立方米；同家梁矿正常涌水量每小时 360 立方米，水仓容积 3680 立方米，配备 SSM－200 型 8 级水泵 4 台，2 台正常开动，排水能力每小时 576 立方米。 到 1957 年，全局大小水泵增至 212 台，其中主要排水泵 28 台，采掘区水泵 173 台，各矿都配备了与涌水量相适应的水泵。

“二五”计划期间，各矿的中央水泵房以及排水系统得到完善，淘汰了旧式水泵，改用 SSM 型和 TSW 型多段卧式离心水泵。到 1960 年，全局主排水泵增至 62 台，总功率达到 5409.8 千瓦。四老沟矿首次使用大排量水泵，每小时排量为 288 立方米。

5. 机电技术

（1）供电技术

①地面供电

“一五”计划时期，随着生产矿井的恢复发展，电力需求量增大，接收了部分输电线路和变电站，并加强了供电管理。1954 年，大同矿务局制定《用电管理暂行规则（草案）》，对新装及增加容量用电申请，增减、移动、停用或移交，对用电设备及线路的装修、用电条件及监察作了相关规定。1955 年 8 月，制定实行《安全用电制度》，共 10 章，135 条。1956 年 1 月，大同矿务局接收了平晋（平旺至晋华宫）35 千伏输电线路。同年 5 月，经检修后又接收了岩白（岩岭至白洞）线。为了使矿区供电工作便于管理，自成体系，1956 年 7 月 28 日，大同矿务局成立输变电工区，隶属机修厂。同年 10 月，接收了大同电厂管理的煤峪口变电站，改称开闭所，该站是大同矿务局管理的第一个变电站。同时接收了煤开（煤峪口至开闭所）1 号及 2 号线、开平（开闭所至平旺）1 号及 2 号线、开泉（开闭所至口泉）线、开技线、平水（平旺至水泥厂）线、开水（开闭所至水泥厂）线 8 条 6000 伏输电线路。1957 年，先后新建投运了忻州窑、四老沟 35 千伏变电站，接收了白洞 35 千伏变电站。忻州窑、四老沟变电站容量分别为 2400 千伏安×2、7500 千伏安×2，白洞变电站容量为 1000 千伏安×3。同时架设了煤忻线（煤峪口至忻州窑）、郑四线（忻州窑至四老沟）两条 35 千伏线路。至此，大同矿务局供电系统网络初步形成。“一五”计划期末，平煤线、平岩线由大同电业局管理；煤峪口变电站与岩岭变电站间的联络备用线路（即岩煤线）由大同矿务局管理。

“二五”计划时期，大同矿务局先后有 3 个变电站和 8 条输电线路投运。1958 年 8 月 20 日，晋华宫临时变电站投运，安装 1000 千伏安和

1800 千伏安变压器各 1 台，电压等级为 35 千伏/6 千伏，电源经平晋线供给。同年架设忻州窑至马脊梁的忻马线，导线截面为 120 平方毫米的充油钢型铝绞线，水泥杆，长 13 公里。1958 年 10 月，为满足大炼钢铁需要，建成机厂临时变电站，容量 2000 千伏安。1959 年 3 月，该站跃进牌主变压器烧毁报废后，进行了改造，同年底，新站投运，安装 1800 千伏安和 2000 千伏安变压器各 1 台。电压等级为 35 千伏/6 千伏，电源取自岩岭变电站，经岩机（岩岭至机厂）线和机水（机厂至水泥厂）线供给，主供机厂生产用电。同时将 1957 年架设的郑四线从大斗沟处分架两条线路：一条为平旺发电厂到大斗沟的平大线，长 17 公里；另一条为四老沟至大斗沟的四大线，长 6 公里。两条输电线路均为 LGJ－150 导线，线杆为木质 AJI 型。同年，还架设了 35 千伏/6 千伏的忻马线（导线截面为 38 平方毫米的铜线，长 13 公里）、大同水泥厂至中央机厂的水中线（导线截面为 56 平方毫米的铜线，长 1.5 公里，1962 年淘汰）。1960 年，架设并投运岩岭至四老沟 35 千伏变电站的岩四线，导线为 LGJ－150，长 8.5 公里，木质 AJI 型杆。1960 年，白洞变电站被取消。1961 年，新建大斗沟变电站投运，安装 2 台 1800 千伏安变压器，电压等级为 35 千伏/6 千伏，电源由平旺发电厂、四老沟 35 千伏变电站经平大线和四大线供给，主供大斗沟矿生产用电，同时供给同家梁矿一部分用电。1962 年 5 月 1 日，晋华宫新站投运，安装 2 台 5600 千伏安变压器，旧站取消。

②井下供电

“一五”计划初期，井下供电开始使用 JIMB－1344 及 JIMB－1365 低压防爆磁力启动器，但使用面不大。1956 年，井下高压供电电压由 3300 伏提高到 6000 伏，开始使用 YPB－6 型高压隔爆开关和 KSJ 矿用油浸变压器，变电峒室由裸体煤峒改为采用不燃材料支护，煤电钻使用 2.5 千伏安隔爆干式变压器，架线式电机车开始使用，直流电源由发电机组或水银整流器供给，直流电压采用 275 伏，1957 年开始使用低压漏电继电器。

“二五”计划初期，试验采区供电升压。1958 年 11 月，大同矿务局生产处、永定庄矿和抚顺煤矿科学院共同协作，在永定庄矿 6 号井 8 号层 821 工作面进行 660 伏采区工业性试验，为解决顿巴斯－1 型动力不足，并为使用强力康拜因做准备。到 20 世纪 60 年代，井下高压供电电压，普遍采用 6000

伏供电，高压开关普遍使用PB2－6、PB3－6高压隔爆开关，井下变流室开始采用硅整流装置，逐步淘汰直流发电机组；低压供电电压由380伏逐步向660伏过渡，对已烧毁的电动机和变压器在大修时将绕组改380/660伏两用。有计划改装动力变压器、电动机、漏电继电器、低压开关等在用设备。采用流化热补技术修补橡套电缆，开始组建防爆检查组，进行现场防爆检查。

（2）机修技术

“一五”计划初期，机厂开始修理大型国产采煤机械设备。1955年，根据煤炭工业部颁发的《煤矿机电设备管理办法》，大同矿务局开始执行例假停产检修、巡回检查、维修工交接班、配件与材料管理制等。1955年1月，大同矿务局制定实施《机电设备假日检修规程》。规程共3章，28条，分总则、维修工作、施工验收及总结。同年8月，制定《机电设备配件暂行管理办法》。“一五”计划时期，大同矿务局8个矿维修队维修设备8729台，维修项目增加了皮带输送机、采煤机、风镐、内燃机、小电机车等中型设备。还生产了小绞车肖轴、闸皮、溜子护轴板、对轮等生产设备配件。

“二五”计划和三年调整时期，局矿机修车间和队伍进一步扩大。1958年7月，机厂从永定庄搬迁至口泉火车站东南2公里处的新址。厂房占地2万多平方米，共建有6个生产车间、3个辅助车间，职工增加到1700多人，生产能力达到2600多吨。1959年，机厂氧气制造能力初具规模，年产量达到11万立方米，不仅满足了本局生产需要，而且对外销售。各矿随着生产的发展，相继建立了机分厂、修造车间，机电维修队伍逐渐扩大，检修技术逐步提高。1959年8月，大同矿务局制定《机电设备维护检修规程》，共分两部分，25条，对设备维护、定期检修作了具体规定。检修设备包括提升绞车、运搬绞车及无极绳、电机车、主扇、压风机、主水泵、截煤机、康拜因、装煤机、皮带输送机、电溜子、筛选设备。到1960年，煤峪口、永定庄、同家梁、四老沟、忻州窑、白洞、挖金湾、晋华宫、马脊梁9个矿先后建立了矿机分厂，车间建筑面积5330平方米，其中永定庄矿机分厂规模最大。9个机分厂共有机修职工516人，装备机加工设备、铸造设备、机修设备计133台，其中金属切削机床112台、锻压设备20台、铸造设备1台。车、钳、铁、铆、焊、电班组设置较为齐全，担负着各矿井机电设备正常维修和少量零部件以及非标准件加工供应。配件加工增加了各种轴承座、轴瓦、轴套、轴、电煤钻齿轮等。

表 7-3 大同矿务局各时期矿机修设备情况表

序号	设备	1960 年	1970 年	1980 年	1990 年	1993 年
	机修设备	133	169	317	438	485
一	金属切削机床	112	141	250	348	384
1	车床	54	67	127	174	186
2	钻床	28	28	48	60	73
	其中：摇臂钻		8	21	31	38
3	刨床	21	23	38	50	49
	其中：龙门刨			1	8	9
4	插床		1	4	8	11
5	镗床				3	4
6	铣床	3	19	30	37	38
7	螺纹机床	6	2	2	3	3
8	磨床			1	13	17
9	高压软管组合机床					3
10	其他机床		1			
二	锻压设备	20	26	65	89	96
1	锻压锤	5	13	39	48	46
2	压力机	2	4	8	15	19
3	剪切机	3	2	12	20	24
4	其他锻压设备	10	7	6	6	7
三	铸造设备	1	2	2	1	3
四	热处理设备					2

“大跃进”时期，由于设备供应和生产发展失去平衡，材料不足，钢板供应极少，使溜槽、煤车失修严重。机厂由机械修理改为机械修造，与70多个厂家的协作关系大部分中断，配件制造和大修任务大部分压在各矿机分厂。受机修能力的限制，质量无法保证。针对以上情况，1961年12月，大同矿务局根据“工业七十条”的要求，按照煤炭工业部管理局有关

规定，制定了《机电管理制度（草案）》6 章 50 条，对机电业务管理、设备管理、安全运转、定期检修、备品配件管理、各级机电人员责任制等作了具体规定。随着维修材料、配件供应的好转，设备修理的状况得到改善。1960 年代中期，机厂对 30 型刮板输送机进行了可弯曲改造，完成了 1950 年代刮板输送机向 40 型、44 型可弯曲刮板输送机的过渡。

（3）通讯技术

1953—1955 年，同家梁矿的杆路延长至四老沟矿，均采用 8 米木杆，2 排 8 线横担，后增加到 5 排横担。1954 年，装设 250 门复式供电交换机，1956 年，又增加 60 门。“一五”计划期间，煤峪口、同家梁、白洞、忻州窑矿先后装设单式供电电话交换机，较全面地掌握了人工电话使用与维护技术。各矿交换机通过矿务局交换机连通（使用人工交换机的中继技术），形成大同矿务局人工电话通讯网。这时期，全局有线路（含电缆）的敷设维修、交换及电话维修、话务及网络管理、防雷电等通讯专业技术人员约 70 余名。

1958 年，大同矿务局首次采用了市话通讯电缆技术，架设了新平旺至同家梁矿的 HD100 对市话电缆，并掌握了电缆架设接续、封焊、分线等新技术。此后陆续架设新平旺至四老沟矿、忻州窑矿至马脊梁矿、四老沟矿至挖金湾矿、新平旺至七峰山化工分厂、新平旺至晋华宫矿通信干线电缆。为了解决电话会议时的串音问题，同时为了与大同市及全国各地长途通话，1958 年冬，大同矿务局购回第一套单路载波电话终端机。由于产品质量和技术水平等原因，此套载波电话终端机一直未正式开通使用。“二五”计划初期，开始筹建专业调度电话。1959 年，建起生产调度电话，使用仿苏供电式由扳键控制的调度总机，供电电压为 24 伏。部分较远的矿电话指示信号不灵，通话音量小，甚至无法进行通讯联系，因此，1960 年换用仿苏带有电子管放大器的按键控制式调度电话总机，供电电压为 48 伏，铃流信号为 220 伏，市电经变压器降至交流 100 伏 50 赫兹的电源。此种调度机设有调度员座席、秘书专用电话（或作为生产指挥者专用电话），采用 4 线联接方式可召开电话会议。

“二五”计划后期和三年调整时期，大同矿务局采用不同机型先后建立了运销调度（K－40 型）、器材调度（原生产调度替下的 K－20 型）、基建调度（同选号式调度机）、供电调度（自装磁石式调度机）、防空指挥和武装部专用磁石调度机等六七种专业电话通讯。以上专业调度电话线路均为电缆或架空明线，因此线路维修量大，几乎每天都要出三四班人在不同的线路上沿线排查故障。尤其是夏天雷雨季节，电话串音严重，无法确保通信质量。大斗沟矿和雁崖矿分别于 1963 年 2 月和 9 月使用载波调度电话，学习淮南经验，采用双工双向联系，安设减震装置，将不适于井下使用的部分元件结构作一些调整。大斗沟矿使用 5 台、雁崖矿使用 4 台，使井下图表室和电机车司机直接联系。

二、灾害防治技术

1. 瓦斯防治技术

“一五”计划时期，全局增加瓦斯检定器 51 台，沼气检定灯 213 台，一氧化碳检定器 7 台，苏生器 2 台，放炮器 210 台，洒水设备 20 套，安全灯 1.43 万盏。

“大跃进”期间，为了多出煤，削弱了通风力量，瓦斯防治有所放松。忻州窑矿在 1959 年和 1961 年先后发生重大瓦斯爆炸事故。事后，对该矿的瓦斯涌出进行了分析论证，重新申报矿井瓦斯等级鉴定，按 3 级瓦斯矿井管理。“二五”计划和三年调整时期，大同矿务局开凿风井，增大风机，完善通风系统。推广掘进长距离通风，严格瓦斯等级管理。井下设备实现“三无”“四有”“两齐”“三全”“一坚持”（无鸡爪子、无羊尾巴、无明接头；有过流和漏电保护设施、有螺丝和弹簧垫、有密封圈和挡板、有接地装置；电缆悬挂整齐、峒室设备整齐；防护装置全、绝缘用具全、图纸资料全；坚持使用继电漏电器），加强了电器管理，配齐了防爆装置。

2. 粉尘防治技术

1955 年，永定庄、煤峪口矿安装 20 套洒水设备，在大巷运输机头、翻笼、转载点静压洒水。1956 年，国务院颁布《工厂安全卫生规程》《关于防止厂矿企业中的矽尘危害的决定》等文件。要求各矿逐步完善防尘设施，并开始试验湿式凿岩，1957 年，煤炭工业部召开全国防尘会议，要求中央直属和省营煤矿全岩及半煤岩巷全面推广湿式凿岩和综合防尘。

1958 年，煤炭工业部在开滦召开湿式凿岩现场会，推动了各矿、处的粉尘治理。但由于“大跃进”片面追求产量，忽视防尘工作，导致1960年5月9日老白洞矿发生特大煤尘爆炸事故。此后，大同矿务局制定了改进措施和若干规定，要求在井下必须实行洒水降尘和冲洗大巷。在煤尘突出的矿井增设了除尘设备。同时在岩石、半岩石工作面配置水风钻、水电钻，安装喷雾洒水设备进行灭尘。1962年，四老沟、白洞、雁崖、大斗沟、马脊梁、同家梁等矿建成静压洒水系统。翻笼房、溜子头安装了喷头，并配备专业人员，定期冲洗刷白大巷、峒室，维护管道。

3. 火灾防治技术

1953年4月6日，大同煤田消火委员会第一次会议决定，初步勘察大同重点火区（马脊梁火区、黄土沟火区、胡家湾火区、七峰山火区）。同年6月6日，成立消火工程处，开始用地面封闭和灌洪方法消灭大同露头煤田火灾和小窑火灾。封闭胡家湾火区冒烟进风井口19个，填冒烟山缝两处，另有两个井筒灌山洪，一井口做观测孔。将马脊梁火区所有井口及冒烟山缝全部封闭，另于北山做观测孔。黄土沟火区将未完工的斜井井筒及两个钻眼全部封闭。1955年后，开始从地面打钻灌浆消灭矿井火灾。“一五”计划时期，大同矿务局逐渐完善了防火设施。各矿在场面材料棚、火药库、变电所（站）、修理房等备有消防器材或消防列车；井筒、井下峒室、井巷交岔点用不燃性材料砌筑；变电所、火药库的通道内砌筑防火门；结合防尘修筑高山水池、铺设供水管道；井底车场、掘进和采煤工作面附近都备有消防栓、砂箱、四氯化碳灭火器等。

4. 水害防治技术

“一五”计划时期，全局有探水钻18台、大小型水泵200多台，先后排放了永定庄、煤峪口、同家梁、忻州窑、白洞等老矿古窑积水，并修筑矿区井口防洪渠坝，增强防洪能力。但部分矿防洪不力，仍受水害。1953年，四老沟矿在301上山巷开902斜巷，打至90多米，与河床贯通，发生透水事故，水深1米左右，将井下大巷淹没，停产一天。

“二五”计划至“四五”时期，全局多数矿井转向深部开采，采空区积水成为防患的重点对象。局、矿相继制定措施，着重处理。1960年初，全局各矿井涌水量一般为每分钟1—4立方米，同家梁和白洞矿涌水量较大，每分钟达7立方米。

5. 顶板灾害防治技术

1953 年，在 3—4 级顶板管理中，在采过老塘处放置顶板指示器，了解老空顶板变化情况。 1955 年，四老沟矿开采金属网下分层假顶工作面时，因上层采空后相隔两年顶板仍未冒落，威胁下层工作面安全，设顶板观测站。 在观测站配有探照灯、电话、电铃，每班配备一名老工人监视顶板变化，当顶板来压或冒落时，立即与下分层工作面联系，及时撤离。“一五”计划期间，全部陷落和利用煤柱支撑顶板是主要的顶板管理方法，顶板事故死亡人数共 81 人，占死亡总数的 61.83%。

1958 年，同家梁矿在开采厚煤层时，由巷道一侧于顶板上方 12 米处打一垂直工作面 40 米顶板观测孔，了解顶板冒落高度及围岩变化情况。同年 4 月，忻州窑矿与北京煤炭科学研究院合作，在 3 号层 831、835 刀柱式工作面共观测了 7 个刀柱，取得了近 8 万个数据。 对生产过程、推进速度、岩石性质与顶压及下沉的关系，不同支架形式的顶压及下沉变化，不同类型的坑木破坏情况，推进距离及不同刀柱与顶压和下沉情况等作了分析与测定。 1959 年，四老沟矿与北京煤炭科学研究院合作，应用锚杆电阻应变测力计、滑动电阻下沉仪、顶板离层探测器对工作面长度、刀柱距离、煤柱宽度、锚杆支护密度等进行分析，研究 849 工作面短壁正台阶一次采全高采煤法的矿山压力。 20 世纪 50 年代末，大量采用仓房、房柱、刀柱采煤法，用煤柱控制顶板。 60 年代初，悬顶面积越来越大。 1961 年，挖金湾矿青羊湾井顶板大面积来压，一次冒落 12.87 万平方米，18 人死亡，1 人重伤，18 人轻伤。 顶板冒落所产生的强烈暴风，使通风、支护设施均遭破坏，巷道和回采工作面被压垮，全井被迫停产。 三年调整时期，大同矿务局加强了对顶板的观测研究。

第三节　安全管理及经营管理的建制化

“一五”“二五”计划时期，大同煤矿的安全管理及经营管理按现代管理理念建章立制并逐步完善。“大跃进”对这一时期的安全管理和经营管理产生了负面影响。

一、同期安全管理

1. 安全管理机构

1953 年，大同矿务局技术安全检查科升格为技术安全检查处，属员 30 多人，并选拔优秀工人成立安全小组（简称“群管”），担任岗位义务安监员。1956 年 8 月，根据煤炭工业部指示，大同矿务局技术安全检查处与大同煤矿基本建设局检查处合并，成立大同矿区技术安全监察局，大同矿务局局长兼任技术安全监察局局长，各矿、厂、处派驻技术安全监察站（组），由技术安全监察局垂直领导。技术安全监察局下设办公室、工程师室、生产监察处、基建监察处，人员由 32 人增至 75 人。“一五”计划时期，建立了群众性的安全检查网，完善了安全管理机构，安全形势逐步好转。

“二五”计划初期，全国煤炭系统开始“大跃进”，1958 年 5 月，根据煤炭工业部和太原煤矿管理局有关精简机构、权力下放的决定，撤销大同矿区技术安全监察局，改设安全检查处。监察局驻矿、厂监察组（科）改为矿、厂、工程处组织机构内的安全检查科。安全检查科受矿、厂、工程处及安全检查处双重领导。安检人员减少，削弱了安全监察力量。

1961 年 7 月，安全检查处及所属各单位的安全检查科撤销，成立大同矿务局安全监察局，各矿、厂、处成立安全监察站，作为安全监察局的派驻机构。安全监察局局长仍由大同矿务局局长兼任，安全监察局下设采煤科、基本建设科、机电科、通风科和办公室，定员恢复到 30 余人。三年调整时期，各个生产环节恢复重建“安全网”，增加了工种岗位安监员。

2. 规章制度

1953 年，大同矿务局制定了《机电工程技术安全规则暂行草案》和《电气工作安全规程》。1953 年末，大同矿务局技术安全检查处拟定了《保安四十条》，把《中华人民共和国煤矿技术保安试行规程》具体化。1955 年初，又在四十条的基础上增修为六十条。同年 4 月 28 日，矿务局制定了《矿井工作人员必须执行的安全规定》，规定了管理人员（包括矿长、生产矿长、机电矿长、主任工程师、行政矿长、基建矿长、技术安全检查人员、区长、班长）必须执行的主要事项及下井人员（包括掘进工、回采工、支架工、运搬工、送炮放炮工、机电工）必须遵守的事项。1956年，矿务局根据实际情况制定了《停送电保安规程》。“一五”计划期间，大同矿务局建立了安全技术责任制、安全生产会议制、火药雷管管理制、专职放炮制、探放水制、瓦斯巡回检查制、顶板管理制、安全检查制、通风运输机电业务调度汇报制、机电检修制、事故分析制、图表管理制、安全技术教育制等安全管理制度。

“二五”计划初期，“大跃进”开始，大同矿务局为夺高产放“卫星”，各生产矿组织高产运动。一些规章制度得不到执行，安全生产失去制约，矿井重大事故时有发生。1960年，老白洞矿特大煤尘爆炸事故发生后，大同矿务局总结教训，制定了《各矿通风安全改进措施》，要求加强对通风工作领导，健全组织机构，明确职责范围，培训放炮、通风、瓦斯检查、测尘和救护人员，并提出了通风、防尘、防火3个方面的技术改进措施。同年6月10日，大同矿务局制定《关于安全生产的具体要求和基本措施方面的若干规定》，从防尘、洒水、防火、通风瓦斯管理、电气系统管理、火药管理及放炮制度、坑口管理、要害部门的保卫与防护、顶板管理、灾害预防措施等方面提出具体要求。1960年7月18日，矿务局将1959年5月制定的《下井人员安全规定》进行补充修改，下发了《大同矿务局安全生产规定》，内容分井下人员遵守的事项，共65条。

3. 安全检查

“一五”计划时期，安全检查步入正轨。各级主管部门定期或不定期进行安全检查。1953年，燃料工业部、华北煤管局检查组到同家梁矿检查了《中华人民共和国煤矿技术保安暂行规程》的执行情况，总结了安全管理经验。1954年，矿务局实行定期检查制，每季度由党政领导主持，组织安监（保安）、生产技术、通风、机电、地测、基建、工会、团委等部门，对各矿、厂、处进行一次安全大检查，着重检查重大灾害事故隐患处理情况。发现问题及时解决，促进安全生产综合管理。各矿、厂、处实行日查旬检，重点检查“三大规程”的实施，对打眼放炮、车皮运转、机电防爆、工作面支护、灾害事故隐患处理也作分期检查，促使区队落实安全管理制度。专职安检机构安全检查工作方式是以勤说、勤看、勤检查为主，提升职工遵守规章制度的意识。1956年，技术安全监察局成立后，监察工作方式改为先协商再坚持。

“二五”计划初期，大同矿务局在“大跃进”高指标、放“卫星”的影响下，一度放松安全检查，一些事故隐患未能及时处理，重大事故时有发生。1960年，老白洞“5·9”事故发生后，矿务局对各矿进行了以查通风、瓦斯、煤尘为主的安全大检查。同时严格安全检查制度，坚持区队定期安全检查，组织各矿（厂）互查，对查出的问题逐一上表登记，采取“三定”（定时间、定人员、定措施）方法，限期解决。同年，大同市组织工业、劳动管理部门对煤矿安全进行40多天的大检查。检查内容以“六防一消灭”（防坍塌、防触电、防火灾、防煤尘、防水淹、防坠落，消灭死亡事故）为主，采用“四结合”（自检和互检相结合、边检和边改相结合、边解决问题和边建立制度相结合、总结经验和安全教育相结合）方法，对查出的问题采取“四定”（定单位、定问题、定时间、定措施）形式进行处理，消除了大量隐患。

1961年，省、局、矿先后进行安全大检查（自检、互检、复检）307次，参加检查的达7879人次，查出不安全问题6万余件。在检查的同时还采取边检查边解决、定人定期定项处理，处理问题5万多件。

4. 安全培训

“一五”计划期间，新工人增多，为贯彻保安规程、操作规程及各项保安制度，提高职工技术水平，1953年5月，局开办操作规程训练班，分期培训主要技术工种，每期10天。1954年，劳动部下发《对新招工人定期或不定期的安全知识教育决定》后，局各矿（厂）处制定了安全培训措施，对新工人一律实行安全培训，培训时间为5—7天，由矿劳资或安检（监）部门主办，采用上课讲授方式，进行安全常识教育或工种培训，考试合格，方可下井上岗。煤峪口、永定庄、同家梁、四老沟矿先后进行了工余训练，从班长至工人分批分工种普遍进行了一次为期1—2星期的工余培训，考试合格后发入井合格证，这是“一五”计划期间最大的一次工余分工种训练。1955年，大同矿务局编写了割煤机、康拜因、电溜子、绞车、电工等工种轮训教材，利用业余时间讲授，共轮训1243人。另外举办脱产训练班16期，共轮训387人。煤峪口、永定庄、同家梁、四老沟、白洞5个矿和机修厂、机二厂（化工厂）2个单位，开办了短期工余训练班，考试合格的工人和班长共 1845 名。同年，5 个矿又培训 2329 名新工人，经考试合格批准入井工作。此外，1956 年，全局基层干部进行了保安规程测验，应考人数 1788 名，平均分数 77.57。

1950 年代后期，在“大跃进”影响下，大同矿务局为追求产量，完成高指标，对新工人很少进行岗位培训，忽视安全教育。

二、同期经营管理

1. 计划管理

（1）管理机构。1953 年，经计划、统计业务培训的 56 名知识青年充实到局、矿两级计划部门，加强了计划管理力量。1954 年，计划处改设生产计划科、劳动成本计划科、基建计划科、综合统计科。1959 年 10 月，煤炭工业部决定实行专业对口管理，计划处劳动工资计划业务划归工资处，财务成本计划业务划给财务处。

（2）计划编制管理。1953 年起，计划管理得到加强。编制计划前注重调查研究，编制后进行复查，提高计划的准确性。在执行过程中，遇特殊情况对计划进行调整。月度作业计划贯彻责任制度和调度制度，使计划得以落实。部分矿推行了班、日、旬计划，建立了班、日、旬计划审批制度。1954 年，矿务局成立计划编审委员会，年度计划的编制由计划编审委员会统一领导，集中编制。同年，年度生产计划和基本建设计划的编制采用“两上两下”的程序，即局计划处根据各矿的计划和上级要求编制建议计划上报，根据上级下达的计划指标编制正式计划上报。每年的生产建议计划在上一年度的第三季度末或第四季度初提出。矿务局根据上一年度采煤工作面情况、劳动力情况、生产任务预计完成情况及国家对煤炭的需求情况，提报次年度的生产建议计划指标，经上级主管部门平衡后，逐级下达年度正式计划指标。年度基本建设计划，每年 8 月根据上级批准的基本建设项目设计和概算，结合开工后的施工进度情况和矿井投产的时间要求，编制下一年度的投资建议计划，待上级主管部门下达投资计划指标后，再编报正式基本建设年度计划，上级主管部门批复后，方可贯彻执行。专用基金计划为每年末各矿（厂）根据下一年度所能提取的资金额和生产发展、安全工程及设备更新的需要，编制建议计划及申请补助资金计划，经局和上级主管部门批准后由各单位执行。月计划由各矿（厂）在上月下旬编制，编好后报局备案。1954 年起，开始编制长远规划。1956 年起，年度生产建议计划的编制分准备、编制、总结 3 个阶段进行，于上一年度的第四季度开始。在准备阶段，由局计划处组织的各小组到各矿进行调查，对当年前 3 个季度计划完成情况进行分析，并提出下一年度的计划依据。各矿亦以计划部门为主进行调查分析，并提出次年计划建议。矿务局总工程师组织有关处室领导和技术人员深入各矿，对次年度工程项目进行审查。在取得资料的同时，参照以往编制计划的经验拟订计划编制方案。在计划编制阶段，矿务局成立计划编审委员会。计划编审委员会下设生产、基本建设、器材、销售等计划编制小组。编制好的计划进行集中审查。各矿计划的编制，由矿长、总工程师主持，以随时解决计划编制过程中遇到的问题。计划编制完毕，各组进行分析总结。“大跃进”期间，在编制第二个五年计划时，计划编制未经调查、核实，脱离实际。

（3）统计管理

1953 年，制定《大同矿务局统计工作实施细则》。同年，根据该细则和《大同矿务局暂行统计规程草案》的规定，综合统计科的职能转向加强统计制度、统计方法的贯彻执行及抓统计报表数字质量、统计基础建设和统计分析。日常工作主要负责产品产量、产值月报和每日的电话速报以及月度、季度、年度的总结报告，向上级提供综合性统计资料。各种专业统计报表划归有关专业部门。局、矿（厂）两级综合统计部门统一保存、管理，汇编成《统计资料手册》，并分送局、矿领导及有关部门。1953 年，根据燃料工业部制定的《全国煤矿工业历年基本情况调查表》和《全国煤矿基本建设历年基本情况调查表》，对 1953 年前的统计资料进行调查，并按当年的指标作了调整。1953 年起，工业总产值改按 1952 年不变价格计算。同年，统计计算工具应用了手摇计算机。1954 年，制定《大同矿务局统计工作保密暂行实施办法》。1955 年 3 月，汇编《大同煤矿历史资料（1949—1954）》，为建局后首次整理的统计资料汇编。1957 年，根据大同市统计处《关于收集整理历史资料的通知》，综合统计科整理了《大同煤矿统计年鉴（1949—1957）》。同年，制定了《大同矿务局历年房屋建筑面积情况调查表》，对 1957 年以前的房屋建筑面积作了逐年调查。 1950 年代末，局计划处综合统计科购置一台电动计算机。

1958 年，大同煤矿基本建设局撤销，基本建设专业统计划归计划处综合统计科，综合统计科工作人员由 8 名增加到 14 名。 是年，工业总产值改按 1957 年不变价格计算。 1959 年起，综合统计科开始逐年编印《大同矿务局统计年鉴》。 1960 年，综合统计科工作人员增加到 17 名。 1961 年，根据国家统计局《关于投资完成额计算方法的几项规定》开展了四项费用统计工作。 1962 年，建立大修理工程月报表统计制度。 同年，根据局《关于加强统计工作制度的通知》，各矿（厂）整顿健全了原始记录制度和部门之间的统计资料传递制度，建立了统计台账、资料档案、报表、查询订正制度和数字审核责任制。 1962 年下半年，精简机构，综合统计科工作人员由 17 名减至 14 名。

2. 劳动工资管理

（1）管理机构

1953 年，成立工薪处，下设工资科、劳动组织科、技术测定科和劳保福利科，各矿设立工薪科（股）。 1954 年，工薪处改设劳动组织科、定额科、工资科和调配科，规定劳动工资部门职责范围为工资、定额、劳动组织和工人工作。 1955 年，成立工人处。 工人处负责工人的招收、管理、调配、培训等。 工薪处管理工资、奖金、津（补）贴、定额、劳动组织、劳动工资计划、劳动工资统计等。 1956 年，工薪处和工人处合并为劳动工资处，设调配科、工资定额劳组科和计统科。

（2）劳动管理

①用工制度管理。 1956 年，根据煤炭工业部的有关精神，实行“亦工亦农”的轮换工制度，即农民到矿做工，身份不变，到期轮换。

②劳动组织管理。 1953 年 4 月，矿务局制定了《大同矿务局工人管理制度暂行条例》和《矿井生产原始记录暂行实施办法》。 同年，永定庄矿张万福掘进队的“蛇蜕皮”交接班法在全局推广。 1953 年，根据燃料工业部煤矿管理总局的指示对全局职工进行普查，制定了《大同矿务局劳动组织管理暂行条例》，对劳动组织进行了整顿。 整顿后的劳动组织实行兼职作业，减少了窝工浪费现象，提高了劳动生产率。 1955 年，大同矿务局编

制《矿井生产主要工种定员标准手册》，并在全局试行，这是山西煤炭企业最早编制的定员标准之一。同年，制定《大同矿务局内部劳动规则》，经过2年的实践，正式推出《大同矿务局内部劳动规则》，计6章41条，包括职工录用、调动、离职辞退、工作时间、基本职责、奖励、处分等内容。

1958年5月，改革采掘工作面劳动组织，推行综合工作队作业形式，实行圆班大混合，打破分工过细的工种界限，进行工种之间的协作。至8月，全局50%的采掘工作面推行了综合工作队作业形式，每班工时利用率达7小时以上，工时利用率提高4%。

1959年11月，采掘工作面由3班作业制改为4班交叉作业制，每班仍为8小时，其中2小时为上下班交叉作业时间。1961年7月，为了加强对回采、掘进各工种的管理，制定了《大同矿务局回采各工种岗位责任制》和《大同矿务局掘进各工种岗位责任制》。

1962年，按照中央统一部署，大同矿务局开展了一次规模较大的劳动组织整顿工作。整顿的重点是动员一部分职工返乡从事农业生产，同时，将一部分非生产人员充实到生产第一线。当年，全局精减职工1.68万名，充实一线的2158名，离职的1.46万名。同年，试行《大同煤矿工作条例》，该条例共计10章，包括计划、技术、机电、劳资、生活福利、器材供应、经济核算、工会、共青团工作，规定了各自的职责范围、人员编制、工作程序等。

（3）工资管理

①工资管理。1953年，经中央人民政府批准，矿务局工资升级面控制在在册职工的22%以内。同年，升级人数为1365人，升级面为在册人数的14.23%，增加工资分4.49万分，工资增长2.17%。1954年，有1912名职工晋升工资，占在册人数的14.47%，增加工资分18.56万分。1955年3月1日起，根据大同市工资委员会《关于按新币计算工资及发放工资规定办法的通知》，按新人民币计算、发放工资，一个工资分值为新人民币0.2372元。

表 7-4 1951 年工资改革后大同矿务局矿工、机电修理工工资标准表

等级		一	二	三	四	五	六	七	八
矿工标准(分)	系数	1.00	1.17	1.37	1.60	1.88	2.19	2.53	2.92
	工资率	130	152	178	208	243	285	330	380
机电修理工标准(分)	系数	1.00	1.16	1.35	1.57	1.83	2.12	2.46	2.86
	工资率	127	148	171	199	232	269	313	363

1956 年，大同矿务局进行第二次工资改革，废除工资分制，实行货币 8 级工资制。执行煤矿企业统一的工资等级标准，实行井上、井下两个工资标准。计件工资执行煤矿企业统一的技术标准，废除了物价津贴。煤矿技术人员、管理人员工资划分为 21 个等级，最低等级月薪为 33 元，最高等级月薪为 272 元。工资改革后，全局有 4313 名职工晋升了工资，其中工人 2884 名，工程技术人员 264 名，管理人员 839 名，晋升工资人数占职工总数的 20.57%。1957 年，工业生产职工平均年工资为 843 元，基本建设职工平均年工资为 792.7 元。

1959 年，根据煤炭工业部的决定，废除了井下工人工资标准，井下工人统一执行井上工资率，另外加发井下工作津贴，并高定一级工资。同年 9 月，根据中共中央批转国家计委党组、劳动部党组《关于 1958 年劳动工资的基本情况和 1959 年劳动工资的安排意见的报告》，大同矿务局为 1957 年底以前参加工作的职工晋升了工资。同时，解决了 1956 年工资改革时受 13%—20%增资限额影响而造成的企业领导人工资不合理的问题。全局有 6036 人晋升了工资，占在册职工数的 27.15%。此后，国家实行了职工统一晋升工资制度，由国家统一规定升级面。1960 年，根据煤炭工业部和山西省煤炭管理局的通知，停止执行计件工资，统一执行计时工资。1961 年，根据中共山西省委召开的工业书记会议精神，在采掘工人中恢复了计件工资。1962 年，工业生产职工平均年工资为 891.72 元，基本建设职工平均年工资为 848.04 元。

表 7－5 1956 年工资改革后大同矿务局工人工资标准表(单位：元)

等级		一	二	三	四	五	六	七	八	九
井下	系数	1.00	1.17	1.37	1.60	1.87	2.19	2.56	3.00	96.31
	工资率	32.00	37.44	43.84	51.20	59.84	70.08	81.92	96.00	
	运转工人工资率	49.52	54.00	58.47	63.76	69.05	75.30	81.54	88.93	
井上	系数	1.00	1.17	1.36	1.59	1.85	2.15	2.51	2.90	87.24
	工资率	31.00	36.27	42.16	49.29	57.32	66.65	77.81	89.90	
	运转工人工资率	46.55	50.51	54.47	59.10	63.72	69.14	74.56	80.90	

②劳动定额管理。1954 年 7 月 16 日，下发《大同矿务局工作定额手册》。同年 8 月 24 日，又制定《大同矿务局矿井定额管理制度》。随着采煤机械化程度的提高，矿务局多次修改劳动定额。1955 年 12 月 27 日，矿务局下发《大同矿务局矿井计件工资工作定额管理暂行条例》和《大同矿务局计件工资验收制度及主要工种产品规格质量标准》。1956 年 4 月 25 日下发《大同矿务局矿井生产工作定额手册》，该定额是按照《国营煤矿计件工资制度暂行办法》的规定和上级按期修改定额的原则，在原有定额的基础上修改制定的。1957 年 4 月 17 日，又制定《1957 年定额修改方案》。1961 年 5 月，在总结定额管理经验的基础上，下发《大同矿务局生产示范劳动定额》。

③奖励和津贴管理。1954 年 9 月，制定《生产工人安全无事故完成产品定额奖励办法》《机电定期检修队安全无事故奖励暂行办法》《运转工及固定值班检修工安全无事故完成任务奖励暂行办法》，在生产矿井的采、掘一线工人和主要辅助工人中实行。以工种或小组为奖励单位，按分期累进的办法计奖。在不发生死亡等重大事故、完成生产任务、出勤轮休正常的条件下发奖。采、掘一线工人每期所发奖金为月标准工资的 3%，辅助工人为 2%。同年，建立了保健食品营养津贴制度。1956 年，根据国家有关政策规定建立了冬季取暖津贴制度，为专职工程师、技师、主任工程师、正副总经济师、正副总会计师、正副总工程师和具有工程师职称的科长发放技术津贴，技术津贴标准分别为本人工资标准的 5%、10%、15%、

20%和25%。1957年5月，贯彻山西省煤矿干部会议《对劳动工资方面若干具体问题的解决意见的补充意见》，建立了回采正规循环奖、回采任务奖、掘进奖、运搬工人奖、运转工人奖和劳动竞赛奖，奖金一般为标准工资的7%—15%。1957年5月，根据山西省煤矿干部会议精神，部分职工享受1.86元的煤贴。同年，建立工具津贴，其标准为木工每日0.06元，瓦石工每日0.01元，抹灰工每日0.02元，油漆玻璃工每日0.1元，料石工每月0.15元。同时，建立了夜班津贴制度等。

1959年，井下工人执行井上工资标准，建立井下工作津贴制度，为从事井下工作的工人加发本人标准工资15%的井下津贴。1960年1月，根据国务院《关于发给职工1958年跃进奖金的通知》，为职工发放了跃进奖，生产工人分别为本人标准工资的50%、45%和40%，其余人员分5个等级：40元、35元、30元、25元、20元，徒工分12元、10元、8元3个等级。同年，根据山西省煤矿管理局的文件规定建立了矿山救护队员津贴制度，凡脱产救护队员每人每月13元。1961年6月，采煤、掘进、砌碹等主要工种的井下津贴标准提高为本人标准工资的20%。9月，在国家粮食供应不足的情况下，为了有效地调动职工的劳动积极性，保障职工的身体健康，局推行粮食奖励办法。工人每月最高奖不超过22斤，井下干部不超过15斤，井上干部不超过7斤，按出勤计奖。

3. 财务管理

（1）管理机构

1953年，经理处更名为财务处，财务处增设特种基金科，管理和核算维持简单再生产工程基金、大修理基金、企业奖励基金和医药卫生、福利补助金等。1954年，财务处增设基建财务科，负责建设单位的财务管理和会计核算，煤炭销售业务从财务处划分出去。同年末，撤销小窑财务股。1956年，特种基金科和财务检查科并入财务科。1957年，财务处下设成本、生产财务、基建财务3个科。

1958年，财务处下设综合、会计、财务成本、第一基建财务（负责建设单位的财务管理和核算）、第二基建财务（负责施工单位的财务管理和核算）5个组。1959年，财务处下设会计、成本、财务3个组。

（2）经济核算管理

1953—1956年，经济核算体制为半分散半集中状态，各矿核算至生产成本为止，销售成本、销售利润、上缴利润由局统一核算。1953—1954年，小窑成本、利润仍由财务处小窑股核算。1954年末，小窑财务股撤销，挖金湾、马脊梁两小窑与财务处总会计直接发生关系。1955年，化工厂单独核算，自产自销，实现利润通过局上缴。1954年10月，全局推行苏联式的凭证整理单日记账制，由于程序烦琐，不便于查阅、利用核算资料，于1958年5月中止。1957年实行矿（厂）完全经济核算制，所有固定资产、流动资金、成本、利润和上缴利税均由矿（厂）独立核算，自负盈亏，矿务局为汇总单位。1958—1962年仍然实行矿（厂）完全经济核算制，但经济核算工作在“大跃进”中有所削弱。1958年的月度、季度、年度会计报表大为简化，致使财务工作起不到实行会计监督、反馈经济信息、加强经济管理的作用。这种状况于1960年逐步扭转。

（3）固定资产管理

①分类。1954年，根据燃料工业部的《固定资产管理办法》的有关规定，使用年限在1年以上、单位价值在500元以上者为固定资产。同年，固定资产分为如下6个方面。a.生产用固定资产：土地、机器、设备、运输设备、工具及生产用器具、家具用品、其他生产用固定资产；b.非生产用固定资产：住宅建设、文教建设、科学试验研究建设、卫生建设、公共事业建设、供应销售用固定资产、农业用固定资产、其他非生产用固定资产；c.未使用固定资产；d.不需用固定资产；e.固定资产清理；f.租赁固定资产改良工程。

1958年，固定资产分为：a.工业生产用固定资产（房屋、矿井建筑物、机械及设备）；b.非生产用固定资产（职工住宅）；c.未使用固定资产；d.不需用固定资产；e.土地。

②增长。1953年，根据煤矿管理总局的规定，按基本折旧率3.09%计提固定资产折旧。1954年，恢复按直线平均法计提折旧。“一五”计划时期，大同矿务局全面恢复生产，并改建旧矿井，同时开始了新井建设，基本建设投资大幅度提高，5年里国家投资1.24亿元，新增固定资产9738.5万元。1957年底，固定资产原值达到1.27亿元，是1952年末的

4.2 倍。

1958 年，根据煤炭工业部通知精神，新井投入生产在未达到设计生产能力期间（不超过 3 年），按设计生产能力与实际生产量的比例计算折旧，超龄固定资产（基本折旧已经提足）继续使用不再提基本折旧，按需要计提大修理折旧，未满使用年限提前报废的固定资产其未提足的基本折旧一次补提。从 1960 年起，固定资产中的矿井建筑物按"产量法"计提折旧：月基本折旧总额为固定资产余值减去残值和清理费用后除以整个矿井尚可采煤量，再乘以月实际产量。

表 7-6 各时期期末固定资产总值及增长情况表(单位：万元)

时期	期末固定资产			本期净增长量		
	原值	折旧	余值	原值	年均	增长率(%)
"一五"计划时期	12737	2781	9956	9738	1948	159.73
"二五"计划时期	27844	6427	21417	15107	3021	55.08
三年调整时期	32754	8810	23894	4910	1637	−45.81
"三五"计划时期	43847	11279	32568	11093	2219	35.55
"四五"计划时期	65631	9392	56239	21784	4357	96.35
"五五"计划时期	158400	44318	114082	92769	18554	325.84
"六五"计划时期	246381	89040	157341	87981	17596	−5.16
"七五"计划时期	448450	143987	304553	202069	40414	129.68
1991 年	505861	137096	368765	57411	57411	42.06
1992 年	579506	153512	425994	73645	73645	28.28
1993 年	650847	185451	465396	71341	71341	−3.13

1960 年 5 月 9 日，老白洞矿井发生煤尘爆炸事故，井筒、巷道和井下设备因全部被毁而报废，损失固定资产净值 809 万元。

1962 年，大同矿务局进行了第二次清产核资。此次清查是为贯彻"调整、巩固、充实、提高"八字方针而进行的。清查结果为盘盈固定资产净值 68.4 万元，报废及盘亏固定资产净值 1092 万元。

“二五”计划时期，由于受“大跃进”的影响，前3年基本建设投资规模急剧膨胀，1958年比1957年增加112%，达到6681.6万元，1959年和1960年分别比1957年增加31%和35%，为4136.4万元和4252.4万元。1961年和1962年又急剧压缩基建投资，分别减少到2133.06万元和2235.07万元，分别比1960年减少49.8%和47.4%。这种大起大落的投资状况暴露了固定资金管理上的盲目性，一大批建设项目被迫停产、缓建或简易投产，使固定资金不能充分发挥经济效益。其间，由于数座新矿投产，固定资产增幅较大。1962年末，大同矿务局固定资产原值2.78亿元。

（4）流动资金管理

①资金管理。1953年，核算形式进一步集中，流动资产中的材料、配件、在库低质易耗品由材料供应处核算，产成品由财务处集中核算。各矿只核算在用低值易耗品。机修厂核算低值易耗品外，核算在产品和产成品。1954年10月，储备资金下放各矿（厂）核算。1955年7月，核定各矿（厂）流动资金，但产成品仍归局集中核算。是年开始实行“托收承付”“信用证”等结算方式。结算方面的资金占用和资金来源相应增加。1957年实行矿（厂）完全经济核算制，各矿（厂）正式核定流动资金，从3月份起将销售、供应等结算手续交各矿（厂）自行办理。

1958年，取消低值易耗品摊销法，待摊余额规定1958—1959年摊入成本。1958年6月实行“存贷合一”，取消大修理存款专户。1959年，实行全额信贷，国拨流动资金全额划转银行作为定额借款，1961年7月，取消全额信贷，企业流动资金按核定定额计算，其中80%扣减定额负债计划定额后由国家财政拨款，20%由银行贷款。1962年，取消定额信贷，1月，将账面定额借款595.7万元转作国拨流动资金。4月，贯彻中央关于加强财政和银行工作的“双六条”，银行把紧了资金口，企业相应的管理工作跟不上，出现工资发不了、料款付不出的窘境。

表 7-7　各时期定额流动资金年均占用、周转及使用效果表年末及年均占用额(单位:万元)

项目	恢复时期	“一五”计划时期	“二五”计划时期	三年调整时期	“三五”计划时期	“四五”计划时期	“五五”计划时期	“六五”计划时期	“七五”计划时期	1991年	1992年	1949—1992年年均
定额流动资金年末占用额	314	773	3145	3676	2753	5058	9073	14027	24582	43924	47659	9225
其中：储备资金	288	549	2434	2972	3221	3979	7258	11942	18942	31905	34981	7241
生产资金	4	18	138	77	121	138	404	438	668	776	1279	271
成品资金	15	78	572	260	411	941	1411	1647	4972	11243	11399	1673
在用低值易耗品摊销		119										
待摊费用		9	1	367								
年度平均占用额		688	2964	3762	3633	4965	8981	13929	23539	39896	48009	9588
周转天数		50	68.4	65.4	53.5	52.4	54.2	56.5	75	89.7	83.9	71.1
周转次数		7.2	5.3	5.5	6.7	6.9	6.6	6.4	4.8	4	4.3	5.1
百元产值(不变价)占用资金		12.09	17.54	25.18	22.20	16.67	19.92	16.41	24.04	20.62	23.92	21.88
百元产品销售收入占用资金		13.88	19	18.16	14.85	14.54	15.05	15.69	20.84	24.92	23.31	19.76
吨煤占用资金		1.71	3.27	4.21	3.83	3.44	4.04	5.25	8.14	13.43	15.63	6.34
百元资金创造利润		148.05	129.16	137.72	247.44	241.12	256.28	199.16	8.89	7.18	46.14	103.04
非定额流动资金年末占用额	98	360	1731	1101	1054	2204	2870	4621	20951	35907	52359	5930
其中：发出商品			667	610	546	923	1366	2121	10357	21374	30458	
货币资金	31	122	180	237	304	860	1038	1615	5056	3622	3648	1227

注：表列各项均按当期年均占用(周转)计算，“年末占用额”亦按当期平均年末占用额计算。

②储备资金和包干工资管理。1958 年清仓，除局内利用外，还支援雁同地区 46 个农业社、3 个水库、27 个厂矿企业物资 354 宗，价值 54.6 万元。1962 年，清产核资，查出积压材料价值 495.9 万元，配件价值208.3 万元。

(5) 专用基金和专用拨款管理

①基金及其拨款管理。1953 年，维持生产工程基金大矿改按吨煤 0.4365 元提取，小窑按 0.2 元提取。1954 年，灾害复旧基金改按吨煤 0.05 元提取。1955 年，停提维持生产工程基金，设立四项费用拨款，由上级拨入。1957 年，设立生产基金，由利润留成转入。同年，开始提取基本折旧基金，并计入成本。

1958 年，停提灾害复旧基金，设立固定资产复置金，固定资产复置金按运输车辆提取，计入成本。

②大修基金和后备基金管理。1954 年，改为各矿按固定资产原值的 2.5%提取，计入成本，附属厂按固定资产原值的 2%计提。

③企业及职工奖励基金管理。此时期该项基金仍按 1951 年标准执行。

④福利及医药补助金。1953 年起，按工资总额的 7%计提。福利补助金按工资总额的 2.5%计提。1958 年起，医药卫生补助金按工资总额的 5.5%计提。

(6) 成本管理

此时期成本管理项目没有变化。1953 年，建立成本管理责任制，配备基层记录员，制定了坑木管理制度和火药管理制度。同年 8 月，矿务局成立了整顿基层记录委员会，制定了《矿井生产原始记录暂行实施办法》，实行了记录员验收与交接制度。1955 年，根据煤炭工业部开滦会议精神，制定了《成本管理工作改进措施方案》(包括成本责任制)、《小组成本核算改革方案》、《基层记录改革方案》和《车间成本座谈会实施细则草案》等一系列有关成本管理的改革方案。到 1955 年，全局实行班组核算的基层单位发展到 156 个，共 837 名核算员。为了进一步加强班组核算工作，1957 年，局成本管理人员到永定庄矿蹲点，在总结经验的基础上制定了《关于进一步开展班组核算的方案》。该方案规定班组核算以月度作业计划指标为依据，分班核算，圆班汇总。核算原则为简化手续、方便群众、及时准确、算而有用。核算范围为坑木、火药、雷管和基本工资 4 项，前 3 项按计划价格核算，后 1 项按平均工资核算。核算结果在井口分班公布，次日班前会上由班组长分析，找出成本升降的原因，并提出改进措施。班组核算的推行调动了工人的积极性，对提升生产效率、降低成本起到重要作用。1957 年，实行矿（厂）完全经济核算制，矿（厂）编报年度、季度成本计划，核算全部成本，汇编成本计划，计算全局成本。“一五”计划时期，吨煤成本为 8.3 元。

“二五”计划时期，由于“大跃进”片面追求产量，使吨煤成本上升到 9.65 元，比“一五”计划时期增长 16.27%。

（7）利润和税金管理

“一五”计划时期，煤炭销售利润为 4888 万元；“二五”计划时期，煤炭销售利润为 18478 万元。1954 年，货物税税率增加到 7.5%。1959 年，货物税改为工商统一税，税率按商品、产品销售收入计算：原煤为 8%，火工产品为 5%，水泥为 15%。同年，印花税并入工商统一税。

4. 物资管理

（1）管理机构

1954 年，为处理积压物资，材料供应处增设平衡科。1955 年，材料供应处改称器材供应处，并成立计划科。1956 年学习开滦煤矿全面加强物资管理的经验，成立管理科，全处有 51 名干部。

1960 年，器材供应处改为制造供应处，领导和管理局化工厂、橡胶厂、水泥厂、预制厂和修配厂。1961 年，局化工厂、橡胶厂、水泥厂、预制厂和修配厂从制造供应处划分出去，局制造供应处仍称器材供应处，增设驻太原催采组。1962 年底，全处有 54 名干部，局总仓库有 20 余名干部。

（2）物资供应管理

①渠道。1953 年，国家建立了统一的物资分配制度，实行计划供应（分配）为主、市场采购为辅的物资管理体制，把物资划分为统配物资和部管物资、二类物资和三类物资等。1953 年，统配物资及部管物资的品种为 227 种（统配物资 112 种，部管物资 115 种），实行统筹统支，按行政

隶属关系进行申请分配。其他生产资料由商业部和地方管理。1954 年 8 月，煤炭工业部太原煤矿管理局筹备处设立物资供应处，大同矿务局的物资供应，由单位申请并编制物资需要计划，太原煤矿管理局物资供应处审查汇总，通过煤炭工业部报国家计委物资分配局及有关主管部门申请分配订货。这一时期，煤矿的物资品种达几百种，仅统配物资及部管物资就有钢材 15 种，有色金属及硬质合金 10 种，化工建材产品 14 种，火工产品 2 种，木材 4 种，坑木代用品 3 种，油脂 2 种，统配机电产品 77 种，国家各部归口分配机电产品 200 种。

1957 年，统配物资及部管物资品种增加到 532 种（统配物资 231 种，部管物资 301 种）。由于物资管理过于集中，无法适应生产发展的需要。1958 年 8 月，国家对物资管理体制进行改革，实行地区平衡、块块包干的方法，分地区下达指标组织订货。同年，太原煤矿管理局改为山西省煤矿管理局，大同矿务局的物资供应由山西省煤矿管理局供应处负责。这种物资管理体制造成产供销严重脱节。1959 年，又改为归口安排、统一下达、分户记账、地方统一订货和调剂的方法。统配物资及部管物资品种降到 285 种。同年，山西省煤矿管理局供应处改名为制造供应处，该供应处担负大同矿务局的物资供应任务。

②计划。1953 年，燃料工业部编印了器材目录，作为煤矿物资管理的依据。目录将煤炭工业常用物资分为 18 类。并对大同矿务局有关人员进行计划编制业务的培训。同年，大同矿务局制定了坑木、炸药、雷管 3 种消耗定额，按定额编制计划。此后，物资消耗定额范围逐渐扩大。

“一五”计划时期，统配、部管物资供应计划，在矿务局计划处的指导下，由各基层单位计划科、材料科根据本单位原煤产量、掘进进尺、生产技术发展情况及经济指标，参照消耗定额、结合实际编制，经局计划处、机电处、财务处和材料供应处审核并汇总后，上报华北煤炭管理总局。随着物资需求量的增加，由计划处根据投资情况提出全局设备需求量，经审核，由材料供应处汇总上报。二、三类物资供应计划由基层单位编制，局审核汇总后作为采购依据。

1958—1979 年，二类机电产品划归大同市机电公司供货，矿务局年度供货计划直接报大同市机电公司。

③订货。1953年，全国实行计划经济，物资由全国统一分配。除一些土产材料等三类物资无须订货合同外，统配、部管物资和二类机电产品及煤矿专用产品均需根据国家物资管理部门下达的分配指标签订订货合同。统配、部管物资的订货，每年两次。物资订货实行归口安排、统一下达、分户记账、地方统一订货和调剂的办法。国家订货物资通过银行以托收承付的办法结算。由于国家严格控制计划处物资的供应，计划处物资增供不易，所以物资分配指标不管适用与否，企业均照单买进，从而造成物资积压，资金周转困难。大中型基本建设项目所需统配、部管物资依据当年国家拨给的投资指标和工程进度情况，按单项工程项目专项分配，由太原煤矿管理局供应部门下达到矿务局。

从新中国成立之初到1957年，国家对部管二类物资没有统一管理。矿务局根据需要与经销单位订货。

（3）仓储管理

1953年，总仓库职工增加到500名，设有木材组、器材组、起重组、装卸队（包括12个组）、勤杂组，在库内设置了安全检查员。1955年，总仓库面积扩大到20万平方米，其中新建库房5座。库房面积由2700平方米增加到4200平方米。敞棚增加为4座，面积为4800平方米。两条铁路专用线全长增加到1020米。马车由4辆增加为18辆，并购进汽车14辆、吊车2台。仓库建立了44项安全制度。1957年，总仓库建立了装卸队工作制度。

1958年，总仓库建立了装卸队暂行操作规程。同年，用日本通河机器改造成5吨消防车1辆，并改造了原有消防用水系统，使总仓库成为全省第一个消防设施较为完善的煤矿仓库。1959年，总仓库建立了贮木场管理制度和加工操作规程。1961年，组建了义务消防队，全队职工138名，设指导组、抢救组、水带组、消防机车组、器具组、警戒组、救护组和宣传组。1962年，建立了安全生产单项奖励制度。到1962年末，总仓库的汽车由14辆增加到26辆，并有自己改进、制造的木材上垛设备、卸车机。

（4）物资消耗和回收管理

①物资消耗控制。1953年，制定出坑木、火药、雷管3种物资的消耗

定额，并对其实行定额管理。1955 年，编写《器材工作简易手册》，制定《大同矿务局物资管理制度（草案）》，明确器材供应部门职责范围，落实个人岗位责任制，统一了全局物资账、单、表、卡。

1959 年，将定额管理物资的品种增加到 32 种，1960 年，增加到 52 种，1961 年，达 55 种。1962 年，对定额物资进行调整，为 49 种。

②修旧利废。1959 年，大同矿务局总仓库建立了废品库，储存管理废旧材料。

5. 煤质及计量管理

（1）煤质管理

1954 年，矿务局化验室已能进行煤中元素分析，为煤质管理提供了必要的技术条件。1955 年，国家颁布了《井口原煤质量管理试行规程》，煤质管理开始实行制度化。1956 年，煤峪口、永定庄、同家梁、四老沟、白洞矿建立了煤质化验室，均具备了煤的工业分析能力。1957 年，煤峪口矿建成选煤楼，装备了拣矸皮带机，设计年筛选原煤能力为 135 万吨。产品有特块、大块、中块、混末、混煤。同年，忻州窑矿建成选煤楼，亦装备有拣矸皮带机，设计年筛选原煤能力为 146 万吨。产品有特块、大块、中块、小块和末煤。“一五”计划时期，大同矿务局除煤峪口和忻州窑矿外，其余矿用手工或用固定筛将大块选出。商品煤含矸率 1954 年为 0.71%，1957 年为 1.14%。

1958 年，同家梁矿年筛选原煤能力为 120 万吨的选煤楼投入使用。1959 年，白洞矿建成年筛选原煤能力为 90 万吨的选煤楼，晋华宫矿马武山井建成简易筛分系统。全局煤炭选块率达到 26.34%，产品有大块、中块、混末和混煤。1959 年，煤炭工业部颁发了《矿井煤质检查和洗煤厂技术检查规程草案》《煤炭产品按质计价标准》《煤炭化验操作标准》，1960 年，颁发了《关于加强煤质管理的办法和指示》，矿务局遵照这些规程标准，根据实际生产条件，在各生产矿推广“三拣四不上”（在采煤机上拣、在输送机上拣、在矿车上拣，矸石不上锹、不上输送机、不上矿车、不上井）的拣矸制度。

1960 年，四老沟矿建成年筛选原煤能力为 150 万吨的选煤楼，装备了拣矸皮带机。1961 年，大斗沟矿建成年筛选原煤能力为 160 万吨的选煤楼。1962年，雁崖矿建成年筛选原煤能力为90万吨的选煤楼。同年，四老沟矿完成了选煤楼的改造，年筛选能力由150万吨上升到300万吨。改造后的选煤楼，装备了JIK－W给煤机、板式给煤机、PM－650配煤刮板、TBΦ－9滚轴筛、TYJI－Ⅱ吊筛及皮带输送机，电气总容量达到899千伏安。由于“大跃进”片面追求产量，“二五”计划时期商品煤平均含矸率比“一五”计划时期上升0.33％。

（2）计量管理。

此时期尚未建立计量管理制度。

6. 调度管理

调度管理是煤矿管理的重要手段，分为生产调度及经营调度。在高度计划经济模式下，此时期经营调度尚未建立管理制度。

1953年7月，大同矿务局根据华北煤矿管理总局的指示建立了生产调度制度，成立调度室。矿务局调度室由生产处领导，调度室主任由生产处处长兼任。调度室设组长2名、调度员4名、分析员1名，装有20门电话小总机，直通各矿及救护队、医院。工作人员分为3班，昼夜轮班。矿务局调度室的主要职能是参与生产作业计划、作业规程的编制和审批，监督检查各职能部门、各生产工作面作业计划、作业规程的执行和完成情况，保证正规循环作业的实施和完成，及时掌握采掘衔接及工程进展情况，保证生产正常接替。同年，煤峪口、永定庄、同家梁、四老沟矿成立了调度室。矿调度室主任由生产矿长兼任，调度员由熟悉生产的科长或队长担任。矿调度室亦分3班，昼夜轮班。1953年，局、矿调度室均设立了综合调度台账，开始了统计工作，进行班记、日结。建立了每日一次综合情况汇报制、生产日报制、电话会议制、值班调度员责任制、调度员交接班制、领导干部值班制等制度。1954年末，局、矿共有50余名调度员。1955年，成立了总调度室（包括生产、电力、基建调度），总调度室建立了安全分析制度。忻州窑、白洞矿成立了调度室。部分矿设立井下调度站，负责井下运输调度。1958年，总调度室通讯设备改用40门苏联产小总机。

7. 煤炭运销管理

（1）管理机构

1953 年，国家实行煤炭统一分配制度，大同矿务局被列为统一分配矿。同年 2 月，大同矿务局、大同铁路分局等共同成立生产运销联合办公室，同年 11 月，成立大同煤炭联合运输委员会。1954 年 1 月，销售科改为营运处，下设 5 个科。

1958 年“大跃进”，产量猛增。因运输不能满足需要，于是在口泉站增设 19 道煤场，并成立机动装卸大队，进行二次装运。1959 年，营运处成立推煤机队。1960 年 7 月，营运处改为运销处，原营运处下设科室均改为组。1961 年，运销处成立推煤机修理车间。

（2）销售管理

1953 年，国家实行煤炭统一分配与煤炭送货制度，下达全国煤炭分配计划后，煤炭工业部召开全国煤炭订货会议，供需双方签订订货合同。国务院颁发《煤炭送货试行办法草案》，对煤炭的销售、质量验收、价格结算以及由此引起的纠纷处理等作了规定。1953 年，大同煤炭开始出口，由外贸部经销。“一五”计划时期，国家尚未制定煤炭统一价格，煤炭工业部华北煤炭管理总局为大同矿务局制定了煤炭出厂调拨价格。弱黏煤 150 毫米以上的大块吨煤售价为 9.6—17.07 元，100—150 毫米的中块吨煤售价为 15 元，100 毫米以下的混煤吨煤售价为 4—10.55 元。“一五”计划期间，外销煤炭 1873.89 万吨，比国民经济三年调整时期年均增加 2.26 倍。其中，出口 103.89 万吨。销售收入 2.24 亿元。国内主要销售对象为煤炭工业部、石油工业部、冶金工业部、化学工业部、建筑材料工业部、电机制造工业部、第一机械工业部、第二机械工业部、纺织工业部、轻工业部、食品工业部、电力工业部、铁道部、交通部、地质部、商业部、建筑工程部、解放军装备计划部、中国科学院、农业部、农垦部、水利部、对外贸易部、高等教育部、中国人民银行、卫生部、文化部和邮电部，销售地区为北京市、天津市、河北省、山西省、内蒙古自治区、陕西省、甘肃省、山东省、河南省、湖北省、安徽省和浙江省。

到 1958 年，大同煤由于质量优，用途广，销路广泛。年销售量由 1957 年的 477.74 万吨跃升到 719.26 万吨。1962 年 8 月，国家调整了大同弱黏煤的价格：特块矿场火车上交货每吨价格为 26 元；大块矿场火车上交货每吨 24.7 元；坑口交货每吨 14 元；混煤矿场火车上交货每吨 17.2

元；坑口交货每吨 7 元。“二五”计划时期，外销煤炭 4526.13 万吨，是“一五”计划时期销售量的 2.42 倍。其中，出口 187.01 万吨，比“一五”计划时期增加 79.85％。销售收入 7.04 亿元。国内煤炭流向除老客户外，又增加辽宁省、上海市、江苏省、江西省、福建省、广东省、广西壮族自治区、湖南省、青海省、四川省、贵州省。

（3）调运管理

1953 年，全国实行煤炭送货制度，由煤矿、铁路、交通、用煤单位共同执行。国务院颁发了《煤炭送货试行办法草案》，对铁路运输、铁路交接等作了规定。同年 2 月，大同矿务局、大同铁路分局等共同成立产运销联合办公室，共同组织各矿的装车、编组、发车。这是大同矿务局在煤炭调运方面与铁路协作的开端。同年开始，根据国家下达的煤炭分配指标编制月度、季度、年度煤炭分配计划。经大同铁路分局审查、平衡后，共同执行。在执行月度煤炭分配计划的同时，局营运处根据大同铁路分局编制的《旬间每日车流方向》提出日计划，提示铁路分局调运站按计划配车，这种方式一直沿用到 1993 年底。1955 年，同家梁矿采用简易刮板输送机装车。至此，大同矿务局结束了人工背筐装车的历史。1957 年，煤峪口矿、忻州窑矿采用跨铁路筛分楼煤仓装车。同年，大同矿务局制定了《装车十字作业程序》，把装车作业顺序归纳为“调、扫、关、拉、堵、量、装、平、洒、交”10 个字。即调车，扫清车底，关好车门，拉风门，修堵坏车，量尺画线，装车，平整车上煤顶，洒灰浆作标记，进行路矿交接。“一五”计划时期，大同矿务局通过铁路外运煤炭 1873.89 万吨，比三年经济恢复时期年均增加 225.56％。

1958 年，局营运处调运科和大同铁路分局联合办公的形式取消，但调运科仍和口泉火车站在同一调度楼作业，保持联系。同年，调运科开始使用调度表，此前调度数据仅记在交接班记录本上。“二五”计划时期，新增的煤炭外运矿挖金湾矿用翻斗车及滑坡仓装车，白洞、忻州窑、晋华宫矿以简易刮板输送机和人工攉煤装车。每批车厢 20 节，约装 10 小时。这时期，铁路外运煤炭 4165.03 万吨，比“一五”时期增加 122.27％。

表 7-8 1949—1993 年大同矿务局煤炭铁路外运量表(单位：万吨)

年份	外运量	日均外运量	年份	外运量	日均外运量
1949	7.37	0.05	1972	1218.62	3.34
1950	36.98	0.10	1973	1306.03	3.58
1951	101.14	0.28	1974	1519.33	4.16
1952	207.24	0.57	1975	1743.49	4.78
1953	230.24	0.63	1976	1826.57	5.00
1954	321.86	0.88	1977	2003.45	5.49
1955	420.60	1.15	1978	2248.18	6.16
1956	423.45	1.16	1979	2275.45	6.23
1957	477.74	1.31	1980	2369.04	6.49
1958	719.26	1.97	1981	2383.32	6.52
1959	885.47	2.43	1982	2527.17	6.12
1960	1035.54	2.84	1983	2685.19	7.36
1961	805.27	2.21	1984	2777.15	7.61
1962	719.48	1.97	1985	3025.49	8.29
1963	825.76	2.26	1986	3250.41	8.91
1964	887.81	2.43	1987	3261.30	8.94
1965	929.79	2.55	1988	3300.78	9.04
1966	982.83	2.69	1989	3343.58	9.16
1967	641.10	1.76	1990	3391.32	9.29
1968	848.88	2.33	1991	3479.06	9.53
1969	1028.79	2.82	1992	3576.08	9.80
1970	1124.77	3.08	1993	3768.02	10.32
1971	1164.10	3.19	合计	72104.50	4.37

第四节　在同期煤矿中的行业地位及历史贡献

“一五”“二五”计划时期，大同煤矿煤炭产量在山西煤炭总产量中的比重进一步提高，显示其在山西煤炭工业乃至全国煤炭工业中的地位也进一步提高。

国民经济三年调整时期，山西煤炭销售量为 2029.6 万吨，其中，销往省外 927.1 万吨。此时期，大同煤炭销售量为 352.73 万吨，约占同期山西煤炭销量的 17.4%。

“一五”计划时期，山西煤炭销售量为 8568.5 万吨，其中，销往省外 4671.9 万吨。此时期，大同煤炭销售量为 1873.89 万吨，其中，出口 103.89 万吨。大同煤炭销售量约占山西同期煤炭销量的 21.9%。

“二五”计划时期，山西煤炭销售量为 17600 万吨，其中，销往省外 10000 万吨。此时期，大同煤炭销售量为 4526.13 万吨，其中，出口 187.01 万吨。大同煤炭销售量约占山西同期煤炭销量的 25.7%。①

从上述可以看出，大同煤矿的地位在“一五”计划和“二五”计划时期得到大幅提高。

由于大同煤质的特殊性，适合于发电用煤，因而以电力为直接能源的行业亦在大同周围布局，如大同水泥厂、大同机车厂等。由此，大同地区的工业体系开始形成。

---

①《中国煤炭志》编纂委员会：《煤炭工业志 · 山西卷》，煤炭工业出版社，1995 年，第 341 页。

第八章

国民经济三年调整时期及“三五”“四五”计划时期的大同煤矿动荡发展（1963—1975）①

1963—1965 年是我国在经历了“大跃进”之后的国民经济调整时期。此时期，山西煤炭工业贯彻中央提出的“调整、巩固、充实、提高”的八字方针，缩短基本建设战线，调整采掘比例，重新核定了矿井生产能力。对简易投产矿井进行环节配套，对失修巷道和市亩进行修复、补还亏欠，理顺各种比例关系。恢复和建立规章制度，狠抓劳动组织整顿和以质量标准化为中心的企业管理。1963 年，潞安矿务局石圪节矿坚持勤俭，各项技术经济指标跃入全国煤炭系统先进行列，被国家经委树为勤俭企业的典型代表。在此期间，以发展机械化为中心的技术革命在全省重点煤矿推广应用，把采煤机械化推向新的发展阶段。1965 年，全省原煤产量达到 3927 万吨，比 1957 年增长 66%，年平均递增率为 6.5%。②

“三五”“四五”计划时期，由于“文化大革命”的影响，全省煤炭生产建设受到严重影响。在“扭转北煤南运”方针指导下，煤田勘探和基本建设力量大批南调。1966—1968 年间，相继调出 3 个主力勘探队和 4 个基本建设工程处，原煤产量和各项技术经济指标大幅度下降。1968 年 7 月，国务院总理周恩来主持召开全国煤炭会议后，广大山西煤矿职工，坚守生

---

① 本章数据除特别注明外，均采自《大同矿务局志》编纂委员会：《大同矿务局志》，山西人民出版社，1996 年。

②《中国煤炭志》编纂委员会：《中国煤炭志 · 山西卷》，煤炭工业出版社，1995 年，第 7 页。

产岗位，原煤产量开始回升。

1970 年，在江西萍乡矿务局召开全国煤炭会议以后，提出“老矿挖潜、产量翻番”的口号。山西重点煤矿认真改革采掘部署，更新技术装备，挖掘老矿潜力，提高采矿能力。推广使用了双滚筒采煤机组、重型可弯曲刮板输送机、强力钢丝绳与吊挂胶带输送机等新设备。1970 年 11 月，大同矿务局与太原煤研所试制的 TZ－140 型，是国内第一套综采支架。该设备首次在煤峪口矿试验成功，初步显示了综合机械化采煤的优越性，使全省机械化采煤上了新的台阶。1975 年末，全省已有 13 个综合机械化采煤队。与此同时，地方煤矿在资金不足的情况下，对矿井进行了改扩建和环节改造，提高了矿井综合生产能力。至此，全省 13 个统配煤矿形成生产能力 4084 万吨；地方非统配煤矿（不含社队矿）形成生产能力 1646 万吨。1975 年，全省原煤产量 7541 万吨，1966—1975 年年平均递增率为 6.7%。①

就大同煤矿而言，在“大跃进”期间，全局煤炭产量一上再上，从 500 多万吨增到千万吨。在“高指标、瞎指挥、浮夸风”的错误影响下，违背煤炭生产的客观规律，强行开采。规章制度被破坏，采掘失调，矿井事故频发。这种生产运作方式，给煤炭生产的持续发展造成了极大影响。到 1961 年，全局 10 个生产矿有 4 个矿接续不上，并发生了新中国成立以来最大的矿井事故——1960 年“5·9”老白洞煤矿煤尘爆炸，死难矿工 684 人，整个矿井毁于一旦。

在“大跃进”的影响下，基建战线长，矿井建设规模大，而资金、技术力量不足，设备和原材料严重短缺。在此期间，开工的姜家湾井、鹅毛口平峒、云冈斜井、晋华宫大井等矿井工程中途停建，造成重大经济损失。

1962 年，根据八字方针，开始全面调整整顿，缩短基础建设战线，调整采掘比例，扭转不合理的开采程序；重新确定了以单一长壁式采煤法为主，兼用其他采煤方法；清仓核资，恢复和建立规章制度；精兵简政，整顿组织。

---

①《中国煤炭志》编纂委员会：《中国煤炭志·山西卷》，煤炭工业出版社，1995 年，第 7 页。

在此期间，完成了马武山、新白洞、大斗沟、雁崖 4 对新井建设，全面改造了永定庄、同家梁井，局部改造了土塘、胡家湾、大巴沟、马脊梁等小井，改造了各矿井运输环节和地面生产系统，推广了井下电机车运输，普遍开拓了采区煤仓。

1966 年，受“文化大革命”的影响，煤炭产量急剧下降，1967 年，原煤产量只完成国家计划的 46.55%。

“三五”计划和“四五”计划时期，遵照煤炭管理部“老矿挖潜，产量翻番”的要求，进行了以改扩建为主的矿井建设和环节改造，先后对煤峪口、忻州窑矿的二水平进行了开拓延伸；扩建了大巴沟、马脊梁矿平峒井；晋华宫大井、云冈矿一期工程竣工投产；接收了王村矿；更新技术装备，改革采掘部署，推广 80 型采煤机。井下供电升压至 660 伏，推广了顺槽皮带化采煤运输。综合机械化采煤得到初步发展，1970 年 11 月，在煤峪口矿试用我国第一套垛式综采液压支架，1974 年，首次引进国外 5 套较先进的综采设备。综合机械化采煤，使采煤工作面从落煤、装煤、运煤、移溜到顶板支护全部实现了机械化，工作面效率由每工 3.5 吨提高到 6.5 吨。

总之，此时期的大同煤矿在动荡中发展，在“老矿挖潜，产量翻番”要求的指导下，技术改造取得显著进展，产量稳步提高。

第一节　“调整、巩固、充实、提高”的基本建设

此时期，大同煤矿按照国家“调整、巩固、充实、提高”的经济发展方针，各项基本建设开始探索符合经济规律的基本建设模式。基本建设趋于科学化、合理化是此时期大同煤矿基本建设的特点。但其间的政治运动，使这一趋势受到严重干扰。

一、同期规划设计

1. 矿区总体规划

1965 年，由北京煤矿设计院编制的《大同云冈矿区总体规划》，对开发云冈沟侏罗纪煤系煤田提出了建设性意见，设计规模年生产能力 780

万吨。

1970 年，口泉沟的部分矿井出现开采水平和煤层即将采完，个别矿井储量和服务年限不能满足生产发展要求的状况。为了解决此矛盾，当年即开始准备，1972 年，完成了口泉沟最大规模的一次矿界调整和矿井规划。这次矿界调整和矿井规划主要是以保证各矿井合理开拓为前提，逐个安排各矿井向深部、远部发展延伸。调整后，各矿井的储量和服务年限有了大幅度增加，使一些水平接替紧张的矿井通过扩界延缓了二水平开拓时间，个别矿井减少了开采水平，提前考虑了矿井间和矿界内各煤层的开采程序，为各矿井的合理开拓作了前期准备工作，为大幅度增产奠定了基础。

1974 年 9 月，大同矿务局开始编制长远规划。局、矿两级分别成立了规划委员会，对全局范围 857 个主要生产环节进行了调查和实测，取得 1.69 万个数据，查清了 3 个水平（历史最高水平、现场实测水平、技术改造后预计达到的水平）。同年底，编制了《大同矿务局 1975—1985 年十年发展远景规划》，其主要内容为：①原煤产量到 1977 年，在矿井设计能力 1190 万吨的基础上翻一倍，达到 2400 万吨；到 1980 年，在 1974 年年产 1600 万吨的基础上翻一倍，达到 3100 万吨；到 1985 年，在 1977 年年产 2400 万吨的基础上翻一倍，达到 5000 万吨。②原煤产量为 5000 万吨，其中旧井 4000 万吨，新井 1000 万吨；回采产量 3648.87 万吨，其中综采 2009.15 万吨，机采 1461.24 万吨，炮采 178.48 万吨。机械化程度达到 95.10%，综采达到 55.00%；掘进进尺 55.09 万米，平均日进 1539 米。主要经济技术指标：全员效率每工 2.5 吨，其中回采每工 7.50 吨，掘进每工 0.19 米。原煤成本每吨 12.50 元，采区回采率 78.6%。③对全局 16 个矿井的提升、井底车场、翻笼及煤仓、大巷运输、通风、洒水、供热、压风、排水、供电、地面筛分、地面装车、储煤场、排矸等方面进行技术改造。到 1980 年，使全局矿井综合生产能力由 1974 年的 2203 万吨提高到 3816 万吨。④完成云冈矿（二期）工程，年生产能力 120 万吨，新建四台矿井（年生产能力 400 万吨）。扩建马脊梁（年生产能力 400 万吨）和新白洞（年生产能力 300 万吨）两对矿井。四台矿井井田面积 115 平方公里，地质储量 13.59 亿吨，可采煤层 11 层，1979 年开工，1983 年出煤，1984 年全部建成投产；马脊梁矿井井田面积 75 平方公里，地质储量 10.3

亿吨（包括原峰 2－2 号煤层 7669 万吨），可采煤层 13 层；新白洞井田面积 68.78 平方公里，地质储量 2832.3 万吨，服务年限 14 年，扩建工程主要是延长二水平，开采石炭纪煤层。⑤增建职工住宅 108.24 万平方米；新建 19 所中小学校，面积 5.88 万平方米；增建医院 35 万平方米，其中平旺精神病医院拥有 100 个床位，面积 2000 平方米；新建或扩建俱乐部、游艺室及阅览室 1.63 万平方米；增建食堂、托儿所、浴室 3.5 万平方米；增建服务性行业的商业网点 2 万平方米。此外，对供电、供水等方面也进行了规划。

2. 采矿工程设计

1962 年 5 月，北京煤矿设计院根据八字方针和煤炭工业基本建设计划的要求，修改了晋华宫 2 号井的设计，井型由年产 240 万吨改为 90 万吨，为一对中央并列式斜井及主石门开拓。

1966—1970 年，由于受“文化大革命”影响，设计处大批工程技术人员外流。1972 年，设计处在几经合并分离后，再次独立。这一时期，采矿工程设计开始采用岩石大巷、岩石上下山、采区石门、煤层群联合开采的开拓方式，加大和延长工作面及顺槽；采煤工艺采用普采、综合机械化采煤等；井下主要运输开始采用强力胶带输送机；巷道断面加大，支护方法则采用锚喷支护等；井田划分范围扩大；通风方式采用分区通风。

1966 年，由山西煤矿设计院承担的云冈矿井设计，是山西首例大型矿井设计。这项设计在 1981 年煤炭工业部和国家建委组织的优秀设计评奖中获金质奖。设计确定云冈矿井规模为年产 270 万吨，为新中国成立后国内自行设计的第一个大型矿井。其设计在开拓方式、采区布置、地面建筑等方面均采用先进技术。矿井采用一对立井、底板岩石集中运输大巷、盘区石门开拓；共布置 6 个盘区，分两期建设。井田分 2 个水平开采，第一个水平设于＋1020 米，垂深 160 米，服务年限 101 年；第二个水平设于＋940 米，垂深 240 米，服务年限 62 年。采区布置采用盘区石门加工作面溜煤眼的方式，盘区为双翼布置，走向长 1200 米（每翼长 600 米），倾斜长 2000—3000 米，后退式采。矿井通风方式采用多风井分区通风，每个盘区布置有回风井，并在北三、北五盘区附近设分区风井。矿井分两期建设，一期设计能力 150 万吨，二期设计能力 120 万吨。

1969 年 10 月，局设计处提出了忻州窑矿二水平开拓设计任务书，经几次修改，最终确定：矿井开拓方式采用一对立井开拓，主井利用原来小风井刷大，新掘副立井；在标高 865 米处建井底车场，14 号煤层底板岩石中布置主要运输大巷；井田分 6 个盘区，东西两翼各 3 个；通风方式采用集中进风、分区回风等。

1970 年，设计处设计了煤峪口矿开拓新水平工程，确定在 970 水平大巷下层 90 米处开掘一条 900 新水平大巷；新开拓的盘区长为 800—1000 米，工作面为 150 米；扩建井底车场；延伸西二风井和 2 号主井；等等。

3. 地面建筑工程设计

1963 年，设计了 8800 平方米的矿务局办公大楼。 1964 年，在与山西煤矿设计院联合设计同家梁矿地面生产系统中，第一次采用了立井钢结构井架设计，使槽仓储煤能力达到 1.1 万吨。 1965 年，独立设计了永定庄矿地面生产系统，年处理能力 120 万吨。 完成了局化工厂和水泥厂的土建工程设计，使化工厂年产炸药达到 1 万吨、雷管 5000 万发，水泥厂年产水泥达到 15 万吨。

1970 年代，山西煤矿设计院在设计云冈矿煤仓工程中，首次采用筒仓工程设计，并获得成功，筒仓储煤量达到 2.4 万吨。 1974 年，该院在云冈矿和中央机厂的食堂、车间设计中，首次采用了“棋盘形四角锥网架”“蜂窝形三角锥网架”和“单向折线形网架”工艺设计，并以其设计名称而命名。 1970 年代中期，住宅设计由简单的平房过渡到了楼房。

二、矿井建设

1. 机构队伍

1964 年 5 月，根据煤炭工业部的指示，工程公司及所属单位除铁路工程队留给局运销处外，全部隶属煤炭工业部领导，更名为煤炭工业部第六工程处，基建队伍减到 5000 人。 1970 年 7 月，根据山西省革命委员会文件精神，煤炭工业部第六工程处下放，由大同矿务局领导，改称大同矿务局工程处。 大同矿务局工程处直辖 3 个建井工区、4 个辅助生产厂（砖瓦厂、木材加工厂、机修厂、石料厂）、运输队、铁路队（后划归运销处）及非生产单位。 1970—1978 年，工程处一直为大同矿务局的基建施工单位。

1975 年，全局有 6461 名基建队伍人员。

2. 新井建设

“三五”计划到“四五”计划时期，除上期结转的设计年生产能力 90 万吨的晋华宫矿井于 1966 年竣工（1962 年改按 90 万吨设计）外，同年 10 月，动工兴建第一座大型矿井云冈矿井。1967 年 3 月，经煤炭工业部批准，采取分期建设、分区投产的方式建设。1973 年 3 月，云冈矿井一期工程竣工，设计年生产能力 150 万吨，投产 3 个盘区、10 个工作面。同年 4 月，开始建设云冈矿井二期工程。“三五”计划和“四五”计划时期，大同矿务局新井净增年生产能力 240 万吨。

3. 矿井改扩建

“三五”计划时期，大同矿务局先后有 2 对矿井开工改扩建。1966 年，挖金湾大巴沟井动工扩建。1969 年，忻州窑矿井开始二水平延伸工程。期内两矿井均未投产。这时期矿井改造投资均由更新资金解决。

“四五”计划时期，煤峪口矿于 1971 年进行矿井延伸工程，上期续建的大巴沟矿井于 1974 年 12 月投产。扩建后，设计年生产能力由 21 万吨提高到 90 万吨。忻州窑、煤峪口矿于 1975 年开始改扩建。从 1974 年起，大同矿务局对各矿井开始进行全面挖潜、革新、改造，陆续对晋华宫、白洞、云冈、煤峪口、忻州窑、永定庄、大斗沟、四老沟、雁崖、挖金湾、王村等矿井的运输、通风、提升、筛分、装车等各个环节进行技术改造。这一时期，矿井总投资 7432.47 万元，其中老矿井投资 1809.05 万元，占矿井投资的 24.3%。1975 年，全局产量达到 1803.9 万吨，比 1970 年净增 649.6 万吨，其中老矿井净增产量 485.6 万吨，占 74.8%。

三、煤矿施工

1. 井筒施工

（1）立井施工

“三五”计划时期，立井施工除在技术上的改进外，基本沿用前期的机械装备和施工工艺。

进入 20 世纪 70 年代，立井施工技术迅速发展，施工工艺、凿井设备等都得到改进。1973 年，同家梁矿风井施工中，在全省立井中首次应用了光爆锚喷新技术，这一技术具有掘进速度快、工程量小、建井造价低、劳动强度低的特点。1975 年，云冈矿北五立井的施工，进一步推广了光爆锚喷新技术，采用一掘一喷，无论在锚喷质量还是速度上，均有了较大提高。“四五”计划后期，根据煤炭工业部立井井筒施工 20 项先进经验，有针对性地进行了推广更新，这些先进经验主要有：多台风钻打眼；多台抓岩机装岩；输料管下料混凝土；活底吊桶下料石；金属模板；正规多循环；多工序平行交叉作业；按循环图表、爆破图表作业；综合工作队；等等。

（2）斜井施工

“四五”计划时期，在学习其他局斜井施工先进经验的基础上，施工工艺和机械化配套水平提高。普遍使用了多台风钻打眼、耙斗装岩机装岩、箕斗提升、地面矸石仓漏斗配合矿车或汽车倒运矸石、激光指向、光面爆破、锚喷支护、潜水泵或隔膜泵排水，形成了“两光三斗一泵”的施工新技术。1972 年，工程处建井六队在煤峪口矿西二斜井施工中，首次使用了自制的 0.3 立方米耙岩机和 3 立方米前卸式箕斗，配合多台 7655 型风钻作业，喷射混凝土支护，9 月创月进成井 185.1 米的全省纪录。1974 年 6 月，工程处井三区六队在云冈北五斜井施工中首次使用了激光指向仪，场面采用汽车排矸，创月进 191.8 米的全省纪录，超过生产计划的 4 倍。1975 年 7 月，工程处井三工区在云冈北六斜井施工中进一步完善了机械化配套和施工工艺，又创月进 223 米的新纪录。

（3）平峒（巷）施工

“三五”计划时期，根据煤炭工业部总结的岩巷掘进 16 项经验，在岩巷施工中广泛推行了气腿式湿式凿岩机打眼、金属拱形临时支架、金属模板碹胎、浮放道岔和简易道岔调车、全断面一次爆破、正规循环及综合工作队、多工序平行交叉作业和工种岗位责任制等施工技术和组织管理方法，使平巷掘进水平有了提高。1960 年代中期，在永定庄矿大巷施工中，首次使用了 XYP－30 型耙斗装岩机，由于操作不便，技术不熟练，效率低，未能推广使用。1960 年代末，岩巷平均进尺 40—50 米。

1970 年代，岩石平巷施工采用了光爆锚喷施工新技术。1973 年，在同家梁矿首次试用后，1975 年，在云冈矿岩巷中应用，取得显著效果。

2. 地面建筑施工

“四五”计划时期，地面建筑施工技术装备发展迅速，开始使用塔式起重机、汽车吊、柴油机自行小翻斗车，应用了手搬葫芦升降的室外吊架载人施工，金属模板，金属脚手架，进一步提高了垂立运输机械化水平。地基工程施工中的挖、掘、铲、运、推等也初步应用了机械化装备。在大型厂房和地面工业建筑中，应用了新技术、新工艺。1970 年，在云冈矿圆筒仓施工中，工程处土建一工区首次采用了手动滑动模板新技术，获得成功，仅用 59 天建成一大直径储煤仓，节约木材 400 立方米，节约工时 1.14 万个，铅丝 4 吨，脚手板、杆 4700 多件，共节约施工费用 6.7 万余元。此后，这一新技术在大型圆筒仓施工中被逐步推广应用。

“四五”计划末期，工程处机电安装队在大型厂房施工中开始自制和应用“金属球结点钢管网架结构”。1974 年 4 月，在跨度 18 米、长 24 米的云冈矿职工食堂施工中，成功应用了棋盘形四角锥网架结构。同年 9 月，施工的云冈矿俱乐部为斜放四角锥网架，跨度 25 米，长 35.7 米，重 13.7 吨，起拱 150 毫米。1975 年 8 月，施工的局体育馆为椭圆形斜放四角网架，跨度 42.4 米，长 57.4 米，重 122 吨，起拱 500 毫米。球节网点架能节约大量钢材、水泥，建筑高度小，整体强度大，抗震性能好，建筑形态美观，且施工单位面积小，质量轻，屋架高度和就位高度低，起吊方便。

3. 机电设备安装

“二五”计划后期、三年调整时期到“三五”计划期间，安装设备有了发展，汽车吊车、稳车、电动葫芦及各种水平测量仪器等设备和工具的应用，使大型设备均可依靠自己的力量施工安装。60 年代初，在安装雁崖矿筛分楼长 113 米、重 40 吨的跨河栈桥时，采用双提升塔，8 组提升滑轮提升，顺利安装完成局第一座跨河栈桥。20 世纪 60 年代末，已基本形成了一支成熟的机电设备安装队伍。

20 世纪 70 年代，随着矿井技术改造和矿井规模的扩大，矿井设备不断更新，一些技术性能高、结构复杂的新型大型设备陆续装备，大型钢球网架结构在地面建筑的应用，推动了安装设备和安装技术进一步发展。这期间，大型汽车吊、重型平板车开始应用到设备安装中，并普遍推广了稳车、电动葫芦及各种高精度测试仪，使设备安装由分件组装逐步发展到部分整体吊装或整体吊装。70 年代初，自行安装了全局最重的云冈矿主井井架，重 120 余吨。1975 年 8 月，建造的局体育馆，钢球网架安装经地面组装，整体吊装，共设 6 根钢管抱杆，抱杆高 18 米，提升总质量为 170 吨，采用升板机，网架高度 12 米，一次吊装成功。

四、运输工程建设

1. 铁路建设

1967 年 5 月，建成火工产品专用线 1.7 公里，投资 35.42 万元（该专用线从机修厂站线北端接轨沿甘河南岸修建）。1968 年，火工产品专用线投入使用。

1973 年 2 月，晋华宫至云冈西站铁路专用线与云冈装车站工程同时竣工，该专用线长 9 公里，投资 369 万元。同年 3 月 31 日，云冈铁路西站开通。

2. 公路建设

1963 年，修通了同泉公路与中央机厂相连的机厂公路，建立了生产矿井与中央机厂的交通联系。1964 年 4 月，大同矿务局第一支专业筑路施工队伍——生产学习大队筑路队成立，筑路队有 20 多名工人，主要设备有 3 台蒸汽压路机、1 台柴油喷油机、1 辆卡车及数十辆小平车、三轮车。同年 5 月，口泉—永定庄段沥青公路开工，这是大同矿务局首次利用沥青灌入式修建的路面。1965 年 9 月，大同矿务局第一条沥青公路——新平旺—四老沟公路建成通车，该路全长 16.07 公里，按 3 层设计施工，其中沥青层 8 厘米、水结碎石层 20 厘米、砂砾层 12 厘米，设计车流量为 3000 次/日，工程概算为 208 万元。同年，修通了北起大同水泥厂，南至化工分厂，全长 10 公里的七峰山火药厂沥青公路。

“文化大革命”期间，局公路建设进展缓慢，四老沟—雁崖、雁崖—挖金湾两段沥青公路前后用时 5 年才通。1967 年，大同矿务局开始修建中央机厂公路，该路东与泉落公路相连，北与同泉路相接，全长 3 公里，初为沥青路面，后改为沥青混凝土路面，宽 7 米，总投资 64.05 万元。1968—1975 年，大同矿务局将长 10.23 公里、宽 8 米的忻晋公路改修为沥青公路。1972 年，生产学习大队筑路队划归企业处领导，并更名为企业处筑路队。筑路设备在原有的基础上，添购了 1 辆卡车、2 台柴油压路机、1 台推土机、3 部搅拌机等，由手工作业改为半机械化。1974 年，新平旺至王村矿全部修成了沥青路面，全长 31.6 公里，共有 5 处大中型桥涵，16 处小型桥涵，20 公里护坡挡土墙。

第二节　综合机械化初步发展的采煤技术及完善中的灾害防治技术

此一时期，为了贯彻“调整、巩固、充实、提高”的方针，对各生产环节大力开展技术改造。此期末，引入了世界先进的综合采煤技术装备，大大提高了大同煤矿的技术装备水平。同时，开凿风井，增大风机，完善通风系统。推广掘进长距离通风，严格瓦斯等级管理及粉尘管理。此时期的工程技术特点是稳步提高。

一、煤炭生产技术

20 世纪 70 年代，各矿进行改扩建，对生产环节进行技术改造，采煤作业广泛应用 80 型采煤机，综合机械采煤起步上马，井下运输大量采用皮带输送机，110 千伏变电站投运，形成口泉沟独立的供电系统。

1. 开拓和掘进技术

（1）开拓技术

50 年代，各矿都是沿煤层开掘大巷，虽然投资省、出煤快，但改用电机车运输后，无效进尺多，挑顶起底工程量大，巷道维护费用高，留煤柱多，资源回收率低，大巷两旁煤柱容易自燃发火，威胁安全生产，建筑采区煤仓时岩石工程量大等缺点，便逐渐暴露出来。1960 年，老白洞煤矿煤尘爆炸事故发生后，大巷改在岩石中开凿，不仅是为改善维护条件，提高资源回收率，更重要的是有利于安全生产。此后，永定庄、同家梁、煤峪口、四老沟等矿在多煤层集中联合开拓过程中，将主要运输大巷开凿在煤层底板岩石中。60 年代中期，为合理集中生产，改进开拓部署，推行了盘区联合布置，延长了盘区走向长度、工作面长度和横贯距离，增加了每个盘区的工作面个数，扩大了盘区生产能力。到 1965 年 9 月，新准备的 34 个盘区，采用盘区联合布置的有 15 个，占 44%，凡有条件的地区都采用了双翼盘区布置，每翼走向长度平均为 450 米，最长 750 米，基本上取消了前进式开采程序。

“三五”计划和“四五”计划时期，生产矿井通过技术改造，实现了全井田一对矿井一个水平的多煤层联合开拓布置方式。70 年代初，永定庄矿在盘区工作面布置方面进行了改革创新，采用沿倾斜布置工作面的方式，顺槽长 500—700 米，工作面长 120 米，经开采实践取得成功经验后，相继在煤峪口、同家梁、四老沟等矿推广应用。这种方式巷道掘进率低，准备时间短。此后，各矿随着采煤机械化的不断发展，为充分发挥设备效能，提高单产，长壁工作面的长度由炮采时的平均 80 米左右加长到 100—120 米，顺槽长由 300—350 米加长到 400— 650 米，采区也相应扩大。

（2）掘进技术

“三五”计划和“四五”计划期间，大同矿务局煤巷工作面的掘进方式均以煤电钻打眼，炸药爆破，矿车、小绞车运输。装载为人工铁锹装煤、装煤机装煤和耙斗装煤机装煤 3 种形式。绝大部分回采巷道使用锚杆支护，在部分煤层巷道或断层破碎带使用梯形金属支架，它由工字钢制作，一梁两腿，梁腿接合处用特别的卡子连接。金属支架支护操作方便，承载力大，复用率高，主要在煤峪口和同家梁矿使用。同时开始使用树脂锚杆，并很快得到推广，逐渐取代了其他锚杆支护。树脂锚杆是一种化学锚杆，具有承载快、锚固力大、安全可靠、操作方便等优点。70 年代初，大同矿务局开始推广喷射混凝土支护新技术，在巷道围岩锚入锚杆后，再在巷道顶、壁喷一层混凝土。成本低、效率高、操作方便，是矿井支护的一次重大变革。

1973 年，全局掘进大量装备 ZYP－17 型装煤机（仿 C－153 型）和耙斗式装煤机，配合刮板输送机装运，单进迅速提高，掘进工作面单进达到 155.15 米。1975 年，开始推广应用光爆锚喷，巷道光爆锚喷支护同砌碹相比，减少 15%—20%的工程量，工效提高 1 倍以上，平均掘进速度加快50%—100%。

2. 采煤技术

1963 年，四老沟矿在北京煤炭科学研究院的协助下，对 11 号层进行了金属网综合采煤法的试验。 1964 年，根据煤炭工业部、山西省煤管局的指示，全面改革采煤方法。 经过改革，不合理的采煤方法比重下降，基本将薄及中厚煤层较易冒落的刀柱采煤改为单一长壁法，厚煤层的不合理仓房法已基本改进，提高了回采率，降低了掘进率。 1964 年，全局 71 个生产工作面，需改革采煤方法的有 34 个，到年底，完成改革工作面的有 27 个。 1963 年，同家梁矿将波兰产 80 型采煤机改为浅截式采煤机（称土机组），这是大同矿务局第二代采煤机，它利用原截煤机的牵引部、电动部，新制截割外壳，安装截煤滚筒。 机组骑在溜子上工作，工作面不留机道。将 CKP-30 型运输机改为可弯曲型，电动机功率为 32 千瓦。 次年，该矿用上述设备配备金属支柱组成一个机采工作面，顶板用深孔爆破放顶，试验效果良好，这是机械采煤由深截式改为浅截式的开端。 1965 年 7 月，大同矿务局开始使用由太原煤研所测绘波兰 64 型采煤机，仿制的国产MLQ-64 型采煤机，电机功率 64 千瓦，配套设备为 SGW-44 型可弯曲刮板输送机、HAWA 型摩擦金属支柱和 HDJA 型铰接顶梁，顺槽配备 SPJ-800 型吊挂式皮带输送机，这是大同矿务局普机采煤的开端。 因设备配套较好，机械化水平进一步提高，工作面单产和工效有较大提高。 此后，大同矿务局将“采煤机械化、溜子弯曲化、支柱金属化、顺槽皮带化”作为发展方向。

表 8-1　1971—1993 年大同矿务局综采生产情况表

年度	综采产量(吨)	占回采产量比重(%)	综采单产(吨)	平均工作面个数(个)	年度	综采产量(吨)	占回采产量比重(%)	综采单产(吨)	平均工作面个数(个)
1971	67864	0.65	6814		1976	2313322	13.16	25981	7.42
1972	94840	0.87	8399		1977	2126932	12.01	18997	9.33
1973	85630	0.49	7673	0.96	1978	2873274	14.45	18648	12.82
1974	187034	1.35	16541	0.83	1979	3797796	18.36	29184	14.94
1975	1520000	9.61	31193	4.06	1980	8296168	38.99	32111	21.53

续表

年度	综采产量(吨)	占回采产量比重(%)	综采单产(吨)	平均工作面个数(个)	年度	综采产量(吨)	占回采产量比重(%)	综采单产(吨)	平均工作面个数(个)
1981	9756592	46.17	32860	24.73	1988	13596680	57.17	43697	25.93
1982	9393319	41.64	33828	23.14	1989	16290687	63.16	47137	28.80
1983	10419434	44.48	36996	23.47	1990	18127935	68.91	46196	32.70
1984	10078034	42.24	35391	23.73	1991	19705831	74.88	49631	33.09
1985	11284307	45.55	36406	25.83	1992	22869456	80.99	53983	35.30
1986	12681042	50.70	41296	25.59	1993	25098544	85.51	61237	34.16
1987	12773326	53.21	42818	24.86					

"三五"计划时期，大同矿务局采煤机械化有突破性发展。1967年6月，同家梁矿东风队首次试用鸡西煤机厂制造的MLQ－80型采煤机。国产MLQ－80型采煤机由截煤部、牵引部和电动部3部分组成。截煤部有螺旋式滚筒，电机功率80千瓦，摇臂可以调节高低，优于MLQ－64型，因而得到迅速推广。1970年，全局普采工作面发展到6个，采煤机械化程度达到16.4%。1970年11月，在煤峪口矿9号层8710工作面试用我国第一批TZ－140型垛式液压支架（改进后定为TZ－1型），配以MLQ－80型采煤机、SGW－150型刮板输送机、WRB－100型液压泵站，经过反复试验获得成功。该工作面长158—190米，采高1.3米。大同TZ－140型垛式液压支架工作阻力为每柱100吨，每架400吨，支架高0.92—1.35米。工作面落煤、装煤、运煤、支护全部联合机械化，工人体力劳动减轻，劳动条件改善。这是全国第一个综合机械化采煤工作面，为中国综合机械化采煤创出样板。这一时期，各矿均按走向长壁布置上下山盘区（或集中运输石门），再从盘区上下山向两倾斜布置回采工作面顺槽巷，每翼顺槽长300—500米，工作面长70—100米，采煤方法采用单一长壁或分层长壁，在顶板极坚硬有面积来压地区，采用长壁刀柱式采煤法。

"四五"计划初期，大同矿务局在试验强力液压支架的同时，1971年，在17个工作面用打眼爆破法强制放顶，将刀柱采煤法改为长壁陷落顶板采煤法，减轻了顶板压力，产量提高 35%，资源回收率提高 20%—30%。1974 年，大同矿务局首次引进国外较先进的综采设备 5 套。其中，架型有英国道梯 450/4 型垛式支架 4 套，支撑高度为 2.59—3.5 米，工作阻力为 450 吨，英国伽利克 180/6 型垛式薄煤层支架 1 套，随支架配有采煤机、铠装重型输送机和电控设备。除薄煤层支架不适应大同地质条件没有正常使用外，其他 4 套分别在同家梁、永定庄、四老沟矿投入使用，其产量和效率大大高于国产综采设备。在引进综采设备的同时，继续进行国产设备的试验工作。1974 年 1—9 月，煤峪口矿在 9 号层试验了 TZ－IB 型薄煤层液压支架，9 个月共产煤 15.5 万吨，平均月产 1.72 吨，每工效率 7.9 吨，最高月产 3.03 吨，每工效率 13.4 吨。1975 年，全局有 20 个工作面推广使用了液压支架，采煤机械化程度达到 34.27%。全局工作面个数由 124 个减少到 80 个，工作面效率由每工 3.5 吨提高到 6.5 吨。“四五”计划期末，对四老沟矿 14 号层 303 盘区进行了倾斜长壁开采试验。工作面顺槽斜交或垂直矿井水平运输大巷，不开上下山盘区，回采工作面由井田上下山边界向水平运输大巷后退式开采，工作面长 150—200 米，运输、回风顺槽长 1000—1500 米。这种采煤方法比走向长壁式采煤巷道少，准备时间短、投资少，运输环节简单，掘进工程量下降 14%。此后，有条件的盘区逐步应用了这种开采方法。

表 8－2 1970—1981 年大同矿务局采煤机械化程度表(一)(单位：%)

年份 名称	1970	1971	1972	1973	1974	1975	1976	1977	1978	1979	1980	1981
全局	16.40	15.80	13.82	18.86	24.78	34.27	39.89	41.64	45.16	49.40	62.06	65.88
煤峪口	45.08	50.98	61.39	62.79	70.87	78.59	85.62	87.11	90.39	87.72	94.63	97.22
永定庄	21.89	22.30	11.48	21.37	37.39	68.80	70.86	67.41	67.93	85.00	89.46	85.19
同家梁	47.99	39.25	33.45	44.87	45.70	68.48	77.10	73.70	72.54	74.47	92.91	92.00
四老沟	9.72	11.37	16.95	33.40	65.29	46.90	63.92	69.90	72.87	86.78	90.96	86.87
忻州窑	4.92		2.02		4.46	28.97	32.85	49.16	68.92	75.28	98.19	100.00
白洞	2.25	1.24		7.70	7.86	13.85	15.54	25.72	46.17	46.46	56.85	69.78
雁崖	6.38	8.27		11.62	17.68	50.65	76.38	87.87	86.09	36.15	80.33	80.80
挖金湾	5.00	6.14		8.55	10.69	11.96	13.57	21.02	32.67	46.21	45.82	45.07

续表

名称＼年份	1970	1971	1972	1973	1974	1975	1976	1977	1978	1979	1980	1981
晋华宫	2.65	7.98	0.60		0.40		17.12	1.40	2.10	4.53	33.65	48.25
大斗沟	1.37				1.73		0.17	8.91	19.96	9.48	9.17	11.90
王村					0.85	14.30	11.75	15.31	18.71	10.07	61.87	53.45
云冈										2.43	17.38	35.91

3. 运输和提升技术

（1）运输技术

“三五”计划和“四五”计划时期，在矿井技术改造中，改造了运输系统，更换了老、旧、杂设备。1966年，晋华宫矿大井更换了主绞车，增设井底车场绕道及双翻笼，将301绕道改为双轨，采区车场改为环形车场，安装了钢丝绳推车机，解决了提升运输卡脖子问题。1973年，全局顺槽推广使用皮带输送机，有90部皮带用于73个采煤队的顺槽。1974年，为搞好矿车的维修管理，降低矿车待修率，提高矿车完好率，加快矿车周转速度，制定了《矿车管理条例》。1975年，按照山西省煤管局提出的“溜子锚链化、顺槽运输皮带化、矿车大吨位化、大巷运输电机车化”目标，结合改革开拓部署，推广岩石集中顺槽，加快了采区和顺槽装备皮带输送机的进程。王村矿、忻州窑矿率先使用了长距离钢丝绳皮带输送机和强力皮带输送机；煤峪口、四老沟、雁崖等矿使用U型3吨矿车。“四五”计划时期还开凿了大容量采区和井底煤仓。四老沟矿采区煤仓垂深达110米，雁崖矿采区煤仓从2号层直通到11号层。煤峪口、同家梁设置了1000吨的井底煤仓。溜煤咀闸门有手动和电动两种，部分安装了给煤机或双溜咀。大容量煤仓的应用缓解了因提升运输故障而影响工作面生产的问题，使设备检修有了充足的时间。至1975年，全局13个生产矿井下大巷均采用架线式电机车运输。除挖金湾井1375水平和同家梁矿1040水平采用单轨运输外，其余各矿井均为双轨运输。煤峪口、四老沟、雁崖、云冈4对井采用3吨矿车，永定庄矿采用1.5吨矿车，其余11对矿井均采用1吨矿车。

（2）提升技术

“三五”计划和“四五”计划时期，大同矿务局在进行矿井技术改造时，对提升环节进行了重点改造。1968年，同家梁矿新立井投产，安装滚筒直径4米1000马力大型绞车，主井提升6吨箕斗，副井提升3吨矿车罐笼。1970年底，全局12个矿14对井年提升能力达到1498万吨。至1973年，主立井提升用箕斗的有忻州窑、白洞、云冈矿；斜井用箕斗提升的有煤峪口矿。斜井用皮带输送机提升的有永定庄、四老沟、雁崖、挖金湾（大巴沟井）、晋华宫、大斗沟矿；斜井用串车提升的有挖金湾矿挖金湾井、晋华宫矿马武山井。到1975年，全局13个矿16对井年提升能力达到2547万吨。其中立井箕斗4对，小时提升能力为1654吨；箕斗斜井1对，小时提升能力为254吨；斜井皮带5对，小时提升能力为1944吨；斜井矿车4对，小时提升能力为554吨；平峒电机车运输2对，小时运输能力为246吨。

4. 通风和排水技术

（1）通风技术

“三五”计划和“四五”计划时期，大同矿务局综采起步，有些矿井通过技术改造，产量翻番，通风成为薄弱环节，制约生产发展。全局13对生产矿井中，仅有3对矿井通风能力高于综合生产能力，2对矿井仅维持现状，8对矿井低于生产能力，平均低20%—30%。为此，在对矿井技术改造时，重点抓了通风补套，加强通风管理；结合改革开拓部署，将主要进刚巷开凿在岩层中，改善维护状况，降低风阻，有效风量提高到80%以上；用大型通风机取代小风机；改造性能差、耗能高、风量小、效率低的70B2型风机；增开风井，采用分区通风。到1970年，全局使用的主扇风机有39台，直径2.8米的有8台，直径2.4米的有6台，电动机的容量达1.45万千瓦。大同矿务局经过矿井改扩建以后，井田范围扩大，单井产量有的可达200万吨以上，继续用原通风系统，风路长，井巷断面和风量不能满足要求。故此，各矿井多开井筒，采用了分区通风方式。这种方式是将井田分为若干分区，在每一个分区建进风井和回风井，自成独立通风系统。既不需加大井巷断面，又能使用较小的风机满足大型矿井的通风需要，事故发生后也不相互牵连，在技术上是一大进步。到1975年，全局抽出式通风矿井有14个，有效风量率平均84.72%，有10个矿井超过国家规定标准；压入式通风矿井有

2 个，有效风量率平均 82.93%，超过国家规定标准。

（2）排水技术

“三五”计划和“四五”计划时期，随着矿井技术改造，改造完善了排水系统。各矿分煤层建成中央水仓，安装主水泵排水，增大了水泵容量。1966 年，晋华宫矿副井底中央泵房安装了 3 台 3B－200×2 型中开式离心水泵，1973 年，云冈矿中央泵房安装了 3 台 DK400－22 型中开式离心水泵，每小时排水量均达到 400 立方米。同家梁矿主井底安装的 4 台离心式水泵、王村矿二水平主石门安装的水泵、同家梁矿碾子沟井下安装的水泵、忻州窑矿二水平中央泵房和雁崖矿 1269 水平安装的水泵，扬程均在 300 米以上，电机功率达到 440 千瓦，部分达到 680 千瓦。到 1975 年，全局有 3 千瓦以上水泵 1298 台，其中主要排水泵 76 台。

5. 机电技术

（1）供电技术

①地面供电。1964—1965 年，架设投运了忻晋线（忻州窑至晋华宫）、岩机线、机水线 3 条输电线路，导线均为 LGJ－150，水泥线杆。1965 年，由于供电范围扩大，负荷增加，又重建投运了晋华宫变电站，安装 7500 千伏安、5600 千伏安变压器各 1 台，电压等级为 35 千伏/6 千伏，电源由平旺发电厂经平晋线和忻晋线供给。

表 8－3　大同矿务局变电站情况表

变电站名称	投运时间	变压器容量 KVA 及电压 KV		变电站名称	投运时间	变压器容量 KVA 及电压 KV	
		投运时	1993 年			投运时	1993 年
煤峪口	1956.10	2000×235/6	7500×235/6	碾子沟	1980.7	10000×235/6	1000×235/6
忻州窑	1957.5	2400×235/6	6300×235/6	辛村	1982.4	10000×235/5	10000×235/6
晋华宫	1958.8	1800×11000×135/6	16000×235/6	四台沟	1984.2	2400×235/6	16000×235/6
机厂	1959	2000×235/6	20000×235/6	纸坊头	1985.4	4000×235/6	4000×235/6
大斗沟	1961	1800×235/6	7500×110000×135/6	燕子山	1987.8	50000×310/35/6	50000×310/35/6

续表

变电站名称	投运时间	变压器容量 KVA 及电压 KV		电站名称	投运时间	变压器容量 KVA 及电压 KV	
		投运时	1993 年			投运时	1993 年
挖金湾	1967.10	2000×235/6	3200×110000×135/6	郭家坡	1990.9	5000×235/6	5000×235/6
马脊梁	1970	1000×11800×135/6	10000×235/6	前窑	1991.5	4000×235/6	4000×235/6
王村	1970.12	3200×235/6	8000×235/6	榆涧	1991.11	6300×235/6	6300×235/6
姜家湾	1973.2	10000×235/6	10000×235/6	后所沟	1991.12	3150×235/6	3150×235/6
四老沟	1978.12	45000×310/35/6	45000×310/35/6	苦水湾	1992.2	4000×235/6	4000×235/6
矿务局	1979.8	3200×235/6	16000×110000×135/6	岩岭	1992.12	20000×235/6	20000×235/6
南羊路	1980.7	15000×116000×135/6	15000×116000×135/6	上碗沟	1993.12	3150×135/6	3150×135/6

注：大斗沟变电站 1993 年 5 月被撤除。

“三五”计划和“四五”计划时期，大同矿务局投运 4 个变电站和 5 条输电线路。1966 年架设了四挖线（四老沟至挖金湾）、四王线（四老沟至王村）、王挖线（王村至挖金湾）3 条输电线路，共长约 32 公里，均为 LGJ-150 导线，水泥线杆。1967 年 10 月，挖金湾 35 千伏变电站投运，安装 2000 千伏安变压器 2 台，电压等级为 35 千伏/6 千伏，电源由四老沟变电站经四挖线供给。1968 年，架设晋华宫至姜家湾的晋姜线，导线为 LGJ-150，长 5.96 公里，水泥线杆。1970 年，在马脊梁建造了 1 个木结构的临时变电站，安装 1000 千伏安和 1800 千伏安变压器各 1 台，电压等级为 35 千伏/6 千伏，电源由忻州窑变电站经忻马线供给，主供马脊梁矿生产用电。1970 年 12 月，王村变电站投运，安装 3200 千伏安变压器 2 台，电压等级为 35 千伏/6 千伏，电源由四老沟 35 千伏变电站、挖金湾变电站经四王线和挖王线供给，主供王村矿生产用电。20 世纪 70 年代初，大同地区电力供应严重不足，大同矿务局通过倒换生产班次、错开交接班时间以及改进技术管理措施，调整负荷节约用电。1972 年，除压缩照明外，机修厂、化工厂和水泥厂等附属小厂均无法正常生产，矿井开拓掘进用的压风机也常常被迫停开。1973年3月，大同矿务局制定《计划用电、节约用电、群众办电工作试行办法》。同年8月，印发《电气工作条例》(讨论稿)。由于大同地区发电能力不足，供电装机容量难以满足负荷要求，1973年和1974年，大同矿务局向水电部列车电业局租用两列列车发电机组(10号列电、54号列电)，总发电能力1万千瓦。两列列车发电机组分别放置在局机修厂厂区内外。10号列电经机厂分路622盘Ⅱ段母线供机厂用电，剩余电经2号主变压器(5600千伏安)升压与35千伏并网。54号列电经机厂603盘3号变压器(1000千伏安)升压直接与35千伏母线联接为电网供电。1973年2月，云冈变电站兴建投运(1982年，雁同电力公司直属的云冈110千伏变电站投运后，云冈站更名为姜家湾站)，安装1万千伏安变压器2台，电压等级为35千伏/6千伏，电源由晋华宫站、大斗沟站经晋姜线和大云线(大斗沟至云冈)供给(1982年，其主电源经云姜线由110千伏变电站供给)。1975年9月，马脊梁建成永久变电站，安装2000千伏安变压器2台，电压等级为35千伏/6千伏，电源由忻州窑变电站经忻马线供给。到1975年，大同矿务局共管理11个变电所。1979年，电力供应紧张局面得到缓解，两列列车发电机组相继撤出。

②井下供电

“三五”计划和“四五”计划时期，局井下供电升压。1966年2月23日，同家梁矿8号层8103工作面推广试验了采区660伏电压。当年，全局有10个回采实现了660伏供电。到1967年底，全局共有5个盘区、28个回采工作面、2个掘进工作面、1个发电机组、1台75马力绞车实现660伏供电。同家梁、煤峪口、永定庄、四老沟、忻州窑、白洞和雁崖矿推广了660伏供电系统，为采煤、掘进的机械化创造了条件，解决了由于顺槽巷道供电距离增大而工作面电压低，电动机启动困难的问题，节约了电缆，降低了电耗，全年节电60万度，节省电缆1.8万米，节约资金42万元。20世纪70年代初，引进国外成套综采设备以后，井下供电技术有了较大提高。开始使用SF6高压隔爆开关，额定电压6000伏；低压供电电压升至1140伏，开始使用SCBM11A-300真空磁力启动器，电压1140伏，容量300安培；电气保护采用电子式综合保护，6000伏系统使用了接地跳闸保护装置，1140 伏电缆全部使用分相屏蔽电缆。综采设备的供电系统使用矿用隔爆型移动变电站，提高了工作面的供电质量。工作面照明采用了综合保护装置，煤电钻采用了双电钻综合保护装置，设备控制采用了赛瓦德控制装置。从 1971 年起，普采和工程掘进工作面的低压供电电压均提高到 660 伏。

（2）机修技术

“三五”计划和“四五”计划时期，由于受“文化大革命”的影响，机修水平发展缓慢。1967 年，机电设备失修严重，材料配件供应不足，电溜子待修率达 22%，皮带机、装岩机、割煤机、煤电钻等设备失修亦很严重。进入 20 世纪 70 年代，机修能力逐步恢复。到 1970 年底，全局机分厂建筑面积增至 1160 平方米，各矿机修职工达 904 人，机加工设备共有 169 台，其中金属切削机床 141 台、锻压设备 26 台、铸造设备 2 台，已成为局机电修配直属厂的主要辅助厂。1972 年，全局设备待修率高达 8.7%，机电事故率为 8.58%，设备完好率仅 52.1%。机电设备严重磨损，由于设备更新供需脱节，机电设备更新差，配件严重短缺，造成采掘运设备长期带病运转。1973 年 8 月，为了加强机电管理，充分发挥设备效能，大同矿务局印发了《机电设备管理办法》（讨论稿）和《配件管理办法》（讨论稿）。以矿车、电溜子、防爆设备、选煤设备为重点组织了 4 次设备维修会战。同时，整顿落实了包机制，1973 年，全局 550 个包机组有 164 个达等级队标准。雁崖、同家梁、四老沟、永定庄、煤峪口等矿通过试点逐步建立了采区机电维修队（或机电运转队）。岗位固定，责任明确，对盘区和顺槽设备集中管理，分片包干，加强了机电设备的维修力量。1974 年，全局推广采区机电维修队和设备包机制。同年 8 月，制定《采掘区机电维修队工作细则》和《机电设备包机制实施细则》，实行“三定”（人员、设备、任务）、“四包”（使用、管理、维修、排除故障）。到 1975 年，全局 34 个采区有 27 个建立采区机电维修队，全局共建 407 个包机组，6082 名固定司机和维修工，3246 台包机设备。全局 12 个矿实现了“80、7、2”（完好率 80%、待修率 7%、事故率 2%）指标。“四五”计划时期，机厂开始由普采机电设备修制向综采机电设备修制过渡。因各矿生产机械设备大量增加，机修厂机修设备已不能适应新的要求，1975 年，机修厂再次扩建，新建了液压、下料、热处理、锻压、铸钢 5 个车间，新增 202 台设备。

（3）通讯技术

1964 年底，矿务局又购置 1 套 ZJIM 铁线三路载波电话终端机（非标准产品），于 1965 年底开通使用，缓和了与外地长途通话通道，也解决了电话串音问题，这是大同矿务局电话通讯使用载波通往外地的第一套设备。1967 年，矿务局购置 M 型标准式三路载波终端机替换了非标准 ZπM 铁三路载波电话终端机（1985 年局至大同市邮电局的 100 对地下电缆开通后才停止使用）。

1971 年 11 月，矿务局通讯技术小组改进调度电话，成功制作全套载波会议电话机（20 个端机），并投入使用，结束了 20 多年来广播式会议电话对全局通讯的串音干扰。1972 年，矿务局交换机更换为 1000 门步进式交换机，局矿之间增加了部分通讯线路，全局通讯稍有缓和。1973 年初，试制载波调度电话，并一直使用到 1986 年。

二、灾害防治技术

1. 瓦斯防治技术

“三五”计划时期，大同矿务局开凿风井，增加风机，完善通风系统。推广了掘进长距离通风，严格了瓦斯等级管理。井下设备实现“三无”“四有”“两齐”“三全”“一坚持”（无鸡爪子、无羊尾巴、无明接头；有过流和漏电保护设施、有螺丝和弹簧垫、有密封圈和挡板、有接地装置；电缆悬挂整齐、峒室设备整齐；防护装置全、绝缘用具全、图纸资料全；坚持使用继电漏电器），配齐了防爆装置，加强了电器管理。

2. 粉尘防治技术

1963 年，国务院批准煤炭工业部、卫生部等 4 个单位发布的《防止矽尘危害工作管理办法（草案）》，规定井下有人工作地点和人行道的空气中，粉尘中含游离的二氧化硅大于 10%时，最大煤尘浓度不得超过每立方米 10 毫克，岩尘浓度不得超过每立方米 2 毫克。按照该标准，各矿开始进行综合防尘。洒水管道开始向采掘工作面延伸。到 1963 年底，17 个全岩工作面有 16 个使用了湿式凿岩，占 94%；42 个半煤岩工作面有 21 个使用了湿式凿岩，占50%。其中忻州窑、永定庄、同家梁、白洞、大斗沟矿除放顶眼外，全部使用了湿式凿岩。1964年初，矿务局对防尘洒水工作作了指令性规定，必须在所有运煤转载点和翻笼等处喷雾洒水和定期冲洗。到1966年5月，全局生产矿井共有108个凿岩工作面，推行湿式凿岩的有58个工作面（包括已实现综合防尘的7个）。其中22个全岩掘进工作面均推行了湿式凿岩，并有4个工作面实现了综合防尘；41个半煤岩掘进工作面中有31个推行了湿式凿岩，并有3个实现了综合防尘；13个打锚栓工作面，有3个推行了湿式凿岩，1个采用干式捕尘；8个基建掘进队全部推行了湿式凿岩。由于水源距回采工作面较远，水压不够，缺乏管路材料，全局各矿回采放顶32个工作面，有31个干打眼，仅有1个推行水湿风钻打眼。

“文化大革命”初期，粉尘防治工作无人过问，多数回采工作面未使用静压洒水。20世纪70年代中期，随着采煤机械化迅速发展，产生大量粉尘。各矿集中力量恢复建立洒水系统，研究除尘方法，先后派人去阳泉局、石咀山局学习煤体注水技术。到1975年，全局有12个矿（除挖金湾矿）建立了防尘洒水系统，共有234名防尘人员。

3. 火灾防治技术

1958年，受“大跃进”影响，恢复高落式、漏斗式、煤皮假顶等采煤方法，给井下自燃造成隐患。1961年4月，矿务局成立地质处，设消火工程组，对四老沟矿401火区进行灭火，组织了一个45人的灭火灌浆队，使用一台灭火钻机，通过地面打钻灌浆灭火。1964年，矿务局在生产处成立灭火组，督促灭火工作，并在同家梁、四老沟、煤峪口3个矿建立灌浆系统。

20世纪70年代中期，矿井生产规模扩大，井下需风量急剧增加，因受巷道断面所限，通风阻力增大，漏风严重，使部分采空区起火、老火区复燃。

4. 水害防治技术

20世纪70年代，大同矿务局矿井的水患主要是上层采空区积水。为了防止上层采空区积水影响生产，在下层掘好的巷道中，根据底板等高线在比较低洼的区域向上层打钻排放积水。1970年，老白洞矿积水通过8

号煤层古窑区渗入同家梁矿，导致同家梁矿涌水量快速增大（老白洞矿停产后，井下被淹 10 年，形成积水 220 万立方米）。为了及早消除淹井毁矿重大隐患，由同家梁矿井下打钻放水，8 个月全部放完积水。

5. 顶板灾害防治技术

1963 年 1 月 1 日，使用圆盘下沉自动记录仪对顶板进行远距离观测，保证了观测人员的安全。同年下半年，利用中国科学院矿冶研究所设计的地音机，在挖金湾矿直接研究煤体内受压的变化情况。1964 年，在永定庄矿 9 号煤层试验了浅孔循环放顶，孔深 2.5—3 米，可放下 2 米左右的悬顶，减轻了工作面压力，减少了顶板事故。此后，在同类顶板条件下，推广了浅孔循环放顶法处理顶板。同年，采煤工作面开始大量使用摩擦式金属支柱。1965 年 11 月，中国科学院矿冶研究所与大同矿务局科研所、挖金湾矿合作，在大巴沟井 402 盘区 14 号层 8218、8220 工作面应用 65 - 101 型地音探测仪进行了为期一个月的顶板观测。

1966 年，永定庄矿 17 号井因顶板大面积塌落而报废。1970 年 11 月，在煤峪口矿 9 号层开始试用 TZ - 140 型液压支架，使回采工作面顶板支护跨入新阶段。同年二季度，四老沟矿采煤 8 队开始应用抚顺岩石电钻深孔放顶，取得初步成果。1971 年，永定庄矿在 8 号层 8902 工作面及 11 号层 8208 上分层工作面试验了步距深孔放顶法，步距为 20—24 米，孔深 6—7 米，可放 5— 6 米厚的岩顶，形成一道槽，顶板来压时即沿槽切断冒落。1971 年，全局有 5 个深孔放顶工作面，其中 11 号层 4 个，8 号层 1 个。放顶方法基本上是两种：台阶放顶，每 2—3 个循环通头放一次；通头放顶，针对顶板来压步距，通头放一次，形成一刀齐（平行眼或双排眼）。1973 年，煤峪口、永定庄、同家梁、四老沟等矿建立了专业放顶队管理顶板，减少了大面积来压隐患。矿务局组织工程技术人员深入矿井对顶板管理进行检查，并总结了 20 年顶板管理的经验教训。

1974 年 2 月，根据顶板特定条件和顶板管理经验，矿务局制定了《回采工作面顶板管理工作暂行规定》，主要内容包括一般规定和关于支放的规定。20 世纪 70 年代中期，全局推广综采，使用液压支架；进行深浅孔放顶，顶板管理得到了改善。至 1975 年，全局步距深孔放顶工作面达到 43 个，但仍有垮顶事故发生。

第三节　安全管理及经营管理中的起伏

三年调整时期，安全管理及经营管理得以循科学化、合理化的方向发展。“文化大革命”初期，安全管理及经营管理机构被削弱，部分规章制度被破除，技术装备落后，安全基础工作受到破坏。安全隐患多，伤亡事故多；经营业绩下降。随后，大同矿务局开始严格安全管理，强化经营管理，安全形势和经营局面有了很大改进。波动是此时期管理工作的特点。

一、同期安全管理

1. 安全管理机构

1965 年 10 月，大同矿务局安全监察局改称局安全质量监察局，驻各矿（厂）安全监察站改为驻各矿（厂）、基建工程处安全质量监察站。

“文化大革命”开始后，安全质量监察局改为安全监察组，划归生产部。“群管”组织解体，安全生产秩序混乱。1971 年末，矿务局党委作出《关于加强安全机构的决定》，在各矿、厂、工程处生产组内设置安全检查组（配备 3—5 人），在每个采掘营配备 3 名专职安全检查员，各排、连、营、矿生产组由一名副职分管安全工作，各营专职安全检查员受营和安全检查机构双重领导。每个作业班配备义务安全检查员，并组成群众性安全网，负责本班作业点安全检查。1972 年 10 月，矿务局恢复安全检查处，各矿、厂、工程处亦相应恢复安全检查科，重建了“群管”组织。

2. 规章制度

1963 年，煤炭工业部颁发了《煤矿企业安全工作条例》和《煤矿安全监察条例》。全局各矿、厂、处发动广大职工，制定了遵章守纪、按章作业、抵制瞎指挥等守则。按照这一规定和条例，修订、补充各个工种的操作规程。

“三五”计划和“四五”计划时期，由于“文化大革命”的影响，部分规章制度未得到执行，无组织、无纪律、无政府的现象十分严重，矿井事故不断发生。大同矿务局排除干扰，制定了一系列安全管理制度。1969

年 6 月 5 日，根据全局安全大检查汇报和讨论的问题及所设计的措施，起草了《大同煤矿矿井安全生产试行措施（草案）》，内容分总则、采掘工作面管理、通风瓦斯防尘工作管理、机电设备管理四部分，共 29 条。 1970 年，中共中央下达《关于加强安全生产的通知》，煤炭工业部制定了《关于煤矿安全生产几项主要制度的暂行规定（草案）》。 同年 8 月，制定了《矿井安全生产试行规程》，铅印成小册子，该规程共 9 章，231 条，对开采、通风、瓦斯、煤尘、防灭火、防治水、火药和放炮、运输提升、机电等作了规定要求。 逐步恢复了安全活动日、安全例会和事故报告分析会、通风瓦斯管理制、工程质量检查制、设备维修保养制。 1972 年，燃料化学工业部颁发《煤矿安全生产试行规程》，大同矿务局相应制定了《安全生产暂行规定》，印发到各矿、区队学习贯彻执行。 1973 年 6 月，局制定《矿井电气安全工作细则》，明确组织机构、职责范围和电气安全工作制度。 1974 年 5 月，局编制《煤矿安全生产试行规程实施细则》，细则分总则、组织、管理制度和技术规定三部分。

3. 安全检查

1965 年 4 月 16 日至 5 月 14 日，山西省煤管局、劳动局等有关部门组织安全质量大检查，对大同矿务局 11 个矿和基建工程处进行了重点检查。

“三五”计划初期，由于受到“文化大革命”的影响，安全检查制度中断，上级主管部门的巡回检查停顿。 1970 年，大同矿务局根据中共中央《关于加强安全生产的通知》和上级主管部门的指示精神，恢复定期检查制度。 1971 年，根据燃料化学工业部、山西省煤管局的统一布置，矿务局组织有关处室对各矿、处进行了贯彻中共中央“〔1970〕71 号”文件精神的安全检查，恢复和健全了安全检查制度，并将每年的定期巡回检查或不定期的矿、厂、处互检作为制度固定下来。 1973 年，开展了 4 次安全生产大检查。 1975 年 4 月 25 日至 6 月 4 日，山西省计划委员会、山西省煤化局检查团到大同矿务局进行了以“五查”（查思想、查领导、查纪律、查制度、查漏洞）为内容的安全大检查。 通过对防火、防爆、防尘、防毒和机电设备、顶板管理等的安全检查，查出各种事故隐患 832 项，采取“三定”措施逐一整改。

4. 安全培训

1963 年，纠正了重生产轻安全的思想，注重安全培训。至 1965 年，各矿、处按照安全技术规程围绕技术革新和技术革命，不断举办采煤司机、机电检修工、通风工、安监工、瓦斯员等主要工种人员脱产（8—10 天）或业余培训班，进行安全技术培训。

“文化大革命”开始后，安全培训教育受到影响，一度停止。1970 年，中共中央下达《关于加强安全生产的通知》后，安全培训得到恢复，逐步走向正常。各矿、厂、处恢复新工人岗前安全培训，考试上岗制度，同时恢复班前学习、班后教育制度。1973—1975 年，各矿、厂、处采取多种形式，举办了安检、生产、技术管理干部和主要工种学习班，进行多层次的安全技术培训。

二、同期经营管理

1. 计划管理

（1）管理机构

1959—1966 年，培训计划、统计 68 名人员，其中 18 名取得中国人民大学函授毕业证书。1967 年，计划处改称计划组，属生产部领导。1972 年恢复计划处，下设生产组、工程组、统计组。

（2）计划编制管理

“文化大革命”中，仍沿用 1956 年的计划编制方法，只是在编制过程中组成由工人参加的“三结合”调查组。

（3）统计管理

从 1963 年起，建立自筹资金投资统计制度。同年贯彻国务院《关于加强统计工作的决定》和《统计工作试行条例》，重新制定了《大同矿务局统计工作实施细则》。

“文化大革命”开始，中断了《大同矿务局统计年鉴》的编印。1967 年，计划处改为计划组，内设 2 名统计人员，其余统计人员全部被下放。全局的综合统计和生产、基建、劳资、物资、机电设备、煤质、安全专业统计全部计划均由组内的 2 名统计人员完成，统计报表大量削减，资料严重丢失。

1971 年，根据《全国统计工作会议纪要》和国家统计局《关于加强统计工作的通知》精神，建立了每月 1 日电话快报制度和统计报表上报制度。实行了顶板事故、机电事故和工程月报等内部报表制度。同年，工业总产值改按 1970 年不变价格计算。1972 年，计划处设立统计组。同年，开始落实政策，下放劳动的统计人员陆续回到岗位，计划处统计人员增加到 5 名。劳资、物资、机电设备、煤质、安全等部门重新建立了专业统计。各统计部门重新建立了部门之间资料传送、统计报表管理、统计数字审核制度。同时，开展了更新改造资金统计，实行了房屋建筑面积、现有学校状况、教职员工人数统计年报制度。计划处统计组行使综合统计职权，业务范围为进行综合、基本建设、维简资金等统计工作。1974 年，统计组应用了电子计算机。1975 年，实行了回采工作面技术经济指标月、年报制度。1976 年，统计组编印了《大同矿务局统计资料汇编（1949—1975）》。

2. 劳动工资管理

（1）管理机构

1967 年，大同煤矿革命委员会下设三部一室（政治部、生产部、后勤部、办公室），生产部设有劳动工资组，矿、厂（处）设立工资组。1972 年，恢复劳动工资处，下设工资组、计统组、调配组、劳动组织组，矿、厂（处）设立劳动工资科。

（2）劳动管理

①用工制度管理。1970 年调整工资时，进行了用工制度改革，将轮换工全部转为固定工。1971 年，根据国家规定，将符合条件的合同工全部转为固定工。

1973 年以后，为满足煤矿基本建设的需要，除按国家规定招收季节性临时（合同）工外，开始自行使用农村外包工，主要是承包土建工程。

②劳动组织管理。1963 年 1—5 月，精减了 4554 名职工。同年，制定了《工人考勤管理暂行制度》。

1967 年 10 月，大同煤矿革命委员会废除了以前的劳动纪律，同时废除了采掘工作面的 4 班交叉作业制，制定了《关于加强劳动纪律的几项试行规定》，采掘工作面实行 3 班作业制。1972 年，大同矿务局革命委员会又制定了《各处室职责范围暂行规定》《各工种岗位责任制》。

（3）工资管理

①工资管理

1963 年，煤炭工业部根据劳动部文件，针对煤矿技术人员和管理人员职务等级标准过繁过低的问题，重新制定了标准，并采用了国家机关统一的地区分类。新工资标准共 21 个等级，煤矿工资划分为 6 类。同年，大同矿务局有 1.36 万名职工晋升工资，月增资 12.26 万元，晋升工资职工占职工总数的 32.96%。统一了工人各工种工资标准和等级线。1965 年，工业生产职工平均年工资为 946.81 元，基本建设职工平均年工资为 936.61 元。1968 年，计件工资被废除，统一改为计时工资。

1971 年，根据国发 290 号文件的规定，对工资偏低的老工人和井上下主要生产工人的工资进行了适当调整。1975 年，工业生产职工平均年工资为 918 元，基本建设职工平均年工资为 838.36 元。

②劳动定额管理

1961 年 5 月，在总结定额管理经验的基础上下发了《大同矿务局生产示范劳动定额》。通过执行不断地修改与补充，1963 年 6 月，又以《大同矿务局 1963 年度生产劳动定额手册》的形式下发。此定额一直沿用到“文化大革命”前。“文化大革命”期间，劳动定额制度被废弃。

③奖励和津贴管理

1965 年 5 月，制定《大同矿务局职工综合性奖励试行办法》，分井下采掘工人、井下辅助工人、地面生产工人、服务性工人、一般干部奖，最高奖为井下采掘工人一等月奖 14 元，最低的为一般干部年终三等奖 15 元。同年 8 月，制定《大同矿务局机电计时工人综合性奖励制度试行办法》，工人基础奖 5 元，设备完好或达到“五好”率，在基础奖上分别加 5%，事故每下降 2%加发奖金 1 元，在其服务范围完成当月作业计划时，加发 2 元，大链子丢失率低于 1%加发 2 元。每月人均奖金不得超过 20 元。1965 年 9 月，因批判“奖金挂帅”开始取消部分奖励。此后，全局的奖励只有两种，一是正规循环奖，二是职工综合性奖。从 1965 年 12 月 1 日起执行四、五、六角井下津贴规定。从 1966 年 9 月 1 日起，采掘、工程井下津贴改为 8 角，井下其他工种改为 4 角。

1968 年 6 月，取消计件工资制度，奖金制度也被视为“物质刺激”“奖金挂帅”而废止。同年，根据山西煤管局指示，山西省煤炭系统领导小组组织有关人员，在大同矿务局进行附加工资的试点工作。根据十省一市煤炭会议精神，从 1969 年 6 月 1 日起，执行井下工人每人每月 6 元，其他工作人员每人每月 4 元的附加工资。9 月改为全部职工每人每月 6 元。附加工资随工资一起发给，工资在 100 元以上的不享受附加工资。

3. 财务管理

（1）管理机构

1963 年，财务处设会计、财务成本、基建财务 3 个组。1964 年，将财务成本组分为财务组和成本组，增设资金组。资金组负责财务计划管理和流动资金管理、核算。1965 年，大同矿务局实行“五权”集中［将各矿（厂）的物资供应、煤场管理、外运地销、医疗卫生、小学教育部门的业务和人员改由矿务局统一管理，垂直领导］，将各单位的固定资产集中到财务处统一管理与核算，实行分口部门分工责任制，财务机构扩大，人员增加。财务处下设会计、成本、财务、固定资产、材料核算、基建财务 6 个组。

1966 年，财务处材料核算组并入会计组，固定资产组并入财务组。1967 年，财务处下设会计、财务成本、资金、基建财务 4 个组。同年，财务处改称后勤部财务组，设会计、成本、财务 3 个组。1972 年，恢复财务处，财务处下设会计、成本、财务、资金 4 个组。

（2）经济核算管理

1963 年仍实行矿（厂）完全经济核算制。同年，大同矿务局直接领导的附属单位视同一个企业，由矿务局本部汇编会计报表，包括财务处、行政处、印刷厂、混凝土预制厂。1964 年 7 月，大同矿务局改为联合企业，成为完全经济核算单位，实行“四集中六统一”［由局集中回收煤款、上缴利税、办理信贷、调配固定资产，将各矿（厂）的物资供应、煤场管理、外运地销、医疗卫生、小学教育、生活福利部门的业务和人员均改由矿务局统一管理］，矿（厂）改为内部核算单位。各矿（厂）一切结算均通过局、矿（厂）往来转账，所有上缴下拨款项均由矿务局统一办理。这种方式有利于克服实行矿（厂）完全经济核算制后逐渐显露出来的分散经营，从宏观上不易调控的弊端。

1964 年末，为贯彻中央用经济办法管理企业的指示和煤炭工业部有关文件精神，矿务局制定了《关于实行以矿务局为独立经济核算单位的经济体制改革方案》。该方案从 1965 年 1 月起实行。方案规定矿务局为独立经济核算和国家计划单位，所属矿（厂）为内部核算和计划单位，核算产品成本。方案提出 6 项改革：物资供应、产品销售、计划管理、营建划分、财务管理和固定资产管理改革。规定由矿务局集中掌握各项资金，集中核算经济成果，统一回收煤款，统一上缴利税，统一办理信贷，统一调配固定资产。在贯彻方案的同时，实行了“五权”集中，即将各矿（厂）的物资供应、煤场管理、外运地销、医疗卫生、小学教育部门的业务和人员均改由矿务局统一管理。这些改革体现了国家对企业经营管理高度集中统一的要求。1964 年至 1966 年前，大同矿务局制定了《关于加强财产物资管理、防止损失浪费的若干规定》《关于加强福利费管理的若干规定和措施》《关于增加收入、厉行节约、加强财务管理的五项规定》《关于清查资金有关问题的处理办法》等制度。三年调整时期，经济核算工作有所加强。

“文化大革命”开始后，经济核算工作被削弱，财务机构被精简，部分财会人员被下放，规章制度无法执行。直到 1971 年，这种局面才开始扭转。

1966—1975 年，矿务局仍为完全经济核算单位，矿（厂）为内部核算单位，但这种体制根据实际情况每年有所调整。1967 年 7 月，针对 1965 年实行“五权”集中后各矿供应、运销、医务、学校由矿务局直接管理困难诸多，又影响各矿积极性的弊端，遂改为“五权”下放。本着“谁用谁管，谁管谁算”的精神和“有利生产、方便”的原则，将供应站、运销站、保健站、小学校和部分财务的管理五项权限下放到各矿（厂）。同年，将借贷记账法改为增减记账法。1969 年 9 月，大同矿务局下发《关于财务制度几项改革的通知》，实行“存贷合一”，简化材料核算手续，成立群众化的经济监督小组等。1971 年，采取了一系列措施加强经济核算，先后制定了《关于实行矿（厂）内部经济核算试行方案》《关于加强财务开支管理的几项规定》《会计事务处理程序》等 19 项财务规章制度，使经济核算走上正轨。同年 9 月起，扩大矿（厂）内部核算范围，由矿（厂）自行核算利润，自行组织上缴利润，自行办理贷款，局矿（厂）两级会计核算体制逐步完善。

（3）固定资产管理

①分类

1965 年，实行“五权”集中，固定资产集中由矿务局统一管理和核算，各矿财务部门保留一套固定资产卡片，设专人管理。同年，根据国务院文件规定，大型企业低值易耗品单位价值在 800 元以内可以摊入成本，单位价值在 800 元以上为固定资产。矿务局规定非生产单位购置设备单位价值在 500 元以上者为固定资产。1967 年 7 月，将“五权”集中改为“五权”下放，固定资产也随之下放到各矿（厂）管理和核算。

②增长

1963—1965 年，根据中央“调整、巩固、充实、提高”的八字方针，调整了固定资金的投入规模，加强了固定资产管理。1965 年末，固定资产原值为 3.28 亿元，比“二五”计划末期，提高 17.63%。

1966 年，由于晋华宫矿二号井投产，国家对大同矿务局投资 1854.1 万元，比 1965 年增加 644.19 万元；固定资产原值达到 3.71 亿元，比 1965 年增加 4392.37 万元。从 1967 年起，各矿不计提基本折旧，改按吨煤提取更新改造基金；各附属厂和矿务局本部的固定资产则按山西省煤矿管理局核定的年平均折旧率 4.5%计提基本折旧。1969 年 6 月，根据山西省革命委员会文件精神，矿务局接管省劳改局所属怀仁下寨农场。1972 年 8 月，办理交接入账手续，计固定资产原值 73.42 万元，已提折旧 16.29 万元。矿务局扣除果木树 22.16 万元，入账原值 51.26 万元、折旧 16.29 万元。另有土地 1.45 万亩也一并接管。1970 年 4 月，根据山西省革命委员会文件精神，大同矿务局接管省劳改局所属大青窑煤矿（接管后称王村矿），固定资产原值 2772 万元，折旧 1205 万元，净值 1567 万元。于 1988—1989 年间分 4 次按净值付款。

1971 年，矿务局进行第三次清产核资。清查结果为盘盈固定资产净值 14.2 万元，报废固定资产净值 638.53 万元，盘亏固定资产净值 0.81 万元。1973 年，由于云冈矿一期工程投产，固定资产原值达到 5.57 亿元，比 1972 年增加 9608.81 万元。1974 年，大巴沟平峒扩建工程竣工投产，固定资产原值达到 5.82 亿元。

“三五”计划时期，受“文化大革命”的影响，除 1966 年晋华宫矿二号井投产，国家对大同矿务局的投资比 1965 年增加较多，固定资产原值增长幅度较大外，1967—1970 年，国家对大同矿务局投资较少，固定资产没有显著增长。“四五”计划后 3 年，国家投资有所增加，固定资产原值开始上升。1975 年底，固定资产原值为 6.56 亿元。

（4）流动资金管理

①资金管理

1963 年，贯彻“调整、巩固、充实、提高”的八字方针和工业“七十条”及财政、银行“双六条”，矿务局流动资金管理、核算从严从细，加强采购计划审查和合同管理，严格执行财务收支计划，进行内部挖潜，清理债权债务，逐步扭转资金周转被动局面。1964 年 7 月，实行“四集中六统一”，所有矿（厂）一切结算均通过局、矿（厂）往来转账，所有上缴下拨款项和银行信贷均由局统一办理。经过国民经济调整时期的 3 年努力，定额流动资金占用率逐年下降，资金周转加速。

1967 年 7 月，实行“五权”下放，将原集中在矿务局的供应、运销管理权限下放到各矿（厂），促进基层加强流动资金管理的积极性。1971 年，大同矿务局制定《流动资金管理办法》。1972 年，进行清产核资，处理超储积压，清理债权债务，对加速资金周转产生了积极作用。

②储备资金和包干工资管理

储备资金的管理方法经过多年的改变，于 1971 年总结出“先分口后分级，在分口的基础上分级”的管理方法。该方法使管物管钱密切结合，有效地调动了器材、机电（配件）分口部门和矿（厂）管理资金的积极性。同时，贯彻了采购按计划、储备有定额、主材消耗按定额、生产常用物资按综合定额、一般材料按计划限额的制度。1973 年，清仓利库，使储备资金年末占用比年初减少 176 万元。“四五”计划时期，储备资金年均占用 3979 万元。

③生产资金和成品资金

各附属厂（中央机厂、化工厂、水泥厂、印刷厂）生产资金约占整个定额流动资金的 3%。 各矿生产计划部负责监督工料合理投入、产品质量以及生产过程中各个环节的衔接与平衡；财务部负责控制生产周转，通过车间核算和生产过程的各项费用。

成品资金从 1952 年开始出现，其管理、核算体制多次变化。 1971 年，贯彻分口分级管理体制，各矿成品资金划归运销处统管。 在此期间，通过路矿协作、科学调运，使场存煤炭占用资金保持相对稳定。

（5）专用基金和专用拨款管理

①维简基金及其拨款管理。 1965 年，设立井巷工程基金，按吨煤 0.82 元提取，计入成本。 1966 年，井巷工程基金改按吨煤 1 元计提，1967 年停提。 同年，停提基本折旧基金，改提更新改造基金。 按吨煤 1.46 元提取，计入成本。 1967 年，固定资产复置金并入更新改造基金。同年，停提井巷工程基金。 1973 年，更新改造基金改按吨煤 1.46 元提取，1974 年，按吨煤 1.5 元计提。

②企业及职工奖励基金管理。 1969 年，按工资总额的 3%计提。 从 1971 年起，各矿（厂）提取的企业奖励基金缴局三分之一，自留三分之二。

③科技三项费用拨款。 1967 年，大同矿务局建立科技三项费用拨款。 其包括科学试验费、中间试验费、新产品试制费。 按上级指定项目使用，由使用单位管理和核算。

④福利及医药补助金。 从 1971 年起，医药卫生补助金实行两级管理、两级核算，各基层单位按照规定的比例缴矿务局。

（6）成本管理

①项目。 1966 年后，成本项目在 4 至 9 个之间，矿（厂）管理费和车间管理费内容也屡有变化。

②管理。 从 1963 年 7 月起，矿务局成为完全经济核算单位。 各矿（厂）编报年度成本计划，计算全部成本。 矿务局汇编成本计划，计算全局成本。 1964 年，各级、各有关部门均制定提高工效、降低消耗、节约费用的规划和措施，加强了材料定额和费用定额管理，健全了产品的产品数量、原始质量的记录，工具领退消耗记录和工资记录，改进计量、验收制度。 对物资收发和领退料做到月末未用材料及时办理退库或退料手续，保

持成本真实。三年调整时期和“三五”计划时期，尽管有增提井巷工程基金、更新改造基金及职工食堂炊管人员工资改由成本开支等政策性增支因素，吨煤成本仍稳中有降。尤其是“三五”计划时期，吨煤成本为12.91元，比三年调整时期下降3.58％。

1971年，在扩大矿（厂）内部核算范围的同时，贯彻落实了分级分口经济责任制，将全局成本指标层层分解，纵向分解到矿（厂）、区队（车间）、班组，横向分解到局、矿（厂）有关职能部门。并于同年首先在煤峪口矿和永定庄矿进行试点，取得经验后再推广到全局。

“四五”计划时期，依靠工人群众管家理财，班组经济核算进一步推广。1974年，全局班组核算面达到59.1％。总结出了抓思想、抓关键、抓典型的“三抓”和与增产节约运动相结合、与劳动竞赛相结合、与加强管理相结合、与工种岗位相结合、与技术革新相结合、与专业核算相结合的“六结合”经验。吨煤成本保持上期水平。

4.物资管理

（1）管理机构

1960年，器材供应处改为制造供应处，并领导和管理局化工厂、橡胶厂、水泥厂、预制厂和修配厂。1961年，局化工厂、橡胶厂、水泥厂、预制厂和修配厂从制造供应处划分出去，增设驻太原催采组。1962年底，全处有54名干部，局总仓库有20余名干部。

1964年，体制改革，器材供应处由新平旺迁至南厂办公，库处合一。各矿（厂）材料科归器材供应处直接领导。1967年初，器材供应处与局总仓库分立，器材供应处迁回新平旺办公，并在新平旺成立机关供应站。同年，器材供应处与机械动力处合并，改组为机材组，直属局生产部领导。全组共有24名管理干部，同时领导北京、天津、上海、沈阳、太原各驻外催采组和驻东北木材检运站。

1972年，恢复器材供应处。器材供应处下设管理、主材、催采、统部管、二三类、设备组和积压物资处理办公室、机关供应站、局总仓库。1973年初，器材供应处有58名管理干部，局总仓库有23名干部。

（2）物资供应管理

①渠道。1968年9月，山西省煤矿管理局改为山西省煤炭系统领导

组，下设后勤组，大同矿务局物资供应业务由后勤组负责。1969年，国家物资管理体制再度变动，撤销各专业总公司，大部分地区的物资管理机构被裁并。统配部管理物资品种由1966年的579种减至217种。物资分配执行在国家统一计划下地区平衡、差额调拨、保证上缴、品种调剂的方针。1970年，山西省煤炭化工局成立，大同矿务局的物资供应由该局负责。1975年，山西省煤炭、化工机构分设，大同矿务局的一类物资供应业务由山西省煤炭工业管理局供应处负责。

1958—1979年，国家规定二类物资由地区统一管理。此期间，大同矿务局二类机电产品划归大同市机电公司供货。这类物资主要有轴承、紧固件、闸阀门、电工仪表、工具、小型机械、电焊机、电焊条、电磁线、布电线、绝缘材料、砂轮等。由于需要量大，这一供货渠道只能满足计划的30%—40%，大部分二类物资仍向全国各大城市自行采购。1974—1979年，只有轴承由第一机械工业部华北物管处组织定点供应，随后也变为自行订货。三类物资在市场自行采购，工作服及其他劳动保护用品等由生产单位上报，矿务局器材供应处汇总并组织采购，土产杂品、砖瓦、沙子、石灰等由各矿（厂）自行采购。

②计划。从1963年起，计划处不再统一组织物资计划的编制工作，物资供应计划的编制由供应部门承担。统配部管机电产品供应计划的编制，由计划部根据投资安排情况提出固定资产设备需要计划，机电部门审核后，经局长批准，计划处提出购置设备明细，列入国家正式计划，供应部门汇总上报。二类机电产品由基层单位根据需要参照实际消耗情况的编制计划，供应部门审查汇总后上报。

“文化大革命”初期，供应人员变动大，大部分为工人顶岗，业务能力不足，给物资计划的编制工作带来困难。确定企业各项计划往往是在编报物资计划之后，无法按程序编报计划。为了按期上报物资供应计划，采取代编办法，由矿务局供应部门根据计划部门提供的生产建设项目及任务，参照消耗定额和实际消耗，凭经验计算编制。从1972年起，物资供应计划编制工作得到加强，但计划的编制方法和20世纪60年代基本相同。

③订货采购。1958—1979年，二类物资由国家统一管理，由企业所在地区物资部门根据上级下达的物资供应指标统一订货，二类物资由大同市

机电公司供货。

（3）仓储管理

1970 年，总仓库面积增加到 28 万平方米；铺设 1 条铁路专用线，使铁路专用线增加到 1900 米，汽车增加到 36 辆。

1971—1975 年，对总仓库进行了整体规划，平整了库内土地，改变了库容库貌。总仓库成立了带锯车间，加工坑木。总仓库装卸队增加了革新组、电工组、吊车组，运输队成立了修理班。仓库里的器材、木材按类别、规格分场地存放，验收员、保管员、发料员配备齐全。各种规章制度逐渐健全。期间，总仓库的用工由固定工、合同工、临时工 3 种形式转变为单一的固定工。

（4）物资消耗和回收管理

①物资消耗控制。1963 年，定额物资管理的品种增加至 50 种。1964 年，把物资管理权限集中到局。重新统一了物资账、卡、单据，以及转账手续和业务流程，重新制定了《大同矿务局物资管理制度（草案）》，定额物资调整为 42 种。

“文化大革命”开始后，物资消耗定额被视为“关、卡、压”中断执行，物资供应管理处于用料无计划、使用无考核的状态，材料超耗严重。1974 年，重新编订了《器材价格目录》。1975 年，修订了《大同矿务局物资管理制度（试行草案）》。

②修旧利废。1963 年，物资供应部组织修旧利废。从 1972 年起，大同矿务局每年将废旧物资回收计划下达到二级单位，二级单位再分配到各区（科）、队、班组。材料发放实行交旧领新、以旧换新的制度。材料回收以专业性回收与群众性回收相结合、经常性回收与突击性回收相结合、井下回收与井上回收相结合。回收品种共 5 大类：有色金属、黑色金属、橡胶制品、旧型材料、废包装容器。废旧物资的修理本着“谁管谁修”的原则，对有修复价值的材料采用“改、配、喷、锻、补、镶、铆、焊、校、粘、涨、缩”12 字法进行修复改制，然后再用于生产。各矿修复改制品种一般 40—50 种，最多达 120 余种。1974 年，成立节约办公室，管理所属各矿的节约大队。同年，各矿在原节约大队的基础上成立新科，开展修旧利废。

1973 年，全年修旧总值 660 万元，吨煤受益 0.5 元。 1975 年，超过 1000 万元。

5. 煤质及计量管理

（1）煤质管理

1963 年，根据煤炭工业部《煤炭质量、数量暂行规定》成立煤质处，制定了煤质检查评分办法，全局 9 个生产矿井均建立起化验室。 由于加强了煤炭质量的检验和管理，商品煤含矸率明显下降。 1963 年，永定庄矿建成了年筛选能力 120 万吨的选煤楼。 1965 年，根据煤炭工业部指示，推行质量标准化，煤质管理技术水平和商品煤质量有了显著提高。 同年，煤质处并入运销处。 运销处设煤质组和化验室，负责全局煤质工作。 国民经济三年调整时期，大同矿务局商品煤平均含矸率比“二五”计划时期下降 0.66%。

1966 年，晋华宫矿大井建成年筛选能力 120 万吨的选煤楼。 1970 年，王村矿建成年筛选能力 60 万吨的选煤楼。“文化大革命”期间，煤质管理工作受到一定影响，商品煤含矸率有所回升。“三五”计划时期，商品煤平均含矸率比 1965 年上升 0.1%。 20 世纪 60 年代，由于各矿选煤楼的相继建成，打破了以原煤外运为主的格局。 大同矿务局的原煤筛分成 4 个等级，特块（大于 100 毫米）、大块（100—50 毫米）、中块（50—25 毫米）、混末（小于 25 毫米），最小分离点为 25 毫米。 1970 年，全局选块率 33.9%。

1972 年，为遏制煤炭质量的下降趋势，成立了煤质管理机构质量检查处，并严格执行燃化部颁发的《煤矿采样、制样、化验管理暂行办法》和《煤炭质量、数量管理规程暂行办法》。 此后，商品煤含矸率逐年下降。1973 年，云冈矿建成年筛选能力 270 万吨的选煤楼。 1974 年，挖金湾矿建成年筛选能力 90 万吨的选煤楼。 同年，局出口煤由局化验室统一检验。 因产量的增长，1975 年，为解决筛分系统和生产不协调的矛盾，全局加快了筛分及储装运系统改造和配套工程的施工，并对各矿已有筛分系统的能力进行核定。“四五”计划时期，商品煤平均含矸率比“三五”计划时期下降 0.09%。

（2）计量管理

此时期尚未建立计量管理制度。

6. 调度管理

1963 年，山西省煤矿管理局制定了《国营煤矿企业生产条例（草案）》，使调度工作规范化。这一时期，调度的主要任务是抓采掘调整、工程质量，定期分析、总结影响均衡生产的问题，初步掌握了用科学方法组织生产。1965 年，全局各矿基本上健全了调度室和井下调度站。矿调度室增设模拟盘、井口记录，并设有显示灯装置。

1970 年后，为加强生产调度，由生产副局长直接领导生产调度。20 世纪 70 年代，总调度室设有各类台账、牌板、图表 80 余种。原始记录有采掘工作面记录、采掘工作班生产纪录、采掘出勤记录、人身事故记录、专项事故记录（机电、顶板、运输、有害气体、其他）等；调度台账有综合性调度台账，采掘工作面台账，采掘队逐日完成台账，重点工程进展台账，原煤产量构成台账，原煤产量、掘进进尺、开拓进尺逐日完成台账，采掘工作面接续台账，人身事故累计台账，重伤、死亡分类台账，非伤亡事故台账；生产调度报表有生产日报表、各矿旬月完成对比表、局矿干部下井统计表、生产旬月报表、综采工作面逐月生产情况登记表、综采工作面衔接表；调度生产动态图牌板内容包括分矿原煤产量、掘进进尺、开拓进尺、重点工程、巷道贯通、回采工作面视次放顶、矿压观测、重大事故汇报程序、矿井生产系统、各项经济技术指标、岗位责任制、领导值班制度；其他调度记录包括生产调度会议记录、基层生产单位反映问题记录、调度值班记录、领导指示内容记录、上级来电内容记录、调度通知记录、生产电话会议记录、煤炭外运记录、调度人员培训记录、调度人员下井解决问题记录、节假日检修记录等。1974 年，总调度室的通讯设备为 40 门载波电话。

7. 煤炭运销管理

（1）管理机构

1965 年，局煤质管理处并入运销处。1967 年，运销处改为运销组，属生产部领导。1972 年，恢复运销处，运销处设分配组、管理组、财务组、调运组 4 个科室。同年 12 月，各矿撤销营运科，成立运销站。

（2）销售管理

1963 年，出口煤炭由外贸部五金矿产进出口总公司经销。1965 年，国务院下达《煤炭送货办法》，对售煤付款等方面作了规定，简化了订货手续。同年，根据商业部规定，山西省计委和商业局制定了全省 39 个市场的煤炭销售价格。大同煤在太原市场块煤每吨批发价 31 元，零售价 34.2 元；在大同市场块煤批发价 23.6 元，零售价 26.1 元，混煤批发价 14.2 元，零售价 16 元，原煤批发价 16 元，零售价 18 元。国民经济三年调整时期，外销煤炭 2694.61 万吨，比“二五”计划时期年均降低 0.78%。其中，出口 117.02 万吨，比“二五”计划时期年均增加 4.28%，销售收入 5.58 亿元。

从 1966 年 6 月 1 日起，大同矿务局执行煤炭工业部制定的《煤炭产品出厂价格管理办法》。该办法根据国务院《关于物价管理试行规定》和国家物价委员会的有关规定制定的，是新中国成立后第一次出台的全国统一的煤炭价格标准。这次定价按煤炭产品加工方法、粒度和水分的不同，把煤炭产品划分为 5 大类，33 个品种。同年，山西省根据国家定价原则确定了大同矿务局弱黏煤的价格。弱黏煤共分 5 个品种，18 个等级，其中 1—3 级特大块矿场火车上交货价格分别为每吨 31.5 元、30.3 元、29.1 元。其他品种如中块、混煤等价格比 1962 年上升 19%左右。“三五”计划时期，外销煤炭 4664.03 万吨，平均年销售量比国民经济调整时期增加 3.85%。其中，出口 287.56 万吨，比国民经济三年调整时期年均增加 47.42%。销售收入 11.16 亿元。煤炭国内流向又增加了吉林省、黑龙江省、新疆维吾尔自治区、宁夏回族自治区。

1974 年，燃料化学工业部修订了《煤炭产品出厂价格管理办法》，从 1975 年 1 月 1 日起执行。这次修订和调整，依照 1966 年的定价办法，调高了部分煤种等级的定价。其中大同矿务局弱黏煤原有等级定价不变，新增 11 个等级定价。“四五”计划时期，外销煤炭 7014.85 万吨，比“三五”计划时期增长 50.4%。其中出口 58.21 万吨，比“三五”时期下降 79.76%。销售收入 16.5 亿元。

（3）调运管理

1960 年代，路矿协作形成了“四统一、五共同”制度。“四统一”即统一调查各矿产存货源；统一建立报表，掌握产销进度；统一调度班次；统一编制运输方案。“五共同”即共同编制月计划，结合用户供销合同提出下月外运计划建议，并分别上报；共同安排旬间日历装车计划；共同提报日装车计划；共同编制取送车计划，双方组织实现；共同配车，根据所装煤种、吨数取车，安排出车顺序，确定所到站和提货单位。“四统一、五共同”制度在此时的煤炭调运中起了积极作用。1965年，大同矿务局和大同铁路分局共同执行国务院批转下达的煤炭工业部和铁道部修订的《煤炭送货办法》。因此，经济三年调整时期，铁路外运煤炭2643.36万吨，比“二五”计划时期平均每年增加5.78%。“三五”计划时期，铁路外运煤炭4626.38万吨，比经济三年调整时期平均每年增加5.01%。

1975年，大同矿务局对口泉沟的储装运系统进行改造。同时，各装车点按照《煤炭送货办法》办理路矿货车交接事宜。“四五”计划时期，铁路外运煤炭6951.57万吨，比“三五”计划时期增长50.26%。

第四节　同期历史贡献及行业地位

“三五”“四五”计划时期，大同煤矿重新步入正常的经营发展轨道。此时期开始大规模的科技开发及应用，使大同煤矿在行业内的地位进一步巩固。

国民经济三年调整时期，山西煤炭销售总量为11024.8万吨，其中，省内销售3843万吨，外销7181.8万吨。① 其中，大同煤矿炭销售总量为2694.61万吨，占同时期山西煤炭销售总量的24.5%。

“三五”计划时期，全省共销售煤炭19554万吨，其中，省内销售7313万吨，外销12241万吨。大同煤矿共销售煤炭4664.03万吨，占同期山西煤炭销售量的24%。“四五”计划时期，全省共销售煤炭30300万吨，其中，省内销售12800万吨，外销17500万吨。②“四五”计划时期，大同煤矿共销售煤炭7014.85万吨，占同期山西煤炭销售总量的23%。

同期，山西有八大全国统配煤矿，大同煤矿在全省同行业中的煤炭销

①《中国煤炭志》编纂委员会：《中国煤炭志·山西卷》，煤炭工业出版社，1995年，第349页。

②《中国煤炭志》编纂委员会：《中国煤炭志·山西卷》，煤炭工业出版社，1995年，第349页。

售占有很大比例。

更为重要的是，此时期，大同煤矿在生产过程中更新技术装备，改革采掘部署，生产过程中的科技含量大为提高。期间，推广 80 型采煤机。井下供电升压至 660 伏，推广了顺槽皮带化运输。综合机械化采煤得到初步发展。1970 年 11 月，在煤峪口矿试用我国第一套垛式综采液压支架，1974 年，首次引进国外较先进的 5 套综采设备。综合机械化采煤使采煤工作面从落煤、装煤、运煤、移溜到顶板支护，全部实现了机械化，工作面效率由每工 3.5 吨提高到 6.5 吨，采煤生产率大大提高。

此时期，以大同煤矿为中心开始进行电力工业、化学工业及机械工业布局，能源工业的"晶核"效应开始显现。

大同第一热电厂，建于 1939 年，至 20 世纪 70 年代末，共有 9 台发电机组，总装机容量 157 兆瓦。

恒山发电厂，1971 年 1 月，该厂遵照"靠山、分散、隐蔽"的"小三线"建设任务兴建，装机容量为 2.4 万千瓦。

神头第一发电厂，位于雁门关外，桑干河源头，东至首都北京 360 公里，南距山西省省会太原 239 公里，是一座装机容量 120 万千瓦的国有特大型企业，是华北电网骨干火力发电企业之一，担负着向本省和京、津、唐地区的供电任务，是典型的坑口电厂。电厂在 1956 年就开始筹划，但因为经济困难，而且设计思路多次变更，所以一直处于筹备阶段。1966 年"文化大革命"开始后，设计主要考虑的是"进山进洞"，到了 1972 年，调整为"靠路靠水"，经过多方比较后，最终选定在靠近同蒲铁路的神头泉边兴建。1973 年起，由山西省地方政府在这里建设了两台均为 7.5 万千瓦的小型机组，于 1977 年投产。

化工企业及机械工业也开始在大同地区布局。可以说，大同煤矿为山西能源重化工基地的地位确定有重大贡献。

第九章

“五五”“六五”计划时期大同煤矿健康快速发展（1976—1985）[①]

进入“五五”计划时期，尤其是1978年12月党的十一届三中全会后，山西煤炭战线职工认真贯彻中央提出的“调整、改革、整顿、提高”的八字方针，进行拨乱反正和工作重点转移，全省煤炭工业进入了持续、稳定、健康发展的新阶段。统配矿依靠科技进步发展生产力，向机械化要产量、要效率。大同、阳泉、西山、汾西、潞安、晋城6个矿务局普遍采用综合机械化采煤，综机设备由1975年的13套增加到1980年的65套。掘进机械化也有相应发展，1979年，煤炭工业部从英、日、匈等国引进综合掘进机100套，拨给山西40套，改变了打眼放炮掘进方式，提高了矿井综合生产能力。地方煤矿坚持“以矿养矿、分期改造、由小到大、逐步提高”的发展方针。从1980年开始，利用经济煤收入，对县以上60个重点煤矿和74个一般煤矿进行改扩建，提高了生产能力。多数县营以上煤矿实现机械提升和胶带、无极绳、电机车运输，改革了采煤方法。乡镇煤矿经过整顿，提高了抗灾能力。[②]

为适应山西煤炭发展的需要，煤炭工业部将“文化大革命”初期调出山西的部分勘探队和工程处调回山西，充实了基建力量和设计队伍。至1980年年末，全省拥有统配煤矿63对矿井，生产能力4695万吨；地方国

---

① 除本章特别注明外，数据均采自《大同矿务局志》编纂委员会：《大同矿务局志》，山西人民出版社，1996年。

②《中国煤炭志》编纂委员会：《中国煤炭志·山西卷》，中国煤炭工业出版社，1995年，第7页。

营煤矿 186 处，生产能力 2023 万吨；乡镇煤矿 2671 处，年产原煤 4000 万吨以上。全省年产量达到 1.21 亿吨，实现总产值 23.79 亿元。5 年平均递增率为 9.9%，累计销售收入 93.03 亿元，取得了良好的经济效益。①

“六五”计划时期，山西煤炭工业高速发展。1980 年，中共中央和国务院作出建设山西能源重化工基地的决策后，国务院和山西省人民政府组织 200 多家单位，1400 余名专家，对建设山西能源重化工基地进行深入的研究。1983 年 2 月，编制《山西能源重化工基地建设综合规划》，提出到 20 世纪末，山西原煤产量达 4 亿吨的目标为山西煤炭工业稳步、健康、协调发展提供了科学的理论依据，确定对现有生产矿井进行改扩建和技术改造，充分发挥老矿区的作用，在老矿区内或其周边建新井，发挥老矿区在人力、物力、设施等诸方面的支援新井建设的作用；重点建设一批新基地（如古交、平朔），加快新井建设步伐；大力发展洗选加工、综合利用和坚持铁路先行等 8 条方针。从开发布局上确定重点，包括大同、宁武和平朔、常村新区在内的动力煤基地；建设沁水煤田的阳泉、晋城无烟煤基地和西山、霍西煤田及河东煤田中、南段的炼焦煤基地。

1985 年 6 月 15 日，中国与罗马尼亚以补偿贸易方式合作开发的霍县矿务局白龙煤矿开工。同年 7 月 1 日，由中国煤炭开发总公司和中国国际信托投资公司拥有的平朔第一煤矿有限公司，与美国西方石油公司及中国银行信托咨询公司拥有的中国岛溪煤炭有限公司经营的平朔太堡露天煤矿拉沟剥离。这是迄今中国与外国合作开发的最大的煤矿。上述两矿投产后，新增矿井生产能力为 120 万吨和 1533 万吨。

1985 年起，山西统配煤矿对煤炭工业部实行产量、盈亏、基建 6 年总承包，并采取了与总承包相配套的改革措施：对企业实行简政放权；工资分配实行吨煤工资含量包干和百元产值含量包干；基本建设实行项目招标承包、包建制；用工制度实行农民轮换工和协议工制等。上述政策坚持了“包死基数、确保上交、超收多留、欠收自补”的原则，增加了企业的挑战和动力，带来了生机和活力，促进了企业由单纯生产型向生产经营型的

---

①《中国煤炭志》编纂委员会：《中国煤炭志·山西卷》，中国煤炭工业出版社，1995 年，第 8 页。

转变。

“五五”计划时期，大同矿务局取得了长足的发展。云冈矿二期工程竣工；煤峪口、忻州窑矿改扩建工程完成；燕子山矿井开工兴建。综合机械化水平提高，在试验国产液压支架、综采设备的同时，引进国外综采设备和新型联合掘进机。矿井的运输系统得以改造，实现了原煤生产设计翻番目标。同时，改善企业内部机制，深化经济体制改革，扩大了企业自主权，建立了经济责任制。实行了超产奖励、吨煤奖励和利润留成办法。

“六五”计划初期，煤炭工业部提出了“抓规划，抓前期，突出改扩建和重点矿区建设”的战略思想，大同矿务局被列为山西能源基地的发展重点。“六五”计划时期，基建规模大，产量增长快，经济效益高。除对王村矿、四老沟矿进行改扩建外，全国最大的井工型矿井、四台矿井开工兴建。从 1974 年开始的各矿井提升、运输、通风、得分、装车等生产环节系统的全面改造，到 1984 年基本结束，使矿井综合环节生产能力由每年 1844 万吨提高到 2817 万吨。在此期间，以采、掘、运机械化为中心，大力发展综采、综掘，并采用高档普采。同家梁矿综采一队年产突破百万吨，进入世界采煤先进行列。永定庄矿机掘队和大斗沟矿乔依机掘队掘进进尺创全国最高水平。同时，制定了安全生产责任制，推广新用工制度，完善经济责任制。实行了以投入产出为主要内容的吨煤工资包干，对国家实行按吨煤提取工资总额，把企业的工资总额与经济效益挂钩。对下属各矿、厂、处实行了适应生产特点的多种形式经济责任制。

总之，此时期，国家对煤炭需求的大量增加，山西煤炭工业高速发展，使大同煤矿成为中国能源重化工工业的骨干企业，为其时的国民经济建设做出重大贡献。

第一节　大型化、高水平的基本建设

党的十一届三中全会后，国家经济建设进入了持续、稳定发展的历史时期，对煤炭资源的需求急速上升，规模经营的要求为基本建设的大型化、高水平提供了历史契机。在科学规划的指导下，大同煤矿的基本建设取得了长足发展。大型化、高水平是此时期大同煤矿基本建设的特点。

一、同期规划设计

1. 矿区总体规划

1980 年 5 月 27 日，大同矿务局对《大同矿务局 1975—1985 年十年发展远景规划》作了调整，调整后的主要内容为：1980—1982 年以调整为中心，1985 年全局产量达到 3000 万吨，1990 年力争 4000 万吨，20 世纪末达到 5000 万吨。

1982 年，在口泉沟侏罗纪煤层大幅度增产的同时，提出了石炭二叠纪开发的设想，在此基础上确定了开发石炭二叠纪煤系的第一对矿井魏家沟（塔山）矿井的井田范围，并确定进行该矿井的精确查找工作。

1984 年，在上述工作的基础上，大同矿务局正式开始总体发展的规划工作，并将该项目委托北京煤矿设计院进行。同年，局设计处提出了《新泉镇城市规划》，规划新泉镇居住人口到 20 世纪末达到 40 万人，并逐步建设白洞新区，局新一、二、三、四区。

2. 采矿工程设计

1977—1985 年，采矿工程设计有了较大的突破。矿井改扩建和新井设计向大型化发展，与综合机械化采煤相适应的倾斜条带式开拓布置广泛采用。燕子山、四台、云冈、晋华宫、四老沟等矿的新建和改建设计中，大巷运输方面，推广了强力胶带运输机，辅助运输采用了单轨吊车，应用电子计算机优化设计开采方案及采区设计，选用穿层石门联合开采各煤层，分区并列式通风等先进设计方案。

1977 年，山西煤矿设计院设计的燕子山矿井年产 400 万吨。矿井采用斜立井混合方式开拓，以 1035 和 1140 一主一辅两个水平开发全井田；采区布置有 3 个区，9 个工作面；矿井采用分区抽出式通风。

1980 年 12 月，山西煤矿设计院设计的四台矿井，后经日本三井石炭矿业株式会社设计咨询，最终确定矿井年生产能力 500 万吨，为全国最大的井工型矿井。采用斜立井混合方式开拓，胶带运输机运输，架线电机车牵引矿车作辅助运输；采区采用盘区式划分，通风方式采用抽出式，并结合煤层赋存浅的特点，每个采区都设有进回风斜井，创造了地面多井口，井下多摆头的开拓方式，为加快矿井建设提供了有利条件。

1981 年，大同矿务局向山西省人民政府、煤炭工业部提出了开拓晋华宫矿井第二水平方案，确定在井下 870 水平开拓轨道运输大巷，延深主斜井，新开副立井；矿井设计年生产能力由原来的 120 万吨（包括马武山年生产能力 30 万吨）扩建到 315 万吨。

1983 年，矿务局设计处设计了王村矿扩建工程。确定矿井由原来的年产 60 万吨扩大到 180 万吨。同年，设计处还提出了四老沟矿改扩建设计，设计确定新开立井到 1070 水平，直径 7 米，垂深 228.7 米；延深主斜井到 1070 水平；新开南羊路排矸立井，直径 6 米，垂深 381.6 米。矿井由原来的年产 150 万吨扩大到 300 万吨。

1984 年，太原煤炭设计研究院对云冈矿井提出了改扩建设计，使矿井年生产能力提高到 600 万吨，设计确定新开主斜井和南 980 皮带大巷以解决南翼开拓。从井下开皮带暗斜井，利用原系统在北翼开拓 980 皮带运输大巷，解决北翼开拓。

20 世纪 80 年代中后期，大同矿务局的设计队伍不断发展壮大，设计能力进一步提高。1985 年 1 月，经煤炭工业部批准，设计处改为大同矿务局煤矿设计院，下设矿建、机电、土建、水暖、预算、综合、地测等 8 个职能科室，配备 88 名工程技术人员，占全处职工总数的 73.33%。改扩建设计中，煤矿设计院依据煤炭工业部的《煤炭工业设计规划》和《煤矿安全规程》，在设计任务书中增补了“环境保护”和“职业卫生”内容。

3. 机电机制工程设计

20 世纪 70 年代后期，设计了羊涧沟 110 千伏变电站，安装变压器功率为 45000 千伏安 3 台及西万庄—羊涧沟 22 公里、110 千伏的送电线路，该电站是我国煤炭系统第一座 110 千伏级的大型区域性变电站。80 年代，局设计院与山西煤矿设计院设计了马脊梁、燕子山（110 千伏）、云冈北五、晋华宫榆涧、新平旺、岩岭、机厂等数座 35 千伏变电站。同时，35 千伏级变电站由室外构架式布置向室内装配式过渡，变电站二次回路控制由有触点分离元件向电子计算机程序过渡，控制、保护、测量等系统的方法和手段逐步实现自动化。

4. 地面建筑工程设计

1977 年，局设计处开始楼房住宅设计，先后完成了和平街（部分）、向阳楼、幸福路、白洞、新区、新一区、新二区、新三区、新四区、校南街、校北街、旱冰场、迎新街等住宅楼结构设计。经过 10 多年的变革更新，到 1993 年底，通用住宅型设计达 15 种。1977 年，在新平旺立交桥设计中，首次采用了 14 米跨双孔的新工艺。1979 年，在与太原煤矿设计院联合设计四台沟矿区大桥中，首次采用高强度粗钢筋后张部分预应力混凝土板梁工艺获得成功，这是全国煤炭系统第一次采用此项先进技术工艺。同时，此时期，矿井地面工业建筑的设计能力也有所提高，先后完成了煤峪口、永定庄等 10 个生产矿地面生产系统新建、扩建设计。

20 世纪 80 年代，煤矿地面建筑工程设计应用新技术，设计水平进一步提高。

在矿建方面，矿务局设计处先后完成了王村、四老沟、晋华宫、马脊梁 4 个矿改扩建项目的全部土建工程设计。1983 年，完成了忻州窑矿、王村矿和四老沟矿的地面生产系统的改建和新建，年设计能力达到 630 万吨。1985 年，太原煤矿设计院在燕子山矿选煤厂设计中，首次应用了端承式钢筋混凝土灌注圆筒仓工艺流程，使筒仓储煤能力达到 8 万吨，其技术为国内领先。1986 年，太原煤矿设计院设计四台矿井选煤厂，其厂房结构采用框架式联合建筑，产品仓采用槽仓、圆筒仓两种形式。其中槽仓高 29.68 米、宽 40 米、总长 105 米，储煤能力 4.6 万吨；3 个圆筒仓，高 53.5 米、直径 21 米，储煤能力 4.5 万吨。在文教、卫生、科技和职工生活福利设施建设方面，设计框架式结构楼房建设，1981 年，设计处完成了建筑面积 8000 平方米、主体 5 层、局部 6 层的全框架结构的科技大楼设计。1984 年，设计处完成了局计算中心大楼设计。同年，完成了局培训中心的设计，其占地面积 16.23 万平方米，总建筑面积 4.75 万平方米，内有教学楼、办公楼、宿舍楼、实验室、图书馆等。1986 年，局设计院完成了局第一职工医院门诊大楼设计。设计门诊大楼总建筑面积 950 平方米，占地面积 1497.16 平方米，设有 25 个门诊科室和辅助医疗室。随后，相继完成了局外宾招待所（120 床），体育场（8000 座位），技工学校改扩建，局第一、二、三、四中学（6400 人），机关第一、二、三小学（2.18 万人)，职防所(400 床)，南戴河疗养院(400 床)等单项工程设计。1986 年，局设计院选用北京建筑设计院和临汾建筑设计院的高层住宅和饭店图纸，在设计中采用了剪力墙结构体系，自行配置建筑基础和室内设施设计，第一次完成了住宅楼高 54.6 米，楼层 19 层，其中地面 17 层、地下 2 层，属雁同地区最高层住宅建筑设计。在矿区供热工程设计方面，1985 年，设计了四老沟矿工业广场集中供热锅炉房，容量 10 吨的蒸汽锅炉 4 台。

二、矿井建设

1. 机构队伍

1978 年，全国重点工程燕子山矿筹备兴建，中国人民解放军基建工程兵担负施工，组建燕子山工程兵团时，从工程处及其他单位调出部分干部和工人“工改兵”。1982 年 1 月，遵照国务院、中央军委关于撤销基建工程兵的决定，燕子山基建工程兵按系统对口集体转业到大同矿务局。同年 4 月，大同矿务局成立燕子山筹备处。1983 年，成立燕子山工程处，继续担任燕子山特大型矿井建设任务。1984 年，为了加强基建职能管理，将基本建设处扩充升格为基建局。1985 年，全局基建职工 1.33 万人。

2. 新井建设

“五五”计划时期，大同矿务局在确定重点老矿挖潜、改造的同时，上期结转的云冈矿二期建设工程于 1978 年 12 月竣工，投产南 8、北 5、北 6，3 个盘区，净增生产能力 120 万吨。云冈矿井的建成，标志着大同矿务局矿井建设开始向大型化矿井发展。同年，年设计能力 400 万吨的大型矿井燕子山矿建设准备工作开始。1980 年，燕子山矿动工兴建。

进入“六五”计划时期后，大同矿务局开始进行矿区扩建工程。在老矿井改扩建的同时，集中力量进行燕子山矿井和四台矿井的建设。1983 年，大同矿区扩建工程列为全国首批重点建设项目。同年 5 月，燕子山工程处成立后，基建施工速度加快。1984 年 12 月，全国最大的井工型矿井，年产 500 万吨的四台矿井开工。

3. 矿井改扩建

“五五”计划时期，大同矿务局仍以技术改造为主。上期续转的煤峪口矿于 1978 年 12 月投产，设计年生产能力由 90 万吨提高到 150 万吨，忻州窑矿井扩建工程于 1979 年 12 月投产，设计年生产能力由 90 万吨提高到 150 万吨，两矿井净增设计年生产能力 120 万吨。这一时期，全局矿井总投资 2.18 亿元，其中老矿井投资 1.54 亿元。1980 年，全局产量达到 2450 万吨，是设计年生产能力的 1.67 倍，比 1975 年净增 648 万吨。

"六五"计划时期，大同矿务局有 2 个矿井进行改扩建。1983 年，晋华宫矿改扩建工程动工，设计年生产能力由 120 万吨提高到 315 万吨，1984 年，王村矿改扩建用自有资金垫付提前施工。这一时期，矿井投资 3.91 亿元，其中老矿井投资占 41.86%。1985 年，全局产量达到 3080.5 万吨，比 1980 年净增 628.5 万吨。

三、煤矿施工

1. 井筒施工

（1）立井施工

"五五"计划和"六五"计划时期，立井施工发展到机械化配套作业，在开凿的四老沟矿南羊路西三井、忻州窑矿石岩庄西二风井、同家梁矿西三进风井、煤峪口矿西三进风井、晋华宫矿等立井中，应用了激光指向、FGD-6 型伞形钻架、日本产 6 臂伞钻、GZ-70 型导轨式重型高效凿岩机或多台 7655 型凿岩机配以环形钻架、深孔直眼爆破水胶炸药，延期毫秒雷管引爆，光面爆破，全断面一次爆破，Ⅲ-Ⅳ型金属井架、双 2—3 米直径绞车单钩提升、0.6— 0.75 立方米大抓岩机、2 立方米吊桶、双桶提升，座钩式自动翻矸及汽车排矸、搅拌机搅拌混凝土、输料管下料、HD-30 砼喷射机、锚喷临时支护、二次喷射永久支护。高扬程水泵排水，多台局扇串联通风，800 毫米直径风筒。1982 年 3 月，工程处四队在永定庄矿西三进风立井施工中，应用上述设备和方法，月成井最高达到 107.5 米，创该时期大同矿务局立井施工最高水平。

（2）斜井施工

"五五"计划时期，斜井施工进一步改进施工工艺和设备容量，形成了双耙斗装岩机、双箕斗、大容量矸石仓的"两双一大"斜井施工机械化作业线，月平均成井提高到 50—60 米。1976 年 10 月，在云冈矿材料斜井施工中，根据该井断面大、排矸距离远的特点，首次采用双耙岩机、双箕斗装岩提升，地面设70立方米大容量矸石仓，月进235.1米，刷新省斜井施工纪录。1978年，在忻州窑矿石岩庄回风斜井施工中，在“两双一大”基础上，加固了耙岩机耙齿，加大箕斗容量，加宽溜槽，提高了耙岩机能力，平均月进101米，7月份成井180米。1979年9月，在大斗沟矿西四斜风井施工中，采用上述工艺和设备，月成井265米，直接工效0.13立方米，再次突破山西省纪录。

“六五”计划期间，在总结斜井施工经验的基础上，积极采用新工艺、研制新设备，完善了“两光三斗一泵”为主的作业线。加强施工组织管理，组织正规循环作业和实施质量标准化，使施工进度和质量均有大幅度提高。1982年12月，工程处建井六队在晋华宫矿西区进风斜井施工中月进273.3米，刷新山西省纪录。同年高山小井斜井施工中，首次采用二聚氨酯化学浆液壁后注浆，取得显著效果，比普通注浆法节省大量费用。1984年，四台矿主斜井施工中采用了工程处自行研制的5立方米前卸式箕斗、30立方米金属装配式矸石仓和金属桥台。

（3）平峒（巷）施工

“五五”计划后期，岩巷施工技术形成了激光指向、光面爆破、锚喷支护、综合防尘、独头单机长距离通风、气腿凿岩机打眼、多台风钻作业，眼深达到1.5—1.8米。岩石硝铵炸药、毫秒雷管爆破、耙斗装岩机装岩和蓄电池电机车运输、综合防尘等先进施工技术。正规循环、多工序平行交叉作业、工种岗位责任制和综合工作队等组织管理方法，岩石平巷平均月进尺提高到60米左右，多次突破百米。

“六五”期间，岩石平巷施工继续推广应用“五五”计划期间的施工技术和方法，并开始引进国外先进的岩巷掘进设备。1982年3月，工程处一队在同家梁矿309石门施工中，采用上述工艺和方法，月进度达到282.6米。1985年8月，忻州窑工程二队在施工中，首次试验成功潮喷作业，并逐步推广到全局。同年从美国PTT公司引进了TDR-6L型岩巷钻装机，从德国赛克码公司引进3台ATH-12F锚杆钻机，先后在云冈矿、大斗沟矿试掘。

2. 地面建筑施工

“五五”计划时期，大同矿务局工程处根据不同厂房结构要求，先后建立了不同网架结构建筑，主要有斜放四角锥网架、正放四角锥网架、抽空四角锥网架、蜂窝形三角锥网架等，并能完成大跨度空间结构吊装。1979 年工程处机电安装队在太原北营仓库材料棚施工中，成功吊装施工了我国首批多点支承网架结构。该网架平面为 100 米×45 米，分两段：一段为 40 米×45 米，4 柱支承；另一段为 60 米×45 米，6 柱支承，网格为正放抽空四角锥，柱子均为格构式钢柱。吊装用“顶升法”，机具为 6 台 30 吨手动千斤顶，每个网架只用了半天时间就安装到位。从“四五”计划末期到“五五”计划期间，工程处共施工各类网架结构工程 10 余项，均取得成功，成为我国煤炭系统第一支制作和安装金属球节点网架结构的专业队伍，在我国网架结构的研制和发展中起了推动作用。这期间，大同矿务局在煤炭系统还首先组织推广了“升板法”“沉井法”等施工新技术。1978 年，云冈矿在灯房、浴室等地面建筑施工中，采用“升板法”技术，一次吊装成功 4 块，分别重 137.5 吨和 206.45 吨的整块钢筋混凝土楼板，工期 18 天，在工效、省料和施工强度等方面，比以往施工方法均有大幅度提高。在云冈公路桥桥墩施工中，成功应用了“沉井法”。

3. 机电设备安装

1979 年 5 月，工程处机电安装队施工的太原北营仓库材料棚，网架吊装采用顶升法，机具为 6 台 30 吨手动千斤顶，每个网架只用半天时间就位。这期间建造的不同类型的网架结构，均采用上述安装工艺和方法，无一失败。同时，设备的吊装、焊接、运输等都有了较大进步。

四、运输工程建设

1. 铁路建设

1976 年 9 月 30 日，建成永定庄至白洞铁路复线 4.1 公里，累计完成投资 232.53 万元。同年，建成晋华宫矿南山铁路专用线 2.93 公里，投资 132.9 万元。

1977 年，建成云冈西站至新高山铁路专用线 17.15 公里，完成投资 779 万元。新高山专用线建成后，马脊梁矿及周围地区和军办煤矿所产煤炭均在新高山站装车外运，同时也为四台沟新井建成投产后使用。

1979 年 7 月，白洞至四老沟铁路复线及四老沟新站建设工程同时竣工。白洞至四老沟铁路复线长 2.6 公里，投资 109 万元。四老沟新站投入使用后，一次可装火车皮 30 节，运输能力提高 87.5%。

1981 年 12 月，建成新高山至燕子山铁路专用线 8.95 公里，完成投资 406.3 万元；建成店湾支线 4.12 公里，投资 187 万元。

2. 公路建设

1976 年 8 月，马脊梁—高山公路动工兴建，于 1977 年 9 月建成，为沥青路面，全长 6.5 公里，路面宽 7 米，路基宽 9 米，其间共有小桥 3 座、涵洞 2 座，该路于 80 年代初铺设为水泥砼路面。1976 年 11 月 13 日，新平旺东门外铁路立交桥竣工，该立交桥分机动车行桥和自行车、步行桥两个桥口，是大同矿务局取消的第一个同泉铁路平叉道口。

1977 年，煤峪口大桥—大同市红旗水泥厂公路（亦称后山公路）建成通车。后山公路全长 3.17 公里，路面宽 9 米，水泥砼路面，与同泉路相接。这一时期，新建和修建的公路大多为沥青路，由于车流量大，沥青质量差，路面破损较为严重，因此在 70 年代末开始更换路面，在原沥青路面上直接铺设水泥砼，增强路面强度。但由于对原破损路基未处理好，造成了路面裂缝、塌陷，部分弯道砼板错动等问题。

1979 年后，大同矿务局公路建设进入边新建边改造阶段。1979 年，口泉—榆林的泉榆公路化工分厂段建成。该路段东起大同水泥厂，西至化工分厂，全长 12.6 公里（其中包括去火药库的 1 公里支线），混凝土路面，路面宽 5.5 米，总投资 350 万元。1980 年，马脊梁沟公路建成通车。该公路西起峰子涧，东至店湾与兴燕公路相接，全长 6.5 公里，水泥混凝土路面，宽 7 米，有大中型桥涵 3 座，总投资 318 万元。1981 年，兴荣公路（兴旺庄—荣华皂）建成。该路全长 3.8 公里，路基宽 8.5 米，路面宽 7 米，水泥砼路面，该路段将忻晋公路和原大左公路连在一起。1982 年，大同矿务局在原忻晋公路的基础上投资 400 万元修建的新晋公路建成通车。该路南起煤峪口大桥，与新王公路、后山公路相接，北起晋华宫大桥与同左公路相连，是沟通口泉沟与云冈沟的重要干线公路。新晋公路长 10.23 公里，路面宽 7—9 米，混凝土路面，其间有 2 座大型桥涵，护坡及挡土墙 2.5 公里。同年，新王公路全部改建成水泥混凝土路面，其中，口泉—同家梁 2 号桥处有 4.5 公里的复线。

1983 年，总投资 698 万元的兴燕公路建成使用，该路东起兴旺庄与新晋公路相接，西至店湾与同左公路相连，全长 28.2 公里，混凝土路面，路面宽 7 米，路基宽 8.5 米，有 2 处铁路立交桥，5 座小桥涵。该路的修通，为燕子山矿的建设和沿线数 10 座小煤矿提供了方便的运输条件。

到 1983 年，大同矿务局已基本建成了四通八达的交通网络，除七峰山火药厂公路仍为沥青路外，其余则全部改为水泥砼路面。

从 1984 年开始，随着城市建设速度加快和新区家属住宅区的大规模兴建，大同矿务局公路工程的重点转移到了城市建设上来。1984 年 5 月，大同矿务局将同泉公路石料厂—新平旺商场 1.8 公里路段进行了拓宽改造。拓宽后的路段宽 40 米，其中，原 7 米宽的双车快车道拓为 14 米宽的四车道，慢车道为 5 米×2 米，两侧的分车带为 2 米×2 米，人行道为 6 米×2 米，快、慢车道均为水泥砼路面。1985 年，按上述标准，又拓宽了新平旺商场—甘河桥 2.2 公里路段。

1985 年，筑路队划归局自营公司，主要筑路设备有 3 台压路机、2 台推土机、7 台搅拌机、4 台小翻斗车、1 台装载机、8 辆卡车。

第二节 先进的综合采煤技术和升级的灾害防治技术

这一时期，大同煤矿规模化地引进综合采煤及综合掘进装备，使煤矿的装备水平接近同期国际先进水平。同时，出于安全生产的需要，不断地采用最先进的灾害防治技术装备。这一时期，大同煤矿的工程技术特点是先进化、系统化及规模化。

一、煤炭生产技术

20 世纪 70 年代，各矿进行改扩建，对生产环节进行技术改造，采煤作业广泛应用 80 型采煤机，综合机械采煤起步上马，井下运输大量采用皮带运输机，110 千伏变电站投运，形成口泉沟独立供电系统。1979 年，全局 13 个矿生产原煤 2400 万吨。

20 世纪 80 年代，各矿井进行重点技术改造，扩大综合环节能力。依靠科技进步，推行集约化生产，大规模采用引进和国产综采、综掘设备。

探索新的采煤方法，推广新的开采工艺。1985 年，全局 13 个生产矿原煤产量达到 3000 万吨。

1. 开拓和掘进技术

（1）开拓技术

20 世纪七八十年代，随着水平与盘区的进一步集中，煤层群的开采也随之为盘区的联合布置、联合开采。由于近距离煤层上层开采对下部煤层有强烈的影响，上层采空后遗留的煤柱对下层产生集中压力，威胁工作面的安全，同时下层巷道难以维护。因此在盘区巷道布置上，采用上下层对照，重叠布置的方式。各煤层与主水平间采用溜煤眼与暗斜井的联系方式。根据煤层间距和盘区运输方式，联系方式有两种：一种方式是工作面（2—4 个）溜煤眼与辅助暗斜井的联系，一种方式是集中溜煤眼与辅助暗斜井的联系。前者主要用于盘区石门开拓的盘区，后者主要用于大巷集中装车的盘区。

“五五”计划和“六五”计划时期，综采机械化迅速发展，工作面推进速度加快。为了减少工作面搬家次数，提高单产，各矿改革开拓布置，将采区和工作面尺寸加大，或布置倾斜长壁工作面，或将盘区工作面合并，延长回采时期。云冈矿在盘区巷道已开掘、采区布置已定局的情况下，将盘区左右翼工作面合并，使工作面顺槽由 550 米增加到 1100 米。邻近工作面回采时还采用反复推进方法，减少搬家次数，收到显著效益。“六五”计划时期，无论是燕子山、四台新建矿井，还是晋华宫、四老沟改扩建矿井，均一次到底，设一个水平开拓。

（2）掘进技术

“五五”计划和“六五”计划时期，为适应综合机械化采煤，开始引进综合掘进机。1979 年，引进 12 台英国多斯科公司生产的 MK - IIA - 2400 掘进机，在煤峪口、永定庄、同家梁、四老沟、白洞、忻州窑、雁崖、晋华宫和王村矿使用，实现煤巷掘进的综合机械化。该机总功率 149 千瓦，每次截割深度 0.38 米，小时掘进进尺约 3—5 米。巷道成形规整，掘进速度快。1980 年，全局掘进装载机械化程度达 62.10%。1981 年，全局掘进机 9 项指标均名列全省前茅。掘进机使用率为 60%，综掘机械化程度为 9.33%，单机效能为每月 294.88 米。永定庄矿两台掘进机全年分别掘进

3910.6 米和 6045.6 米，是全省首次达到煤炭工业部“上纲要”的机掘队。其中机掘二队最高月进 703 米，最高日进 52.5 米，班进 21 米，创全省最高纪录。1982 年 2 月 5 日，雁崖矿机掘队创日进 53.6 米，刷新全省纪录。1982 年 6 月，大斗沟矿试用美国乔依连续采煤机，该机总功率 314 千瓦，最大掘进高度 3.6 米。机掘队使用该机 1983—1985 年连续 3 年煤巷掘进破万米。

1984 年，引进英国安德森公司的 RH－25 型掘进机，在云冈矿试用。该机带高压水射流，起助切割作用，防尘效果好。到 1985 年底，全局有掘进机 27 台，机掘队 17 个，其中 8 个达到煤炭工业部规定的等级队水平。

表 9－1 1983—1993 年大同矿务局掘进装载机械化程度表(单位：%)

年度	1983	1984	1985	1986	1987	1988	1989	1990	1991	1992	1993
全局	74.54	75.85	74.38	71.69	74.46	79.43	87.74	93.75	96.68	97.94	99.10
煤峪口	92.82	94.59	95.73	91.75	97.98	100.00	100.00	100.00	99.94	96.50	100.00
永定庄	91.96	82.27	79.52	78.51	80.90	82.86	90.62	98.05	99.60	99.02	97.82
同家梁	71.98	80.76	79.26	68.38	74.50	66.85	81.90	92.88	93.11	90.48	99.85
四老沟	94.55	95.54	90.47	81.65	95.67	94.42	93.90	93.47	99.48	99.13	99.71
忻州窑	70.33	61.34	59.86	61.61	67.14	79.17	88.42	95.77	97.85	98.94	98.47
白洞	94.60	93.11	96.93	95.07	87.82	75.42	76.42	82.75	86.68	100.00	100.00
雁崖	65.08	70.68	60.67	62.82	62.59	86.08	83.94	84.98	84.62	88.82	89.43
挖金湾	97.84	93.96	96.90	98.38	98.35	98.15	95.48	98.50	98.61	99.16	100.00
晋华宫	91.78	96.16	94.64	96.32	100.00	99.81	100.00	100.00	100.00	100.00	100.00
马脊梁	94.76	91.29	100.00	100.00	82.38	69.20	81.29	81.88	100.00	100.00	100.00
大斗沟	72.96	67.03	52.79	32.18	22.37	76.87	69.70	86.20	82.32	99.51	100.00
王村	36.06	40.28	44.22	56.30	55.73	75.08	84.79	88.90	97.56	98.85	100.00
云冈	23.24	32.70	29.88	37.26	31.90	38.57	88.45	99.89	100.00	100.00	100.00
燕子山							79.91	77.94	100.00	100.00	100.00
四台										95.63	100.00

2. 采煤技术

“五五”计划初期，煤峪口、永定庄、同家梁、四老沟等矿取消了盘区上下山，按倾斜方向布置工作面，减少盘区上下山工程巷道，提高了回收率，准备工作面快、采区长、搬家次数少。薄煤层工作面长度一般为 90—120 米，中厚煤层一般为 120—200 米，走向长度一般为 500—1000 米。

表 9-2 1982—1993 年大同矿务局采煤机械化程度表(单位：%)

年份 单位名称	1982	1983	1984	1985	1986	1987	1988	1989	1990	1991	1992	1993
全局	64.27	70.10	68.76	75.30	78.69	79.93	80.61	83.83	90.17	93.87	96.00	97.07
煤峪口	97.59	96.64	98.36	100.00	100.00	100.00	100.00	100.00	100.00	100.00	100.00	100.00
永定庄	81.35	94.38	95.42	99.66	100.00	99.19	100.00	100.00	100.00	100.00	100.00	100.00
同家梁	90.50	94.71	86.01	90.58	99.85	100.00	99.56	98.65	100.00	100.00	100.00	100.00
四老沟	83.61	90.06	92.00	94.41	92.36	91.03	84.19	65.24	86.39	94.99	100.00	100.00
忻州窑	98.43	100.00	100.00	100.00	100.00	100.00	100.00	100.00	100.00	100.00	100.00	100.00
白洞	74.40	69.81	68.26	77.33	56.65	72.67	86.26	93.14	93.77	100.00	100.00	100.00
雁崖	79.48	76.07	68.14	79.72	91.05	96.66	97.01	100.00	100.00	100.00	100.00	100.00
挖金湾	37.42	46.78	45.52	43.39	42.71	48.40	48.72	49.93	66.15	77.17	73.56	83.55
晋华宫	44.46	53.26	58.95	82.89	89.16	72.96	67.15	79.38	89.29	91.12	98.24	100.00
马脊梁	45.6	35.4	38.8	22.6					41.5	88.73	100.00	100.00
大斗沟	29.10	34.80	42.01	68.73	70.03	76.20	80.44	69.32	81.64	78.40	77.86	78.86
王村	49.04	52.31	54.48	52.35	68.03	73.65	70.00	63.57	73.46	68.01	81.14	84.12
云冈	32.66	48.99	42.93	43.96	55.69	60.66	65.88	91.94	99.06	100.00	100.00	100.00
燕子山								96.56	90.61	100.00	100.00	100.00
四台											99.13	100.00

1978 年，引进 18 套综采设备，其中，英国道梯 550/4 型 11 套，英国伽利克 464/6 型 4 套，日本 560/4 型 3 套。除 4 套薄煤层支架为垛式外，其余 14 套中厚煤层支架均为支撑掩护式。于 1979 年和 1980 年先后在各矿投入使用，同时使用了 ML-722 型刮板输送机和 EDW-600L 型采煤机。1979 年，在四老沟矿 2 号煤层砂砾岩顶板下改刀柱为长壁综采。经过试验，对强度矿压显现的顶板能“顶得住，放得下”，硬质煤能割得

动，获得“三强对两硬”（强力支架、强力采煤机、强制放顶，煤层硬、顶板硬）经验。1980 年，大同矿务局开始进行 2 号煤层采煤方法改革试验。2 号煤层顶板大多为极坚硬的砾岩，少部分为砂砾岩，分布在 13 个矿井的 7 个矿，为生产煤层，开采以来一直采用不合理的刀柱采煤法。“五五”计划期末，全局单一长壁工作面 54 个，刀柱 45 个，倾斜分层 16 个（其中金属网假顶 11 个、夹石分层 5 个），仓房式 1 个，其他 2 个。工作面平均长度 107 米。全局在用滚筒式采煤机 102 台，其中引进 21 台、国产 81 台，截煤机 12 台；在用液压支架 2779 台，其中引进 1688 台、国产 1091 台；单体液压支架 123 台，其中引进 117 台。采煤机械化程度达 62.06%。

“六五”计划时期，大同矿务局煤炭生产以综采为重点，综普炮采并举。使用英国道梯 550/4 型和日本三井三池 560/4 型支撑掩护式和国产 TZ 系列支架，发挥了这些支架工作阻力大、附带掩护板和侧护板的优点，解决了坚硬顶板的强力支护、采空区向工作面闯矸和破碎顶板的漏矸问题，提高了单产。同家梁矿综采一队连续 5 年产煤百万吨以上，其中 3 年荣获全国冠军，月平均单产 8.67 万—10 万吨，每工效率达 35.5—48.84 吨。全局综采队由 1979 年的 24 个发展到 1984 年的 33 个。5 年间，全局由于提高综采单产，净增产量 276.65 万吨，占综采净增产量的 92.58%。到 1985 年底，大同矿务局又引进国外综采支架 13 种 15 套，国产支架 19 套，引进采煤机 10 种和国产采煤机 16 种共 40 台，分布在 12 个矿，采煤机械化程度达到 75.30%，综采占回采产量 45.55%，综合机械化采煤居于重要位置。

1985 年 10 月，高档普采开始上马。第一个高档普采在雁崖矿采煤 8 队 309 盘区 11 号层 8909 工作面投入生产，配套设备有采煤机、刮板输送机、转载机、皮带运输机、泵站等。使用 DZ-16 型单体液压支柱代替摩擦金属支柱，支柱分 3—5 行排于工作面采空区与铰接顶梁相配合支护顶板。依靠乳化液泵站自动升柱，回收时远距离卸载，操作简单安全。每根支柱初撑力在 7 吨以上，工作阻力达 30 吨，远远超过金属支柱的支护性能，并可随工作面顶板变化而调节支柱高低，回柱与采煤、移溜、支护平行作业，为多循环作业创造了条件。

3. 运输和提升技术

（1）运输技术

“五五”计划时期，井下运输系统随着矿井挖潜、革新、改造进行了改造、更新。改造了煤峪口、同家梁、四老沟、忻州窑、雁崖、挖金湾、大斗沟、云冈 8 个矿的井底车场，扩建了 8 个矿的井底大煤仓。改造了煤峪口、四老沟、大斗沟 3 个矿的井底翻笼。同家梁矿由 1 吨矿车改为 3 吨底卸式矿车；大斗沟矿由 1 吨矿车改为 1.5 吨矿车。各矿在技术改造中，盘区上下山、回采工作面运输巷基本上实现了皮带运输机化。到 1980 年，全局 13 个矿井下皮带运输机增加到 461 台，达 13 万米。忻州窑、王村矿井下实现皮带连续运输。其他矿为皮带运输机和电机车混合运输。全局井下年运输能力达到 3628 万吨。

“六五”计划时期，改造了部分矿井的运输环节。云冈矿改矿车运输为胶带运输，改变了矿车运输不连续、劳动强度大、运输费用高及事故频繁等不利因素；煤峪口矿更换大巷道轨 1.4 万多米。部分矿采用了东德 12 吨架线牵引电机车。到 1985 年，全局井下运输能力达 3916 万吨，比 1973 年净增 1419 万吨，用 1 吨或 1.5 吨矿车运输的矿井创造条件改用皮带运输，以提高运输的可靠性和运输能力。通过改造，13 个矿井中有 4 个矿实现皮带机一条龙运输（包括提升）。有 1 个矿实现了盘区和水平大巷皮带化运输。有 4 个矿井水平大巷采用皮带机和电机车相结合的运输方式。只有 4 个矿水平大巷仍采用电机车运输方式。

（2）提升技术

“五五”计划和“六五”计划时期，在矿井挖潜、革新、改造和改扩建中进一步改造了矿井提升系统。箕斗提升的矿井，加大箕斗容量用双机拖动来提高提升能力；皮带运输机提升的矿井以提高带速来提高提升能力。同家梁矿主立井将 4 米绞车的 800 千瓦电机换为 2 台 630 千瓦电机双机拖动，将 6 吨箕斗换为 8 吨，提升能力增加 30%；忻州窑矿刷大延伸主井旁的一个小立井，安装 8 吨箕斗代替 4 吨箕斗的主井；煤峪口矿将 3 米滚筒绞车换为 4 米绞车，箕斗由 8 吨改为 14 吨（1983 年 9 月改造 2 号主井提升系统，主提升由一段改为两段，上部箕斗提升，下部皮带提升，缩短提升距离和时间）；大斗沟矿将主井皮带输送机电机由 6 级 75 千瓦换为 4 级

100 千瓦，带速由每秒钟 1.23 米提高到每秒 1.85 米；雁崖矿主斜井胶带输送机更换减速器后，带速由每秒 1.41 米增加到 1.92 米；晋华宫矿主斜井将皮带输送机的带宽由 1 米改为 1.2 米，皮带槽角由 20 度加大至 35 度，电动机由 75 千瓦及 100 千瓦换为 132 千瓦，提升能力增加 44%；王村矿将副井改为钢芯强力皮带输送机提升的主井。到 1985 年底，全局主绞车 22 台，斜井用箕斗提升的 1 个，钢芯强力皮带输送机提升的 3 个，普通皮带输送机提升的 4 个，矿车提升的 1 个，主立井用箕斗提升的 5 个，罐笼提升的 6 个。提升能力达到 3542 万吨，比 1973 年净增 922 万吨。

4. 通风排水技术

（1）通风技术

“五五”计划时期，大同矿务局进行老矿挖潜和环节能力改造，改造 31 项通风系统，其中，13 项新开风井，3 项延深风井；26 台新增风机，其中直径 2.8 米 16 台，直径 2.4 米 10 台，通风能力提高到 2764 万吨，年增加能力 845 万吨。1978 年，忻州窑矿首次进行了扭曲风叶的改造，使风机效率提高 5%左右，此后各矿相继进行了主扇风机的改造。1979 年，全局共有 17 个独立通风系统井口，进风井 41 个，排风井 36 个，运转主扇 32 台，电机总功率 1.11 万千瓦，矿井总入风量每分钟 10.64 万立方米，总排风量每分钟 11.33 万立方米，矿井负压 50—320 毫米水柱。除四老沟、大斗沟两矿为压入式通风外，其余矿井均为抽出式通风。盘区以上风巷总长计 14.18 万米，各矿均实现了分区通风管理。同年，根据煤炭工业部《矿井通风质量标准及检查评定办法》，大同矿务局对矿井通风进行了评定，配备通风设施，提高有效风量。1980 年，全局主要扇风机 71 台（其中直径 2.4 米以上的轴流式 21 台），局部扇风机 604 台。同年底，大同矿务局成立通风处，除马脊梁矿因生产规模小设通风队外，其他各矿均设置了通风区，加强了通风管理。

“六五”计划时期，综采进一步发展，矿井进行了开拓部署改革，向多煤层联合开拓、集中生产发展。各矿继续增开风井，采用多分区、大功率风机、大风量的综合方法提高通风能力。云冈矿设计 5 个盘区同时生产，全矿井共 11 个风井，6 个入风井，5 个出风井，各盘区构成独立的通风系统。风路短、阻力小，最大通风机 24 号，电动机功率 800 千瓦，克服了特大型矿井通风系统复杂的弊病。煤峪口矿西二风井、永定庄矿西二风井、同家梁矿新二风井、四老沟矿南羊路风井、雁崖矿西二风井、挖金湾矿大巴沟和秦家山风井、马脊梁矿坟儿洼风井、大斗沟矿西三风井都安装了功率 1000 千瓦、直径 2.8 米的大型轴流式通风机，其中四老沟矿南羊路风井，1982 年利用原有的两台 28 号通风机采用并列压入式通风，解决了欠风，抑制了火区蔓延，这在全国尚属首例。1983 年，煤峪口矿在波兰专家的协助下，为抑制采空区自燃，试验成功了均压通风技术。到 1985 年，全局 13 个矿 15 对生产井口运转主扇 29 台，电机总功率 1.86 万千瓦。除永定庄矿东风井主扇为旧式 1519 型（没有备用主扇），其余 28 个风井主扇均为 7082 系列型号轴流式通风机，且均备有同型号主扇。主扇排风量每分钟达 16.5 万立方米。1981—1985 年，全局增开风井 11 个，掘风巷 3.95 万米，安装主扇 21 台，实增风量每分钟 3.04 万立方米，解决了 11 个矿风量不足的问题。1985 年，矿井通风能力比 1979 年净增 730 万吨。矿井有效风量率由 1981 年的 86.96%提高到 1985 年的 88.31%，采掘工作面风量不足由 1981 年的 30 个下降到 1985 年的 16 个。

（2）排水技术

“五五”计划和“六五”计划时期，各矿随着开采延伸，使用新型水泵，并增设主水泵。1977 年，开始采用高效的 D 型离心式水泵，逐步淘汰 SSM 型、DA 型离心式水泵，并于 1978 年开始推广使用无底阀水泵。1979 年，煤峪口矿新水平安装 3 台 200 千瓦主排水泵。1980 年，全局有主要排水泵 96 台，主要排水管 76.22 公里。

5. 机电技术

（1）供电技术

①地面供电。“五五”计划时期，局先后有 4 个变电站和 8 条输电线路投运。1976 年，架设辛村至姜家湾的辛姜线，长 9 公里，LGJ－150 导线，水泥线杆。1978 年，架设 4 条 35 千伏输电线路，分别是四四 1 号、2 号线（四老沟 35 千伏变电站至四老沟 110 千伏变电站）和万四 1 号、2 号线（西万庄至四老沟）。四四 1 号、2 号导线均为 LGJ－150，万四 1 号、2 号导线截面 240 平方毫米。4 条线路均为水泥线杆。20 世纪 70 年代后期，由于全局负荷骤增，导线截面小，电压降增大，供电难以满足生产需

求，在白洞矿和四老沟之间的羊涧沟处兴建了四老沟 110 千伏变电站。1978 年 12 月 27 日投运，安装 4.5 万千伏安变压器 3 台，初期 1 号、2 号主变投入运行，电压等级 110 千伏/35 千伏/6 千伏，电源由西万庄 220 千伏变电站经万四 1 号、2 号线供给。这是第一个由大同矿务局自己设计施工、自行维护管理的 110 千伏变电站。围绕四老沟 110 千伏变电站于 1980 年 7 月先后建成投运碾子沟 35 千伏变电站，安装 1 万千伏安变压器 2 台；建成投运南羊路 35 千伏变电站，安装 1.5 万千伏安和 1.6 万千伏安变压器各 1 台。两站电源均取自四老沟 110 千伏变电站，通过 1980 年 5、6 月架设投运的四南（四老沟至南羊路）、四碾（四老沟至碾子沟）、碾南（碾子沟至南羊路）线供给。以上导线均为 LGJ－185，铁塔输电线路。碾子沟站主供同家梁矿、大斗沟矿生产用电，南羊路站主供四老沟矿、雁崖矿生产用电。1979 年 8 月，矿务局变电站投运，安装 3200 千伏安变压器 2 台，电压等级 35 千伏/6 千伏，电源由机厂变电站经机局（机厂至矿务局）1 号线供给，主供矿务局生活用电。到 1980 年口泉沟供电工程基本建成，架设输电线路 40.75 公里。

“六五”计划期间，供电发展平稳，投运了 2 个变电站和 2 条输电线路。1981 年，架设碾子沟至马脊梁的碾马线，长 5 公里，导线为 LGJ－185，水泥线杆。1982 年，架设四老沟至辛村的四辛线，导线为 LGJ－185，水泥线杆，长 6.14 公里。同年 4 月 16 日，辛村变电站投运，安装 1 万千伏安变压器 2 台，电压等级 35 千伏/6 千伏，电源由四老沟 110 千伏变电站、姜家湾站，经四辛线、辛姜线供给，主供煤峪口、永定庄、大斗沟矿生产用电。1985 年 4 月 25 日，纸坊头变电站投运，安装 4000 千伏安变压器 2 台，电压等级 35 千伏/6 千伏，电源由燕子山 110 千伏站，经燕纸（燕子山 110 千伏站至纸坊头）线供给。

②井下供电。1980 年代，井下供电除继续使用进口的电气设备外，国产千伏级电气设备投用井下，主要有 KSGZY 型矿用隔爆型移动变电站（电压 6000/1140/660 伏，容量 315 千伏安、500 千伏安和 630 千伏安）。

（2）机修技术

“五五”计划时期，设备检修执行“四、三、二、一”和“五、四、三、二、一”两套要求。“四、三、二、一”是：检修任务有 4 项（检修、检查、安全试验、技术测定）；检修要提前 3 个月摸底；提前两个月确定任务；提前 1 个月做好材料、配件、施工准备。“五、四、三、二、一”是：检修中对每个项目做到五定（定项目、定检修内容、定人员、定措施、定质量）、四有（有施工组织措施、有安全技术措施、有检修质量标准、有检修档案）、三无（无事故、无漏项、无隐患）、二齐（材料配件准备齐、工具器具齐）、一坚持（坚持检修后试运转）。这些要求成为计划检修的正规制度。在巩固“80、7、2”的基础上向“90、5、1”进军。继续整顿包机组，建立机电工种岗位责任制，全局 13 个矿的设备完好率均有所提高。1977 年 12 月，为提高设备完好率，降低待修率，改进大修理工作，克服大修理计划变更，入厂大修不及时，矿务局制定了《机电设备大修理管理暂行办法（草案）》。随着矿井机械化程度不断提高，井型增大，生产设备增多，修理量增大，到 1980 年维修设备达 4.02 万台，其中综采设备 9200 台。“五五”期末，全局 13 个机分厂和 6 个液压车间机加工设备增至 317 台，其中金属切削机床 250 台、锻压设备 65 台、铸造设备 2 台。共有 1746 名机修人员，负责维修矿井一般机电设备、加工零配件，以及维修液压支架、液压阀组和大功率采煤机泵。

“六五”计划时期，机修能力进一步提高。机厂自行设计制造了 825 吨压力机、采煤机加载试验台、千伏级电机试验台、液压支架试验台、油泵油马达加载负荷试验台、支柱拆解机和与 3 吨自由锻锤相配套的装取料机操作机等成套设备，提高了综采综掘设备修制能力。各矿贯彻煤炭工业部颁《煤矿机电设备管理暂行规程》和《综合机械化采煤设备暂行管理办法》，狠抓综采设备检修，实行设备图牌管理，建立设备台账；积极推广“圆班包机、小班分段、责任到人、留名挂牌”责任制和奖罚经济责任制；增加了维修基金，改革了设备管理制度，实行租赁制，减少设备占用量，提高设备利用率和单机效能；开展了设备维修、综机管理、配件管理等竞赛活动。

（3）通讯技术

到 20 世纪 70 年代后期，由于原来电话线路年久失修，线路故障增多，若遇雷雨天气，通信线路时有中断。为了保证电话畅通，1979 年 8 月 24 日，大同矿务局制定《电话通讯设备管理暂行条例（草案）》。1980

年，在煤炭部规划院的帮助下，大同矿务局建起第一套以生产指挥通讯为主的无线电话系统，采用国产 74 系列船载无线电话机（JDD－2 型）。在马武山设差转站，开通了局至各矿无线电话通讯系统（此批无线电话后用于电力调度）。

为了适应煤炭生产的发展，改变通讯落后局面，1982 年，局动力处对全局通讯设备及状况进行了一次全面调查，设计了“六五”计划期间大同矿务局通讯改造“一点两线平旺一片”的方案（即建设通讯楼，局至王村矿出局 200 对电缆一条，局至大同市邮电局 100 对电缆一条和平旺广场区取消架空线路，全部改用地下电缆管道和地下电缆），此项工程至 1986 年 5 月全部完成。建成一座适应全局通讯发展及装用先进装备的通讯大楼；初装了局机关 3090 门纵横制自动交换机，第一次进入自动交换的行列；埋设了口泉沟 200 对地下电缆，改变了口泉沟各矿对局共有 2—4 对中继式线路的闭塞状态；使用了通讯电缆管道，电缆采用压气维护技术，在传输方面采用加感技术。“六五”计划期间的通讯改造工程，缓解了局本部电话紧张的局面，同时解决了局至大同市电话联络困难的问题；建成了符合传输技术标准的第一条通讯线路。

二、灾害防治技术

党的十一届三中全会后，大同矿务局依靠科技进步发展生产力，提高采掘机械化水平。改善了矿井生产的劳动条件和作业环境，减少了重大事故的发生。加强安全管理机构和队伍建设，完善健全规章制度。对职工进行安全技术培训教育，应用新技术新装备防治矿井灾害事故。推行集体安全目标承包和矿井全员安全风险抵押承包。开展质量标准化、矿井安全评估，建立科学化、规范化的安全管理网络，防、治、管、监多管齐下，实行全过程安全管理，矿井抗灾能力和抢险救灾能力有一定的提高。

1. 瓦斯防治技术

“五五”计划时期，随着矿井技术改造，局加强瓦斯治理工作，每年对矿井进行瓦斯等级鉴定。1980 年，根据煤炭工业部新颁布的《煤矿安全规程》，将矿井瓦斯等级由原来的四级修改为两级。对 13 个生产矿井进行瓦斯等级鉴定，忻州窑矿、云冈矿、晋华宫 2 号井为高沼气矿井，其余

10 个为低沼气矿井。分别按等级加强管理，陆续增开盘区风井，增设大型风机，建成独立通风系统。

“六五”计划期间，完善了矿井通风系统，装备新型瓦斯监测仪器。大部分矿井盘区设有专用回风巷，顺槽打回风斜巷，促使风流稳定，实现合理分区通风。共装备沼气自动断电警报仪 122 台，遥测断电警报仪 5 套（25 头），沼气自动监测系统一套（110 头），253 台局扇实现了风电闭锁。同时设置了双机双电源供电，保证了局扇连续运转。1984 年 6 月，煤峪口、同家梁、忻州窑、晋华宫、云冈 5 个矿试用 DTX－Ⅱ型数字式沼气检测仪。该检测仪携带方便、操作简单、显示直观，可在生产作业中随时测定空气中的沼气含量。1985 年 7 月，忻州窑矿矿井安全环境监测系统投入运行，建成了瓦斯监测系统，这是煤炭系统首批运用微机对井下有害气体进行采集分析处理的实用系统。

2. 粉尘防治技术

1976 年，全局铺设洒水管道 18.06 万米，增设洒水点 225 个，51.8%的回采工作面采用静压洒水。同家梁矿在综采工作面试行煤层注水，煤尘浓度由每立方米 200 毫克降为 100 毫克。此后，煤层注水逐渐在全局推广。1979 年，矿务局制定《防尘、防毒工作规划》，明确规定了矿每月、局每季进行一次通风安全、防尘大检查，并提出了防尘工作重点是解决水源不足和洒水管路更换及补充等问题。各矿针对性地采用水电钻打眼、采掘机切割时内外喷雾等防尘手段。1979 年 9 月，全局岩巷作业点 38 处，半煤岩巷 53 处，放顶工作面 50 处，接触粉尘作业点 5589 人；岩巷采用湿式凿岩，部分半煤岩巷放顶工作面采用了干式捕尘、工人戴防尘口罩。1980 年，静压洒水和机采面注水订入了作业规程，洒水不正常者，不准作业。在四老沟矿和大斗沟矿试验水封爆破除尘。采掘爆破装火药后，直接装水炮泥，再用湿炮泥封口，防尘效果明显。同年底成立通风处时，设立防尘科，各矿相应成立防尘队，下设测尘组和注水组，加强了防尘管理。

“六五”计划时期，采取综合措施进行粉尘防治。1981 年，防尘专业人员达 357 人。1984 年，为防治机掘工作面粉尘危害，在同家梁矿试验了湿式除尘风机。“六五”计划期间，全局新建静压水池 14 个，容量 3100 立方米，洒水干管 145 公里，净化水源装置 10 个。到 1985 年末，全局共有静压水池46个，容量1.2万立方米，基本满足了矿井防尘需要，并为综合防尘创造了条件。全局100%的综采工作面、60%的普采面实现了煤体注水，推广了水炮泥、湿式打眼，放炮前后洒水，定期清扫刷白大巷。全局14个矿机掘巷使用5种型号除尘风机38台，伸缩风筒3040米。各转载点安装喷雾洒水装置，巷道设置水幕，还推广了潮喷作业新工艺。井下各作业点粉尘浓度下降，22个采掘面达到标准。

3. 火灾防治技术

1976年，局矿山救护队向四老沟矿珍珠沟火区、同家梁矿303采区、马脊梁矿402采区灌浆18.6万立方米，对其他火区进行了封闭灭火。同年，在白洞矿采用局扇与调节风窗升压调压的均压技术，安全开采了303盘区8305工作面，完全窒息了8303—8301火区。1977年，在四老沟矿建成预防灌浆站，实行预灌浆防火管理，使新开拓、开采盘区内未发生新火区。1979年，全局有8个矿存在井下火区，除四老沟、大斗沟矿有两处是古窑遗留的火区和同家梁矿有一处是从矿外小窑引入的火区外，其余均属浮煤自燃而产生的火区。8个矿共有火区30处，其中影响安全生产较严重的有煤峪口、同家梁、四老沟、白洞、云冈及马脊梁等矿共12处火区。有8个火区建立灌浆站。1980年1月，各矿通风区成立灭火队，由一名副区长专职负责灭火工程。1980年底，成立通风处，并设灭火科，矿井灭火有了专门管理机构。“五五”计划时期，井下灭火方法主要是灌浆。1977—1980年，每年灌浆约20万立方米。

“六五”计划时期，随着大同侏罗纪下部近距离煤层综采的大面积开采和冒落，大同侏罗纪上部煤层原刀柱采空区与下部采空区冒通，使原上部采空区刀柱、顺槽煤柱陷落破碎，上下左右相通漏风，煤自燃发火日益严重。全局13个矿井有26多处火区，面积达1077.76万平方米，冻结火区周围及火区下压煤层的煤炭资源约6240.6万吨以上。对此，大同矿务局加快矿井防灭火工作，先后采用了“堵、注、灌、惰、阻、均”等7种灭火方法进行矿井灭火。发火严重的主要矿井，陆续建筑了永久性灌浆系统。至1982年，煤峪口、同家梁、白洞、马脊梁、大斗沟、晋华宫、忻州窑、挖金湾、王村、云冈、四老沟矿均建成永久性灌浆灭火系统。但灌浆灭火不易消除矿井及煤层之间压差，不能杜绝向采空区漏风，且工程量大，施工期长，一个火区未消灭，又发生新火区。1983 年 10 月，大同矿务局在抚顺煤炭科学研究所的协助下，首次与波兰救护总站进行技术合作，在煤峪口矿 11 号层 305 和 309 两个盘区面积达 100 万平方米的大火区进行均压灭火试验，取得成功。安全采出 8309 和 8311 两个工作面的冻结煤量 40 余万吨，解放了火区下 10 个工作面的冻结煤量 150 多万吨。这种均压、调压是在已封闭的火区周围密闭处设调压气室，利用地面大气压力、矿井通风压力或安装局扇调整气压室压力及火区进风巷的压能，隔绝向火区供氧，窒息火区。该技术为全国煤矿首创，迅速得到应用和发展。1984 年后，大同矿务局在云冈、白洞、永定庄、晋华宫等 5 个矿推广使用均压灭火技术，并总结出“减风降压、管风防火、堵住漏风、以风治火、惰灭火区、治灌并举”的 24 字综合治理措施。

1981—1985 年，全局建成 20 个火区灌浆系统，2 个预防性灌浆系统。303 个打钻孔，计 5.15 万米，灌注黄土 1359 万立方米。注销了 9 个火区，计 182.84 万平方米，解放火下煤量 165.9 万平方米。同时建立了 5 个均压防灭火系统，基本控制了火区蔓延。

4. 水害防治技术

“五五”计划和“六五”计划时期，随着转向煤层深部开采，严格执行探放水规定，改造并完善了综合防治水害设施，及时排除采空区的积水，避免采掘面的水害。1976 年，连续排放了煤峪口矿 404 盘区，雁崖矿 303、305 盘区，白洞矿 402 盘区和小窑积水，消除开拓下层煤隐患。20 世纪 80 年代，由于小煤矿的发展，在各矿井田内和邻区开采面积不断增大，小煤矿采空区存有的积水各矿难以掌握。为防范水害，各矿调查了解，打钻探放，边探边掘。1983 年 1 月 9 日，永定庄矿 915 集中皮带运输巷 3 号煤仓发生重大煤水涌泻事故，死亡 6 人，轻伤 5 人。到 1985 年末，全局拥有探水钻 100 台，各矿均完善了排放水系统。

5. 顶板灾害防治技术

1976 年，同家梁综采二队（东风队）开采 14 号层 8603 工作面，由于顶板坚硬，初次放顶不好，悬板宽达十几米，4 月 4 日发生垮顶事故，摧坏支架 39 架共 116 根，损失达百万元以上，并停产 16 天。此后，东风队设专职放顶人员，并严格执行规程，每天打 8 个放顶孔，悬顶宽不超过 2

米，长度不超过 8 架，避免了摧架事故。

“五五”计划时期，全局顶板管理水平提高，顶板灾害防治手段有突破性进展。1975 年 10 月至 1977 年，在云冈矿 2 号层 301、303 两盘区 38 万平方米的砾岩顶板悬顶区，用 TXB－1000 钻孔机在地面钻孔爆破，进行采空区大面积悬顶放顶试验，共钻孔 29 个，计 4119.09 米，爆破 23 个孔，其中吊炮扩孔 2 次，长柱状扩孔爆破 20 次，药壶大爆破 3 次，消耗高威力炸药 8583.5 公斤，处理了刀柱采煤时遗留下的 7 号煤层采空区悬顶面积 5.63 万平方米，塌落面积 2.38 万平方米，冒落岩体 7.71 万立方米。该矿还在井下用 YZ－90 型重型风钻，向顶板钻直径 65 毫米、深 18—25 米的深孔，采用垂直刀柱方向交错布置、等距离垂直扇形与水平扇形相结顶板预注水，解决了砂岩和整体砂岩悬板的问题。通过爆破强制放顶和砂砾岩顶板注水软化等措施，解决了采后顶板不冒、形成大面积来压及冒落的隐患，同时用化学粘结法管理破碎顶板亦取得一定进展。

第三节　科学化、规范化的安全管理及经营管理

党的十一届三中全会后，大同矿务局依靠科技进步发展生产力，提高采掘机械化水平。改善了矿井生产的劳动条件和作业环境，减少了重大事故的发生。加强安全管理机构和队伍建设，完善健全规章制度。对职工进行安全技术培训教育，应用新技术新装备防治矿井灾害事故。推行集体安全目标承包和矿井全员安全风险抵押承包。开展质量标准化、矿井安全评估，建立科学化、规范化的安全管理网络，防、治、管、监多管齐下，实行全过程安全管理，矿井抗灾能力和抢险救灾能力有新的提高。同期适逢国家进入改革开放时代，经营管理也发生了根本性变化。科学化、规范化是此一时期管理工作的特点。

一、同期安全管理

1. 安全管理机构

“文化大革命”结束后，安全机构得到加强，“群管”工作逐步走向正

常。1979 年 2 月，矿务局根据煤炭工业部指示，成立安全监察局，内设技术处、监察处、综合处，安全监察局局长由大同矿务局副总工程师兼任。各矿、厂、处设安全监察站，配备安全监察干部 205 人，安全监察员 610 人，群众安全员 3214 人。1983 年，根据煤炭工业部第一号安全指令，调整安全监察机构，推行双轨制。安全监察局向各矿、厂、处派驻安全监察处，定员 3—5 人，人事、组织关系属安全监察局。各矿、厂、处同时设安全质量科，负责日常安全质量管理工作。

1985 年，大同矿务局从实际出发，将双轨制改为单轨制。各矿、厂、处安全质量科与安全监察处合并，成立安全监察站，以矿领导为主，由安全监察局进行业务指导。安全监察局局长由矿务局分管安全副局长兼任。安全监察局下设 5 处 1 室 1 部，即生产监察处、小煤矿监察处、综合处、技术处、基建安全监察处、安全调度室、安全技术劳动服务部（1990 年增设《同煤安全》编辑部）。各矿、厂、处安全监察站下设 5 组 1 室 1 队 1 站，即监察组、技术组、综合组、事故追查组、小煤窑监察组、安全调度室、安全小分队和安全信息站。安全监察站长由矿分管安全的副矿长兼任。全局按照《煤矿安全监察条例》配备了各级专职安全监察员近 2000 人。

2. 规章制度

“文化大革命”结束后，大同矿务局于当年恢复建立了安全责任制、业务保安制等规章制度。同年根据煤炭工业部制定的“两好六消灭”（工程质量好，生产环境好；消灭高温火点，消灭瓦斯积存和超限，消灭煤尘堆积，消灭不合理通风，消灭电气失爆和“鸡爪子”、“羊尾巴”、明接头，消灭其他引爆火源），大同矿务局提出了“两高、三好、六消灭、一坚持”（单产高，单进高；工程质量好，机电设备维修好，井下环境好；消灭煤尘堆积飞扬，消灭失修风巷，消灭亏欠通风设施，消灭盲巷，消灭火源火点，消灭违章指挥、违章作业；坚持安全生产方针）。1979 年 2 月，根据山西省煤管局《山西省煤矿安全监察工作条例》《山西煤矿企业安全条例》和加强顶板、运输和通风管理的 30 条措施，大同矿务局制定了“实施细则”，并落实工人“四权”，授予工人工作前有权先处理安全问题，有权抵制干部的违章指挥，有权提出安全建议，有权控告干部的违章指挥。同年

6 月，煤炭工业部重新颁布《煤矿安全工作试行条例》和《煤矿安全监察试行条例》，山西省煤管局制定了《山西省煤炭企业业务保安制度》。大同矿务局将上述条例制度印刷成册，下发各矿、区队学习，结合实际，修订了业务保安责任制。

1980 年，根据煤炭工业部修订并重新颁布的《煤矿安全规程》，大同矿务局健全局、矿长全面安全责任制，总工程师技术安全责任制。1981 年，煤炭工业部发出《建立安全办公会议制度》《加强火药、雷管管理》《加强防尘工作，消除粉尘危害》三条指令。大同矿务局结合具体情况制定具体管理办法，下达所属各矿、厂、处。1982 年 2 月，国务院颁发了《矿山安全条例》《矿山安全监察条例》，1985 年初，煤炭工业部制定下发了《关于在改革中加强煤矿安全工作的几项规定》，按照该规定要求，全局所属矿、厂、处修订了安全管理规章制度。

3. 安全检查

“文化大革命”结束后，安全检查制得到巩固和发展。各矿、处将定期安全检查逐步发展为旬查、月检、季评比制度。在检查时，局、矿处党政领导带头，安监、生产技术、机电、地质、通风、基建、供应及党工团等部门参加，深入区队现场，检查工程质量、顶板管理、机电设备“三率”（完好率、待修率、事故率）、通风管理、煤尘瓦斯防治措施，以及规章制度执行情况。查出的问题，由安监部门登记上表，签订三联单，采取“四定”，指令有关科室、区队限期整改。对重大隐患和事故，坚持“三不放过”（找不到事故原因不放过，问题和隐患得不到处理不放过，肇事人员受不到教育不放过）原则，严格安全检查程序。有的矿还实行区、队互检互查，月评季奖罚制度，及时消除了不安全因素，伤亡事故明显下降。这一时期，煤炭工业部、省、市和主管部门的巡回检查、地区互查、重点抽查加强。1979 年秋，煤炭工业部组织省市主管部门检查团赴山西分团，到大同矿务局进行巡回检查。1980 年，各矿、厂、处将定期检查发展为“四制”“五簿一单”，即矿、处和区队干部分片包干检查制、安监（检）人员岗位巡查制、事故分析会议制、保安学习制；查出问题记录簿、隐患处理台账簿、事故追查登记簿、处理违章谈话簿、安全评比奖罚簿，违章通知三联单。同年 11 月，山西省煤管局、劳动局、总工会组织了煤矿安全大检查。通过检查，促进了全局业务系统的安全检查工作。此后，山西省煤炭工业厅逐年对大同矿务局进行巡回检查，或按地区组织局、矿互检互查。

“六五”计划时期，实行了以局长为首的部门负责制，由分管局长、总工程师主持，安监、生产技术、机电、通风、基建等有关处、科室人员定期或不定期深入所属矿、厂、处，进行业务对口检查和综合检查。着重检查“安全月”“百日安全无事故竞赛”活动；两个条例贯彻情况；安全技措规划；机电、通风管理、灾害事故防治和事故追查处理、文明生产矿井建设等。1982 年，大同矿务局贯彻两个条例，加强各个生产环节的安全检查。以业务管理部门为主，坚持业务检查，推动了区队班组的自检自查。1985 年 5 月 13 日，大同矿务局组织有关处室负责人、工程师等 52 人，分赴各矿进行以瓦斯、煤尘为主要内容的安全检查，加强矿井瓦斯、煤尘防治工作。同年 9 月，山西省安检团一行 21 人对大同矿务局安全工作作了全面检查，推动了大同矿务局安全检查。

4. 安全培训

1976 年后，各矿改革了培训教学方法。新工人岗前培训采用授课形式，将煤矿采、掘、机、运、通五大系统逐节讲解，并辅以图例、事故案例；课后布置作业，提倡难题解答，采用考试结业方法，培训质量提高。

“六五”计划期间，安全培训更加完善，并设立专职管理机构。1981 年，矿务局成立职工教育委员会，各矿、厂、处等单位相继成立职工教育委员会或职工教育领导组，并恢复职工业余学校。1982 年 6 月，成立了职工培训处，设立了干部培训组、工人培训组和管理组，专门负责职工教育工作。1983 年 3 月，各矿、厂、处相继成立职工培训科，除文化培训外重点是安全技术培训和新工人岗前保安培训。这时期，全局实行了多层次的安全培训，普遍建立班前安全讲授制度，坚持班前利用 70%的时间讲安全教育，提前预报安全情况。开展事故案例教育，举办脱产、业余安全技术培训班，由局、矿按计划分期组织培训，期末考核，结业发证。对新工人入井前进行不少于两个月的安全教育。各矿、处坚持了采煤、掘进、开拓、机电、运输、通风、安检等七大系统的主要工种人员轮（培）训。对局矿领导和管理人员着重进行了安全方针、政策、理论及安全生产技术和管理方法的培训；对直接生产管理人员进行了安全规范、规定、程序的培训。

二、同期经营管理

1. 计划管理

（1）管理机构

1978 年，矿务局委托大同煤炭工业学校培训计划、统计人员 36 名。1983 年，生产组、工程组、统计组改为生产科、工程科、统计科。同年，全局在职计划统计人员中有 350 人取得了社会经济统计学原理电视讲座结业证书。1984 年，在职计划、统计人员有 210 人取得统计数学电视讲座结业证书。

（2）计划编制管理

1985 年，煤炭工业部对局执行投入产出总承包，将指令性计划的各项经济技术指标，改为只把原煤产量、电力消耗和企业亏损定为指令性指标，其他计划指标均为指导性指标。从 1985 年起，局对煤炭工业部进行了投入产出 6 年（1985—1990 年）经济总承包，年度计划的编制以煤炭工业部下达的年度承包指标为依据，其他方面仍无明显变动。

（3）统计管理

1977 年，根据山西省煤炭工业管理局《关于进一步加强和整顿原始记录的通知》，在雁崖矿进行了整顿原始记录试点工作，同年 8 月在全局推广。1977—1984 年，整理编印了 1964 年、1965 年、1966—1970 年、1971—1975 年、1976—1980 年 5 部《大同矿务局统计年鉴》。

1980 年，统计组组织编制山西省 1979 年度投入产出调查表试点工作，其经验被山西省统计局采纳。1981 年工业总产值改按 1980 年不变价格计算。1983 年，统计组改为统计科，设科长 1 名，定员 8 名，其中统计师 4 名，助理统计师 1 名，统计员 3 名。同年局、矿（厂）两级统计人员开始运用 PC－1500 计算机进行部分统计报表的汇总工作。1984 年，统计科开始运用微机制表、进行统计报表的汇总。1985 年，制定《大同矿务局统计资料保密管理暂行办法》，规定了统计资料保存、销毁期限及对外发表权限。同年，根据国家统计局规定将构成固定资产的投资（如基本建设投资、自有资金投资等）均纳入固定资产投资统计。

2. 劳动工资管理

（1）管理机构

1978 年，劳动工资处增设劳动定额组。 1982 年，设立合同制工人管理科。 1983 年，劳动工资处将下设各组改称科，设有工资科、劳动定额科、劳动组织科、调配科、信访科，后又增设劳动保险科。

（2）劳动管理

①用工制度管理。 20 世纪 70 年代后期，在井巷工程中使用外包工，承包井下开拓、掘进工程。 这期间，在一些辅助性岗位上以临时工的形式招收了部分职工家属。 1979 年，局集体企业开始招收集体工。

1981 年，经山西省人民政府批准，恢复农民轮换工制度，3—5 年轮换一批。 当年招收 4010 名，这些农民轮换工主要用在井下采掘一线。 1985 年初，根据山西省人民政府和大同市人民政府文件精神，在新招收的工人中实行劳动合同制，当年招收 1906 名合同制工人。

②劳动组织管理。 1977 年初，大同矿务局整顿劳动组织，压缩非生产人员，充实采掘一线。 5 月，全局有 4305 人返回生产岗位，新组建了 7 个采煤队、5 个工程掘进队。

党的十一届三中全会后，大同矿务局恢复和全面整顿了劳动纪律。 1981 年 10 月，《大同矿务局关于联产、联责、浮动工资的暂行规定》《大同矿务局联产、联责、四定一包试行办法》开始实施。 1982 年根据煤炭工业部和国家劳动总局文件精神，又进行了整顿劳动组织工作。 重点是动员 1978—1982 年招收的倒流采掘工人归队，动员长期旷工的人员返矿工作，清退计划外用工，加强劳动纪律。 经过整顿，319 名倒流采掘工人归队，清退计划外用工 5959 人，对少数违反劳动纪律且屡教不改的人员进行了处分。 同年，根据国务院企业职工奖惩条例的规定，制定并实施了《大同矿务局职工守则暂行规定》。 80 年代初，综合机械化采煤工作面由 3 班作业制改为 4 班作业制。

1982 年，根据中共中央、国务院《关于国营企业进行全面整顿的决定》和煤炭工业部《关于整顿劳动组织，制定矿务局（矿）定员标准的通知》，大同矿务局编制了工种定员标准。

1983 年，落实全国整顿劳动组织会议精神，结合整顿吨煤奖，核定定员人数，按定员定额组织生产。局对各矿（厂）以五项指标（职工总数、工资基金总额、劳动效率、吨煤奖金、加班工资控制额）控制、考核，各矿（厂）根据局考核指标和《定员标准手册》核定各基层单位的定员人数。煤炭工业部为控制企业职工人数，精减富余人员，于1983年4月对大同矿务局定员进行了核定。全局职工11.58万名，核定定员为10.89万名，核减6884名。同年，取消了一些临时办公室，清退计划外用工3222人，使237名外借人员返回采掘生产岗位，经医务鉴定回到生产第一线者829名。1983年，根据煤炭工业部《转发〈关于企业职工要求"停薪留职"问题的通知〉的通知》，允许富余固定职工停薪留职，从事个体经营。1984年的整顿劳动组织主要是精简组织机构，核定劳动定员。全局合并、精简62个科室队组；清查出富余人员9554名，其中清退计划外用工3131名，退职退休2077名，支援集体企业274名；对3154人进行了医务鉴定。以吨煤包干为中心，以定员定额为基础，按部门、队组进行"四定"（定工作任务、定工作质量、定经济责任制、定定员和出勤人数）。

1985年，贯彻煤炭工业部关于减人增产、妥善安置富余人员的有关文件精神，结合本局实际情况，开展了以减人、提效、节资为目的的整顿劳动组织工作（简称"整组提效"）。

（3）工资管理

①工资管理。1977年，根据国务院《关于调整部分职工工资的通知》精神，为1971年底以前参加工作的部分职工调整、晋升了工资，升级面为40%。1978年，根据国家劳动总局《关于给工作成绩特别突出的职工升级的通知》，大同矿务局为1971年11月底以前参加工作，并有特殊贡献的1927名职工晋升一级工资，升级人数为1978年11月底在册职工总数的2%。1979年，根据国务院（1979）251号文件的规定进行了调资。全局3.94万名职工晋升了工资，占晋升工资基数的40.24%，其中，工人晋升工资的3.49万名，占工人基数的39.93%，干部晋升工资的为4493名，占干部基数的39.37%。同年，根据山西省煤炭工业管理局《关于在煤矿企业试行计件工资的实施方案》，推行计件工资制。1980年，工业生产职工平均年工资1185.12元，基本建设职工平均年工资1077.76元。

1981年，根据国务院批转《关于调整中小学教职工工资的办法》和

《医疗卫生单位部分职工调整工资方案》精神，大同矿务局对企业所属文教卫生人员的工资进行了调整。全局6233名文教卫生人员晋升了工资。其中，文教人员中有3822人晋升了一级工资，605人晋升了两级工资；卫生人员中有2411人晋升了一级工资，268人晋升了两级工资，全局月增加工资4万元。1983年，根据国务院国发〔1983〕第65号文件和劳动人事部劳人薪〔1983〕第365号文件精神，局进行了职工工资普调工作。这次全局晋升工资的职工8.36万名，其中工人7.54万名，干部8174名；晋升两级工资的666名，全局月增加工资70.73万元。

1984年，遵照国务院《关于扩大企业自主权的暂行规定》和煤炭工业部关于统配煤矿实行吨煤工资包干的有关政策，大同矿务局实行了吨煤工资包干制度，即国家根据企业包干前一年的实际工资总额和包干当年的计划产量，求得吨煤包干单价，企业按实际产量与吨煤工资单价的乘积提取工资。企业工资总额和职工工资收入随产量浮动，并与利润、安全等主要考核指标挂钩。同时，根据国务院和煤炭工业部有关政策，局长有3%的晋级权，即对生产上（或工作中）有突出贡献的职工，可由局长决定给予晋级，晋级面不超过企业在册人数的3%，同时有权根据企业自身经营的好坏，在企业有支付能力的前提下，为职工浮动晋级。1985年1月，大同矿务局根据1984年度的3%指标，为3909名在生产、工作中做出贡献的工人、知识分子、干部晋升一级工资。同时，为1984年度在生产、工作中做出较大贡献的职工晋升了浮动工资。全局有9.14万名职工浮动一级工资，月增加工资96.09万元。

1985年，根据国务院、煤炭工业部工资改革精神，局于7月1日开始工资改革。改革的重点是调整提高井下工人，特别是采掘工人的工资水平。这次工资改革本着“固定部分少加，活的部分多加”的原则协调煤炭系统工资标准与社会工资标准的关系。改革的主要内容是，工人实行岗位等级工资标准，干部执行职务工资标准。全局统一执行六类区工资标准。全局有13.04万名职工参加了工资改革，职工人均月增加工资20.62元。1985年，工业生产职工平均年工资1618.52元，基本建设职工平均年工资1477.57元。

表 9-3　1985 年工资改革后大同矿务局工人工种岗位工资标准表

标准（元）	等级			
	井下一类	井下二类	井上一类	井上二类
38			1	1
46		1	2	2
55	1	2	3	3
66	2	3	4	4
78	3	4	5	5
90	4	5	6	6
102	5	6	7	7
114	6	特 1	8	
128	特 1	特 2		
142	特 2			

②劳动定额管理。1978 年初，由于推行计件工资制和奖励制度，局集中部分有经验的定额员，通过现场调查、统计分析、资料对比，根据各种生产条件，在广泛征求群众意见的基础上，编制了综合定额（按工作面制定的劳动定额）。随着计件工资范围的扩大，综合定额逐渐不能满足需要，定额水平也渐显偏低。1978 年 5 月，局组织 24 名定额员编制了回采、掘进、开拓分工种劳动定额，计 655 项。同时制定了适应各种条件变化的修正系数，并建立健全了定额、计件工资等各项管理制度。经山西省煤炭工业管理局审查同意后，于次年 2 月在全局贯彻实施。同时逐步健全劳动定额管理人员，按十分之一点五配备定额员。为了提高定额员的业务水平，在工作中实行以老带新，定期召开业务交流会，进行定额员脱产轮训，并于 1979 年第四季度开展了以“五比五看”（比执行政策，看定额水平；比搞好队组内部分配，看经济效果；比验收记录，看报表及时准确；比深入现场，看解决实际问题；比政策业务水平，看三懂五会）为内容的劳动定额管理流动红旗竞赛。为加强基础工作，在采、掘、开队组中配备“一专三兼”（队内专职，班内兼职）的验收记录员。

从 1982 年 7 月开始，全局集中 29 名定额员开展了为期半年的采、掘、开工种技术定额测定和典型调查工作，修改了普采、综采、掘进煤巷定额，回采定额水平的提高幅度为 10%，掘进定额水平的提高幅度为 6.1%。从 1984 年 4 月 1 日起，执行山西省统一劳动定额。1986 年的局工作物等级标准工资（计件平均标准工资）为采、掘、开直接工每工 4.17 元，井下辅助工每工 3.93 元，地面生产工人每工 3.46 元。

③奖励和津贴管理。1976 年，根据山西省煤炭工业管理局文件精神，局基建单位实行流动施工津贴制度，标准为远郊每日 5 角，山区和偏僻地区每日 6 角。党的十一届三中全会后，逐步恢复了各种奖励制度。1978 年，根据国务院颁发的《关于实行奖励和计件工资制度的通知》精神和山西省煤炭工业管理局发出的《关于统配煤矿试行计件工资和奖励若干问题规定的通知》精神，大同矿务局在一线采煤、掘进、开拓队组和部分运输单位实行计件工资制度，其余职工实行计时加奖励工资制度；奖金按工资总额的 17%提取。1979 年 3 月，国家经委批转了煤炭工业部《关于贯彻执行中央和国务院批准国家经委〈关于煤炭工业几个经济政策问题的请示报告〉的具体规定》，实行企业按产煤量提取奖金的办法。大同矿务局以 1979 年国家原煤计划指标为定额，每吨煤提取 1 元奖金，超过计划部分吨煤提取 2 元奖金。奖金分配坚持采掘工人高于井下辅助工人、井下工人高于井上工人、技术工人高于普通工人的原则。1979 年 6 月，大同矿务局恢复了“劳动竞赛奖”和“材料节约奖”等单项奖。同年，根据卫生部、财政部、国家劳动总局、国家经委、教育部有关文件精神，设立医疗卫生津贴、班组长津贴和班主任津贴。医疗卫生津贴月标准为甲等 15 元，乙等 12 元，丙等 9 元，丁等 6 元。班组长津贴为采掘班组长每工 0.3 元，井下辅助班组长每工 0.2 元。班主任津贴为每月 7 元。1980 年 1 月，大同矿务局根据煤炭工业部《关于改进统配煤矿奖励制度的暂行规定》，吨煤所提奖金，在完成月度原煤生产和开拓进尺计划时，使用当月奖金的 80%，未完成原煤生产或开拓进尺计划时使用 70%，平时留存的奖金，到年末未完成生产、进尺和上缴利润计划时继续使用。1980 年，根据煤炭工业部的规定，凡是每日井下工作 4 小时以上的职工均免费供应井下班中餐，标准为每人每班 4 角。每月补助 2.5 元。

1981 年 8 月，煤炭工业部和国家劳动总局联合发出通知，将计件超额工资改由工资基金项下开支，相应核减吨煤奖金。大同矿务局由吨煤提取1元奖金，降为吨煤提取0.8元奖金。采掘一线实行计件工资，队干部和井下辅助人员按采掘工人超额工资比例计奖，机关及其他附属单位的奖金由基础奖和超产奖组成，同产量、进尺指标挂钩。同年，根据山西省劳动厅文件规定，大夜班生产工人、学徒、跟班作业技术人员和管理人员，夜班津贴由每班0.2元提高到0.4元。

1984年1月，吨煤工资包干办法全面推行，大同矿务局停止执行吨煤奖励制度。实行吨煤工资包干后，奖励办法根据生产需要灵活使用。同年6月，国务院颁发《国营企业奖金税暂行条例》，国家对奖金发放进行宏观控制，以税收的形式进行调节，但对井下采掘工人、运搬工人和建筑工人的奖金免税。1984年，职工冬季月取暖津贴由4元提高到7元。同年，根据山西省人民政府文件规定，为符合规定条件的职工按月发放书报费，标准为5元、3元两个档次，当年全局有7309人享受书报费。同时，为符合条件的718名知识分子按月发放知识分子生活补贴，标准为15元、10元两个档次，但需在之后的晋升工资中逐步冲销，到1985年7月1日全部冲销。1984年7月，试行领导干部职务补贴奖励，局级干部为60—65元，矿级干部为50—60元。1985年7月1日，根据煤炭工业部指示，取消职务补贴奖励。同年，建立安全奖，对完成局下达考核指标的矿（厂、处、公司）和完成业务保安任务的局机关业务处室及安全生产主要负责人按季度、年度给予奖励。季度、年度无工亡事故的按甲等标准发给安全奖，季度奖1万—4万元，年度奖4万—10万元；百万吨死亡率低于控制指标的按乙等标准发给季度奖1万—2万元，年度奖2万—5万元。半年内全局百万吨死亡率低于部控指标，给予局安全生产主要负责人和业务部门负责人及业务保安工作人员奖励。根据煤炭工业部精神，从1985年10月1日起，原0.8元入井津贴改为1.6元。根据晋煤劳字〔85〕第337号文件规定，从事野外工作的地质勘探人员每个工作日发给野外地质勘探津贴1.1元。根据中共中央、国务院有关文件精神，从1985年7月1日起，发给中、小学，技工学校，职业中学，教师进修学校和幼儿园的公办教师教令津贴，同时发给护士护令津贴，标准同为3元、5元、7元、10元四个档次。

3. 财务管理

（1）管理机构

1980年后，局、矿（厂）先后配备了总会计师，多数区队（车间）配备了专职核算员。1981年，财务处下设会计、成本、财务、资金、工程（进行专用基金工程管理和核算）、财务检查、机关财务7个组。同年6月，全局（含基建单位）有财会人员563名，占全局职工总数的0.5%。按大中型企业财会人员应占职工总数1.5%的标准，财务人员不足，并且财务人员年龄老化。此后，经选拔培训和新分配大中专毕业生充实，财会人员不足的问题逐渐缓解。1983年，财务处下设各组改为科，为会计科、成本科、财务科、资金科、工程科、机关财务科。

（2）经济核算管理

1976—1985年，大同矿务局仍为完全经济核算单位。从1980年起，机修厂、化工厂、企业处改为局内完全经济核算单位。1984年，以局财务处和云冈矿财务科为试点进行会计电算化改革。

（3）固定资产管理

①分类。20世纪70年代后期，逐步形成固定资产管理和核算体系，建立了局、矿（厂、处）、区队（车间）三级管理，局、矿（厂、处）两级核算体制，建立部门管理责任制和岗位责任制。

1980年，固定资产分类中增设封存固定资产。1984年，局制定《固定资产管理办法实施细则》，对固定资产管理责任、管理范围、分类、折旧计算、增减变动、使用保管、维修更新、清查分析以及核算办法都作了具体规定，并先后制定了医疗设备管理、机电设备管理、机电设备租赁管理、闲置设备调剂利用处理等办法，固定资产管理和核算走向规范化。1984年，固定资产分类中增设了综机设备，1985年，增设了融资租赁固定资产。

②增长。1979年，为了贯彻上级清仓查库、扭亏增盈的指示，大同矿务局进行了第四次清产核资。清查结果为盘盈固定资产净值52.8万元，报废固定资产净值2170万元，盘亏固定资产净值1.9万元。同年，按照煤炭工业部《清产核资办法》规定，当年补提1967—1979年应提而未提的基本折旧3.26亿元，一次增加“折旧”和冲减“国家基金”，但不计入成

本，也不增加折旧基金。至此，每年末一次补提当年折旧。“五五”计划时期，由于对矿井的挖潜、革新和改造及大型采煤设备的应用，1980 年底固定资产原值增加到 15.84 亿元，比 1975 年增加 141.35%。

1982 年，大同矿务局将下寨农场土地 1301 亩、成片杨树林 408 亩移交大同市劳教所。1983 年 9 月 5 日，白洞矿西村口、面窑沟、小复兴山住宅区发生陷落地震，造成房屋建筑物 31 项，共计 2.75 万平方米下陷、倒塌、形成裂缝，损失固定资产净值 65 万元。地震后，保险公司赔款 127 万元，煤炭工业部拨救灾专款 998 万元，山西省人民政府拨救灾专款 693 万元，在新区建住宅楼 8.19 万平方米。1984 年，根据山西省人民政府办公厅文件通知，省劳改局收回下寨农场作为劳教场所。此时，下寨农场经过大同矿务局 15 年的经营，投入建设资金 360 万元，新建房屋 126 栋，计 3.39 万平方米，改造了旧房，更新和添置了机械设备。经大同矿务局与省劳教局协商，将农场房屋 128 栋（2.86 万平方米），原值为 250 万元，折旧 52 万元，净值 198 万元，另有土地 6073 亩、防风林 658 株、水库 1 座，一并无偿移交省劳改局。

1985 年，根据财政部、煤炭工业部《煤炭工业企业固定资产折旧实施细则》规定，恢复固定资产计提折旧，其中矿井建筑物不提折旧，按吨煤提取井巷工程基金。同时，规定对账面已经提足折旧的固定资产继续使用，继续计提基本折旧，但只增加成本和维简基金，不增加“折旧”，也不冲减固定基金（国家基金），对提前报废的固定资产，未提足的折旧予以一次补提。“六五”计划时期，由于燕子山矿井西一（2）分区采区投产和部分矿井的技术改造等，1985 年底固定资产原值增长为 24.64 亿元，比 1980 年增加 55.54%。

（4）流动资金管理

①资金管理。从 20 世纪 70 年代起，进一步贯彻月度财务收支计划制度，认真组织收入，严格控制非生产支出。在统筹安排、灵活调度资金过程中做到“三抓”“三勤”“三保证”和“三优先”，即月初抓资金安排、月中抓收支变化、月末抓总结经验；勤掌握发煤进料情况、勤了解客户承付动态、勤平衡资金运用；保证职工工资按时发放、保证生产建设用款及时支付、保证上缴任务按期完成；在生产建设用款（流动资金和专项资金）方面首先做到优先安排安全项目用款、优先安排增产增收措施用款、优先

安排科研开发和引进新技术项目用款。

从 1983 年 7 月份起，国营企业的流动资金全部改由银行贷款供应，国家财政不再增拨流动资金，即由国家财政和银行双口管理、供应改为由银行单口管理、供应。

②储备资金和包干工资管理。1979 年，经清仓划出超储积压物资 1254 万元，局内平衡利用 188 万元，外调处理 354 万元。1980 年，再次清仓，盘盈材料、配件价值 13.7 万元，盘亏 9.6 万元，报废 140.4 万元，盈亏相抵净损失 136.3 万元，经批准冲销国拨流动资金。1984 年，对器材价格目录进行调整，共计调整 926 种，调增资金 79 万元，调减资金 11 万元，净增资金 68 万元。1984 年起，贯彻中央颁布的《关于经济体制改革的决定》，按责、权、利结合的原则，完善了储备资金分口分级管理责任制，将储备资金指标按材料、配件分口（器材、机电）核定后，局分口部门负全面完成之责。在分口系统内分解给矿（厂、处）的指标，按双重方式考核，既作为局对矿（厂、处）的考核指标，又作为分口部门对本系统内下属单位的考核指标。分口部门将资金指标分解落实到科室个人，与奖金挂钩，降奖超罚。

从 1985 年起，已具备条件的四老沟矿、晋华宫矿、机修厂、器材供应公司、煤炭运销公司等单位，将专项工程备料分库保管、分项核算，矿务局每年下达资金指标，以解决这些单位基本建设、专用基金和大修理工程备料问题，同年，下达资金计划指标 975 万元。1984 年，全局报废淘汰配件净损失 469 万元。1985 年，报废材料、配件净损失 182 万元，2 年报废净损失经批准冲销国拨流动资金 631 万元，企业由管理费支出 20 万元。“六五”计划时期，储备资金年均占用 1.19 亿元，是“四五”计划时期的 3 倍。到“七五”计划期末增到 2.84 亿元，和 1985 年（1.46 亿元）相比，5 年翻了一倍，1992 年，增到 3.5 亿元。1985 年后，储备资金急剧增加的主要原因是物价上涨。到 1993 年，储备资金管理实行分口分级核定计划和分口分级双重考核，即财务处代表局为物资供销公司、机电公司核定储备资金计划，财务处、物资供销公司、机电公司为各矿（厂）核定储备资金计划，矿务局定期检查物资供销公司、机电公司储备资金计划执行情况，物资供销公司、机电公司定期检查各矿（厂）储备资金计划执行情况。

1984 年，根据煤炭工业部的指示，实行吨煤工资包干办法（按吨煤提取工资、奖金、津贴等），取消吨煤奖励基金。吨煤包干工资基金作为流动资金管理和核算。

③生产资金和成品资金。中央机厂生产资金占用比重较大，1980 年前管理并不完善。1981 年，通过整顿原始记录、加强车间核算、健全定额管理、加快产品验收、压缩在产品数量，解决虚占资金现象，定额流动资金占用比年初下降 26.41%。

20 世纪 70 年代以前，各附属厂的产品由矿务局统购统销，成品资金由局统收统付。因此，中央机厂（机修厂）一度出现“三多一不清”（产品积压多、资金占用多，呆账多，产品账实不清）的局面。为此，1979 年下半年开始整顿。1980 年，制定并贯彻了《机厂制修品产、供、销经济责任制》，与其他附属厂同时实行了责、权、利相结合的局内部完全经济核算制，在经济上自立自主，自行结算货款、掌握资金、向银行借款，完善了经济合同制，按合同安排生产，及时交货，及时结算，以销定产，产销平衡，钱货两清，加速了成品资金的周转。

（5）专用基金和专用拨款管理

①维简基金及其拨款管理。1977 年，按吨煤 2 元计提。1979 年，生产基金改称生产发展基金。1980 年，设立银行专项借款，由银行借入挖革改贷款。

表 9－4　各时期维简基金、资金拨款收支情况表(单位：万元)

时期	维简基金		维简资金拨款	
	收入	支出	收入	支出
三年调整时期	286	258		
“一五”计划时期	939	852		
“二五”计划时期	3725	3873		
三年调整时期	1715	1580		
“三五”计划时期	6808	6818		
“四五”计划时期	13705	13606		
“五五”计划时期	25104	22587		

续表

时期		维简基金		维简资金拨款	
		收入	支出	收入	支出
“六五”计划时期		54515	51660	25283	29068
“七五”计划时期		166837	178872	4086	270
1991 年		47674	52865		
1992 年		61855	65482		
1950—1992 年		383163	398453	29369	29338
承包时期	1985/1990 年	189504	200513	10456	16080
	1985/1992 年	299033	318860	10456	16080

1981 年，更新改造基金改按吨煤 2.75 元计提，同年，设立维简资金拨款。1985 年，恢复基本折旧基金提取，并将更新改造基金改称维持简单再生产基金（简称维简基金）。维简基金的主要来源为基本折旧基金。1985 年，恢复井巷工程基金提取，按吨煤 1.5 元计提。

②修理基金和后备基金。1952 年开始，大修理基金按吨煤 0.2 元提取，计入成本。1954 年，改为各矿按固定资产原值的 2.5%提取，计入成本，附属厂按固定资产原值的 2%计提。1983 年，综采设备改按固定资产原值的 3.75%计提大修理基金，同年，设立后备基金。1984 年起，综采设备按固定资产原值的 5%计提大修理基金。1985 年起，附属厂按固定资产原值的 2.5%计提大修理基金。

③企业及职工奖励基金管理。1979 年起，改为缴局三分之二，自留三分之一。1979 年底，停提企业奖励基金。职工奖励基金由各矿（厂）自提自用。1979 年起，按吨煤 0.84 元提取吨煤奖励基金，计入成本。1981 年，吨煤奖励基金改按 0.62 元提取。1982 年末，吨煤奖励基金并入职工奖励基金。1983 年，恢复企业奖励基金的提取，按工资总额的 3%计提。

④科技三项费用拨款。1985 年，设立科技发展基金。科技发展基金由局科研所管理。

⑤福利及医药补助金。1979 年起，停止由成本提取福利补助金和医药卫生补助金。根据山西省财政厅的指示，以大同矿务局为试点，职工福

利基金由利润留成解决。

表 9－5　各时期福利补助金、医药卫生补助金收支情况表(单位：万元)

时期		福利补助金		医药卫生补助金	
		收入	支出	收入	支出
三年调整时期		18	18	64	53
“一五”计划时期		281	330	670	646
“二五”计划时期		607	974	1293	1192
三年调整时期		526	593	911	860
“三五”计划时期		1001	1056	1662	1713
“四五”计划时期		1149	998	2090	2171
“五五”计划时期		1433	1438	3003	3031
“六五”计划时期		1870	2339	4174	4560
“七五”计划时期		3639	6907	8851	10290
1991 年		1830	2977	3302	3618
1992 年		2563	5624	3858	4554
1950—1992 年		14917	23354	29878	32688
承包时期	1985/1990 年	4113	7439	9926	11441
	1985/1992 年	8506	16040	17086	19613

1983 年，恢复福利补助金和医药卫生补助金的提取，福利补助金仍按工资总额的 2.5％提取，医药卫生补助金仍按工资总额的 5.5％提取。

（6）成本管理

①项目。1966 年后，成本项目在 4 至 9 个之间。矿管理费和车间管理费内容也屡有变化。

②管理。1976 年后，在上级下达成本指标缺口较大的情况下，采用“主要因素影响成本增减法”合理分配成本指标，既防止了“鞭打快牛”，也避免了保护落后。1977 年，制定并贯彻成本分级分口管理制度，并于同年组织成本管理人员到雁崖矿蹲点半年，取得显著效果。为此，山西省煤炭部组织人员来雁崖矿观摩。

“五五”计划时期，吨煤成本 13.86 元。

20 世纪 80 年代初，矿务局加强了安全措施费用开支的管理，矿从 1981 年 9 月起增报《原煤成本安全措施费用完成情况表》，对灭火、放顶、防尘注水、自救器、双屏蔽电缆五项费用开支情况进行分析。

1982 年，实行费用包干和成本节约分成办法，运用经济手段促使成本降低。1983 年，针对综采工作面不断增加，制定《综采全部成本核算办法》，以便反映综采成本全貌，考核、研究综采经济效果。1984 年，贯彻国务院《国营企业成本管理条例》和财政部《国营工业交通运输企业成本管理条例实施细则》的文件，提高了成本管理和核算质量。同年，在山西省煤炭工业管理局组织下制定煤矿分项定额 100 余项，编制了分矿分年定额成本，为定额成本管理创造了条件。

“六五”计划时期，由于恢复计提基本折旧、调整工资相应提高吨煤包干工资单价，提高了井巷工程基金标准、综采设备大修理基金提存率、冬季烤火费标准，钢材木材等调价、火车运费调价、工业用水调价，新开征房产税及车辆使用税，新增井下工人迁户差旅费等政策性增支因素，吨煤成本上升，达到 18.93 元，比“五五”计划时期增长 36.58%，打破了 1980 年以前成本相对平稳的局面。

（7）利润和税金管理

①利润。1949—1993 年，大同矿务局共完成利润总额 48.15 亿元，其中有 1989—1991 年中国煤炭进出口公司拨入出口煤利润 966 万元。国民经济三年调整时期到“六五”计划时期，局盈利水平直线上升。“六五”计划时期，企业盈利达到鼎盛，这时期利润总额为 13.87 亿元（年均利润 2.77 亿元），吨煤利润 12.32 元，与“一五”计划时期比较，利润总额上升了 26 倍多，吨煤利润增长近 4 倍。

②税金。1983 年，实行第一步利改税，国家向大同矿务局征收所得税，税率为企业实现利润，减去国家允许扣除项目后的 55%。1983 年 1 月，征收国家能源交通重点建设基金，税率为 10%，征收范围包括利润留成、更新改造基金、基本折旧基金和固定资产变价收入。同年 7 月，税率调整为 15%。1983 年起，自筹并用于建筑方面的资金缴纳建筑税，税率为 10%，超计划部分缴纳 20%，计划外楼堂馆所缴 30%。1984 年 10 月，实行第二步利改税，大中型企业征收所得税后利润超过留成水平的缴纳调

节税，核定大同矿务局1984年调节税率为39.48%。调节税按上缴利润计算。同时，开始征收资源税。资源税根据煤炭销售收入利润率累计税率：销售利率在12%和12%以下不征资源税；12%至20%的部分每增加1%，税率增加0.5%；销售利润20%至25%的部分，每增加1%税率增加0.6%；销售利润超过25%的部分，每增加1%税率增加0.7%。1984年10月，征收产品税，原煤为销售收入的3%，水泥为销售收入的5%，火工产品为销售收入的10%。同时，开始征收增值税，机械产品为14%。增值税的计算方法为扣税法。1985年，矿务局实行投入产出总承包，上缴承包利润后不再缴纳所得税和调节税。同年，缴纳城市维护建设税，按实际缴纳的产品税、增值税、营业税额为计征依据，大同矿务局纳税率为7%。

4. 物资管理

（1）管理机构

1981年，器材供应处成立节约组。1984年，器材供应处改为器材供应公司，矿务局职能处室改为基层二级单位，同时，原器材供应处的各业务组改设为科。器材供应公司在行政方面设有统部管、二三类、设备、主材、节约、财务、管理、储运、机关供应、行政10个科，下设汽修厂、集体企业分公司，配备了主任工程师和主任会计师。公司对矿务局实行材料费包干。各矿（厂）的材料科改为器材供应科，规划干部人数为：年产100万吨以下的矿19名；110万—200万吨的矿24名；210万—300万吨的矿27名。1985年底，器材供应公司有150名干部，195名机关定员。

（2）物资供应管理

①渠道。1978—1979年，国家物资分配实行统一计划、统一调拨、分级管理的政策，统配部管物资品种由1972年的217种增至791种。1980年以后，随着经济体制的改革，物资供应由计划调拨为主、条块分割、渠道单一的统销模式转变为广泛横向联系、多渠道、少环节的流通模式，物资计划管理由单纯指令性向指导性和市场调节转变。国家按指令性计划分配的物资减少，统配部管物资削减为23种，扩大了供需双方的自主权。价格逐步放开后，自由交换、议价成交的市场在不同范围内出现。1985年下半年，大同矿务局划归煤炭工业部直属，物资由煤炭工业部直接供应。

②计划。1980 年，机电产品的经营权划拨中国机电设备公司华北一级站。华北一级站在大同设立分站，负责大同矿务局 80 种二类机电产品的供应。矿务局二类机电产品年度供货计划报大同分站。1983 年起，统配部管物资供应计划上报山西省煤炭工业厅。1985 年，华北一级站和分站撤销，矿务局所需的二类机电产品不再编制计划上报，由企业自行向生产厂和有关经销单位签订供货合同。

③订货采购。1980—1985 年，国家二类物资划归中国机电设备公司华北一级站管理。该站在大同设立供应站，大同矿务局所需机电产品与大同供应站签订供货合同。但只能满足大同矿务局计划的 30%—40%，其余由矿务局自行采购。煤炭工业部统筹的二三类物资均由煤炭工业部定点厂生产，由煤炭工业部设在各大区的供应办事处（物管处）筹集供应。其品种有煤电钻头、风钻头、镐形截齿、煤电钻杆、导风筒、防水袋、被复线、矿灯线等。大同矿务局由煤炭工业部华北物管处负责供应，由山西省煤矿管理局供应处与其签订合同。

1985 年，大同矿务局改为煤炭工业部直属局，统配部管物资供应也随之改为煤炭工业部直供。由煤炭工业部按计划分配，下达订货指标，矿务局参加全国订货会议，直接向生产厂家签订供货合同。此后，指令性计划逐年减少。到 1993 年，除少数主要物资仍由国家计划分配外，其余物资自主采购。

（3）仓储管理

1976 年，总仓库购置了 1 台履带式柴油吊、2 台铲车，革新改造电吊车 1 台，装卸运输设备拥有量居全省煤矿仓库的前列。矿务局属各矿仓库也有了较大发展。

1978 年起，器材、木材由矿务局总仓库送料到各矿（晋华宫、云冈两矿木材除外）。同年，局总仓库购进汽吊 5 台、铲车 3 辆、自制电吊 4 台、自制大型龙门吊 3 台，其中 2 台自重 110 吨，全长 120 米，高 18.6 米；1 台自重 120 吨，全长 80 米，高 16 米。运输汽车增加到 60 辆。1985 年底，总仓库面积达到 35 万平方米，其中库房 11 个，面积 11.05 万平方米，敞棚 5 座，面积 2.01 万平方米。库内划分为钢材、木材两大区，钢材区 3.2 万平方米，木材区 9.6 万平方米。拥有大小汽吊 10 台（小的 5

吨，最大的 30 吨）、铲车 9 辆、电吊 4 台、天车 5 台、大型龙门吊 3 台，各种类型汽车 132 辆。初步形成了装、吊、运、倒、入一条龙机械化作业。仓库年吞吐量达到 75 万吨。1985 年末，库存资金达到 4052 万元，成为全国煤矿系统屈指可数的物资仓储基地。

（4）物资消耗和回收管理

①物资消耗控制。1976 年，定额物资为 30 种，其中主材 4 种，机电产品 9 种，其他物资 17 种。1977 年，制定了《区队针线笸箩管理办法》，以四老沟矿为试点，在全局推广实施。

1978 年，为了加强物资管理，矿务局制定了《材料使用管理制度》，并建立了物资领用、维护保养和剩余物资核销制度，按月进行核销。1979 年，将定额物资调整为 29 种。定额材料的消耗和材料费的支出按月统计，分析超降原因，用统计手册向各单位公布完成情况，按季度检查评比。

1984 年，根据全国统配煤矿经营管理工作会议拟订的《吨煤材料费包干试行办法》，矿务局实行吨煤材料费包干，把储备资金使用权集中到矿务局，器材供应处对局实行经济承包。制定“三包”（包金属材料储备资金，包管理费，包大修理基金）、“三保”（保年度生产建设所需计划内局管物资的组织供应，保人身安全，保吨煤材料费完成指标）经济承包方案和《大同矿务局局对矿吨煤材料费包干及单项材料节约奖试行办法》。1985 年，万吨煤坑木消耗量由 1980 年的 57.95 立方米下降到 48.49 立方米，万吨煤炸药消耗量由 1980 年的 3.01 吨下降到 2.51 吨，万吨煤雷管消耗量由 5289 个下降到 4419 个，万吨煤钢材消耗量由 6.74 吨下降到 5.05 吨。

②修旧利废。1977 年，修旧总值突破 2000 万元，吨煤受益提高到 0.9 元。1976—1980 年，平均年增值 2160 万元；1981—1985 年，平均年增值 2416 万元。

5. 煤质及计量管理

（1）煤质管理

1978 年 9 月，全国工交战线开展了第一个“质量月”活动。1978 年和 1980 年，煤炭工业部修订和颁发了《煤炭质量、数量管理规程》和《煤矿采样、制样、化验管理暂行办法》，大同矿务局根据上述规程和办法加强了煤炭采样、制样、化验管理，使煤质管理制度化。

1978 年后，大同矿务局依靠科技进步，煤炭加工和贮装系统不断引进国内外先进技术。针对综采机械大量使用，产量增加，原煤水分剧增，筛分能力不足这一实际情况，改造了筛分系统，改革了产品结构，降低筛分下限分离点，降低含矸率，使井上井下生产能力相配套。1979 年，煤峪口矿选煤楼经扩建后年筛选能力由 135 万吨提高到 179 万吨，装备了 4K 给煤机、7 轴滚轴筛、2DSM1740 筛、皮带运输机及刮板输送机等设备，机电设备电气容量 184 千伏安。雁崖矿选煤楼经扩建年筛选能力由 90 万吨提高到 167 万吨，装备 TBΦ－9 轴滚轴筛、2DD1740 振动筛及皮带运输机等设备，机电设备电气容量 210 千伏安。新白洞矿选煤楼经扩建，年筛选能力由 90 万吨提高到 160 万吨，装备了 4K 给煤机、TBΦ－9 轴滚轴筛、TYJI－Ⅱ吊筛、皮带运输机及刮板输送机等设备，电气容量 195 千伏安。1980 年，忻州窑矿选煤楼经扩建，年筛选能力由 146 万吨提高到 210 万吨，装备了 4K 给煤机，TYJI－Ⅱ吊筛、ZSD 等厚筛及皮带运输机等设备，机电设备电气容量 500 千伏安。该矿选煤楼首次采用不同型号的 3 台振动筛，按 30 度、20 度、10 度倾角排列成组合等厚筛，用于筛小块，提高了加工效率。1980 年，大斗沟矿选煤楼经过扩建，年筛选能力由 160 万吨提高到 175 万吨，装备了 SZX2 振动筛、2DD1740 振动筛及皮带运输机，机电设备电气容量 1020 千伏安。“五五”计划时期，商品煤平均含矸率比“四五”计划时期下降 0.09%。

1981 年，王村矿选煤楼经过扩建，年筛选能力由 60 万吨提高到 130 万吨，装备了 ZD1740、ZD1235 振动筛及皮带输送机等设备，电气容量 560 千伏安。1982 年，挖金湾矿选煤楼经扩建，年筛选能力由 90 万吨提高到 170 万吨，装备了 ZD1235、ZZS－1.8 振动筛及皮带运输机等设备，电气设备容量 1001 千伏安。同年，煤质处和环境保护处合并为煤质环保处，由煤质环保处负责煤质管理工作。1983 年，云冈矿选煤楼经扩建，年筛选能力由 270 万吨提高到 342 万吨，拥有 4K 给煤机、2DD1740、2ZD1556、ZD1235 振动筛和皮带、刮板输送机等设备，电气设备容量 1800 千伏安。同年，王村矿选煤楼采用了由中国矿业学院试制的 GS1000×2000 概率筛，用以筛小块，产小块率达 15.89%。概率筛的使用，解决了因原煤水分大而堵筛孔的问题，使筛选限下率降到了 13—8 毫米。改造后的忻州窑矿、云冈矿、王村矿选煤楼，生产出 13N25 毫米小块，取得了较高的经济效益。1983 年，大同矿务局同唐山煤科分院合作，对国家经委下达的大同煤合理加工利用课题进行了研究。对大同煤的适用范围作了新的探讨，改变了过去大同煤仅是优质动力煤的看法，确立了大同煤为多用途烟煤。1984 年，同家梁矿选煤楼经扩建，年筛选能力由 120 万吨提高到 288 万吨，装有 4K 给煤机、自制刮板筛、2DD1740 振动筛、皮带运输机等设备，电气设备容量 1100 千伏安。晋华宫矿南山井建成选煤楼，年筛选能力 100 万吨，装备了配煤刮板、GS1000×2000 概率筛、皮带运输机等，电气设备容量 134 千伏安。同年，大同矿务局的煤炭选块率提高到 37.33%。1984 年，煤质环保处改为煤炭综合加工利用处。煤炭综合加工利用处对煤质进行管理。1985 年，马脊梁矿建成选煤楼，年筛选能力 90 万吨，产品为特大块和混煤。1984 年和 1985 年，忻州窑矿连续两年产块率达到 48%以上，比扩建前上升 12%—16%，收入增加 100 多万元，产品有特块、大块、中块、小块和末煤。1985 年，大同矿务局实行投入产出总承包，根据煤炭工业部《关于在煤矿经济承包中加强煤质管理工作的规定》对以往实行的煤质管理规定及奖罚制度作了修改和补充，建立健全了煤质计划管理、定期分析煤质、煤质检查及定期走访用户制度。在煤炭生产和销售中，除严格执行“三拣四不上”制度外，又建立了“五不准”（不准销售未经拣选加工的毛煤；不准发运未经签证的产品；不准销售掺假产品和未经加工的杂煤；不准自行变更煤质牌号；不准在采样、制样、化验中弄虚作假）和“五必须”（盘区设计、采掘作业规程必须考虑半煤岩的分掘、分装、分运和提高煤质、防止块煤粉碎的技术措施，并经煤质部门审查；灭尘洒水必须成雾，停机停水，并在溜煤眼放置防水圈；入井雷管必须按使用单位分别编号，严格执行领用核销制度；筛选厂最终产品入仓前必须至少经过一次电磁除铁，清除雷管和铁质杂物；装车前必须清理车底杂物）制度。严格执行超灰扣产量、扣工资、扣奖金制度。脏杂煤挂牌，按质计价。这些制度的实行，使商品煤质量显著提高。“六五”计划时期，大同矿务局商品煤平均含矸率比“五五”计划时期下降 0.05%。1985 年，大斗沟矿三级选特块被评为山西省优质产品。

（2）计量管理

20 世纪 80 年代以前，大同矿务局未设统一的计量管理机构，只是因工艺、质量和安全的需要对少数计量器具进行校验，如中央机厂对长度计量器具的校验，化工厂对压力表的校验，机电处对部分电磁计量器具的校验以及通风处对瓦斯检定器的校验等。其余绝大多数计量器具送交政府计量行政部门进行检定。

1984 年，国家计量局下发了《关于企业计量工作定级升级管理办法》，计量工作开始纳入企业管理。

6. 调度管理

党的十一届三中全会后，山西省煤炭工业管理局下发了《进一步加强生产调度指挥的决定》，调度工作得到加强。从 1980 年起，局、矿调度室逐步更新调度设施，装备了微机监测监控系统和瓦斯遥测报警器，增加模拟量和开关量。1981 年，执行煤炭工业部《煤炭生产调度工作条例》《全国煤矿生产调度系统业务竞赛办法及评比标准》和山西省煤炭工业管理局《统配煤矿调度条例》，建立了与全国煤炭系统统一的调度业务标准，业务竞赛逐步系统化。

1983 年，矿务局建立并完善了现场跟班班长队长汇报制度、调度汇报制度、伤亡事故汇报制度、事故分析制度、检查验收制度、调度人员值班制度、领导值班制度、调度会议制度、现场会议制度、分析总结制度、调度保密制度、调度统计记录管理制度、调度同业竞赛制度等 20 种制度。

1984 年，局基建调度从总调度室分出，设立基建局调度室。同年，总调度室使用了 DT-60 调度总机。1985 年，电力调度从总调度室分离出去，在机械动力处成立电力调度室，并实现局、矿调度室传真机联网。

“六五”计划时期，矿务局日常调度工作逐步形成常规。一是抓安全工作，督促、检查安全技术措施的落实，严禁违章指挥、违章作业。二是组织综合平衡，包括生产条件和任务及环节能力平衡、“三量”（开拓煤量、准备煤量、回采煤量）和采掘衔接平衡、轻重缓急工作平衡、部门之间的协作配合等。三是组织均衡生产，根据生产规律重点抓正规循环、生产准备，组织好夜班、上旬、首季生产，抓好各季度的重点工作；每日掌握班前作业计划，落实产量和工作任务、安全措施；班长检查分析，及时发现问题，解决问题；随时掌握任务平衡表，对重点队和关键问题重点掌握，重点调度；每月下旬检查采掘衔接、工作面接替、机电安装、工作面调整和安全工程进展情况，并把下月计划落实到队组，为下月生产创造良好的条件。四是抓重点队提高单产、单进，降低材料消耗，对成本构成、销售、利润及流动资金的使用情况进行定期调度分析。

1985 年 4 月，大同矿务局总调度室设立经营调度科，矿（厂）调度室设立经营调度组，开始经营调度。经营调度由经营局长领导，主要为沟通经营信息。同年 6 月 1 日起，矿务局执行经营指标调度办法，变每月核算为 5 日核算。

7. 煤炭运销管理

（1）管理机构

1983 年 10 月，质量检查处煤质管理部分与运销处合并，不久后又分开。1985 年 4 月，煤炭工业部中国煤炭进出口总公司在大同矿务局成立办事处，下设办公室、业务管理科、煤质管理科和财务科，负责煤炭进出口业务。同年 10 月，煤炭运销处改称煤炭运销公司，工程处铁路队划归该公司领导。

（2）销售管理

1976 年，出口煤炭由外贸部进出口总公司经销。1978 年，全国煤炭订货会议由国家物资总局召开。1979 年 5 月 1 日，煤炭工业部颁发了《煤炭质量规格及出厂价格》和《煤炭出厂价格计算和管理办法》。新定价普遍高于过去的价格。这次定价，把煤炭产品按用途、加工方法和质量规格分为 5 类 29 个品种。5 类煤炭产品为精煤、粒级煤、洗选煤、原煤、低质煤。精煤以 11 级（灰分 10.01%—10.05%）的比价为 100%。基本价格为每吨 46.89 元，比 1975 年上升 26.6%。大同矿务局的弱黏煤，1979 年的定价原煤共分 8 个等级，大块煤分为 12 个等级（特—11 级），中块煤分为 15 个等级，混末煤分为 10 个等级（2—11 级），混煤分为 10 个等级（2—11 级）。矿场火车上交货的 3 级原煤每吨定价 32.7 元，比 1975 年的定价提高 46.4%；1 级大块每吨定价 45.2 元，比 1975 年提高 43.5%；1 级中块每吨定价 45.6 元；2 级中块 44.7 元，2 级混煤每吨定价 32.7 元，比 1975 年提高 46%；11 级混煤每吨 25.6 元。 1979 年，出口煤炭由煤炭工业部出口公司经销。 1980 年将煤炭订货由供需双方签订合同改为供需运（铁道部、交通部系统）三方签订合同。“五五”计划时期，外销煤炭 1.09 亿吨，比“四五”计划时期增加 56.01%。 其中出口煤炭 323.52 万吨，是“四五”计划时期的 5.56 倍。 销售收入 29.25 亿元。

1985 年 3 月，煤炭工业部重新颁发了《煤炭质量规格及出厂价格》，修订了《煤炭出厂价格计算和管理办法》，新定价格普遍上升。 这次定价把煤炭产品按用途、加工方法和质量规格分为 5 类 27 个品种。 大同矿务局弱黏煤的定价取消了原煤品种、特大块品种、大块品种和混末品种。 中块煤划分为 15 个等级，混煤仍为 10 个等级。 1 级中块每吨 47.6 元，2 级中块每吨 46.7 元，2 级混煤每吨 34.7 元，11 级混煤每吨 27.1 元。 1985 年，煤炭工业部中国煤炭进出口总公司在大同矿务局成立办事处，监督、管理大同矿务局煤炭出口，将煤炭出口管理从煤炭运销处分离出来。“六五”计划时期，外销煤炭 1.33 亿吨，比“五五”计划时期增加 22.01%。其中，出口煤炭 531.23 万吨，比“五五”计划时期增加 64.2%。 销售收入44.73 亿元。

（3）调运管理

1977 年，云冈西站至新高山站铁路专用线竣工通车，马脊梁矿所产之煤在新高山站装车外运。 同年，口泉沟和云冈沟两条铁路支线均执行大同矿务局制定的《路矿煤炭装车交接暂行办法》。 1979 年，大同矿务局 13 个矿有选煤楼 12 座，基本实现了跨铁路筛分楼拉链装车。 装车计量均采用轨道衡。 平均每批车（30 节）装车时间缩短为 2 小时。 有 15 个露天储煤场，可存煤 40.4 万吨。 有回煤推煤机 62 台。 1980 年，全国煤炭铁路外运量占全国铁路货运总量的 40%以上，加上全国铁路运输紧张，煤炭运输甚为困难。 因此，1980 年全国煤炭订货会议增加了“过口计划”，即通过铁路限制口运量计划。 大同矿务局必须通过的限制口有秦皇岛港、山海关、隆化、德州、符离集、安阳、广水、郜营、古店、醴陵、孟塬。“五五”计划时期，大同矿务局铁路外运煤炭 1.07 亿吨，比“四五”计划时期增长 54.24%。

1984 年，全局 16 个地面储装运系统进行了改扩建。 地面露天储煤场发展为 16 个，储煤能力达到 85 万吨。筛分装车煤仓发展到 148 个，储煤容量为 6.39 万吨，装车能力达到每年 3523 万吨。有推煤机 85 台。“六五”计划时期，铁路外运煤炭 1.32 亿吨，比“五五”计划时期增长 23.52％。

第四节　同期历史贡献及行业地位

第五个五年计划时期（1976—1980 年），国家把工作重点转移到以经济建设为中心的轨道上来，并把山西确定为全国能源基地。在国家的支持下，山西煤炭工业取得长足进步，煤炭产量和销售量大幅度增长。

“五五”计划时期，全省共销售煤炭 47400 万吨，其中，省内销售 7313 万吨，外销 12241 万吨，分别比“四五”计划时期增长 56.5％和 59％。“六五”计划时期，全省共销售煤炭 79500 万吨，其中，外销 55000 万吨，分别比“五五”计划时期增长 67.9％和 97.6％。①

“五五”计划时期，大同煤矿共销售煤炭 10900 万吨，占同期山西煤炭销售量的 23％。“六五”计划时期，大同煤矿共销售煤炭 13300 万吨，占同期山西煤炭销售总量的 17％。②

考虑到同期山西有八大全国统配煤矿，大同煤矿在全省同行业中的煤炭销售比例中占一个很大的分量。

更为重要的是，此时期大同煤矿在生产过程中继续更新技术装备，改革采掘部署，生产过程中的科技含量更上一层楼。

1978 年，再次引进 18 套综采设备，其中，英国道梯 550/4 型 11 套，英国伽利克 464/6 型 4 套，日本 560/4 型 3 套。除 4 套薄煤层支架为垛式外，其余 14 套中厚煤层支架均为支撑掩护式。1979 年和 1980 年先后在各矿投入使用，同时使用了 ML－722 型刮板输送机和 EDW－600L 型采煤

① 《中国煤炭志》编纂委员会：《中国煤炭志・山西卷》，煤炭工业出版社，1995 年，第 341 页。

② 《中国煤炭志》编纂委员会：《中国煤炭志・山西卷》，煤炭工业出版社，1995 年，第 341 页。

机。1979 年，在四老沟矿 2 号煤层砂砾岩顶板下改刀柱为长壁综采，经过试验，对强度矿压显现的顶板能“顶得住，放得下”，硬质煤能割得动。获得“三强对两硬”（强力支架、强力采煤机、强制放顶；煤层硬、顶板硬）经验。1980 年，大同矿务局开始进行 2 号煤层采煤方法改革试验。2 号煤层顶板大多为极坚硬的砾岩，少部为砂砾岩，分布在 13 个矿井的 7 个矿，为生产煤层，开采以来一直用不合理的刀柱采煤法。“五五”期末，全局单一长壁工作面 54 个，刀柱 45 个，倾斜分层 16 个（其中金属网假顶 11 个、夹石分层 5 个），仓房式 1 个，其他 2 个。工作面平均长度 107 米。全局在用滚筒式采煤机 102 台，其中引进 21 台、国产 81 台，截煤机 12 台；在用液压支架 2779 台，其中引进 1688 台、国产 1091 台；单体液压支架 123 台，其中引进 117 台。采煤机械化程度达到 62.06%。

“六五”计划时期，大同矿务局煤炭生产以综采为重点，综普炮采并举。使用英国道梯 550/4 型和日本三井三池 560/4 型支撑掩护式和国产 TZ 系列支架，发挥了这些支架工作阻力大、附带掩护板和侧护板的优点，解决了坚硬顶板的强力支护、采空区向工作面闯矸和破碎顶板的漏矸问题，提高了单产。同家梁矿综采一队连续 5 年产煤百万吨以上，其中 3 年荣获全国冠军，月平均单产 8.67 万—10 万吨，每工效率达 35.5—48.84 吨。全局综采队由 1979 年的 24 个发展到 1984 年的 33 个。5 年间，全局由于提高综采单产，净增产量 276.65 万吨，占综采净增产量的 92.58%。到 1985 年底，大同矿务局有引进国外综采支架 13 种 15 套，国产支架 19 套，引进 10 种采煤机和 16 种国产采煤机，共 40 台，分布在 12 个矿，采煤机械化程度达到 75.30%，综采占回采产量 45.55%，综合机械化采煤居于重要位置。

1985 年 10 月，高档普采开始上马。第一个高档普采在雁崖矿采煤 8 队 309 盘区 11 号层 8909 工作面投入生产。配套设备有采煤机、刮板输送机、转载机、皮带运输机、泵站等。使用 DZ-16 型单体液压支柱代替摩擦金属支柱，支柱分 3—5 行排于工作面采空区与铰接顶梁相配合支护顶板。依靠乳化液泵站自动升柱，回收时远距离卸载，操作简单安全。每根支柱初撑力在 7 吨以上，工作阻力达 30 吨，远远超过金属支柱的支护性能，并可随工作面顶板变化而调节支柱高低，回柱与采煤、移溜、支护平行作业，为多循环作业创造了条件。

此时期，以大同煤矿为中心的布局进一步完善，重要的电力企业在大同周围建设投产发电，并带动了其他工业部门在大同地区的发展。

大同第二电厂是现代化大型坑口电站，先后经历了选址、设计、建设三个阶段，累计时间 15 年，规模 120 万千瓦，占地面积 432.9 公顷。1964 年，华北电力设计院根据电力工业部指示，在大同地区进行了厂址选择。10 年后山西省电力勘测设计院也进行了厂址选择。1976 年，水利电力部颁发《关于布置 1976 年发电勘测设计任务的通告》后，北京电力设计院又一次在大同地区进行了选厂工作，预选厂址 9 处，曹夫楼、水泊寺、古城、煤峪口、石家寨、七里村、飞机场、牛庄、十里店。同年 7 月 5 日，大同市委专门召开选厂工作会议，北京电力设计院提议并通过七里村为选定厂址。一年后，水利电力部钱正英部长亲自来大同踏勘七里村厂址，并与省委王谦、韩英书记研究确定七里村厂址。山西省电力勘测设计院于 11 月进行了工程选厂，12 月 28 日提出工程选厂报告。1977 年 12 月 30 日，水利电力部规划设计管理局下达《关于布置大同新电厂设计任务书的通知》，提出“本期设计规模按 6 台 20 万千瓦机组（东方厂设备）一次设计，留有余地”。同年水利电力部规划院以（77）水电规字第 57 号文批准工程概算 83770 万元（之后更改概算为 83910 万元）。

山西省电力建设第一工程公司负责土建、安装。1984 年 6 月 30 日，1 号机组投产发电，12 月 21 日，2 号机组投产发电。1985 年 10 月 24 日，3 号机组投产发电。1986 年 10 月 31 日，4 号机正式移交生产。到 1988 年，5 号、6 号机组全部投产发电。

第十章

“七五”“八五”计划时期大同煤矿的高速发展（1986—1995）①

从1986年到1995年的十年间，是我国探索并确立社会主义市场经济体制的历史时期。此时期，山西煤炭工业高速发展，也是大同煤矿高速发展的时期，其成为中国能源重化工工业的骨干企业，为我国国民经济建设做出极大贡献。

“七五”计划时期，在生产技术方面，山西煤炭行业主要抓了“安全、效率和现代化矿井建设”三件大事。企业管理实行承包制，在承包制的6年中，原煤产量以年递增6%的速度增长；全员效率以年递增7.6%的速度提高；百万吨死亡率降到“1”以下，其中，1990年为0.7。② 在经营管理中推行内部承包、内部核算、内部银行、经营调度“四位一体”的经营机制，加快了机械化、标准化、现代化进程，提高了企业整体素质。潞安、晋城、大同、阳泉、汾西五个矿务局通过了一级企业以预验收；晋城、大同、潞安三个矿务局先后获得全国企业管理最高奖——金马奖；阳泉、西山、汾西、轩岗、霍州矿务局晋升为国家二级企业和省级先进单位。地方国营和乡镇重点煤矿进行了一系列改革，干部由委任制改为选聘制，固定工改为合同工，固定工资改为浮动工资，实行政企职责分开等，使企业增添了活力，提高了效益。此时期，山西煤炭系统呈现出经济稳定、政治稳

① 除特别注明外，本章所有数据均采自《大同矿务局志》编纂委员会：《大同矿务局志》，山西人民出版社，1996年。

②《中国煤炭志》编纂委员会：《中国煤炭志·山西卷》，煤炭工业出版社，1995年，第7页。

定、社会稳定的大好局面。改革开放政策使山西煤炭工业变得勃勃生机。

“七五”计划时期，大同煤矿的改革不断深化，承包机制日臻完善。煤炭经营呈现出矿井大型化、装备现代化、生产集约化。燕子山、四台矿新井建成投产，四老沟、晋化宫、王村矿改扩建完成，马脊梁、云冈矿改扩建开工。全局形成了以综采为重点、以高档普采为补充的机械化采煤新格局，并由劳动密集型转向技术密集型，综合机械化采煤设备向国产化、系列化发展。矿井抗灾防范能力得到提高，先后有 12 个矿装备了 8 种型号的生产安全环境监测系统。1993 年，全局采煤机械化程度达 97.07%，综采机械化程度达 85.51%，11 个综采队年产突破百万吨；掘进装载机械化程度达 99.10%，综合掘进机械化程度达 47.69%，4 个机掘队年进破万米。

市场经济体制极大激发了企业的发展活力，调动了职工的生产积极性，成为大同煤矿此时期高速发展的时代背景。

第一节　大型化、现代化的基本建设

“七五”“八五”计划时期，现代化矿井建设是大同煤矿的三件大事之一。此时期大同煤矿的基本建设，按照建设现代化标准矿井的要求，呈现出大型化、现代化的特点。

一、规划设计

1. 矿区总体规划

1986 年 5 月 1 日，为加强设计管理工作，大同矿务局在基本建设局内设立了设计管理处，其主要职责是对外委设计进行全面管理，对局内设计单位进行业务管理。1987 年，该处更名为规划设计管理处，并制定了《大同矿务局设计工作暂行管理办法》和《大同矿务局矿区建设规划管理（试行）办法》，规划设计管理工作开始起步。同年 6 月，矿务局制定了《“七五”发展规划》，确定“七五”计划期间原煤产量以 105.37%的发展速度递增，到 1990 年实现 4000 万吨；建成 9 个现代化矿井，全局基本达到现代化企业标准。同时对2对在建矿井、5对改扩建矿井、7对技术改造矿井以及10个配套工程和向石炭纪过渡等前期准备工作进行了规划，并围绕科学技术、掘进、安全生产、职工培训、环境保护、应用发展新技术等方面进行轮廓性规划。

1989年10月，北京煤矿设计院根据山西省煤田地质勘探队115队提供的《山西大同煤田北部石炭二叠纪详查勘探地质报告》，制定了《大同矿务局矿区总体发展规划》。1990年2月，能源部受国家计委的委托，组织中央有关部委对《大同矿务局矿区总体发展规划》进行审查，同年11月27日，能源部批准了该规划。

《大同矿务局矿区总体发展规划》的主要内容是：（1）矿区总设计规模为年生产能力4500万吨，分两期实现，一期为年生产能力4000万吨；二期达到年生产能力4500万吨。均衡服务年限为100年左右。20世纪内主要扩建、新建矿井及配套工程按年产4500万吨规模进行建设，原煤产量按年生产能力4000万吨安排。（2）侏罗纪煤炭开采维持现有状况，石炭二叠纪煤系划分为同忻（煤峪口、忻州窑、永定庄、同家梁、新白洞5对矿井之下）、四雁（四老沟、雁崖2对矿井之下）、挖金湾、王村、魏家沟、四台沟、燕子山及远景规划区潘家窑、马道头等9个井田。（3）大同矿务局最终确定为年生产能力4500万吨，其中云冈沟年生产能力2000万吨（晋华宫矿315万吨、云冈矿600万吨、马脊梁矿180万吨、燕子山矿400万吨、四台矿500万吨），口泉沟年生产能力2500万吨（同忻联合矿800万吨、四雁联合矿500万吨、挖金湾矿400万吨、王村矿400万吨、塔山矿400万吨）。上述规模分期实现，2000年实现年生产能力4000万吨，2010年达到最终规模年生产能力4500万吨，设计规模时间为22年，矿区稳定服务年限100年以上。（4）石炭二叠纪矿井建设规划为：1991年魏家沟矿井开工建设，1997年投产，2002年达产，接替侏罗纪矿井大斗沟矿和雁崖矿。1994年同忻联合矿井开工建设，分两期工程，一期设计年生产能力500万吨，2001年投产；二期设计年生产能力300万吨，2005年投产。1998年四雁联合矿井开工建设，一期设计年生产能力200万吨，2005年投产；二期设计年生产能力300万吨，2010年开工，2015年投产。2034年王村矿石炭二叠纪矿井开工，2040年投产。2010年挖金湾矿开工，2018

年投产。潘家窑远景井田接替云冈矿井，马道头远景井田接替晋华宫、四台矿井，燕子山远景井田接替燕子山矿井就地开拓延伸。(5)煤炭洗选加工，侏罗纪煤洗选为云冈沟的燕子山、四台、云冈、晋华宫 4 个选煤厂，年洗煤能力 1895 万吨；石炭二叠纪煤洗选为塔山矿井、同忻联合矿井和集中选煤一厂、二厂 4 个选煤厂，前 3 个选煤厂建设规模为 1400 万吨。(6)扩建和新建配套项目及公用工程：矿区机电修配厂、设备租赁站、总油库、云冈沟材料分库、汽车修配厂、采石场、煤气厂及相应的输配管网、轻型结构制品厂、水泥厂、云冈沟消防中队、救护中队、预制构件厂、中心试验站、灭火中心站、液氮制造厂，搬迁化工总厂硝酸铵库、火工产品装运站、化工总厂。(7)地面运输、供电、供水及通讯工程。地面铁路新建韩杨(韩家岭—杨家窑)铁路；矿区公路新建七峰山分流公路；塔山区各矿井间公路与中心区连接的Ⅱ级公路。供电工程在新泉镇地区建立一座热电厂，装机容量 100 千瓦。在新泉镇建立一座 110 千伏变电站；到 2000 年，矿区电话普及率达 25%；供水工程为从册田水库分给二电厂份额中划出 4 万立方米水量。(8)矿区行政、文教卫生设施及住宅区。新建科技情报信息中心；扩建技工学校，在煤校内设立煤化工专业；新增建职业病防治所，扩建结核病院。居民住宅的设置：口泉沟就地拆除改造，云冈沟各矿井居住区随矿井分片集中设置，中心区(平旺老区和新区)根据规划和市政要求建设。在塔山下建立集中工人镇。在《大同矿务局总体发展规划》审批后，中煤总公司批准了 20 多个项目的前期工作。

1992 年，为了加强城市规划管理工作，大同矿务局成立了城市规划管理处，基建局规划设计管理处更名为基建局设计管理处。1993 年 5 月，为加强统一管理，将设计管理处从基建局分离出来，与城市规划管理处合并，成立了规划设计管理处，但仍保留城市规划管理处的名称，保留其之前的对市职能。同时，成立了大同矿务局规划委员会，并制定了规划委员会职责和设计管理办法，大同矿务局规划管理工作步入了正轨。

2. 采矿工程设计

1987 年，矿务局煤矿设计院在马脊梁矿改扩建设计中，首次设计了煤炭外运大巷。在四老沟、晋华宫和马脊梁矿改扩建设计中，第一次选用了森透里昂和 KJ4 矿井自动监测监控系统。

进入 20 世纪 90 年代，大同矿务局矿井设计开始转入开发石炭纪煤系，并根据矿区总体发展规划的要求，委托北京煤矿设计院完成了塔山矿井的初步设计。同时，设计院首次编制了马脊梁、燕子山两个矿井的“高产高效”工作面初步设计，工作面长达 200—250 米，顺槽走向长达 2000—3000 米，日产原煤 7000—10000 吨，是煤炭开采史上的又一次变革。1993 年，经煤炭工业部核准，大同矿务局设计院由丙级升格为乙级。

3. 地面建筑工程设计

1986 年，太原煤矿设计院设计四台矿井选煤厂，其厂房结构采用框架式联合建筑，产品仓采用槽仓、圆筒仓两种形式。其中槽仓高 29.68 米、宽 40 米、总长 105 米，贮煤能力 4.6 万吨；圆筒仓高 53.5 米，直径 21 米，3 个筒仓，贮煤能力 4.5 万吨。在文教、卫生、科技和职工生活福利设施建设方面，其楼房设计仍选用框架式结构。1981 年，设计处完成了建筑面积 8000 平方米、主体 5 层、局部 6 层的全框架结构的科技大楼设计。1984 年，设计处完成了局计算中心大楼设计。同年，完成了矿务局培训中心的设计工作，其占地面积 16.23 万平方米，总建筑面积 4.75 万平方米，内有教学楼、办公楼、宿舍楼、实验室、图书馆等。1986 年，矿务局设计院完成了局第一职工医院门诊大楼设计工作。设计门诊大楼总建筑面积 950 平方米，占地面积 1497.16 平方米，设有 25 个门诊科室和辅助医疗室。随后，相继完成了局外宾招待所（120 床），体育场（8000 座），技工学校改扩建，局第一、二、三、四中学（6400 人），机关第一、二、三小学（2.18 万人），职防所（400 床），南戴河疗养院（400 床）等单项工程设计。1986 年，矿务局设计院选用北京建筑设计院和临汾建筑设计院的高层住宅和饭店图纸，在设计中采用了剪力墙结构体系，自行配置建筑基础和室内设施设计，第一次完成了住宅楼高 54.6 米，楼层 19 层，其中地面 17 层、地下 2 层，属雁同地区最高高层住宅建筑设计。在矿区供热工程设计方面，1985 年，设计了四老沟矿工业广场集中供热锅炉房，容量为 10 吨蒸汽锅炉 4 台。1986 年，设计了校北街集中供热锅炉，容量为 20 吨热水锅炉 3 台；新二区集中供热锅炉房，容量为 20 吨热水锅炉 5 台；马脊梁工业广场和生活区集中供热锅炉房，容量为 10 吨热水锅炉 4 台；和平街集中供热锅炉房，容量为 20 吨热水锅炉 4 台。上述锅炉房在主机运行、上煤、除灰、水处理等辅助工艺均按机械化和控制监测自动化进行设计。同年，自行设计了四老沟矿至王村矿长 10 公里的第一条无轨电车线路，创大同市先例。这一时期，大型的地面建筑工程设计，如煤气厂、文化活动中心、云冈沟电气化铁路等则外委。

进入 20 世纪 90 年代，大同矿务局设计院和山西煤矿设计院、天津市政设计院联合完成了册田引水及输配水设计，输水能力每小时 4 万立方米；与山西煤矿设计院合作完成了下窝寨取水和输水工程设计，取水能力每小时 7000 立方米。

二、矿井建设

1. 机构队伍

1986 年 3 月，为加快四台特大型矿井的建设速度，将工程处一分为二，由建井各工区、机电队和一个土建工区组成了井、土、机三类工程一体化的综合性工程处四台沟工程处，由原工程处的两个土建工区、部分机电安装人员及辅助生产单位、福利性和社会性单位组成建筑安装工程处。同年，建筑安装工程处的运输队改称基建设备租赁站，属基建局直接领导。

1987 年 2 月，根据中国统配煤矿总公司有关文件精神，加强对基建工程的监督，大同矿务局组建成立了中国统配煤矿总公司工程质量总站大同矿区质量监督站，负责全局矿建、土建、机电安装工程的质量监督、认证及建材检验，形成了基建施工监督体制。20 世纪 80 年代后，老矿井改扩建任务加大，局属专业基建队伍力量不足，晋华宫、四老沟、云冈等部分改扩建矿先后成立了矿属建井区，到 1990 年底基建队伍达到 1.41 万人。

1992 年，在原筑路队基础上成立公路管理处。同年 9 月，为进一步适应基本建设的需要，在基建施工设备租赁站的基础上成立机械化施工处。到 1993 年，有 4 个局属工程处，全局基建队伍 1.02 万人，形成了从设计到施工、工程质量监督管理一体化的基建体制。

2. 新井建设

1988 年 12 月，燕子山矿井移交生产，投产 2 个采区、5 个工作面，洗煤厂也同步建成投产。矿井的运输、提升、排水、供电、地面生产性工业建设和职工住宅、福利设施同时竣工。矿井投产时，共完成投资 4.02 亿元，完成井巷工程量 5.73 万米，为设计总进尺的 91.3%，完成建筑工程面积 99.4%，安装 3068 台（件）机电设备。燕子山矿井是大同矿务局新建的第一个现代化大型矿井。1991 年 12 月，四台矿井投产，完成投资 6.69 亿元，工期 84 个月，比定额工期缩短 5 至 6 个月。矿井与选煤厂同步建成，为我国同步建成投产特大型矿井的首例。从 1950—1993 年，大同矿务局共建成 8 座新井，总能力 1515 万吨。

3. 矿井改扩建

进入“七五”计划时期，有 2 个矿井开工改扩建。1986 年 6 月，云冈矿改扩建工程由自有资金垫付提前施工。马脊梁矿井于 1988 年 4 月动工改扩建，投资概算 2.16 亿元，设计年生产能力 180 万吨。1988 年，煤炭工业部批准了云冈矿改扩建初步设计，总投资 2.88 亿元，矿井设计生产能力由每年 270 万吨，扩建到每年 600 万吨。这一时期，王村矿于 1988 年投产，设计年生产能力由 60 万吨提高到 180 万吨。晋华宫矿井于 1990 年投产，净增生产能力 195 万吨，两矿共净增 315 万吨。这时期，矿井投资 11.41 亿元，其中老矿井改扩建投资占 31.88%。1990 年，全局产量达到 3494.03 万吨。从 1950—1990 年，用于矿井建设投资 21.72 亿元（不包括专用资金），其中用于老矿井改造投资占 40.93%。1992 年 12 月，四老沟矿改扩建完工投产，设计年生产能力由 150 万吨提高到 300 万吨，共完成投资 2.73 亿元。“七五”计划时期开工的云冈矿和马脊梁矿到 1993 年均未完工。

从 1953—1993 年，煤峪口、永定庄、同家梁、四老沟、忻州窑、挖金湾、晋华宫、马脊梁、王村、云冈矿均进行了改扩建或正在改扩建，总计增加生产能力 1376 万吨。

三、煤矿施工

1. 井筒施工

（1）立井施工

“七五”计划时期，在四台矿井建设中，立井施工先后研制和应用了新设备和新工艺。1986 年，四台沟工程处与北京煤炭科学研究院、太原矿山机械厂共同研制了 DTZD-6 型抓斗，在晋华宫矿榆涧进风井和四台矿副立井中应用。该机抓岩性能和各项技术指标均优于原有国产抓斗和日本抓斗，且故障少、操作灵活、维修量少。在处理表土段过流沙层和特大涌水量的施工中，也有了新的突破。1986 年，在四台矿副立井表土段与风化层施工时，遇涌水量达每小时 96 立方米，在煤炭科学院建井所的配合下，首次将帷幕和地面预注浆两种方法同时应用同一井筒中。在沙卵石层采用混凝土帷幕，帷幕深度 17.7 米，对风化层采用地面注浆，注浆深度 17.4—35 米，并成功研制了 SE 型粘土浆液，使副立井筒顺利穿过了表土段和风化层，施工后的实测涌水量小于每小时 5 立方米。同时还采用了旋喷注浆技术处理局部涌水，该方法缩短了工期，节省资金 14 万元。该井筒施工技术丰富了我国立井建井技术。这时期，井下煤仓、溜煤眼、通风立眼等暗立井的施工技术也有了发展。1987 年 6 月，燕子山工程处使用了我国首次引进的美国罗宾斯公司生产的 83KM - HE 型反井钻机，先后完成了深度为 132 米的燕子山盘区和 201 米的纸坊头盘区两溜煤眼，钻机速度达到每分 184 毫米，扩孔速度达到了每分 900 毫米，两个溜煤眼共作业 97 天，比吊罐反井速度快 2—3 倍。每班只需 4—5 人，工程质量优良，表面光滑，通风阻力小，且施工中作业人员不进入反井内，保证了施工安全，改善了瓦斯大、淋水大条件下的施工困难状况。

（2）斜井施工

“七五”计划时期，斜井施工在打眼、装岩、提升、排矸、支护等方面全部实现了机械化，并总结出了一套科学的施工组织管理形式，形成了完整的机械化施工工艺和施工组织管理方法：多台风钻打眼；中深孔全断面光面爆破；大耙斗装岩机装岩、大箕斗；大矸石仓、汽车排矸；锚喷支护；长距离管道输送混凝土；隔膜泵配合箕斗排水；长距离压入式通风；双激光指向仪指向；综合防尘；毫秒雷管引爆，多工序平行交叉作业。1988 年，矿务局在自行研制的 0.8 立方米耙斗装岩机、5 立方米前卸式箕斗、20 立方米矸石仓的基础上与科研单位合作，研制了 1.2 立方米耙斗装岩机、8 立方米前卸式箕斗、40 立方米装配式矸石仓。同时，矿务局与科研单位合作研制改进了大功率局扇、新型转子式喷射机、风动潜水泵等，使 20 世纪 80 年代的平均斜井施工水平达到 70—80 米。1988 年，燕子山工程处施工的马脊梁矿主斜井和回风斜井，实行全面质量管理，严格工种岗位责任制，科学组织施工，健全质量保证体系，工程质量获部优。从70年代应用新型装岩和提升设备，到1990年，据不完全统计，月成井超过100米的有26次，超过150米的有18次，超过200米的有9次。这期间，应用新技术、新方法，特殊条件下斜井施工有了突破。四台矿新高山副斜井井颈穿过冲击层和风化岩石时，采用化学浆液井壁注浆，历时3个月，使涌水量由每小时111立方米降到每小时6立方米以下。在主斜井井筒穿过二台村时，采用控制爆破、短段掘砌、地面防震和加固危房等措施避免了迁村，节资69万元。马脊梁矿措施斜井在穿过2号煤层古窑区时发生大面积塌落，采用槽钢、圆形铁圈钢筋拉杆、砼和木背板及喷射砼混合支护，成功地穿过井深70—175米古塌陷带。

为进一步完善机械化配套工艺，提高大断面斜井施工效率，1991年5—7月，燕子山工程处井二区二队在马脊梁矿新高山斜井施工中对大断面斜井机械化配套及快速施工工艺进行了科学试验研究，一次试验成功，取得平均月成井275.2米，6月创376.2米的世界先进水平，3个月连续掘进825.5米，为国内平均水平的6.9倍，直接工效4.03立方米。工程一次成巷，质量均为优良。施工采用国内首次研制的P120型1.2立方米大型耙斗装岩机，单机小时生产能力120—180立方米；ZQJ-8型复合后轮前卸式8立方米箕斗及卸载装置；40立方米装配式矸石仓及栈桥；中深孔光面爆破；3台激光指向仪指向；综合防尘；长距离管道输送混凝土；潮喷；锚杆支护；多工序平行交叉作业和正规循环作业等先进工艺和作业方法。建立了安全和质量管理体系及优化劳动组合。首次应用工业电视、计算机等科学管理方法，形成了一整套大断面斜井机械化配套及快速施工工艺，其综合技术国内领先，并达到国际先进水平。该项目的研究推动了大同矿务局的斜井施工水平。1991年6月，燕子山工程处井二区二队在忻州窑矿斜长877.3米、倾角25度、断面16.28平方米的东山斜风井施工中，采用上述施工工艺和方法，取得月进321米的好成绩。同年11月，四台沟工程处在云冈矿南翼回风斜井施工中，采用1.2立方米耙斗装岩机、5立方米箕斗、2.5米绞车，月进275米。大同矿务局斜井施工水平走在了全煤系统前列。

（3）平峒（巷）施工

1986 年，从瑞典引进了 2000DL 液压钻装机组，在四台矿岩巷中应用，眼深达到 2—2.5 米。应用液压凿岩机替代风动凿岩机，凿岩速度快、噪声小、粉尘浓度低，不落油雾，但设备重，使用范围受到限制。

“七五”计划期间，岩石平巷施工测量中应用了红外线光电测距技术。四台矿建井中，在总测程万米的贯通测量中，应用了红外线光电测距仪，使贯通精度达到了平面偏差为 1/1.2 万，高程偏差 1/180 万，创造了全局贯通距离最长，精度最高的纪录。同时，在井筒巷道峒室中，广泛应用了光爆锚喷技术，全矿井共用光爆锚喷支护巷道 5 万余米。1980 年代后期，岩石平巷施工形成了机械化配套作业线和施工工艺，主要为多台高频凿岩机凿岩、硝铵炸药毫秒雷管中深孔爆破、带调车盘、PT－30B 耙斗装岩机和 EC－2 型侧卸式装岩机，8 吨或 12 吨电机车运输、光面爆破、锚喷支护、JK－3 型等多型号激光指向、综合防尘、BKT 型和 ZBKT 型系列矿用防爆型局部风机等。“七五”计划期间，岩石平巷月进水平提高到 80 米左右。1991 年 3 月，燕子山工程二队在马脊梁矿 1136 岩石大巷施工中，应用上述施工工艺，使用 YT－28 型凿岩机，创该时期月成巷 306.2 米的全局最高纪录。1992 年 3 月，该队又创出月成巷 341 米的好水平，掘进工效分别达到每工 4.17 米和 3.51 米。

2. 地面建筑施工

20 世纪 80 年代，地面建筑施工中的地基处理、垂立运输、水平运输等施工技术水平迅速提高，同时，形成了“立体交叉、平行流水、总体推进”的施工组织管理方法。1986 年 9 月，建安处开始第一幢高层住宅楼施工，全楼 17 层，地面以上高 53 米，建筑面积 8728.53 平方米，可容纳 124 户居民。地基为钢筋砼箱形基础，首次采用“内浇外挂”施工方法，大模板现浇内墙，外墙用预制大板围护，施工设备为 QT80A 自升塔式起重机，1 台载重 10 吨的双笼施工电梯，1987 年 8 月，创月进 6 层主体施工的国内先进水平。整个建筑施工有效工期为 16 个月，超过国内平均水平。

1986 年施工的燕子山矿 6 个大型圆筒仓，每个外直径 17.4 米，筒壁净高 23 米，壁厚 300 毫米，混凝土总量 2442 立方米，钢筋 160 吨。采用深基灌注桩施工，每个筒仓由 20 根桩基支承，桩基穿过轻亚粘土层，直接落于基岩上，上部地坑土方采用大揭盖，桩基由人工开挖，预制混凝土护壁，现场灌注，实际工期比计划提前 104 天。同时，第一次应用了固定模板，液压滑模技术，滑模实用工期 81 天，比常规施工法节省工期 1.5 个月。晋华宫矿储煤筒仓应用液压滑模板技术，在高 52.5 米，壁厚 38 厘米的 2 号储煤筒仓施工中，创出平均日滑 4.2 米，最高滑升 4.81 米的全国同类工程新纪录。1989 年，在燕子山矿洗煤厂施工中，首次应用了强夯法处理地基。在四台矿储煤厂施工中，应用强夯填土平行作业法，缩短工期 1 个月。

90 年代初期，地面建筑施工中的大型筒仓、高层住宅楼等大型建筑，使用和推广了滑模技术，金属大模板“内浇外挂”，挤密桩，大直径灌注柱桩等新技术，用强夯处理地基，多工序平行交叉作业施工法，形成了较完整的机械化作业线。1991 年 7 月，基建施工设备租赁站拆除云冈矿地面储煤厂 50 米长落煤走廊，首次采用控制爆破技术获得成功。同年，基建施工设备租赁站与西安交大联合试验开发夯坑基础。该基础是用一定形状的夯锤夯击地基，在基坑内不支模板直接浇筑混凝土形成基础，具有较高的载荷承载能力，与传统的片石条形基础相比，可减少土方挖填工程量 400%，具有施工工艺简单、速度快、工期短、造价低等诸多优点。

3. 机电设备安装

20 世纪 80 年代后，现代化的大型、重型设备和高精设备逐步应用到生产中，设备安装均可就地组装整体吊装一次到位。“七五”计划期间，全钢走廊均采用地面整体组装，一次吊装成功。燕子山矿选煤厂槽仓上部钢走廊采用机械设备整体吊装，滑移就位方法，比移位搭平台就位组装方法施工工期缩短数倍。井筒罐梁、罐道安装采用管线分次段安装法，多层吊盘，同步安装，缩短了辅助作业时间，并成功地应用了锚栓固定罐梁和管线新工艺，使施工速度提高 3 倍。这一时期，已能安装现代化的集中控制和微机程序控制系统，先后完成了燕子山、四台矿井安全监测系统及矿井选煤厂成套设备，并安装调试成由国外引进的世界水平的定量装车系统和多绳绞车自动控制系统及大型堆取料机，35 吨锅炉集中供热控制系统，安装技术均达到国内先进水平。

四、运输工程建设

1. 铁路建设

1986 年 6 月 1 日，大同矿务局云冈沟铁路电气化改造工程开始施工。该工程是大秦铁路主要配套工程之一，它东起大同西站，沿云冈沟南毕，经小站、云冈、晋华宫、南山、云冈西、四台沟、新高山，直到燕子山，正线全长 35.58 公里，设计为单线电气化铁路，其中，云冈西、四台沟，新高山、燕子山 4 站按开行万吨单元列车建设。该线东面经小站至大同南站与大秦线相接，至大同西站与京包和丰沙大线相连。

云冈沟电气化改造工程主要包括：路基土石方 152 万平方米（其中多处为 20 米以上高填方），新铺钢轨 70 公里、道岔 142 组，建桥涵 49 座（其中小站处有云冈至大同西站下行线跨云冈至大同南站双线铁路立交桥 1 座，全长 937 米；公路跨铁路立交桥 2 座；跨河沟大桥 2 座），建 110 千伏牵引变电所 1 座，架设通讯干线 86 公里，新建房屋 3.2 万平方米。

1988 年 10 月，建成机电公司仓库专用线 0.53 公里，投资 48.28 万元；建成煤气厂铁路专用线 2 公里，投资 65.98 万元。

1992 年 5 月 29 日，云冈沟铁路电气化改造工程全线开通，共完成国家投资 1.52 亿元。云冈沟电气化改造工程建成后，每年运输能力可达 4550 万吨，比改造前提高了 2 倍，满足了云冈沟统配煤矿和地方煤矿规划产量外运的需要。

到 1993 年底，大同矿务局铁路专用线共计 258.06 公里（其中属大同矿务局产权的线路为 187.6 公里），铁路专用线固定资产原值 2.66 亿元。铁路专用线长度比新中国成立前增加了 25 倍。

2. 公路建设

1986 年，南张公路建成。该路南起南信庄，与兴燕公路相接，北至张家湾村，与同左公路相连，全长 9.54 公里，混凝土路面，宽 7 米，有大型桥涵 2 座，小型桥涵 5 座，总投资 276 万元。同年，新泉公路（新区公路）开始动工，1993 年 10 月底全线建成，总投资 654 万元。该路南北向由新平旺商场经甘河桥、白洞新区与泉落路相接，全长 4.4 公里，宽 40 米，有小桥 1 座；东西向连接新一区、新二区，全长 2 公里，路面宽 40

米，构成了新区公路主干道。

表 10－1 大同矿务局主要公路表

公路名称	起止	长度(公里)	路面
新晋	新平旺—晋华宫	10.23	水泥砼
新王	新平旺—王村	31.6	水泥砼
新燕	新平旺—燕子山	28.2	水泥砼
新泉	新平旺—口泉	4.4	水泥砼

1989—1990 年，大同矿务局再次对新王公路部分路段进行整修，其中煤峪口至四老沟段公路两侧铺设了人行道。从 50 年代开始，新王公路总投资额达 1200 万元。据统计，新王公路每日通过车辆达 9000 辆左右，是大同矿区最主要的干线公路。

1991 年，大同矿务局投资 600 万元，对新王、新燕公路共 60 公里长的主干道进行加宽、整修，达到了国家山岭二级公路标准。1992 年 1 月，大同矿务局为集资新建、改建新王、新燕公路，根据山西省、大同市有关文件精神，在新王、新燕两线公路上的四老沟、口泉、兴旺庄、店湾桥设立了收费站，正式开始收费。同年 2 月，在自营公司筑路队的基础上，组建了公路管理处，下设筑路队和养护队，有职工 250 人。到 1993 年底，全局共有自建公路 130 多公里，形成了以新平旺为中心的四通八达的公路运输网络，对大同矿务局的煤炭外运和职工生活发挥了积极的作用。

第二节 国产化、系列化的采煤技术和持续提高的灾害防治技术

此时期，大同煤矿形成了以综采为重点、以高档普采为补充的机械化采煤新格局，并由劳动密集型向技术密集型转化，综合机械化采煤设备向国产化、系列化发展。矿井灾害防范能力得到提高，先后有 12 个矿装备了 8 种型号的生产安全环境监测系统。此时期的工程技术特点是采煤技术装备的国产化、系列化。

一、煤炭生产技术

20 世纪 80 年代，各矿井进行重点技术改造，扩大综合环节能力。依靠科技进步，推行集约化生产，大规模采用引进和国产综采、综掘设备。探索新的采煤方法，推广新的开采工艺。1985 年，全局 13 个生产矿原煤产量达到 3000 万吨。此后，燕子山、四台——两个特大型矿井先后投入生产。采、掘、运、通大量采用新装备新技术，单产单进水平不断提高。1993 年，全局 15 个生产矿原煤总产量 3800 万吨。采煤机械化程度 97.07％，其中，综采机械化程度达 85.51％；掘进装载机械化程度达 99.1％，其中综掘机械化程度达 47.7％。原煤效率每工 2.78 吨。

1. 开拓和掘进技术

（1）开拓技术

“七五”计划时期，在各个生产水平内布置的盘区，按运输方式分为石门电机车及盘区皮带巷两种。盘区开采一般采用煤层联合布置，用溜煤眼连通各层，部分盘区采用大剥皮式。各个生产水平内的盘区常采用前进式，盘区内开采多采用后退式，部分前进式或条带式开采。盘区双翼长度一般为 1000—1400 米，倾斜长度一般为 800—1200 米。1988 年末，全局共有生产盘区 61 个，其中石门盘区 15 个，皮带盘区 46 个。在 61 个生产盘区内，共有采煤工作面 121 个。全局 14 个生产矿井分别采用 3 种开拓方式。同家梁、忻州窑、白洞、云冈 4 对矿井采用竖井—水平大巷—盘区式；煤峪口、永定庄、四老沟、雁崖、挖金湾、晋华宫大井、南山井、大斗沟、王村、燕子山 10 对矿井采用斜井—水平大巷—盘区或分区式；马脊梁矿井采用平峒—水平大巷—盘区式开拓。

到 1993 年，全局 15 对生产矿井，其开拓方式，有立井开拓、斜并开拓和综合开拓。属于立井开拓的有同家梁矿、忻州窑矿、白洞矿、云冈矿；属于斜井开拓的有四老沟矿、雁崖矿、晋华宫矿、马脊梁矿和王村矿；属于综合开拓的有煤峪口矿、大斗沟矿、挖金湾矿、四台矿；燕子山矿则属于分区域开拓方式。井下均为单一水平分盘区前进式开拓，煤层群之间用溜煤眼和暗斜井联系。除云冈矿外都是单翼井田，由井底车场向一侧开拓主要水平运输大巷，沿走向分为若干个盘区，采取盘区前进式的开采顺序。

（2）掘进技术

“七五”计划期间，大同矿务局先后引进8台日本MRH-S100-41型掘进机，2台英国多斯科公司LH-1300型半煤岩掘进机，在煤峪口、永定庄、忻州窑、白洞、大斗沟、王村、燕子山矿使用。同时，在煤峪口、永定庄、同家梁、四老沟、忻州窑、雁崖、云冈等矿使用10台国内外合资组装的MRH-S100型掘进机，5台国产AM-50型掘进机，3台EJ-70型掘进机，1台MK-B型掘进机。到20世纪90年代末，全局掘进工作面平均个数167.87，平均月进度170.69米。共有联合掘进机55台，装备了17个综掘队，掘进装载机械化程度达到93.75%，综掘机械化程度达29%，是1979年的40余倍。

“八五”计划初期，矿井掘进形成综掘机械化与普掘机械化协同作业的新格局，单进水平不断提高。在部分矿井试用了小直径锚杆和预紧力托梁，推广使用了“U”型钢拱形支架。根据采掘衔接的实际情况，调整采掘比例，提高巷道利用率，减少超前投入和滞用巷道维护费用。到1993年，全局掘进工作面平均个数97.38，平均月进度254.88米，掘进装载机械化程度达99.10%，综合掘进装载机械化程度达47.69%。4个机掘队年进破万米，并跻身全国十强机掘队行列，其中云冈矿机掘一队名列全国十强榜首。

表10-2 1950—1993年大同矿务局掘进工作面各项指标统计表

年度	平均个数		平均工作面月进(米)					掘进率(米/万吨)		掘进工效率(米/工)
	全部	其中:开拓	全部	开拓	煤巷	半煤岩	岩巷	全部	其中:开拓	
1950	21.66		60.37		60.37			339.88		0.119
1951	67.77		64.05		64.50			375.74		0.208
1952	50.47		118.08		118.08			305.64		0.312
1953	53.62		100.88		100.88			273.14		0.397
1954	68.27		104.58		104.58			253.34		0.323
1955	96.02		110.50		110.50			284.78		0.308

续表

年度	平均个数		平均工作面月进(米)					掘进率(米/万吨)		掘进工效率(米/工)
	全部	其中:开拓	全部	开拓	煤巷	半煤岩	岩巷	全部	其中:开拓	
1956	68.19		124.70		135.66	63.41		229.11		0.342
1957	97.96		105.56		109.15	68.12	31.07	225.22		0.319
1958	190.08		119.66		123.67	73.66	69.08	308.30		0.352
1959	175.49		148.08		149.21	96.23	88.50	299.90		0.321
1960	103.35		176.69		178,65	144.87	55.86	211.76		0.244
1961	169.57		117.51		121.53	60.48	39.72	292.66		0.216
1962	190.98	14.60	107.17	120.52	112.18	54.00	46.35	343.59	28.60	0.280
1963	225.85	20.28	109.43	92.48	118.70	63.08	45.55	358.69	26.64	0.213
1964	220.59	31.06	110.97	59.28	125.38	71.51	42.71	320.52	24.54	0.212
1965	133.29	24.17	131.43	80.83	155.11	103.42	63.29	224.18	25.00	0.180
1966	110.00	20.18	151.83	97.98	189.68	132.15	70.55	202.67	23.99	0.197
1967	101.58	16.23	119.79	54.75	156.65	101.74	49.50	216.39	15.80	0.140
1968	112.95	12.33	133.90	57.98	167.09	115.37	52.70	210.59	9.95	0.144
1969.	138.36	13.08	146.92	67.48	172.83	119.17	55.93	227.58	9.88	0.163
1970	153.07	13.71	145.04	64.86	174.08	115.42	55.25	236.65	9.45	0.157
1971	149.73	15.92	147.61	65.84	175.85	118.90	54.87	220.93	10.48	0.158
1972	127.75	17.53	136.96	70.77	159.72	126.15	52.85	175.10	12.22	0.123
1973	113.65	12.68	155.15	85.28	183.29	135.13	57.67	175.83	10.64	0.126
1974	137.30	18.94	149.43	74.33	174.95	134.87	59.63	157.94	10.84	0.117
1975	137.52	19.06	163.34	86.73	186.06	157.17	63.40	153.07	11.26	0.120
1976	161.27	25.30	157.49	74.68	186.09	141.29	60.58	155.09	11.54	0.105
1977	171.61	28.36	160.16	71.22	185.33	151.36	55.81	165.16	12.14	0.120
1978	184.75	30.46	161.80	71.58	189.63	155.09	61.00	161.93	11.81	0.124
1979	189.21	30.23	161.29	74.71	190.60	147.54	68.87	159.06	11.77	0.136
1980	189.12	32.47	148.39	75.58	175.01	148.80	64.33	141.78	12.40	0.126
1981	173.57	28.72	136.99	71.75	164.91	120.12	60.08	122.42	10.61	0.107
1982	177.70	26.63	147.78	82.23	172.46	130.85	66.22	126.07	10.51	0.104

续表

年度	平均个数		平均工作面月进(米)					掘进率(米/万吨)		掘进工效率(米/工)
	全部	其中:开拓	全部	开拓	煤巷	半煤岩	岩巷	全部	其中:开拓	
1983	187.23	27.19	146.41	75.09	168.66	131.18	65.19	125.50	9.47	0.103
1984	188.73	30.76	153.09	74.97	180.76	137.22	60.09	126.54	10.31	0.111
1985	198.86	29.01	144.83	74.82	174.12	125.93	63.14	120.50	9.24	0.114
1986	206.72	28.96	139.55	68.07	163.36	122.11	63.75	115.86	8.37	0.117
1987	220.09	31.63	130.20	58.65	152.28	120.30	54.80	114.89	8.02	0.120
1988	201.43	26.63	146.50	68.21	168.67	138.95	62.46	112.23	7.88	0.117
1989	186.31	31.25	161.14	73.13	198.42	151.72	60.07	111.63	9.22	0.124
1990	167.87	30.73	170.69	67.52	217.75	147.80	57.20	106.98	8.37	0.128
1991	139.48	28.36	200.37	80.24	263.70	174.04	71.68	103.75	9.19	0.129
1992	117.29	24.62	218.99	109.39	294.11	172.36	94.42	100.33	10.52	0.127
1993	97.38	15.01	254.88	125.98	337.37	201.49	95.36	93.80	7.15	0.135

2. 采煤技术

“七五”计划时期，综采设备逐步向国产化、系列化发展。1986 年，为解决大同煤田 2 号层砾岩顶板下开采而设计的 TZ－720 型液压支架（国家“六五”攻关项目）通过鉴定，长壁综采取代了沿用 30 多年的刀柱采煤法。“七五”计划期间，试制成功了 ZPL－600－19.5/31 型自动铺联网支架，解决了 5 米以上厚煤层分层开采的问题，为提高资源回收和消除自燃隐患起到积极作用。成功试制了 ZY－500、BZY－520、TZ－510 型液压支架，解决了薄煤层、中厚煤层的开采问题。同时，还购置了国内仿制的采煤机，并开发了 MG2×300－AW1、MG300－AW1、1MG200、5MG200 型等采煤机，代替了引进的采煤机。这些支架及配套采煤机的研制和试验成功，基本形成了从薄煤层到厚煤层配套的国产综采设备系列化，提高了采区回收率，延长了矿井开采寿命。到 1990 年，全局回采工作面平均个数 88.57，平均月产量 24749 吨，14 个生产矿全部上了综采，综采工作面个数由 1979 年的 19 个发展到 41 个。在生产中运行的综采设备不同型号的液压支架有 11 种，不同型号的采煤机 9 种。全局高档普采发展到 22 个工作面，分布在 3 号、7 号、8 号、9 号、11 号、12 号、14 号、15 号 8 个煤层，11 个生产矿井。

"八五"计划初期，大同矿务局继续探索采煤新工艺、新技术。1991 年，上分层自动铺联网综采技术在煤峪口、永定庄、忻州窑、白洞、王村 5 个矿 6 个工作面推广使用，使厚煤层机械化开采得以解决。在四台矿 4 号层 404 盘区使用了美国英格兰公司生产的 SR-500 型连续采煤机；在雁崖矿 8142 工作面试用了我国第一台 MG-344-PWD 强力爬底板无链电牵引薄煤层采煤机；在王村矿 11 号层 8407 工作面进行全局首次近距离综采试验；在煤峪口矿投入第一套开天窗放顶煤液压支架。1993 年，分别在煤峪口矿进行了下分层放顶煤开采，在忻州窑矿进行了综采一次放顶煤开采，在晋华宫矿进行了 4.5 米支架一次采全高工业性试验。此外，在王村矿和雁崖矿分别进行了近距离煤层开采和防倒防滑等特殊架型综机的开采。1993 年，全局采煤机械化程度达 97.07%，其中，综采机械化程度达 85.51%。全局回采工作面平均个数 56.35，综合单产达 4.33 万吨，其中，综采单产达 6.12 万吨。11 个综采队年产突破百万吨，其中，同家梁矿综采一队连续 13 年破百万吨。

表 10-3　1985—1993 年大同矿务局高档煤生产情况表

年度	高档煤产量(吨)	占回采产量比重(%)	高档煤单产(吨)	平均工作面个数(个)
1985	66235	0.27	22998	0.24
1986	770953	3.08	12798	5.02
1987	1361999	5.67	12284	9.24
1988	2124593	8.93	12326	14.36
1989	2383112	9.24	13418	14.80
1990	2841770	10.80	15129	15.65
1991	3221401	12.24	17167	15.64
1992	2855231	10.11	15829	15.03
1993	2432947	8.29	18336	11.06

表 10-4 1950—1993 年大同矿务局采煤工作面各项指标统计表

年度	回采产量(吨)	平均个数(个)	面总长度(米)	平均面长度(米/个)	平均月进度(米)	平均月产量(吨)	平方生产能力(吨/米²)	回采工效率(吨/工)
1950	248715	13.27	273	21	26.58	1562	2.852	1.158
1951	883196	23.79	745	31	37.40	3093	2.640	2.661
1952	1724882	31.12	1303	42	43.11	4619	2.559	3.053
1953	1829995	30.01	1456	49	39.77	5081	2.634	3.103
1954	2661009	38.15	1884	49	48.35	5812	2.434	3.329
1955	3327883	46.58	2670	57	53.65	5953	1.936	3.605
1956	3550383	53.48	3087	58	34.83	5532	2.751	4.118
1957	4233973	74.42	4035	54	33.01	4741	2.649	3.891
1958	6637988	87.87	5110	58	40.36	6295	2.682	4.784
1959	7609949	76.22	4525	59	49.30	8320	2.843	4.509
1960	8365820	68.58	4330	63	52.17	9958	3.088	4.139
1961	6339219	83.25	4641	56	37.96	6346	2.998	3.183
1962	5580816	78.67	4191	53	35.51	5924	3.125	3.375
1963	6272639	78.08	4186	54	39.53	6695	3.159	3.935
1964	6989670	78.42	4614	59	41.05	7427	3.075	4.549
1965	7839522	87.23	5646	65	38.71	7489	2.989	4.812
1966	8554526	95.77	6512	68	37.75	7444	2.900	4.958
1967	5759181	91.71	7023	77	25.12	5233	2.721	3.344
1968	7479860	96.37	7576	79	31.49	6468	2.613	3.450
1969	9243351	103.17	8204	80	36.36	7466	2.583	3.468
1970	9526851	105.23	8095	77	37.00	7544	2.651	3.404
1971	10362417	111.06	8793	79	36.79	7776	2.669	3.424
1972	10816933	121.18	9263	76	33.64	7439	2.893	3.406
1973	11815886	116.15	9841	84	32.92	8477	3.047	3.656
1974	13852407	125.43	11083	88	33.73	9203	3.088	3.567

续表

年度	回采产量(吨)	平均个数(个)	面总长度(米)	平均面长度(米/个)	平均月进度(米)	平均月产量(吨)	平方生产能力(吨/米²)	回采工效率(吨/工)
1975	15805513	118.67	11143	94	36.08	11099	3.276	4.392
1976	17572355	117.71	12044	102	35.76	12440	3.400	3.966
1977	17705918	121.17	12744	105	35.60	12177	3.250	4.034
1978	19879548	130.59	13291	102	38.04	12686	3.276	4.169
1979	20678354	128.69	12934	101	40.90	13390	3.289	4.827
1980	21277642	116.52	12496	107	41.75	15244	3.399	5.245
1981	21122425	118.85	12350	105	40.80	14810	3.493	5.122
1982	22559163	124.60	12947	104	40.57	15088	3.579	4.872
1983	23423165	125.17	12903	104	42.57	15594	3.553	5.212
1984	23858756	124.78	12447	100	44.82	15934	3.564	5.875
1985	24774215	126.69	12625	100	47.72	16347	3.425	6.200
1986	25009504	117.46	11700	100	51.79	17743	3.439	7.097
1987	24006119	111.36	10950	98	54.61	17964	3.345	7.003
1988	23784118	105.73	10229	97	57.70	18746	3.358	7.176
1989	25794279	99.07	9391	95	70.10	21697	3.265	8.391
1990	26306108	88.57	9056	103	76.53	24749	3.163	9.888
1991	26314810	72.62	8122	112	88.09	30198	3.065	10.920
1992	28237458	67.57	7479	110	99.19	34833	3.172	11.850
1993	29352724	56.35	6694	111	111.24	43283	3.273	14.312

3. 运输和提升技术

（1）运输技术

“七五”计划时期，在平巷行车安全保护上，电机车装备了逆变电源、里程速度表、脉冲调速和载波电话，大巷运输还装备了司控道岔、声光信号、道岔位置指示等。在斜井装备了常闭式挡车器和声光信号装置。到1989年，井下大巷运输采用架线式电机车运输的有煤峪口、同家梁、白洞、雁崖、晋华宫（大井、南山井）、马脊梁、大斗沟、云冈矿。采用皮带运输的有永定庄、忻州窑、挖金湾、晋华宫（大井过河石门）、王村、燕子山矿。煤峪口、同家梁、四老沟、雁崖、云冈矿采用3吨矿车（同家梁矿采用3吨底卸式），永定庄、大斗沟矿采用1.5吨矿车，其余矿井采用1吨矿车。采用皮带运输的矿井带宽均为1米或1.2米。运行193台电机车，主要有EL-5/03、EL-5/02、ZK10-6/250、ZK14-9/550、ZK10-6/550。道床除煤峪口、四老沟、雁崖矿为固定道床外，其余均为石渣。

“八五”计划初期，全局15个矿有10个矿的井下运输系统从顺槽盘区到运输大巷实现了一条龙的皮带运输，占全局67%；5个矿实现了部分皮带化运输。到1993年，全局主要运输大巷铺设轨道232公里，其中双轨212公里，单轨20公里。大巷道岔707组，其中渡线177组，单开530组。全局盘区铺设轨道72公里，使用绞车286台。全局电机车在籍238台，其中架线式230台，蓄电池式8台。矿车6863辆，其中3吨1755辆，1.5吨1131辆，1吨3962辆，其他15辆，平巷人车639辆。

（2）提升技术

“七五”计划期间，继续改进矿井提升系统。1988年，永定庄矿将大斜井7部TD-62胶带运输机更新为TD-75强力胶带，1990年投运。1988年12月，设计能力400万吨的大型矿井燕子山矿移交生产，主斜井用强力胶带输送机提升，副斜井用双滚筒绞车提升。为了确保主提升系统安全可靠、合理经济地运行，1989年，全局主提升绞车电控系统进行了更新改造，配备了TKD-A2-3289电控系统和低频电源装置。到1990年底，全局6个矿的主提升绞车相继改造完成。

1991年12月，设计年生产能力500万吨的大型现代化矿井四台矿投产，主斜井提升采用强力胶带输运机，副斜井使用绞车提升。至1993年，全局15个生产矿，16个井口出煤。竖井提升有同家梁、忻州窑、白洞、云冈4个矿。同家梁、忻州窑矿采用4米双筒单绳缠绕式绞车，提升10立方米底卸式箕斗；白洞矿使用国产2GM3000/1520绞车，提升4.5吨底卸式箕斗；云冈矿使用XKT-2×3.5×1.5绞车，提升8吨轻型箕斗。煤峪口矿为主斜井绞车提升，安装4米双筒单绳缠绕式绞车，用14吨后卸式箕斗提煤。主井用胶带输送机提升出煤的矿井有永定庄、四老沟、雁崖、挖金湾、晋华宫（大井及南山）、马脊梁、大斗沟、王村、燕子山、四台 10 个矿 11 个井口，其中 8 个矿 9 个井口使用 GX 钢绳芯强力皮带，最大宽度为燕子山、四台矿主井提升皮带 1.4 米，每小时能力分别为 1240 吨和 1420 吨。

4. 通风排水技术

（1）通风技术

“七五”计划时期，加强通风管理，改造通风系统，2K60 和 2K58 型系列主扇投入运行。1987 年，成立通风专业调度室，实行 24 小时制的局矿现场调度，及时掌握全面信息，处理安全隐患。到 1989 年，全局 33 个风井均采用机械通风。33 个风井核定年通风能力为 3254 万吨（未包括燕子山矿），总排风量每分钟 14.09 万立方米。除四老沟、马脊梁、大斗沟矿采用压入式通风外，其余矿井均采用抽出式通风；除云冈、燕子山矿采用分区中央式通风外，其余矿井都采用分区对角式通风。到 1990 年，全局 14 个矿运转主扇 31 台，70B2 系列 26 台，2K60 系列 4 台，离心式 1 台，均有同型号的备用主扇，电机总功率达 2.26 万千瓦，主扇排风量每分钟 1688 万立方米。102 个生产盘区有 71 个盘区基本完成了盘区通风系统改造，均设有盘区专用回风巷。有 12 个矿达国家特级通风矿井，2 个矿达国家一级通风矿井。

至 1993 年末，全局 15 个矿，16 对生产井口，共有 15 个独立通风系统，其中，1 个中央并列式，4 个分区式，9 个对角式，1 个混合式。5 个单台主扇运转的通风系统，10 个多台主扇联合运转的通风系统。通风方法：2 个压入式通风系统，13 个抽出式通风系统。34 个全局风井，68 台安装主扇（包括 34 台备用）。其中，16 台 2K60 型主扇，2K58 型、1K58 型主扇 12 台，2 台 K4－73－25 型主扇，其他均为 7082（或 ZBY）型主扇。运转主扇电机总功率 2.38 万千瓦，主扇排风量每分钟 18.99 万立方米，比 1985 年净增 2.80 万立方米。矿井总进风量每分钟 17.12 万立方米。全局风巷总长度 34.24 万米。

（2）排水技术

1989 年，全局核定年排水能力 5485 万吨（不包括燕子山），每分钟最大涌水量 47.97 立方米，平均 37.29 立方米。水仓储水能力 2.87 万立方米，最大排水能力每分钟 154.33 立方米。至 1993 年，全局使用的主水泵共 67 台，其中高效的 D 型离心式水泵 52 台、200TSW3 台、DA 型 5 台、SSM200×8 型 1 台、DK400－22 型 3 台、3B－200×2 型 3 台。同家梁矿碾子沟安装的 200D65×8 型水泵，扬程高达 520 米、功率 680 千瓦，是全局扬程最高、功率最大的水泵。晋华宫使用的 3B－200×2 型水泵和云冈矿使用的 DK400－22 型水泵，额定排水量均为每小时 400 立方米，是全局排水量最大的水泵。

表 10－5 1992 年大同矿务局各矿排水能力表

矿名		水泵型号	水泵总台数(台)	每台排水量(立方米/时)	电机功率(千瓦)	工作水泵总排水能力(立方米/时)	工作水泵加备用水泵总排水能力(立方米/时)	排水高度(米)	排水管趟数(趟)	排水管直径(毫米)	水仓实际容量(立方米)
煤峪口	一水平	150D－30×9	2	150	185	150	300	276	1	150	1100
	二水平	150D－30×10	6	150	220	450	900	307	3	150	
永定庄		SSM－200×6	5	250—280	470 345	538		200	1	200	3265
同家梁		SSM－200×8 200D－65×8 200D－43×8	3 4	190—386 288	680 440	926	1564	548 326	2	25	3500
四老沟		150D－30×9 60A－8×9 200D－43×2	4	155 288 162	220110	288	731	80	2	219	1920
忻州窑		200D－43×9	3	288	500 440	450	864	320	2	203.2	1600
白洞		150D－30×9 SSM－200 6DA－8×8	3	155 288 172	225 100 155	327	555	276 105 205	1	133.2	2444

续表

矿名		水泵型号	水泵总台数（台）	每台排水量（立方米/时）	电机功率（千瓦）	工作水泵总排水能力（立方米/时）	工作水泵加备用水泵总排水能力（立方米/时）	排水高度（米）	排水管趟数（趟）	排水管直径（毫米）	水仓实际容量（立方米）
雁崖	一水平	150D－30×2	3	155	50	150	300	28	2	150	1400
	二水平	200TSW－9	3	288	500	288	560	260	2	150	1400
挖金湾		100TSW－6 150D 150TSW－8	3	69 119—190 162	40 155 155	259	421	93.6 127—186 133	2	203	934.6
晋华宫		150TSW－8 2D－200×2 3B－200×2 60XA－8×7	7	100	157 132 144 400	100	333 288 310 150	188 123 85 173	2 2 3 2	152 101 254 101	7200 3200 6900 1500
马脊梁		200D－43×6	3	288	315	288	864	176	2	200	630
大斗沟		平峒开采，无主排水泵及中央水仓									
王村		200D－65×5	3	288	400	560	740	110	2	219	1500
云冈		DK400－22 200D－43×9	4	400 288	440	400	800	180	2	273	8050
燕子山		200D－43×6	5	288	300	212	1440	244	2	200	3222
四台		200D－43×5	5	190—346		507	1730	226—185	2	325	3291

5. 机电技术

（1）供电技术

①地面供电。“七五”计划时期，供电系统进一步发展，相继投运了 4 个变电站和 10 条输电线路。 1986 年 1 月，集资新建的马脊梁变电站运行，撤销了旧站，安装 2 台 6300 千伏安变压器。 1987 年 8 月 18 日，燕子

山 110 千伏变电站投运，主变容量为 5 万千伏安 3 台，电压等级 110 千伏/35 千伏/6 千伏。电源由四老沟 110 千伏变电站，通过 1987 年 8 月架设的四老沟至燕子山 110 千伏 LGJ－240 铁塔输电线路供给。燕子山站为纸坊头、苦水湾、四台沟、高山集运站 5 个 35 千伏变电站电源，主供燕子山矿井用电。同年 10 月，架设了云冈（大同电力公司所属）至姜家湾（大同矿务局云冈矿变电站）4.26 公里的云姜线；1988 年 3 月，架设云冈至晋华宫 6 公里云晋线。两条线路均为 35 千伏 LGJ－240 铁塔线路。

为了适应电网发展需要，加强电力调度科学管理，1986 年 12 月，大同矿务局在全国煤炭系统电力调度首家安装使用 DCX－5 型微机远动主站及 DCF－5 型远动分站，在与大同电力公司接口的四老沟、晋华宫、姜家湾、煤峪口、燕子山、机厂、榆涧、岩岭 8 个站安装使用，实现了电调对有关站的遥测遥信。1988 年 7 月，调度室安装“大同煤矿供电系统微机模拟盘”，实现了对已有远动装置的变电站开关自动变位。同年，雁同电力公司将全局 35 千伏以上系统继电保护计算管理工作移交局机电公司。到 1988 年，全局共有 17 个变电站，其中 35 千伏站 15 个，110 千伏站 2 个，装机容量 416.6 兆伏安，实际负荷 12.5 万千瓦，110 千伏及 35 千伏线路约有 220 公里，6 千伏线路 10 多公里。1990 年，先后架设投运了燕子山至四台的燕台 1 号 2 号线、四老沟至岩岭的四岩线、高山至燕子山的高燕 1 号 2 号线、云榆线（云冈至榆涧）、榆郭线（榆涧至郭家坡）7 条输电线路。导线截面为 240 平方毫米、185 平方毫米和 120 平方毫米 3 种。燕子山 110 千伏变电站改由高燕 1 号、2 号线供电。四燕线为四老沟和燕子山两个 110 千伏变电站的联络电源线路。1990 年 7 月 23 日，四台沟变电站兴建投运（1984 年 2 月，曾建临时变电站，主供 4 台矿基本建设用电），安装 1.6 万千伏安变压器 2 台，电压等级 35 千伏/6 千伏，电源由燕子山 110 千伏变电站，经燕台 1 号、2 号两条电源线供给，主供四台矿井生产用电。同年 9 月 12 日，郭家坡变电站投运，安装 5000 千伏安变压器 2 台，电压等级 35 千伏/6 千伏，电源由姜家湾变电站、榆涧变电站经姜郭（姜家湾至郭家坡）线供给，主供云冈矿生产用电。

1991—1993 年，大同矿务局相继有 6 个变电站和 12 条输电线路投入运行。1991 年，投运四台沟至前窑的台前线、四台沟至后所沟的台所线和前窑至后所沟的前所线，导线截面均为 150 平方毫米，铁塔杆。同年，投运了 3 个变电站：5 月，投运前窑变电站，安装 4000 千伏安变压器 2 台，电压等级 35 千伏/6 千伏，电源由四台沟变电站经台前线供给，主供四台矿生产用电；11 月，投运榆涧变电站，安装 6300 千伏安变压器 2 台，电压等级 35 千伏/6 千伏，电源由云冈变电站、晋华宫变电站经云榆线和晋榆（晋华宫至榆涧）线供给，主供晋华宫矿井生产用电；12 月，投运后所沟变电站，安装 3150 千伏安变压器 2 台，电压等级 35 千伏/6 千伏，电源由四台沟变电站经台所线供给，主供四台矿井生产用电。1992 年，是架设投运线路最多的一年，共 9 条输电线路：1 月，架设投运机局 1 号 2 号线、晋榆线、姜郭线 4 条线路，导线截面除姜郭线 150 平方毫米外，其余 3 条均为 185 平方毫米，铁塔杆；2 月，投运纸坊头至苦水湾的纸苦线；3 月，投运燕子山至苦水湾的燕苦线；12 月，投运四老沟至忻州窑的四州线、西万庄至机厂的万机线、煤峪口至忻州窑的煤州线。1992 年 2 月，苦水湾变电站投运，安装 4000 千伏安变压器 2 台，电压等级 35 千伏/6 千伏，电源由纸坊头变电站、燕子山 110 千伏变电站经苦纸线和燕苦线供给，主供燕子山矿井生产用电。同年 12 月，岩岭变电站在原址重建（该站 1988 年 3 月由雁同电力公司移交矿务局机电公司管辖），安装 2 万千伏安变压器 2 台，电压等级 35 千伏/6 千伏，电源由四老沟变电站、平旺电厂、煤峪口变电站经四岩线、平岩线、煤岩线供给，主供永定庄、同家梁矿生产用电。1993 年 2 月 17 日，大同矿务局成立供电公司，供电管理步入正轨。1993 年 12 月 24 日，上碗沟 35 千伏变电站正式投运，主变容量 3150 千伏安，主供四台矿用电。至 1993 年底，大同矿务局拥有 21 个 35 千伏变电站，2 个 110 千伏变电站；有 38 条 35 千伏输电线路，5 条 110 千伏输电线路。

表 10-6　1993 年大同矿务局输电线路情况表

线路名称	起点	终点	长度（千米）	电压等级（千伏）	导线规格型号	投运时间
王煤线	王家园	煤峪口	8.11	35	LGT-150	1946
平岩线	平旺	岩岭	12.62	35	LGJ-150	1946

续表

线路名称	起点	终点	长度(千米)	电压等级(千伏)	导线规格型号	投运时间
煤岩线	煤峪口	岩岭	5.30	35	LGJ - 150	1946
平晋线	平旺	晋华宫	8.43	35	LGJ - 120	1959
岩机线	岩岭	机厂	3.60	35	LGJ - 150	1965
机水线	机厂	水泥厂	2.82	35	LGJ - 150	1965
四挖线	四老沟	挖金湾	10.14	35	LGJ - 150	1966
四王线	四老沟	王村	16.14	35	LGJ - 150	1966
挖王线	挖金湾	王村	6.00	35	LGJ - 150	1966
晋姜线	晋华宫	姜家湾	5.96	35	LGJ - 150	1968
辛姜线	辛村	姜家湾	9.00	35	LGJ - 150	1976
万四 1 号线	西万庄	四老沟	11.09	110	LGJ - 240	1978.12
万四 2 号线	西万庄	四老沟	11.09	110	LGJ - 240	1978.12
四南线	四老沟	南羊路	5.11	35	LGJ - 185	1980.5
四碾线	四老沟	碾子沟	5.70	35	LGJ - 185	1980.6
南碾线	南羊路	碾子沟	5.34	35	LGJ - 185	1980.6
碾马线	碾子沟	马脊梁	0.00	35	LGJ - 185	1981
四辛线	四老沟	辛村	6.14	35	LGJ - 185	1982
四燕线	四老沟	燕子山	17.60	110	LGJ - 240	1987.8
云姜线	云冈	姜家湾	4.26	35	LGJ - 240	1987.1
云晋线	云冈	晋华宫	6.00	35	LGJ - 240	1988.3
燕马线	燕子山	马脊梁	4.87	35	LGJ - 150	1988.6
燕纸线	燕子山	纸坊头	6.85	35	LGJ - 120	1988.11
燕台 2 号线	燕子山	四台沟	7.72	35	LGJ - 240	1990.7
高燕 2 号线	高山	燕子山	4.26	110	LGJ - 240	1990.8
四岩线	四老沟	岩岭	7.32	35	LGJ - 185	1990.8
燕台 1 号线	燕子山	四台沟	7.39	35	LGJ - 240	1990.8
高燕 1 号线	高山	燕子山	4.26	110	LGJ - 240	1990.9
云榆线	云冈	榆涧	4.45	35	LGJ - 240	1990.9

续表

线路名称	起点	终点	长度（千米）	电压等级（千伏）	导线规格型号	投运时间
榆郭线	榆涧	郭家坡	4.51	35	LGJ－120	1990.9
台前线	四台沟	前窑	3.14	35	LGJ－150	1991
台所线	四台沟	后所沟	4.49	35	LGJ－150	1991
前所线	前窑	后所沟	1.34	35	LGJ－150	1991
机局1号线	机厂	矿务局	4.62	35	LGJ－185	1992.1
机局2号线	机厂	矿务局	4.62	35	LGJ－185	1992.1
晋榆线	晋华宫	榆涧	8.50	35	LGJ－185	1992.1
纸苦线	纸坊头	苦水湾	1.94	35	LGJ－120	1992.2
燕苦线	燕子山	苦水湾	1.30	35	LGJ－150	1992.3
万机线	西万庄	机厂	4.64	35	LGJ－150	1992.12
煤州线	煤峪口	忻州窑	2.26	35	LGJ－185	1992.12
四州线	四老沟	忻州窑	12.21	35	LGJ－185	1992.12
姜郭线	姜家湾	郭家坡	4.41	35	LGJ－150	1992
台上线	四台	上碗沟	6.84	35	LGJ－185	1993.12

②井下供电。到20世纪80年代末，800千伏安和1000千伏安投入使用，BGP－6型高压隔爆真空开关、DQZBH－300/1140型低压真空磁力启动器、仿英国FTM11A－300型真空磁力启动器、UGSP6000伏3×35平方双屏蔽橡套电缆、QC83－120及QC83－225磁力启动器、改装真空磁力启动器。全面推广使用电动机综合保护装置、煤电钻综合保护装置，推广应用了照明综合保护装置、皮带综合保护装置、高压选择性漏电接地保护装置。高沼气矿井工掘供电采用了“三专（专用变压器、专用开关、专用电缆）两闭锁（风电、瓦斯闭锁）”供电系统，低沼气矿井工掘低压供电施行了采掘分开的供电系统。低压橡套电缆全部更换为不延燃橡套电缆，全局各矿、处均健全了防爆检查组、电气管理组、电缆管理组、五小电气组。

到1993年，井下供电电压高压6000伏，低压127伏、660伏、1140伏。变电硐室184个。运行的主要电气设备有：高压隔爆开关1250台，其中 BGP-6 型高压隔爆真空开关 150 台，引进国外高压隔爆开关 73 台；高压干式变压器及移动变电站 352 台；KSJ 油浸变压器 550 台；低压隔爆开关 5988 台，其中，真空开关 1520 台，引进国外低压隔爆开关 330 台；煤电钻综合保护装置 400 台；照明综合保护装置 530 台；风电瓦斯闭锁装置 293 台。全局井下运行电缆共 1788 公里，其中低压电缆 740 公里，通讯及信号电缆 450 公里，照明电缆 130 公里。

（2）机修技术

“七五”计划时期，机修装备与队伍进一步扩大。1986 年，机厂扩建了液压车间两个厂房。到 1990 年，全局各矿共有 14 个机分厂、12 个液压车间，共有 2610 名维修人员，438 台机修设备，其中，348 台金属切削机床、89 台锻压设备、1 台铸造设备。维修矿井主要生产设备近 6 万台。

1992 年 1 月，大同矿务局有偿兼并了大同市机床厂，定名为大同矿务局第二机厂，主要修造矿用综采液压支架、单体液压支架、切顶墩柱及各类千斤顶等，成为大同矿务局液压支架专业修造厂。到 1993 年，大同矿务局最大的设备修制中心中央机厂除设备制造、配件制造外，主要承担全局各矿大中型设备维修。设有支架大修、液压配件、铸钢、铸铁、机加工一、机加工二、矿修、铆焊一、铆焊二、锻压、链条、热处理、下料 13 个生产车间，维修、动力、工具 3 个辅助车间和 1 个电修分厂。主要修制设备有金属切削机床 736 台，其中，大型机床 58 台、高精度机床 13 台；锻压设备 75 台，其中，大型锻压设备 33 台；木工、铸造设备 63 台；起重装卸运输设备 162 台；冶炼设备 12 台，热处理设备 33 台；电气设备 688 台。主导修理产品有国产、引进的各种型号采掘机组，各种型号的液压支架和装煤机、装岩机、电机车以及与之配套的各种高低压电机、变压器、开关等。第二机厂设有铆焊、机加工、动力维修和 3 个液压车间、1 个阀工段。主要生产设备 124 台，其中，金属切削设备 46 台、铆焊锻压设备 12 台、动力设备 19 台、起重运输设备 24 台、生产专用设备 12 台、其他设备 11 台，修配制造总量 5000 多吨。全局 15 个生产矿均建有机分厂、液压车间，各矿机修建筑面积 6.5 万平方米，其中机分厂建筑面积 3.6 万平方米，液压车间建筑面积 2.9 万平方米。机加工设备 485 台，其中金属切削机床 384 台、锻压设备 96 台、铸造设备 3 台、热处理设备 2 台。机修人员共 70 人，实现了技术专业分工。1993 年，维修设备 5.6 万台，其中，综采设备 1.05 万台，所承担配件加工除普炮采、普掘日常维修所需部件，同时增加综采综掘设备所需的液压件、管接头、推移千斤顶、皮带托滚、纵梁、滚筒轴架等，自制量均占各矿配件消耗量的 10%—15%。

表 10－7　1993 年大同矿务局各矿机修设备表

序号	设备名称	合计	煤峪口	永定庄	同家梁	四老沟	忻州窑	白洞	雁崖	挖金湾	晋华宫	马脊梁	大斗沟	王村	云冈	燕子山	四台
	各矿机修设备	510	30	60	34	35	23	27	20	22	35	21	32	37	44	42	42
一	金属切削机床	384	24	48	31	27	18	19	16	15	27	17	25	29	32	30	26
1	车床	186	13	27	14	15	9	9	8	7	11	6	14	13	18	12	10
2	钻床	73	4	6	5	5	3	6	4	3	6	5	5	3	6	6	6
3	刨床	49	3	6	5	3	3	1	1	1	4	2	3	6	4	3	4
4	螺纹加工机床	3									2					1	
5	高压软管组合机床	3		1											1	1	
6	磨床	17	1	2	3		1			1	1	1		2		3	2
7	镗床	4			1									1		1	1
8	铣床	38	2	4	3	4	2	3	2	2	2	2	3	3	2	2	2
9	插床	11	1	2					1	1	1	1		1	1	1	1
二	锻压设备	96	4	10	1	7	3	5	8	5	6	2	5	7	9	11	13
1	空气锤	46	3	5	1	4	1	1	4	3	3	1	4	3	6	3	4
2	压力机	19		4			1	1	2	1	1			2	1	3	3
3	剪切机	24	1	1		2	1	1	2	1	2	1	1	2	2	3	4
4	其他	7				1		2								2	2
三	铸造设备	3						1		1		1					
四	热处理设备	2															2
五	试验设备	25	2	2	2	1	2	2	2	1	2	1	2	1	3	1	1

（3）通讯技术

“七五”计划期间，大同矿务局进一步改善通讯状况，加强通讯管理。1986 年 6 月，在矿务局机电处成立通讯管理专门机构——通讯科。建设了局经 1420 高地至晋华宫、云冈、四台、燕子山、马脊梁等 7 个微波站，采用 2GC、480 路全数字传输系统，并设置了双向彩电传输、四路伴音功能，这是全国煤炭系统的第一条全数字微波电路，且有人工接口，纵横—纵横接口及程控接口，在局至云冈沟各矿装设了 60 个电路，解决了云冈沟通话难和不能收看局电视节目的问题。由此，通讯技术跨入了数字传输阶段。1990 年，对交换机汇接功能技术改造，将人工供电交换机更换为 HJ－921 纵横制自动交换机，使王村、煤峪口、永定庄、白洞、燕子山、四台、晋华宫、忻州窑等矿的交换机与局汇接组成自动交换网，等位拨号。“七五”计划期间，根据中煤总公司的安排，将沿用多年井下隔爆电话全部更换为本质安全型，提高了井下通讯系统的防爆水平。井下电机车通讯用载波电话，工作面用扩音电话，井筒及局部范围用感应电话和电子电话。忻州窑矿井下试用了 KT6 型矿井无线电漏泄通讯系统。到 1990 年，全局有多种电话交换机 34 套，其中纵横制 10 套，其余多为供电式，总装机容量 1.62 万门，其中，纵横制交换机容量 7800 门。有 8 处无线电通讯网，71 部无线电台，另有 5 套多种专业调度系统通讯（总调度室、电力调度、通风调度、安全调度、运销调度）。全矿区电话普及率为每百人 4 部。全局有通讯实线干线近 200 公里，480 路微波干线 35 公里，初步形成了口泉沟全部为实线（架空明线、架空电缆和直埋电缆），云冈沟以微波干线为主、实线为辅，平旺地区以地下管道为主的通讯干线网。对外通讯，局交换总机至大同市电讯局有出入中继线各 30 回，长途电话线 4 回，局内主要处室有大同市电讯局电话单机 25 部（其中全国直拨电话 7 部），局交换总机至山西煤管局和中国统配煤矿总公司交换机之间有直达电话线路 1 回。通讯网基本形成格局。

1991 年，大同矿务局委托西安煤矿设计研究院，对矿区专用信息网进行改扩建工程。1992 年 5 月，大同矿务局 800MHZ 集群移动无线通信网一期工程安装完毕，该系统引进美国 UNIDEN 公司 800MHZ 集群移动通信新技术设备。1992 年 12 月和 1993 年 5 月，组织有关处室对西安煤矿设计研究院的初步设计进行审查，确定了通讯改扩建方案，选定了世界先进的程控数字交换机——5ESS－2000 型程控数字交换机和口泉沟光纤传输系统及对市的传输和交换装备。到 1993 年底，所有交换、传输及辅助设备全部订货。1993 年 2 月，大同矿务局成立通讯公司，管理全局通讯工作。到 1993 年，全局有纵横制交换机 1.5 万门，分设于 12 个电话站。交换设备多为 HJ921 系列。局调度总机由两台 30 门程控调度交换机合并而成，对下属各矿均设有调度专线，专线除云冈沟内各矿外，均系音频电缆线路。开通了电力调度、安监调度和基建调度无线电通讯，使专业调度系统的联络得到完善。白洞、马脊梁和四台矿配备了较为先进的 KT4 型矿用调度交换机，除同家梁矿为磁石和供电交换机外，其余各矿均为供电交换机。

表 10－8　1992 年大同矿务局调度通讯容量表

单位	调度总机型式	井下用户数
煤峪口矿	供电 300 门	50
永定庄矿	供电 60 门	50
同家梁矿	磁＋供 50＋20 门	40
四老沟矿	供电 500 门	40—60
忻州窑矿	供电 100＋100 门	25—35
白洞矿	KT4－120 门	80—90
雁崖矿	供电 500 门	40
挖金湾矿	供电 30 ＋ 30 门	80
晋华宫矿	供电 400 门	100
马脊梁矿	KT4－100 门	50
大斗沟矿	供电 100 门	40
王村矿	供电 500 门	40
云冈矿	供电 500 门	90
四台矿	KT4－200 门	
燕子山矿	供电	50
矿务局	供电 30＋30 门	

表 10-9 1992 年大同矿务局通讯网容量表

电话站名称	电话站容量	设备型式	实装用户数量	设备生产厂家	入网方式	局间中继容量
煤峪口矿	1000 门	HJ921	700	上海 520 厂	中继	15/15
永定庄矿	1000 门	HJ921	600	上海器材一厂	中继	5/5 15/15
同家梁矿	1000 门	HJ921	760	上海设备五厂	中继	15/15
四老沟矿	500 门	供电	1000			
忻州窑矿	1000 门	HJ921	800	洛阳 537 厂	中继	15/15
白洞矿	1000 门	HJ921	500+200	上海 520 厂	中继	15/15
雁崖矿	1000 门	HJ921	800	上海 520 厂	用户	8 对、专线 13 对
挖金湾矿	500 门	供电	500			
晋华宫矿	1000 门	HJ921	800	洛阳 537 厂	中继	15/15
马脊梁矿	1000 门	HJ921	671	洛阳 537 厂	中继	15/15
大斗沟矿	600 门	HJ906	480			
王村矿	1000 门	HJ921	700	洛阳 537 厂	用户	
云冈矿	500 门	供电	900			
四台矿	1000 门	HJ921	300	洛阳 537 厂	中继	15/15
燕子山矿	1000 门	JZH-1	700	北京 738 厂	中继	15/15
矿务局	4000 门	HJ921		洛阳 537 厂		

二、灾害防治技术

1. 瓦斯防治技术

“七五”计划期间，先后有 5 个矿装备使用了安全环境监测系统，包括 KJ-1 型系统 1 套，A-1 型系统 2 套，WDT-1 型系统 1 套，KJ-4 型系统 1 套。监测容量总计为 399 个测点，具备远程监测沼气、一氧化碳、风速、温度、风压和局扇停开信息 6 种功能。在高瓦斯矿井和低瓦斯矿井瓦斯涌出量大和变化异常的掘进工作面，采用了掘进安全技术系列化装备，局扇实行“三专”“两闭锁”。在低瓦斯矿井实行采掘供电分开。各矿在瓦斯变化大的采掘工作面，装备了瓦斯断电仪或自动监测报警仪共 121 台。全局各矿共装备光学瓦斯检定器 500 台，配备使用便携式数字显示报警仪 2455 台，智能瓦斯检测仪 31 台，安全式报警矿灯 1000 盏。实现了对瓦斯的遥测控制管理。

1991 年，在高沼气矿的采掘工作面配备了专人专面跟班瓦检员。采掘工作面划分出检查点数，制定专门的井下记录牌板，实行定点定时检查。在局扇供电上，低沼气矿井全部实现了采掘分开供电和风电闭锁，高沼气矿的煤及半煤岩掘进工作面基本实现了“三专”“两闭锁”。在全局 44 个掘进工作面配备了掘进安全系列化装备。瓦斯检查除瓦斯员用理研 18 型瓦斯检定器，还规定了矿、区、队长及工程技术人员下井必须携带瓦斯报警仪，工作面班组长、打眼工、电钳工均要带便携仪或瓦斯报警矿灯。到 1993 年，全局 12 个矿装备了 8 种型号的安全环境监测系统。瓦斯检查员由 1981 年的 814 人增加到 1022 人。全局高瓦斯矿的 52 个掘进面全部使用“三专”，有 38 个使用了“两闭锁”；低瓦斯矿井高瓦斯区有 7 个掘进面实行了“三专”“一闭锁”。在马脊梁、煤峪口、四台矿等 5 个长距离掘进面投入使用了 35 千瓦大功率局部扇风机。两个基建工程处在高瓦斯矿井施工的掘进工作面全部实现了专人专面检查制，部分局部扇风机实行了“三专”“两闭锁”。

2. 粉尘防治技术

“七五”计划时期，矿井防尘工作有突破性进展。1987 年，煤峪口、永定庄、同家梁等 8 个矿相邻采区之间和部分掘进、回采面上下顺槽安设被动式水槽棚，防止煤尘爆炸传播。1988 年，全局按要求在矿井两翼、相邻采区之间、集中运输回风巷、采掘巷道安设被动式隔爆水槽棚 697 处。有 6 个矿矿井综合防尘设施达标，全局 96 个工作面粉尘达标，防尘人员达 858 名。这一期间，推广使用了 SR-1 固体湿润剂，降尘率可达到 78%—81.2%，降低呼吸性粉尘 17.9%。制定了一系列综合防尘措施，明确各类人员的责任，开展防尘达标竞赛，每年拨出 3 万—4 万元专款用于防尘奖励。在各生产矿井中全部建立并使用静压洒水系统，共 44 座建静压洒水池，容量 1.8 万立方米，铺设洒水管路 724 公里，达到头头面面都有洒水防尘管路。在生产过程中推行了煤体注水，试验完成了静压长钻孔、小流量、长时间煤体注水新工艺，使综采、普炮采粉尘浓度由注水前的每立方米 2420 毫克与 1750 毫克下降到注水后的每立方米 49—80 毫克与 20—200 毫克。有 5 个矿实现了注水封孔自动化，875 处转载点全部安装了喷雾洒水装置，其中 210 处为光控、声控自动洒水。有 78 个队实现了放炮自动喷雾，采掘工作面做到了放炮前后洒水和装煤（岩）洒水。主要进回风道、运输机道实现了洒水喷雾，其中光控、声控、能控等自动化装置达 65%。在 10 个矿 30 个工作面安装了架间喷雾，占综采面的 75%。在 31 个综掘头中，安装了 28 台除尘风机，3 台水射流除尘风机。安装 975 处净化水幕，在主要进风巷、入风斜井、石门实现了自动控制，除尘率达 70%—80%。在相邻采区、相邻工作面、相邻煤层之间安设 758 处隔爆水槽棚。1990 年，全局 2823 个测尘点，有 2317 个合格，合格率为 82%，各矿平均粉尘浓度由 1981 年的每立方米 198.2 毫克下降到 29.5 毫克，比 1981 年下降了 88.3%。全局连续 13 年未发生过煤尘爆炸事故。

1991 年 1 月，中煤总公司综合防尘达标检查验收团对大同矿务局综合防尘标准化工作进行检查验收，全局总均分为 89.66，单项最低分 85.8，被命名为综合防尘达标局。1992 年，大同矿务局重点抓了“水射流除尘风机”“放炮喷雾器”“红外线自动洒水水幕”等 22 项安措装备工程，进一步强化了综合防尘，并投资 30 万元对晋华宫矿洒水工程进行改建。各矿矿井粉尘管理均达到标准。1993 年，完善综合防尘手段和措施，建立和使用 15 套静压洒水系统，39 座静压水池，贮水量 1.19 万立方米，铺设洒水管路主管 369 千米，干管 392 千米。对 40 个综采工作面进行了煤体注水，综采综掘工作面普遍使用了湿润剂和大流量喷咀等。全局采掘工作面平均粉尘浓度降到每立方米 40 毫克，45%以上的回采工作面和 65%以上的掘进工作面达到国家粉尘标准要求，各矿井平均粉尘浓度下降到每立方米 20 毫克以下。同家梁、燕子山等矿推广应用了泡沫凿岩降尘、自移式液压支架架间自动喷雾装置，使岩巷掘进凿岩和综采移架产生的粉尘得到有效控制。

3. 火灾防治技术

“七五”计划时期，推广应用均压防灭火技术，由一个工作面或一个盘区局部的升压平衡方式到广泛应用气室均压形式，形成 4 种均压形式：单侧均压、双侧均压、卸压均压、综合式（有升有卸）均压。安全地从火区下采煤 2200 万吨。先后在煤峪口、永定庄、云冈、同家梁、忻州窑、白洞、晋华宫等矿建造了 13 个均压系统。有效地防止煤层自燃发火，为安全开采火区下呆滞煤创造了条件。1989 年 1 月，采用 DQ-1000 惰气发生装置进行惰气灭火，仅用 38 天扑灭了大斗沟矿 2 号层 410 盘区 3920 万立方米的电气引燃皮带火灾，恢复生产。同时，引进西德降温设备 LKM2-235 型空气制冷机，使四老沟珍珠沟 110 万平方米的古窑火区得到有效控制。在同家梁、四老沟矿安装使用了束管监测系统。1989—1990 年，成功研制 AFM-6 型皮带自动防灭火装置，具有监测、报警、断电、灭火和备用电源 5 种功能。采用泡沫灭火，适合井下皮带灭火要求，灭火快、覆盖范围大，达到国内先进水平。同时采用阻燃皮带，更换 9.2 万米，占应更换的 30%，有效地解决了外因火灾。在井下推广了国产定型不延燃高、低压动力电缆及通讯、照明和煤钻电缆，更换率为 70%，基本上消除了电缆着火事故。广泛采用矿用石膏、氯化镁、阻化剂、干粉灭火剂等防火新材料，研制成功了高效泡沫药剂。

1991 年，利用燃油惰气熄灭云冈矿 303 盘区 32 万平方米的自燃火区。1991 年，全局有 29 处火区，火区面积达 1262.94 万平方米，火区下呆滞煤量达 6500 万吨。1992 年，局矿井自燃发火率实现了百万吨为零的目标。在火区下采出煤炭 33 万吨，注销了白洞矿 11 号层 301 火区 1 处，其余 24 处旧火区均得到控制，趋于熄灭状态。对王村矿均压系统进行了合理修改，缩小了使用管径，改变了原管路起始位置，节约资金 40 万元；完成云冈矿南八均压系统补套工程。对大斗沟 2 号层 414 采空区自燃征兆，实施采用了“堵、升、泄”综合治火方案，保证了该矿 2 号层 414、410 盘区和 3 号层 414、410 盘区安全生产。在晋华宫矿 303 盘区有效实施了阻化剂防火。1993 年，新建均压灭火系统 3 套，续建均压系统 2 套，完成气室密闭工程量 7623 立方米，完成直径 400 毫米的调压管路 1360 米，灌浆系统 1 套，灌浆量 4300 立方米。全局井下 24 处火区得到彻底控制，注销

1 处火区，未发生新火区。 全局火区下 17 个回采工作面安全采出煤量 143 万吨。

4. 水害防治技术

“七五”计划和“八五”计划初期，为防治雨季地面水威胁矿井，加固加高和新建口泉河、十里河部分河坝，清理河道垃圾、淤泥。 为排除上部浅层积水区隐患，从地面施工钻孔，将积水通过钻孔放入井下水仓。 1987 年，忻州窑矿为排除 3 号层北大巷积水对 11 号层开采的影响，从地面施工钻孔。 1991 年，永定庄矿为排除大斗沟矿 3 号层 406 采空区积水对本矿 11 号层 410 盘区开采的影响，从地面施工一个 357 米钻孔，将 3 号层积水顺钻孔排入井下水仓。 1993 年 2 月，由于小煤窑乱采滥掘，雁崖矿发生特大透水事故，透水量约 24 万立方米，24 人险遭不测，水淹机电设备 282 台，造成全矿停产半月。

5. 顶板灾害防治技术

“七五”计划时期，全局顶板管理有新的发展，顶板灾害防治手段进一步提高。 1989 年，全局 8 个高档工作面上了切顶墩柱和铰接顶梁，44 个回采工作面上了“四对八梁”，205 个掘进头使用了前探支护。

“八五”计划初期，全局进一步改善矿井基础设施，增加顶板管理装备和投入，开展顶板质量标准化达标竞赛。 全局的综采、高档普采工作面都进行了矿压观测。 其中，煤峪口、永定庄、同家梁、忻州窑、晋华宫、马脊梁、王村、云冈、燕子山等矿均在综采工作面推广了“支护质量与顶板动态”监控技术，解决了强支架弱支护问题。 永定庄、同家梁、王村等矿利用原有的软件系统推广“高档支护质量与顶板动态”监控技术。 研究开发了高档设计咨询系统和人工神经元 2 套软件，使采煤工作面来压或周期来压提前进行预报，预报率达到 95%，准确率达到 80%以上。 1993 年，大同矿务局与煤科院北京开采所联合开发了“回采巷道围岩稳定性分类及支护规范系列化”软件，制定了每一类围岩类别的支护规格和措施。 自行研究设计了回采工作面端头支架、掘进前探支架。 各矿开始编印矿压动态简报，为加强顶板管理提供依据。

表 10－10 1950—1993 年大同矿务局煤炭生产百万吨死亡率

年度	死亡率	年度	死亡率	年度	死亡率	年度	死亡率
1950	25.83	1961	13.80	1972	6.03	1983	3.342
1951	8.10	1962	9.16	1973	7.00	1984	2.59
1952	4.15	1963	4.13	1974	5.31	1985	2.933
1953	5.75	1964	4.88	1975	5.43	1986	2.263
1954	5.77	1965	3.71	1976	5.83	1987	1.450
1955	8.20	1956	4.61	1977	5.22	1988	1.418
1956	7.79	1967	7.97	1978	6.08	1989	0.572
1957	8.08	1968	8.12	1979	4.82	1990	0.571
1958	8.74	1969	6.23	1980	3.058	1991	0.606
1959	7.85	1970	7.10	1981	3.011	1992	0.488
1960	9.29	1971	6.94	1982	3.014	1993	1.480

第三节 规范化、责任化的安全管理及经营管理

随着煤炭生产规模的持续扩大，安全生产管理显示出越来越大重要性。安全制度的规范化及安全管理的责任制是此时期安全管理建设的重点。经营管理则建立并实行绩效管理制度。

一、同期安全管理

1. 安全管理机构

1991 年 10 月，大同矿务局在各矿和两个工程处安监站增设主任工程师和“一通三防”（通风、防尘、防火、防瓦斯）安全监察组。建立以主任工程师为首的安全技术监察责任制，主任工程师兼任技术副站长，领导技术组和“一通三防”监察组。“一通三防”监察组设组长（副科长）1 名，由从事过通风工作的干部、技术员或采煤工程师担任，配备组员 4—6 人。

1991年，全局有矿、区级群众监督委员会297个，安全网员5790人。全局共有区级（直属队）井口接待站315个。1992年底，大同矿务局按照能源部指示精神建立了安全纪律检查组，负责检查各单位开展安全季活动、干部上岗、劳动纪律、各项安全规章制度执行和监督各级安全生产责任制落实情况，安全纪律检查组组长由局长担任。1993年9月，安全监察局重新调整了机构，下设3处2室1部，即生产监察处、小煤矿监察处、综合监察处（技术处与基建监察处合并）、安全调度室、办公室和《同煤安全》编辑部。

2. 规章制度

1986年10月，大同矿务局作出《关于制止“三违”的暂行规定》，共14章。其内容包括：总则，一般规定，采煤掘进，通风和瓦斯，打眼和放炮，防尘，防灭火和防水患，井巷维修与防坠，基建凿井，土建运输机电，附则，在全局生产、基建系统范围开展了反“三违”活动。制止违章指挥、违章作业、违反劳动纪律。同年10月13日，又作出《关于开展制止“三违”的几项规定》，对各级领导干部和有关业务处室都作出了反“三违”具体要求。1988年，对制止“三违”暂行规定又进行补充，进一步明确了反“三违”的范围要求。

1986年，为了贯彻执行《煤矿安全规程》，矿务局组织安监、生产、机电、通风、地质、救护等处室编制了《煤矿安全规程》的实施细则（草稿）。“七五”计划时期，大同矿务局安全规章制度贯穿于生产、行政管理之间。1987年，全局推行了安全目标管理，将百万吨死亡率纵向分解到矿处、横向落实到业务处室。各矿处又层层分解、纵横落实。在采、掘、运全过程中强化安全管理，防、治、管、监多管齐下，实行全过程安全管理。局矿建立了以人为基础的工作标准，以物为基础的技术标准，以事为基础的管理标准以及相应的检查考核办法，采、掘、机、运、通实现标准化管理。用经济责任制保证安全管理目标的落实，实行集体安全目标承包和矿井全员风险抵押承包，矿处对局承包死亡率控制指标，区队对矿承包内容是无死亡、无重伤、轻伤控制指标和工程质量合格，各区队普遍从工资中划出20%作为安全质量工资，按月考核，奖惩兑现。在全过程加强事故预防中，局矿制定了防止瓦斯、煤尘、顶板、火灾、运输、机电等事故的一系列安全措施规定，完善了安全法规体系。

1991 年，忻州窑矿制定《常见“三违”处罚细则》，同家梁矿制定《“四个控制”实施细则》。各基层单位根据各自的实际情况，相继制定了一些安全措施和规定。1992 年 3 月 31 日，矿务局根据能源部《关于落实责任制防止重大瓦斯煤尘事故的决定》，制定下发《关于落实“一通三防”责任制，防止重大瓦斯煤尘事故的实施细则》，规定了局、矿厂处级和各业务部门“一通三防”工作责任，规定了采、掘、机、运、通区（队）和作业场所的通风质量标准。

3. 安全检查

“七五”计划期间，大同矿务局开展多种形式安全检查，并曝光有事故隐患的单位。1987 年，经检查摸底对 38 个隐患多、质量低、“三违”严重、安全不放心区队出示黄牌警告，通报全局限期整改。1988 年，对采煤工作面四对八梁支护、掘进前探支护、漏煤眼三项保护、斜井一坡三挡 4 个专业的设施及使用情况进行检查，促进了安全设施的改善与使用。局矿安监系统执行了“回采盯面、工掘分片、机运通管线”的专业检查制度。采取了“专业对口、专项定量、分项包片、协同作战”的方式开展监管。1989 年，在检查方法上逐步形成 4 种形式的安全检查。一是覆盖率检查，局按季、矿按月、区按旬进行全面安全检查。二是专业检查，按业务保安组织生产、基建、调度、机电、通风、救护、培训、企管、安监等部门每季进行一次专业系统安全检查。三是专项检查，根据事故发生环节、多发地点和存在隐患，由安监部门组织采取盯住解决的方法进行专项监督检查。四是定量检查，跟班安监人员按程序、项目、质量标准要求班班检查评分，月末总分定出级别，作为发放安全质量工资的依据。此外，全局 4000 多名群众安全网员，在各级工会领导下，开展了群众性安全监督检查活动。

“八五”计划初期，安全检查向规范化和科学化发展。1991 年，同家梁、忻州窑、云冈、白洞矿在生产定量检查的基础上，运用安全评估方法对采、掘、开工作面实行科学管理。1992 年，大同矿务局出台《矿井安全评估实施方案（试行）》，全局采掘工作面实行安全定量检查。同时，开展了“一通三防、顶板、机电、运输”四个会战，集中力量消除了一大批瓦斯、煤尘、火灾等重大隐患，加强了顶板、运输、机电等薄弱环节的治理。整顿了入井管理，各矿处由安监站牵头，公安科配合，在有人员出入的井口均配备入井检查组，建立健全了入井检身制度，无证人员不得入井、酒后不得入井、不带自救器者不得入井。对大井内其他作业队组进行安全资格审查整顿；加强安全质量、标准化的动态监督检查。1993 年 4 月，大同矿务局对 15 个生产矿进行了动态安全大检查，对查出的问题，除现场处理外，均进行了“三定”（定人员、定时间、定措施）处理。

4. 安全培训

1986 年，矿务局建成安全技术培训中心，占地 16.2 万平方米，建筑面积 5.4 万平方米。主要建筑有教学楼、实验楼、图书楼、办公楼、学生公寓和食堂，是一所设施齐全的正规安全技术培训学校，对职工进行短期脱产培训。同年 6 月，培训处、安监局技术处和安全培训中心联合编制了《安全教育初级教学大纲》，使安全培训规范化。1986 年 10 月，大同矿务局规定从事井下生产建设的职工和机关从事业务保安工作人员，必须进行强制性的安全技术培训，经考试合格发给安全资格证才准上岗。1987 年，全局各矿、厂、工程处培训科设置职工培训学校，分管安全培训工作，实行合署办公。1989 年，经局职工代表会审议通过，大同矿务局作出“凡通知参加安全技术培训，而本人不参加者，是工人的降一级工资，是干部的撤职当工人；学习成绩不合格者扣发当月奖金；单位领导不安排学习，按‘三违’处理”的强制性培训规定。1990 年，经局职代会审议通过，又补充了两项规定：一是安全技术培训与单位的安全奖挂钩，二是安全技术培训与单位主要领导的安全奖挂钩。1990 年，大同矿务局创办《同煤安全》杂志，同时还举办安全展览，组织安全文艺汇演、安全征文等，通过多种形式进行安全宣传教育。“七五”计划时期，矿务局自编安全培训教材，执行了编制培训计划，脱产安全培训如果达不到计划要求人数，单位领导和应培训人员都受到经济处罚。在校培训者纳入学籍管理，学习成绩与工资挂钩，成绩不及格者不发奖金。新工人采用连续培训法，入矿前先脱产培训两个月，入井半年内以老带新训练，一年后再进行脱产培训。新入矿的大中专学生同样进行安全培训。

1991 年，大同矿务局制定了《关于职工参加安全技术培训学习期间奖励规定》，使安全技术强化培训考核制度得到进一步发展。1986—1991 年，共有 19.51 万人次参加了安全技术培训，其中区队干部（包括部分矿的副矿长、总工程师等）2529 人次，生产一线班组长 8165 人次，主要安全工种 3.37 万人次，主要技术工种 2.9 万人次。为增强决策层、领导层管理的安全意识，有效地协调组织安全生产，防止重大事故的发生，1992 年 10 月和 1993 年 8 月，矿务局先后举办了 8 期高层次安全培训研讨班。参加培训研讨的有各矿和工程处党委书记、矿长、副矿长等，内容主要是“八五”计划初期发生的重大典型事故分析，由有关处室的处长或主任工程师讲授，采用集中授课分组讨论进行。到 1993 年，全局各矿、处共建起安全教育室 28 处，12 万平方米。1993 年，全局共举办脱产和业余安全技术培训班 886 次，培训主要安全技术工种 8.5 万人次，培训班组长以上干部 1 万多名。

二、同期经营管理

1. 计划管理

（1）管理机构

1988 年，计划处增设基建科。1989 年，在职计划、统计人员 37 人取得中国统计干部电视函授大学毕业证书。1990 年，计划处增设规划科。

1991 年，计划部门在职职工有 50 人取得山西煤炭管理干部学院计划统计班专业证书，148 人取得统计员资格证书。1992 年，计划处增设综合科。同年，全局计划部门 38 人取得助理统计师资格证书。1993 年末，计划处下设生产科、基本建设科、工程科、统计科、规划科、综合科，二级单位均设有计划科。全局计划部门的 214 名职工中，大专学历以上的 102 名，中专学历 47 名，高中文化程度者 66 名；高级工程师 6 名，工程师 9 名，经济师 7 名，统计师 11 名，助理工程师 15 名，助理经济师 27 名，助理统计师 12 名。

（2）计划编制管理

从 1987 年起，区队计划的修改由矿负责，不需报局批准。在专用基金管理方面，将工程项目分为局管和矿管两部分，开拓延伸、技术改造、重大技术措施、重大安全措施和地质勘探等重大项目的专用资金计划由局批准，其他一般项目的专用资金由矿（厂）自行安排，计划报局备案。原煤计划产量改为指导性和指令性两部分，年度生产计划和长远规划的编制均开始注重经济效益。进入 20 世纪 90 年代，生产计划的编制注重了市场对煤炭产品的需求和煤炭外运条件。

1993 年，生产计划改称生产经营计划。生产经营计划和基本建设计划的编制程序为：二级单位于当年 7—8 月份呈报下年度生产经营、基本建设建议计划，矿务局会同各有关处室对二级单位的建议计划进行审查、调研，计划处根据计划限制条件（如要考虑市场对煤炭产品数量、质量的需求和煤炭的外运条件等），综合各矿的建议计划，编制出下年度的计划。专用基金计划中的维简基金计划编制程序为：各二级单位随时向计划处呈报项目建议书，计划处组织有关专家、处室对二级单位的建议项目进行调研，经审定后，计划处向局设计管理部门下达设计委托书。设计管理部门作出初步设计、提出概预算后，经局审查、批准，即成为设计储备项目。计划处根据资金情况，依据项目的轻重缓急、生产性还是非生产性的、经济效益等综合平衡后编制计划初稿，经局务会肯定，并经职工代表大会通过，下达实施。

（3）统计管理

1986 年，统计科组织编制了 1985 年度第二次全国工业普查表和山西省 1985 年度投入产出调查表，并荣获煤炭工业部和山西省全国第二次工业普查先进单位称号。同年，根据大同市档案局、统计局的统一部署，局统计科组织局、矿（厂）两级统计人员，将 1949—1980 年的统计年报分为工业年报、生产专业统计年报、综合资料统计年报、基本建设统计年报 4 类，装订成册，存档案处。

1986 年，统计科与局计算中心合作开发了综合、生产统计计算机管理子系统，于 1988 年 2 月在局、矿（厂）同时投入运行。1988 年编制了 1987 年末铁路专用线调查表和 1987 年度投入产出基层调查表。修改了综合、生产统计报表上报制度。1990 年，统计科与局计算中心合作，开发了基本建设、维简资金计划、统计微机管理子系统。

1991 年，组织开展了 1990 年下半年全国投入产出事前统筹调查表编制的试点工作和 1990 年度非生产性消费支出调查表的编制工作。从 1991 年起，工业总产值按 1990 年不变价格计算。1992 年，在局计算中心的配合下，在“王安”微机上开发了综合信息数据库，自动将有关部门的专业统计数据纳入数据库。1993 年，建立了燕子山矿洗煤厂统计制度、四台矿洗煤厂统计制度、住宅统计制度、劳动服务公司系统原煤产量以运计产统计制度，修订了综合、生产、基本建设统计制度，完成了 1992 年投入产出基层调查和第三产业普查。1993 年底，全局有专职统计人员 600 余名，其中计划处统计科 7 名。

2. 劳动工资管理

（1）管理机构

1986 年，机构改革，劳动工资处撤销劳动保险科和信访科，劳动保险业务并入工资科，信访业务并入劳动组织科。1989 年，工资科拆分为综合科、工资科。

1991 年，劳动工资处设立机关工资科，负责局机关职工工资、奖金审批和管理工作，综合科分为综合科和计统科。1992 年，设立社会劳动保险统筹科、班组建设科。1993 年末，劳动工资处下设工资科、计统科、劳动组织科、定额科、机关工资科、班组建设科、社会劳动保险统筹科、综合科和调配科。劳动服务总公司设有劳资处，局属矿（厂、处）二级单位均设劳动工资管理科室。

（2）劳动管理

①用工制度管理。1987 年，根据国务院和煤炭工业部的有关规定，制定了农民轮换工管理制度，加强了农民轮换工的管理。同年，全局有农民轮换工 1.54 万名，占全局职工总数的 11.88%，占普炮采工掘人数的 48.87%。1987 年，根据山西省《贯彻〈国营企业招用工人暂行规定〉的实施办法》，招收具有以下条件的职工子女：一、在 1986 年 10 月 1 日后因公死亡或因工致残丧失劳动能力的工人，招收其 1 名当年符合招工条件的子女；二、1957 年底参加工作家居农村的工人退休（退休后本人粮户同时迁回农村）或死亡后招收其 1 名当年符合招工条件的子女；三、本局有招工指标时，招收在井下工作 10 年（采掘工人 5 年）以上职工（不含从农村招用的粮户关系不转的合同工）1 名符合招工条件的子女。同年，下发

《大同矿务局临时工管理试行办法》，规定临时性、季节性工作岗位缺员，在定编定员控制指标内经批准可以使用临时工。1987年，下发《关于贯彻劳动合同制工人暂行管理办法的通知》，规定凡在国家劳动工资计划指标内招用常年性工作岗位上的工人，除国家另有特别规定外，均实行劳动合同制。1988年，招收2122名合同制工人。1990年，招收4182名合同制工人。1992年，招收2500名合同制工人。

1993年，从在矿工作5年以上的农民轮换工中选1000名转为合同制工人。同年，针对临时工数量逐年增加，使用范围有所扩大的情况，下发《关于下达临时劳务工人数、工资费用“双控”指标的通知》，控制临时工数量、使用范围、工资费用。1993年，大同矿务局的用工形式为固定工、农民轮换工、临时合同工、临时工、合同制工人和集体工。

②劳动组织管理。到1986年底，全局精减富余人员1.6万名，其中支援集体企业公司507名，支援生产劳动公司4848名，支援新井1627名，支援新建单位653名，退职离休2767名，脱产学习2678名，调出局689名，请长假70名，停薪留职37名，除名5人，清退计划外用工1545名。

1988年，根据煤炭工业部精神，下发《关于继续抓好整顿劳动组织完成精减提效任务的通知》《一九八八年精减、效率、工数奋斗目标》和《一九八八年劳务工人及费用控制指标》，继续整顿劳动组织。1990年，根据劳动人事部《关于继续做好劳动定员定额管理工作的通知》，重新制定了《大同矿务局定员标准手册》。1991年，整顿综采队劳动组织，把综采队定员人数减少到每队120人以下。同年，局直属厂（处）、医院、学校进行定员核定。1992年，经过整组提效，原煤生产人员效率达到每工2.458吨，企业全员效率达到每人258.62吨。1985—1992年，全局共精减富余人员2.11万名，发展第三产业安置富余人员1.25万名。1993年，根据煤炭工业部给大同矿务局下达的原煤人员效率、精减人员建议指标和《中国统配煤矿总公司关于深化改革减人提效的意见》，继续开展整组提效工作。

（3）工资管理

①工资管理。1986 年 11 月，运用 1985 年度 3%的晋级指标，为 1985 年度在生产、工作中做出较大贡献的 3743 名职工晋升一级工资。1988 年，中国统配煤矿总公司规定，职工新批奖励浮动工资，从批准之日算起，达到 3 年者可转为标准工资。大同矿务局将 1985 年按局《自费调资方案》晋升的一级浮动工资转为标准工资。同年 7 月 1 日起，根据原煤炭工业部和中国统配煤矿总公司文件精神，对大学、中专毕业生（含国家正式承认学历的“五大”毕业生）实行高定一级工资。1989 年，为 1988 年被中国统配煤矿总公司命名为现代化矿井的煤峪口、雁崖、王村矿职工晋升一级奖励浮动工资。从 1989 年 10 月 1 日起，矿务局根据国务院批转劳动部、国家计委、财政部《关于 1989 年国营企业工资工作和离退休人员待遇问题安排意见的通知》精神和中国统配煤矿总公司《关于贯彻国务院国发〔89〕83 号文件的实施办法的通知》精神，为 1989 年 9 月 30 日在册的所有制职工、合同制工人、农民轮换工（不包括计划外用工，下同）增加一级标准工资，并适当地提高大学、中专毕业生的工资待遇。

1990 年 1 月 1 日，根据中国统配煤矿总公司的规定，局为 1989 年度实现“两化”（现代化、标准化）做出贡献的职工奖励浮动工资。1988 年，经中国统配煤矿总公司命名为现代化矿井，1989 年，继续保持其称号，并达到国家二级企业标准的煤峪口、雁崖、王村 3 个矿，除将其职工 1989 年晋升的一级奖励浮动工资转为标准工资外，再奖励晋升一级浮动工资。此 3 个矿原未享受晋升一级奖励浮动工资的职工，这次奖励晋升一级半浮动工资。1989 年，被中国统配煤矿总公司命名为现代化标准矿井，并达到国家二级企业标准的同家梁、忻州窑、晋华宫、大斗沟、云冈 5 个矿，其职工晋升两级奖励浮动工资，其他矿及厂、处、医院、学校、局机关（含所属单位）职工晋升一级半奖励浮动工资。同年底，因大同矿务局保持了现代化、标准化矿务局称号，其中一级转为标准工资。1990 年 7 月 1 日，根据中国统配煤矿总公司批复，将职工已满 2 年的内部浮动工资转为标准工资。同年 11 月 1 日，将 1988 年、1989 年 2 年的 3%奖励晋级指标同时下达使用。1990 年，工业生产职工平均年工资 3722.63 元，基本建设职工平均年工资 3313.36 元。

1991 年 1 月 1 日，根据中国统配煤矿总公司《关于调整煤炭企业职工工资标准的通知》，矿务局调整了职工工资标准。根据中国统配煤矿总公司《关于大同矿务局给荣获“金马奖”中做出突出贡献的职工奖励晋升工资的批复》，将“金马奖”奖励晋级指标、普调工资剩余指标和 1990 年 3% 的晋级指标合并，为全局 1988 年 12 月 31 日在册、1989 年度在岗的职工晋升一级浮动工资。同年 7 月 1 日，为 1990 年被命名为现代化矿井的永定庄矿、四老沟矿职工，晋升半级奖励浮动工资，晋级面为 85%。1992 年 1 月 1 日，根据中煤总劳字〔91〕第 137 号文件精神，为 1990 年 12 月末在册、1991 年度在册在岗的职工晋升半级效益浮动工资，云冈矿职工为一级。1993 年 1 月 1 日，根据中国统配煤矿总公司〔93〕中煤总劳资字第 38 号文件批复，将 1991 年 1 月 1 日晋升的半级奖励浮动工资转为标准工资。同年 4 月 1 日，为达到质量标准化特级矿井的同家梁矿、马脊梁矿、燕子山矿职工晋升半级奖励浮动工资。1993 年，工业生产职工平均年工资 5166.57 元，基本建设职工平均年工资 4791.88 元。

②劳动定额管理。根据煤炭生产的发展，技术、工艺、设备的更新，1987 年 5 月，大同矿务局集中部分单位工资科科长和定额专业人员，修订了《大同矿务局劳动定额及内部工资分配管理办法》，规定具备计件工资条件的采、掘、开队组尽量推行无限计件工资制；完成国家计划任务支付基本工资，超产部分按计件单价支付超额工资，与国家计划每相差 1%，减发基本工资的 1%，但最多减发基本工资的 15%；在吨煤工资有节余，采、掘、开队组完成任务有困难时，可作为临时带施实行超产部分加价，但加价幅度不得超过原计件单价的 50%；辅助生产队组实行有限计件工资制，超额工资井下不得超过工作物等级的 40%，井上不得超过工作物等级的 35%。同时修改了工作物等级标准工资：综采直接工每工 4.5 元，普采、工掘直接工每工 4.4 元，井下辅助工每工 4.05 元，地面生产工人每工 3.6 元。同年，局、矿两级健全了定额管理机构。1989 年 5 月，执行局新编生产矿井统一劳动定额。为鼓励工人超额完成生产任务，在实行计件工资制的采、掘、开工作面直接生产岗位的固定工人、合同制工人、农民轮换工及生产班组长中试行岗位工资和岗位生产补贴。岗位工资标准的

设置依据采、掘、开工作面直接生产工种的技术性、劳动强度、安全风险、工作环境等因素，分回采、工掘两部分，各设 4 个类别，每个类别分 3 个等级。职工岗位工资每半年评定一次，队组职工依据个人的劳动态度、技术水平、工作表现、责任大小、出勤率等进行评定后，经区队审查，报矿长批准。岗位生产补贴为，当月完成国家计划产量（进尺），每工 1.4 元；完成国家计划产量的 105%，每工 1.6 元；完成国家计划产量的 110%，每工 1.8 元。实行岗位工资后，工作面队组当月完成国家计划产量，同时完成劳动定额，工程质量符合规定标准，按计件工作物等级工资加岗位生产补贴求得计件单价，与矿结算计件工资。计件工资先按职工岗位工资标准分配，剩余部分为超额工资，在队组中以评分方式分配。当月完不成国家计划产量（进尺）的队组不实行岗位工资，按实际等级标准工资求得计件单价，计算计件工资。同年，调整了计件工作物等级工资：综采每工 5.4 元，普炮采、工掘每工 5.3 元，井下辅助每工 4.6 元，地面生产每工 4.2 元。

表 10－11　1989 年大同矿务局采掘工种岗位工资标准表(单位：元)

类别		工种岗位	等级	月工资标准
回采	一类	生产班组长、机组司机、打眼、支回柱	特一	128
			特二	142
			特三	156
	二类	机组司机助手、打眼助手、装放炮、移溜、移架、支回柱助手、检修	八	114
			特一	128
			特二	142
	三类	装煤、超前维护、队内放顶	七	103
			八	114
			特一	128
	四类	开溜、液泵	六	90
			七	103
			八	114

续表

类别		工种岗位	等级	月工资标准
工掘	一类	生产班组长、装煤岩司机、打眼、砌碹、架棚	特一	128
			特二	142
			特三	156
	二类	装煤岩司机助手、打眼助手、装放炮、支柱(棚)助手、喷聚、打眼挂锚栓、检修	八	114
			特一	128
			特二	142
	三类	装车(溜)、推车、钉道、专职开绞车、蓄电车司机	七	103
			八	114
			特一	128
	四类	工作面开溜(泵)、磕头翻笼	六	90
			七	103
			八	114

1990 年 3 月，根据劳动部、国家体改委《关于加强劳动定额标准工作的意见》精神，局下发《关于加强劳动定额改进完善内部工资分配中的几项管理办法的通知》，把劳动定额作为企业标准化的一项内容。 同年，下发《大同矿务局劳动定额管理工作达标考评办法》，进行劳动定额、内部工资分配达标升级考核、验收。 由于职工标准工资的提高，从 1990 年 8 月 1 日起实行修改后的采掘工人岗位工资标准。 修改后的采掘工人岗位工资标准，每个类别的 3 个等级各提高 2 个工资等级。 同时，调整了计件工作物等级工资：综采每工 6.57 元；普炮采、工掘每工 6.5 元；井下辅助每工 5.8 元；地面生产每工 5.4 元。

1991 年,《大同矿务局劳动定额管理工作达标考评办法》修订为《大同矿务局劳动定额工作达标升级考评办法》，实行百分计分制，每年由局组织考评一次。 同年，由于职工标准工资的提高，调整了计件工作物等级工资：综采每工为 7.08 元；普炮采、工掘每工 7 元；井下辅助每工 6.3 元；地面生产每工 5.9 元。 根据中国统配煤矿总公司《关于进一步加强劳动定额定员工作的通知》精神，从 1992 年 7 月 1 日起，各矿、工程处、水泥厂、器材供应处对定额标准的缺漏项进行了技术测定，严格了计件工资管理，加强了定额统计分析工作，完善了在劳动定额及内部工资分配方面的考核与奖惩办法。同年，根据中煤总劳字〔1991〕第260号文件精神给井下农民轮换工补贴的规定，把给予井下农民轮换工的补贴纳入计件工作物等级工资。纳入井下农民轮换工补贴的计件工作物等级工资为：普炮采、工掘每工9.5元；高档、综掘每工8.8元；综采每工8.1元；井下辅助每工6.3元；地面生产每工5.9元。1993年9月1日，因采掘工人的平均标准工资接近计件工资，再次调整了计件工作物等级工资标准和采掘岗位工资标准。调整后的计件工作物等级工资标准由每工平均10.7元增加到12.76元。

表10－12　1993年大同矿务局调整后的采掘工种岗位工资标准表(单位：元)

类别		工种岗位	等级	月工资标准
回采	一类	生产班组长、机组司机、打眼、支柱	特四	176
			特五	190
			特六	204
	二类	机组司机助手、打眼助手、装放炮、移溜、移架、支回柱助手、检修	特三	162
			特四	176
			特五	190
	三类	装煤、超前维护、队内放顶	特二	148
			特三	162
			特四	176
	四类	开溜、液泵	特一	134
			特二	148
			特三	162
工掘	一类	生产班组长、装煤岩司机、打眼、砌碹、架棚	特四	176
			特五	190
			特六	204
	二类	装煤岩司机助手、打眼助手、装放炮、支柱(棚)助手、喷装、打眼挂锚栓、检修	特三	162
			特四	176
			特五	190

续表

类别		工种岗位	等级	月工资标准
工掘	三类	装车(溜)、推车、钉道、专职开绞车、蓄电车司机	特二	148
			特三	162
			特四	176
	四类	工作面开溜(泵)、磕头翻笼	特一	134
			特二	148
			特三	162

③奖励和津贴管理。1986 年，设立节工提效奖，奖励对提效做出贡献的矿领导、有关科室管理人员、原煤生产单位的工人和干部，以完成当月原煤生产计划、增产效率计划及原煤用工不超控为得奖条件。个人奖金不超过 30 元。同年，修订了综合奖试行办法。规定奖金同岗位责任制挂钩，按月度考核发放。发放范围为在册固定职工、计划内合同制工人（不包括承包、计件队组）。奖金标准为：局级干部人均基本奖 30 元，处级干部 26—30 元，科级干部 22—26 元，处室工作人员 15—20 元，局机关工人 8—12 元，矿（厂、处）工人的奖金在不突破包干工资总额、留足工资奖金储备基金的前提下根据实际决定。同年，根据煤炭工业部文件精神，为化工厂关键工种岗位上的工人设立岗位津贴。分厂在混药、装药、筛晾药、配小料、高威力、起爆药柱岗位上的工人，总厂在装填、装填检查、重氮酚筛药岗位上的工人享受一类津贴，每工 0.6 元；在分厂包装岗位上的工人，在总厂卡口、装填、制药岗位上的工人为二类津贴，每工 0.4 元。

1987 年，修订综合奖试行办法，奖金发放范围内增加了农民轮换工，提高了奖金标准。局级干部人均基本奖 40 元，处级干部 36—40 元，科级干部 32—36 元，处室工作人员 25—28 元，局机关工人 20—24 元。奖金标准向老工程技术人员、老教师和老医护工作者倾斜。同年，根据山西省煤炭工业管理局转发山西省劳动局、财政厅《关于调整国营企业职工夜班津贴标准的通知》精神，调整职工夜班津贴。三班制作业，职工大夜班津贴由原来每班 0.4 元提高到 1 元。四班制作业，职工三班（18—0 时）夜班津贴由原 0.4 元提高到 0.6 元，四班（0—6 时）夜班津贴由 0.4 元提高到 1 元。1987 年，根据煤炭工业部文件精神，调整地质勘探职工野外工作津贴，每日野外工作津贴提高到 1.6 元，为钻探、测量一线服务的职工，每日野外津贴提高到 1.4 元。

1988 年，制定局机关奖励试行办法。局级干部为 56—60 元，处级干部 46—52 元，科级干部 38—44 元，一般干部 34—40 元，工人 24—28 元。同年，下发《大同矿务局内部承包经营集团加发报酬和奖励暂行办法》，规定承包单位经营集团完成全年各项承包指标加发报酬（包括月度综合奖），同时规定了承包经营集团月度综合奖标准。局主承包人加发报酬标准为 2800 元，月度综合奖 60 元，经营集团其他成员加发报酬 2500 元，月综合奖 56 元；矿（厂、处）主承包人加发报酬 2300—2500 元，月综合奖 52—56 元，经营集团其他成员加发报酬 2100—2300 元，月综合奖 48—52 元。从 1988 年开始，大同矿务局每年为在年度煤炭生产煤矿建设中做出贡献的职工发放内部承包兑现增发奖金：局级干部 600—700 元，矿（处）级干部 180—250 元，科级干部 90—200 元，工人、一般干部 40—70 元。同年，设立质量标准化奖。生产矿井达到煤炭工业部特级标准的从成本产量中以每百万吨 6 万元的标准提取奖金；达到煤炭工业部一级标准的以每百万吨 4 万元的标准提取奖金；达到煤炭工业部二级标准的以每百万吨 3 万元的标准提取奖金；达到省级标准的以每百万吨 2 万元的标准提取奖金。机修厂达到一级标准提取奖金 5 万元；达到二级标准提取奖金 3 万元；达到三级标准提取奖金 2 万元。质量标准化奖为一次性奖，用于奖励对质量达标、升级工作做出贡献的领导和职工，奖励办法和标准由矿、厂根据实际情况制定，报局备案。局实现标准化或全局 70%以上的生产矿井实现标准化，奖励局机关对质量标准化工作负直接责任并做出贡献的领导、部门人员。同年，制定《大同矿务局中小学校奖励试行办法》，规定：在教学岗位上的专职教师，平旺地区学校人均奖金 35 元，雁崖矿、马脊梁矿、云冈矿及比这三个矿偏远的学校人均奖金 45 元，前两类地区以外的学校人均奖金 40 元；具有 20 年以上教龄并仍在教学岗位上工作的骨干教师人均奖金在本地区一般教师的标准上增加 4 元；学校领导及管理人员、工人执行二类处室奖金标准。

1989 年，重新制定局机关奖励标准。新奖励标准比 1988 年制定的奖励标准月度奖金提高 40%。同年，局下发《关于八九年矿（厂、处、公司）承包经营集团成员月度奖金标准的暂行通知》，主承包人（矿、处长，党委书记）奖金 75—80 元，经营集团其他成员 70—75 元。1989 年，根据中国统配煤矿总公司劳动工资局文件精神，为从事煤质化验人员发放保健营养津贴。经常接触有毒物质的专职煤质化验分析人员每人每月 7 元，生产矿化验室专职煤质化验分析人员每人每月 5 元，经常深入有毒化验室调试、维修、保养仪器人员及其他辅助人员和有毒有害药品保管提货人员每人每月 4 元。同年，化工厂一类岗位津贴由每工 0.6 元降为 0.3 元，二类津贴由每工 0.4 元降为 0.2 元。

1990 年，试行井下生产班组长岗位责任津贴。采、掘、开正班组长每班 1 元，副班组长每班 0.7 元；井下辅助工班组长每班 0.5 元。1991 年，矽尘保健津贴标准由每日 0.235 元提高到每日 0.6 元，铅毒接触工、热补电缆工、油漆工、充电工、电焊工、冷冻机司机、维修工、烧沥青工、铁铆铸工保健津贴由每日 0.235 元提高到每日 0.4 元。矽肺病者保健津贴由每月 6 元调整为每月 10 元。

1992 年，设立煤质奖，为年终一次性奖励，主要奖励为完成煤质计划指标做出贡献的煤质管理、监督检查部门及局长、矿长、主管副局长、主管副矿长。达到奖励条件的矿，按完成年计质销量提取基本奖（吨煤 0.01 元），年内有创优产品或保持了原优质产品的矿，每个优质产品加发 2000 元，原煤水分比上年降低的矿加发 1000 元，全年销煤无赔款的矿加发 3000 元，原煤灰分和含矸率均比上年降低的矿加发 1000 元。同年，根据劳动人事部文件精神，执行技师职务津贴。按本人月出勤天数计发，井下技师月津贴不超过 25 元，井上不超过 15 元。根据中国统配煤矿总公司文件精神，为经考试取得技术职称证书的食堂等级厨师发放职务津贴，一级厨师每月 20 元，二级厨师 15 元，三级厨师 10 元。

1993 年，设立节能奖，重点奖励节能标准化机房和在节能技术改造工作中有较大贡献以及在节能管理工作中成绩突出的集体和个人。同年，根据中国统配煤矿总公司转发的劳动部、财政部有关规定，对井下津贴标准进行调整，调整后的井下工作津贴标准为：三班制作业的井下采、掘、开工人早、中班每班 2.6 元，夜班每班 3.8 元；三班制作业的井下其他工人早、中班每班 1.3 元，夜班每班 1.9 元。四班制作业的井下采、掘、开工人一、二班每班 2.6 元，三班每班 3 元，四班每班 3.8 元；四班制作业的井下其他工人一、二班每班 1.3 元，三班每班 1.5 元，四班每班 1.9 元。不实行三、四班制作业的井下采、掘、开工人每班 2.6 元，辅助工人每班 1.3 元。1993 年，根据煤炭工业部文件精神，调整基建单位流动施工津贴标准。流动施工津贴在大同市范围内每日为 1.2—2 元，承担局外施工项目的，流动施工津贴在上述基础上每天增加 0.3 元。施工工地位于省内跨市的（包括原雁北地区）每人每天 4 元。施工工地跨省、自治区及位于经济特区，每人每天 6 元。1993 年 9 月，化工分厂设立特繁工种岗位津贴，特级每班每人 1.5 元，甲级 1.2 元，乙级 0.9 元，丙级 0.5 元。同年，煤气厂部分工种试行艰苦岗位工作津贴，享受艰苦岗位工作津贴者 211 人，月增资 6700 元。到 1993 年底，大同矿务局的奖金主要有生产奖、劳动竞赛奖、材料节约奖、安全奖、质量达标奖、整组提效奖、承包兑现奖。津补贴主要有井下岗位津贴、井下津贴、施工津贴、野外津贴、夜班津贴、班组长津贴、矿龄津贴、教龄津贴、护龄津贴、物价补贴、书报费、洗理费、交通费。

3. 财务管理

（1）管理机构

1986 年，财务处增设综合科。1988 年，经劳动优化组合，财务处下设会计、成本利润、财务、资金（兼内部银行职能）、工程、税管、机关财务 7 个科。

1992 年，财务处增设新事业财务科，主管新事业开发的财务。1993 年底，财务处设有会计、成本利润、财务、资金、工程、税管、机关财务、新事业财务 8 个科。全局有 59 个二级单位设立财务科，共有专职财会人员 1500 名。

（2）经济核算管理

1985—1993 年总承包期间，矿务局仍为完全经济核算单位，各矿仍为内部核算单位，中央机厂、化工厂、水泥厂仍然为局内完全经济核算单位。1985 年，在贯彻《会计法》的基础上，制定了《关于加强财产物资管理、严肃财经纪律的若干规定》，对生产物资管理、生活物资管理、现金管理、取缔小金库、工资发放、闲置设备处理、非定额资金占用、专控商品、工程结算和财产物资管理人员的配备、考核10个方面作了针对性的规定。同年，财务处开始用微机汇总会计报表。1986年，开始用微机汇总凭证，记部分明细账。年底，逐步在全局14个生产矿推广使用微机。1987年10月，将局、矿计算机软件的“增减记账法”转换为“借贷记账”。1988年，大同矿务局开发财务会计核算软件，以同家梁矿为试点单位，开发了成本和固定资产管理系统，在全局推广。1990年7月，制定了《关于推行“四位一体”经营机制试行办法》，发挥承包责任制、内部经营核算、内部银行和经营调度4个体系协调配合的作用，强化生产经营管理。同年10月，制定《大同矿务局内部稽核制度》，加强会计稽核。1992年，局财会计算机统一使用会计科目编码，统一软件程序。1992年11月，财政部颁布《企业财务通则》《企业会计准则》《工业企业财务制度》，对企业财会制度进行改革，建立资本金制度。对固定资产管理、流动资金管理、成本管理、利润分配以及会计核算的内容、方法、会计报告体系等均作重大的改动。这次改革使企业财会制度既有中国特色又贴近国际惯例。根据财政部《关于贯彻实施新的企业财务制度有关政策衔接问题的通知》和煤炭工业部在杭州召开的会计制度改革会议精神，制定了《关于新旧会计制度衔接中有关问题的处理意见和有关规定》，举办了9期财会制度接轨培训班，开发了会计计算机软件，按新财会制度的要求修订了《全面成本管理办法》《新事业系统财务管理和会计核算办法》《房改资金财务管理和会计核算办法》等制度，保证了新旧财会制度的如期过渡。

（3）固定资产管理

①分类。1989年，封存固定资产并入未使用固定资产类。

1991年，固定资产又划分为：a.生产用固定资产：房屋地面建筑物、矿井建筑物、动力设备、传导设备、生产设备、综机设备、运输设备、工具仪器及生产用管理用具；b.非生产用固定资产：房屋（职工住宅、校舍）、建筑物、文化生活用具、农副业生产用具、医疗设备；c.租出固定资产；d.未使用固定资产；e.不需用固定资产；f.土地；g.融资租赁固定资产。1992年，根据中国统配煤矿总公司转发财政部文件规定，固定资产单位价值标准从原来的800元提高到2000元，从同年7月1日起实行。矿务局在执行新规定的同时，将非生产单位固定资产单位价值标准从原来的 500 元调整为 1500 元。 1993 年，根据新财会制度的要求，将生产用固定资产规定为使用年限为 1 年以上，单位价值标准为 2000 元以上；将非生产用固定资产规定为使用年限为 2 年以上，单位价值标准为 2000 元以上，但电视机、照相机不论价值高低，均视为固定资产；低值易耗品达到固定资产价格标准的。 不转作固定资产，仍按低值易耗品管理。

②增长。“七五”计划时期，特大型矿井燕子山矿移交生产，部分矿井改扩建及文教卫生、生活福利设施的大规模建设，使固定资产迅速增长，1990 年，底固定资产原值增长为 44.85 亿元，比 1985 年增加 82.01%。

表 10－13　各时期年均固定资产利用效果表

时期	全局固定资产年均原值(万元)	百元固定资产创造产值、利润				原煤单位固定资产年均原值(万元)	吨煤占用固定资产	
		年均工业总产值(万元)	百元原值年创产值(元)	年均实现利润(万元)	百元原值年创利润(元)		年均成本产量(万吨)	吨煤占用固定资产原值(元)
三年调整时期	1209	1500	124.10	203	16.79	1164	111.40	10.44
“一五”计划时期	6268	5690	90.78	1018	16.24	6032	403.21	14.96
“二五”计划时期	20377	16967	83.26	3829	18.79	18756	907.74	20.66
三年调整时期	31913	16093	50.43	5181	16.23	29651	893.90	33.17
“三五”计划时期	37516	16368	43.63	8988	23.96	34245	949.53	36.07
“四五”计划时期	50682	29782	58.76	11972	23.62	47249	1442.89	32.75
“五五”计划时期	100599	45088	44.82	23016	22.88	94741	2220.94	42.66
“六五”计划时期	193743	84878	48.81	27742	14.32	183087	2652.95	69.02
“七五”计划时期	306538	116325	37.95	2092	0.68	269114	2893.00	96.58
1991 年	453284	193521	42.69	2863	0.63	363261	2970.10	122.31
1992 年	507151	200716	39.58	22151	4.37	432836	3072.07	140.89
1993 年	571213	208598	36.52	46886	8.21	487513	3175.96	153.50

注：各个时期年均工业总产值按不变价格计算，并扣除基建单位、劳动服务公司和矿区的工业总产值。

从 1991 年起，对铁路专用线停提基本折旧，同时将大修理基金提存率由原 2.5%提高到 5%。 1992 年 1 月，大同矿务局有偿兼并大同市机床厂，经大同市国有资产管理局同意，支付财产价值 1000 万元，其中固定资产净值 849.5 万元。

1973—1992 年，大同矿务局 20 年增加固定资产 53.34 亿元，年均增加 2.67 亿元，为前 24 年年均增加额近 13 倍。这二十年增加的固定资产主要为综机设备 17.66 亿元，云冈矿投产 2.42 亿元，燕子山矿投产 5.78 亿元，四台矿部分采区投产 3.71 亿元，煤气厂投产 1.02 亿元，1979 年后，新建住宅楼 4.39 亿元。

1993 年初，固定资产原值 57.95 亿元。当年增加 10.56 亿元，其中四台矿基建工程竣工移交 2.61 亿元，改扩建矿井基建工程竣工移交 2.45 亿元，维简基金等购建 2.5 亿元；当年减少 3.43 亿元，其中清理报废 3.14 亿元，以往年度维简费新建井巷建筑物调整减少 2352 万元，处理闲置设备 427 万元，房屋投资转出 136 万元。年末，固定资产原值 65.08 亿元，净值 46.54 亿元，折旧 18.55 亿元，固定资产原值比年初增加 7.13 亿元，增幅 12.31％。全局共占用土地 4.84 万亩，是 1949 年的 4.51 倍。

（4）动资金管理

①资金管理。1985—1989 年，由维简资金补充流动资金 1310 万元，缓解了资金紧张状况。从 1986 年起，由于材料连年涨价，政策性增支因素逐年增加，产品成本急剧上升，流动资金与原煤产量不成正比，与上年流动资金占用比较意义不大，因此，从是年起流动资金占用改为与计划对比。

1988 年，大同矿务局实行“两包、六定、一挂钩”（包煤炭产量，包盈亏指标；定百万吨死亡率，定煤炭质量，定全员效率，定改扩建进尺，定总进尺、开拓进尺和“三个煤量”合理可采期，定设备“三率”和巷道失修率；工资和产量挂钩）的承包经营，为发挥资金使用效能，成立局内部银行，制定《内部银行实施办法》。内部银行属局级资金型，实行单轨制，与会计核算挂钩。凡会计报表汇总单位均在内部银行开户。内部银行对局内各单位的流动资金实行统一管理，办理局内各单位之间的资金结算，监督资金使用，办理内部信贷业务；对国家银行负责编制信贷计划，办理贷款手续。内部银行成立后对调剂融通内部资金、减少在途资金、加速资金周转起到了重要作用。

1991 年，大同矿务局修订《流动资金管理办法》，对定额流动资金管理原则、计划管理、分口分级管理、日常管理和非定额流动资金管理等都作了具体规定。同年 2 月，修订下发《月度财务收支计划编制办法》，对月度财务收支计划编制原则、程序及月度财务收支计划的范围、收支项目内容、填列方法等都做了具体规定，使财务收支计划制度更加完善。

1993 年，新财会制度将流动资金改为流动资产和流动负债。由于煤炭市场疲软、铁路运输不畅、原材料大幅度涨价、成本和工程大量超支，特别是“三角债”的困扰，流动资金周转遇到前所未有的困难。大同矿务局在资金供给上确保生产用款，配合煤炭运销部门大力清收货款，灵活调度资金，严格控制各项资金支出，组织内部挖潜，同时争取向工商银行贷款。这些措施有效地保证了资金的正常周转。

②储备资金和包干工资管理。1984—1992 年，吨煤包干工资基金共计收入 30.85 亿元，其中：a.按核定单价提取 26.75 亿元；b.超效率按规定增提 1.35 亿元；c.经批准吨煤包干工资含量外增提 2.68 亿元（因政策性因素而增提，如粮油、副食提价补贴等）；d.其他收入 719 万元（主要为 1992 年超销售收入按核定单价 70%增提 701 万元）。共计支出 30.75 亿元，其中：a.工资 29.74 亿元；b.安全奖金 3619 万元；c.劳动竞赛奖金 925 万元；d.奖金税 990 万元；e.安全事故罚款 560 万元；f.弥补承包亏损 1346 万元；g.燕子山矿、四台矿投产前包干工资超支 438 万元；h.其他（超产奖等）支出 2168 万元。截至 1992 年末，结余 1036 万元。吨煤包干工资基金由各矿（厂）自提自用，自行管理和核算。1993 年，根据新财会制度规定，吨煤包干工资基金在“应付工资”（流动负债）项下核算，仍由各矿（厂）自提自用，自行管理和核算。1993 年，吨煤包干工资基金收入 9.02 亿元，其中，煤炭工业部核定基数提取 5.88 亿元，按煤炭工业部规定提取效益工资 3.14 亿元，当年支出 6.54 亿元，其中，工资 6.24 亿元，安全奖金 1570 万元，劳动竞赛奖金 344 万元，奖金税 159 万元，安全事故罚款 143 万元，其他支出 822 万元。1993 年末，吨煤包干工资基金结余 2.58 亿元。

表 10－14 1984—1993 年吨煤包干工资基金提取标准(单位：元/吨)

年度	核定提取标准		减施工单位折算单价	工业生产实提单价
	计算基础	单价		
1984	成本产量	5.75		5.75
1985	成本产量	8.35	0.98	7.37
1986	成本产量	8.95	1.01	7.94
1987	成本产量	80.95	1.01	7.94
1988	成本产量	10.11	1.03	9.08
1989	成本产量	6.16		6.16
	百元销售收入	9.13		9.13
1990	成本产量	6.16		6.16
	百元销售收入	9.13		9.13
1991	成本产量	6.72		6.72
	百元销售收入	11.92		11.92
1992	百元销售收入	20.44		20.44
1993	成本产量	18.52		18.52

注：1984 年核定吨煤 5.87 元，年末调整后吨煤折合 5.75 元。从 1989 年起，施工单位工资包干单价另行核定。

③生产资金和成品资金。从 1988 年开始，由于运输紧张，存煤占用资金有上升趋势。各附属厂 70 年代以前产品由矿务局统购统销，成品资金由局统收统付。因此中央机厂（机修厂）一度出现“三多一不清”（产品积压多、资金占用多、呆账多，产品账实不清）的局面。为此，1979 年下半年开始整顿。1980 年，大同矿务局制定贯彻了《机厂制修品产、供、销经济责任制》，与其他附属厂同时实行了责、权、利相结合的局内部完全经济核算制，在经济上自立自主，自行结算货款、掌握资金、向银行借款，完善了经济合同制，按合同安排生产，及时交货，及时结算，以销定产，产销平衡，钱货两清，加速了成品资金的周转。

到 1993 年，生产资金和成品资金的管理主要是财务处代表局按产量为各矿（厂）核定资金计划，局考核委员会定期考核各厂生产资金、各矿（厂）成品资金计划的完成情况。

（5）用基金和专用拨款管理

①维简基金及其拨款管理。1986 年，银行专项借款由利润归还。至 1986 年末，维简资金拨款共计收入 3.58 亿元，其中，上级拨入 2.93 亿元，其他基金转入 6429 万元，其他收入 45 万元（1985 年保险公司赔偿白洞矿地陷款）。至 1986 年末，维简资金拨款共计支出 3.58 亿元，其中，井巷及环节改造工程支出 9066 万元，技术改造及安全保护措施支出 970 万元，生产地质勘探支出 30 万元，设备更新及安装支出 1.89 亿元，房屋建筑及零星土建工程支出 173 万元，宿舍及校舍工程支出 177 万元，转入维简基金 6460 万元，其他支出 9 万元，收支持平。从 1989 年 7 月起，井巷工程基金改按吨煤 2.5 元计提。

1992 年，井巷工程基金并入维简基金。至 1992 年末，维简基金共计收入 40.72 亿元（收支额与表中数字不符，因表中所列金额已剔除专用基金、专用拨款相互间转入转出额。下同），其中，维持生产工程基金 422 万元，灾害复旧基金 118 万元，固定资产复置金 53 万元，更新改造基金 6.66 亿元，基本折旧基金 17.26 亿元，井巷工程基金 5.66 亿元，生产基金转入 2812 万元，生产发展基金转入 1284 万元，超产煤（议价煤）加价转入 5244 万元，销煤维简费（从 1983 年起向购煤客户收取的维简费）转入 5.41 亿元，固定资产变价收入 952 万元，四项费用拨款及更新改造补助、技术改造、安全措施拨款 1.23 亿元，银行专项借款 1170 万元，其他基金转入 2.4 亿元，其他收入 8913 万元。维简基金支出 40.49 亿元，其中，井巷及环节改造工程支出 2.73 亿元，技术改造及安全保护措施支出 3.28 亿元，治理“三废”及综合利用措施支出 3815 万元，生产地质勘探支出 2781 万元，设备更新及安装支出 17.4 亿元，房屋建筑物及零星土建工程支出 2.18 亿元，宿舍校舍工程支出 3.28 亿元，矿区公用事业配套支出 2387 万元，转作流动资金 1310 万元，上缴 2.97 亿元，弥补承包亏损 3.27 亿元，缴两项基金（能源交通重点建设基金和预算调节基金）3522 万元，转入其他基金 6429 万元，其他支出 3.34 亿元。1992 年末，结余 2315 万元（未扣除年末未完工程占用额）。

②修理基金和后备基金。至 1992 年末，大修理基金共计收入 12.51 亿元，其中，由成本提取 12.41 亿元，上级拨入闲置设备修复费 9 万元，

拨入抗震款139万元，其他基金转入63万元，其他收入813万元。支出12.37亿元，其中，设备大修支出6.98亿元，房屋建筑大修支出3.22亿元，井巷大修支出1063万元，其他大修支出9116万元，缴建筑税178万元，转入其他基金1.11亿元，其他支出292万元。大修理基金结余1376万元。

1992年末，后备基金共计收入468万元，其中利润留成转入211万元，超产煤加价转入215万元，其他收入42万元。后备基金支出84万元，其中上缴11万元，缴两项基金73万元。结余384万元。

表10-15 各时期大修理基金及后备基金收支情况表(单位：万元)

时期		大修理基金		后备基金	
		收入	支出	收入	支出
三年调整时期		47	32		
“一五”计划时期		583	575		
“二五”计划时期		1333	1179		
三年调整时期		2054	2179		
“三五”计划时期		3374	3287		
“四五”计划时期		3940	3191		
“五五”计划时期		10668	11112		
“六五”计划时期		26152	23057	426	71
“七五”计划时期		47056	40502		
1991年		14160	11884	42	10
1992年		15676	15621		3
1950—1992年		125043	112619	468	84
承包时期	1985/1990年	53795	46132	215	32
	1985/1992年	83631	73637	257	45

③企业及职工奖励基金管理。从1986年起，各矿（厂）提取的企业奖励基金缴矿务局三分之一，自留三分之二。

表 10-16　各时期企业奖励基金、职工奖励基金收支情况表(单位：万元)

时期		企业奖励基金		职工奖励基金	
		收入	支出	收入	支出
三年调整时期		104	30		
“一五”计划时期		318	267		
“二五”计划时期		780	493		
三年调整时期		810	565		
“三五”计划时期		884	900		
“四五”计划时期		938	1098		
“五五”计划时期		3866	2491	4076	3064
“六五”计划时期		5109	5688	6645	6872
“七五”计划时期		5413	4232	107	113
1991 年				31	25
1992 年				9	22
1950—1992 年		18222	15764	10868	10096
承包时期	1985/1990 年	6318	5372	537	248
	1985/1992 年	6318	5372	577	295

至 1989 年末，企业奖励基金共计收入 1.99 亿元，其中，成本提取 4983 万元，利润留成转入 8573 万元，超产煤加价转入 3313 万元，上级拨入 402 万元，其他基金转入 1649 万元，其他收入 951 万元。支出 1.99 亿元，其中，劳动竞赛奖金支出 1519 万元，福利设施支出 4293 万元，基建自筹资金支出 4383 万元，农副业补贴支出 281 万元，职工生活困难补助支出 237 万元，转入职工食堂及生活物资周转基金 471 万元，上缴 245 万元，缴建筑税及两项基金 855 万元，转入其他基金 4106 万元，其他支出 3481 万元。收支相抵持平。

至 1992 年末，职工奖励基金共计收入 1.16 亿元，其中，成本提取 8726 万元（系吨煤奖励基金），利润留成转入 1259 万元，超产煤加价转入 430 万元，上级拨入 53 万元，其他基金转入 741 万元，其他收入 400 万元（系历年回收的前一年度安全奖节余等）。支出 1.1 亿元，其中，支出计件超额工资 1959 万元，支出各项奖金 6840 万元，1984 年调资支出 550 万元，自筹基建资金支出320万元，材料费超支及安全事故罚款支出153万元，上缴59万元，缴两项基金215万元，转入其他基金949万元。结余564万元。

④科技三项费用拨款。从1991年起，按销售收入的1%提取科技发展基金，计入成本。1992年末，科技发展基金共计收入1282万元，其中，成本提取998万元，超产煤加价转入215万元，上级拨入52万元，其他收入17万元。支出993万元，其中，设备购置支出121万元，新技术新工艺研究、新产品试制支出809万元，科研费用支出58万元，缴两项基金5万元。结余289万元。

至1992年末，科技三项费用拨款共计收入869万元，其中，上级拨入868万元，其他收入1万元。支出775万元，其中，设备购置支出123万元，工程支出62万元，科技费用支出523万元，缴上级32万元，缴国库冻结存款10万元，转入维简基金25万元。结余94万元。

表10－17 各时期科技三项费用拨款、科技发展基金收支情况表(单位：万元)

时期		科技发展基金		科技三项费用拨款	
		收入	支出	收入	支出
三年调整时期					
“一五”计划时期					
“二五”计划时期					
三年调整时期					
“三五”计划时期				50	13
“四五”计划时期				62	33
“五五”计划时期				149	190
“六五”计划时期		215	32	134	65
“七五”计划时期		9		473	438
1991年		38	4	1	11
1992年		1020	957		
1950—1992年		1282	993	869	750
承包时期	1985/1990年	224	32	494	470
	1985/1992年	1282	993	495	481

⑤福利及医药补助金。 1990 年，福利补助金和企业奖励基金合并，合并后按工资总额的 5.5%计提。 从 1991 年起，福利补助金按工资总额的 3.5%计提。 同年起，医药卫生补助金按工资总额的 7.5%计提。 从 1992 年 5 月起，福利补助金改按工资总额的 6.5%计提。

到 1992 年末，福利补助金共计收入 1.7 亿元，其中，成本提取 9712 万元，利润留成转入 977 万元，集体福利事业（托儿所、职工浴室、职工理发室、食堂、单身宿舍等）收入 460 万元，房电费收入 2466 万元，外单位提交 62 万元，其他基金（企业奖励基金弥补 1966 万元，医药费弥补 104 万元）转入 2070 万元，其他收入 1240 万元。 支出 2.35 亿元，其中，集体福利事业支出 1.69 亿元，福利设施支出 342 万元，职工生活困难补助支出 1237 万元，职工洗澡、理发及煤气补贴支出 2885 万元，转为食堂周转基金 51 万元，缴两项基金 21 万元，转入其他基金 142 万元，其他支出 1941 万元。 超支 6508 万元（如剔除基金转入转出因素，实超支 8437 万元），造成超支的主要原因为福利费开支范围不断扩大、物价上涨、集体福利部门职工工资增加等。

1992 年末，医药卫生补助金共收入 3.09 亿元，其中，成本提取 1.96 亿元，利润留成转入 2175 万元，医疗收入（按照劳动保险条例规定职工直系亲属就医收取半费的收入，非本局人员医疗费收入等）4369 万元，外单位（驻矿银行等）提交 1640 万元，其他基金转入 1053 万元（企业奖励基金弥补 1044 万元，福利补助金弥补 9 万元），其他收入 1811 万元（基建单位、集体单位和劳保、退休人员等所交）。 支出 3.28 亿元，其中，医药费支出 1.8 亿元，医疗管理费支出 1.39 亿元，设备购置费支出 262 万元，转入其他基金（弥补福利费）104 万元，其他支出 524 万元。 超支 1861 万元（剔除基金转入转出因素超支 2914 万元），超支的主要原因是 1985 年后药品、器械、敷料价格不断上涨和医务人员工资增加以及费用划分问题等。

（6）成本管理

①项目。 1987 年，核定矿管理费为 38 个项目： 修理费、育林基金、工会经费、职工教育经费、自用煤维简费、农协工管理费、局管理费、上级管理费（提缴省煤管局管理费）、办公费、差旅费、通勤费、运输费、材料盘盈亏、利息支出、试验检验费、设计制图费、出国人员经费、外宾招

待费、警卫消防费、仓库经费、处理积压物资损失、坏账损失、财产保险费、租赁费、待业保险基金、车辆税、房产税、土地使用税、印花税、排污费、会议费、绿化费、卫生费、工伤伙食补助费、劳动保护费、新技术开发费、业务招待费和其他。同时，核定车间经费为 18 个项目：修理费、办公费、劳动保护费、运输费、养路费、水费、选煤楼拣矸费、拣矸石煤费、委外灭火钻探费、委外生产钻探费、委外掘进进尺价款（实行吨煤包干工资的单位，该费用中发生的工资由包干工资列支）、外销煤短途运费、临时工工资、矿办小煤窑费用、班中餐用具及费用、地面塌陷赔偿费、工种粮补贴和其他。到 1993 年，成本项目共 10 项，为材料、工资、职工福利基金、电力、基本折旧、维简费、井巷工程基金、大修理基金、地面塌陷赔偿费和其他支出。10 个成本项目中，材料又分为 12 个明细科目：木材、支护用品、火工产品、大型材料、配件、专用工具、自用煤、劳保用品、建工材料、油脂及乳化液、其他材料、材料成本差异；工资又分为 3 个明细科目：提取的包干工资、材料节约奖、其他。

②管理。进入“七五”计划时期，局于 1987 年修订完善了《区队（车间）、班组经济核算办法》，对核算形式、核算内容、核算方法、成本承包责任制、核算机构及核算员的职责范围作了规定和说明，同时设计了核算表格，培训了 100 余名专职核算人员，使区队（车间）班组核算工作进入了一个新阶段。

表 10－18 不同时期原煤单位成本情况表(单位：元)

项目	国民经济恢复时期	“一五”计划时期	“二五”计划时期	三年调整时期	“三五”计划时期	“四五”计划时期	“五五”计划时期	“六五”计划时期	“七五”计划时期	1991年	1992年	1993年
材料	1.15	2.18	3.47	4.82	4.37	4.95	5.23	5.81	9.32	14.91	15.38	20.03
工资	2.19	2.20	2.88	3.83	4.51	3.74	3.42	4.81	9.60	14.41	15.17	25.41
职工福利基金	0.21	0.43	0.55	0.81	0.20	0.24	0.28	0.23	0.58	0.85	1.20	1.88
电力	0.32	0.59	0.84	1.10	1.08	0.95	0.93	1.04	1.56	2.84	3.45	4.91
基本折旧	0.51	0.81	0.70	1.14	1.41	1.48	1.91	3.19	6.09	8.71	8.47	8.34

续表

项目	国民经济恢复时期	“一五”计划时期	“二五”计划时期	三年调整时期	“三五”计划时期	“四五”计划时期	“五五”计划时期	“六五”计划时期	“七五”计划时期	1991年	1992年	1993年
维简费											3.01	6.00
井巷工程基金				0.28	0.21			0.32	1.81	2.50	2.50	2.50
大修理基金	0.13	0.27	0.27	0.70	0.65	0.45	0.83	1.78	2.92	4.17	4.39	4.85
地面塌陷赔偿费							1.26	1.75	0.01	0.02	0.01	0.01
其他支出	2.71	1.82	0.94	0.71	0.48	1.06			3.70	6.06	7.22	8.47
吨煤成本	7.22	8.30	9.65	13.39	12.91	12.87	13.86	18.93	35.59	54.47	60.80	82.40
比上期增降额		1.08	1.35	3.74	−0.48	−0.04	0.99	5.07	16.66	18.88	6.33	21.60
比上期增降率%		14.96	16.27	38.76	−3.58	−0.31	7.69	36.58	88.01	53.05	11.62	35.55
成本产量（万吨）	446	2016	4539	2682	4748	7214	11105	13265	14465	2970	3072	3175

注：1967年停提基本折旧，改提更新改造基金，1985年，恢复计提基本折旧。1991年，原煤单位成本与“七五”时期对比。

1987年，大同矿务局建立了成本节约奖、管理费用节约奖，制定了差旅费包干制度等，并严格考核。1989年，制定了《关于生产成本开支范围及若干费用开支办法的具体规定》，详细规定了原煤产品和附属厂产品成本项目的划分与开支范围以及若干费用开支与划分办法。从1990年起，贯彻中国统配煤矿总公司《关于进一步加强煤炭企业成本管理的十项措施》，同年，制定《企业管理费管理办法》，对企业管理费开支范围、分级分口管理、定额、计划管理、节约措施等作了明确规定。1992年，制定《目标成本和管理措施》。

“七五”计划时期，政策性增支因素不断增加，钢材、木材、油料等价格一调再调，吨煤包干工资标准连续上升，电费、水费及银行贷款利润上涨，井巷工程基金、造林育林基金、职工福利基金提取标准提高，新增维简费、新技术开发费、议价粮补贴及班中餐，烤火费由包干工资改列其他支出等，致使吨煤成本大幅度上升，达到 35.59 元，比“六五”计划时期增加 16.66 元，增幅为 88.01%。 1991 年和 1992 年分别上升到 54.47 元和 60.8 元。

1993 年，根据财政部《工业企业财务制度》精神，结合大同矿务局成本管理、核算经验及生产经营特点，制定了《大同矿务局全面成本管理试行办法》。 该办法将完全成本法改为制造成本法，其内容包括成本费用开支范围、成本管理基础工作、全过程成本管理、全员成本管理和各个环节的全面管理。 当年确定煤峪口矿、云冈矿、燕子山矿和中央机厂为全面成本管理试点单位。 1993 年，原煤成本产量 3175 万吨，比 1992 年增加 103 万吨；单位成本 82.4 元，比 1992 年增幅 35.55%。 成本利润 14.28%，比 1992 年提高 3.29%。 同年，虽然原由成本负担的管理费用和财务费用划归利润项下，但由于钢材、木材、电缆、锚栓、电、水等价格调增，包干工资单价调增，职工福利费提取基数扩大，银行利率上调，维简费（按吨煤 6 元提取）由原半年提取改为全年提取等，成本仍然大幅度上升。

（7）利润和税金管理

①利润。“七五”计划时期，由于政策性增支因素和材料涨价，盈利水平急转直下，仅实现利润总额 1.05 亿元（年平均利润 2091.6 万元），吨煤利润 1.69 元，分别比“六五”计划时期下降 92.74%和 85.8%。 1991 年，吨煤销售成本上升到 53.42 元，吨煤亏损 6.42 元，利润下降到 2863 万元。 1992 年，吨煤平均售价提高，但由于吨煤销售成本继续上升，达到 60.73 元，吨煤仍亏损 1.15 元，因有与利润挂钩加价煤因素，所以实现利润 2.22 亿元。

1993 年，煤炭工业部下达利润指标 2.88 亿元，实际完成 4.69 亿元，比 1992 年增加 2.47 亿元，增幅 111.67%。 调整增减因素后实现利润 2.95 亿元，仍比 1992 年增加 7345 万元，增幅 33.16%。 1993 年的利润分配情况为： 上缴煤炭工业部 2.88 亿元，转列公积金 4737 万元，公益金 4736 万元，待分配 8576 万元。

表 10－19　不同时期销售利润情况表

时期	煤炭销售利润								附属厂产品销售利润（万元）	其他销售利润（万元）
	煤炭销售量（万吨）	平均售价（元/吨）	吨煤税金（元）	吨煤销售成本（元）	吨煤销售利润（元）	煤炭销售利润总额（万元）	加：与利润挂钩的增超产煤加价收入（万元）	调增后的煤炭销售利润总额（万元）		
国民经济恢复时期	364.41	9.82	0.34	7.41	2.07	755		755	5	
“一五”计划时期	1962.84	11.64	0.84	8.31	2.49	4888		4888	281	39
“二五”计划时期	4416.57	14.89	1.49	13.40	4.18	18478		18478	2010	－9
三年调整时期	2694.60	20.52	1.55	13.40	5.57	15020		15020	1251	－14
“三五”计划时期	4664.02	23.92	1.82	13.06	9.04	42167		42167	3395	－27
“四五”计划时期	7045.39	23.32	1.86	12.86	8.60	60563		60563	2597	277
“五五”计划时期	10944.19	26.73	2.14	13.84	10.75	117703		117703	1719	383
“六五”计划时期	13029.11	33.44	2.23	18.89	12.32	160492	50	160542	1524	1430
“七五”计划时期	14119.16	38.06	1.23	35.14	1.69	23855	80879	104734	－2756	8152
1991 年	3035.93	48.57	1.57	53.42	－6.42	－19486	24062	4576	－2965	18769
1992 年	3148.39	61.54	1.96	60.73	－1.15	－3615	27966	24351	178	20438
1949—1992 年	65424.61	31.03	1.73	22.87	6.43	420820	132957	553777	7239	49438
承包时期 1985—1992 年	23119.45	42.22	1.36	39.81	1.05	24283	132907	157190	－5376	48404

1949—1993 年，大同矿务局共计上缴利润 44.94 亿元，年均上缴利润 1.02 亿元。1985—1992 年承包时期，8 年上缴承包利润 9.17 亿元（增超产煤加价收入与利润挂钩），年平均 1.15 亿元。8 年实现可缴利润 5.05 亿元，缺口 4.12 亿元。缺口由以下自有资金弥补：维简基金弥补 2.76 亿元，吨煤包干工资基金弥补 1346 万元，其他资金弥补 1.23 亿元。

1952—1993 年，利润留成共计 2.66 亿元，占 1949—1993 年实现可分配利润总额（48.15 亿元）的 5.53%。利润留成按历年规定的不同比例分别列入生产发展基金、职工福利基金、职工奖励基金和后备基金。

表 10-20 各时期利润分配情况表(单位:万元)

时期	可分配利润总额	利润分配					
		归还挖革改贷款	上缴利润	缴纳所得税	利润留成	弥补利润缺口	
						资金来源	金额
国民经济恢复时期	813		749		64		
“一五”计划时期	5090		4715		375		
“二五”计划时期	19143		15732		3411		
三年调整时期	15544		14887		657		
“三五”计划时期	44942		44396		546		
“四五”计划时期	59861		59861				
“五五”计划时期	115079		109899		5180		
“六五”计划时期	138710	1183	97797	36951	6564	维简基金	−3785
“七五”计划时期	10458	40	35715		363	维简基金 包干工资基金 加价煤收入等	−12027 −1346 −12287
1991 年	2863		14624			维简基金	−11761
1992 年	22151		22151				
1949—1992 年总计	434654	1223	420526	36951	17160	维简基金 包干工资基金 加价煤收入等	−27573 −1346 −12287
承包时期合计 1985—1992 年	50934	43	91734		363	维简基金 包干工资基金 加价煤收入等	−41206

注:从“七五”时期起,可分配利润总额包括煤炭进出口公司转来利润。

②税金。1986 年,开始缴纳教育费附加。教育费附加率为 1%,按实际缴纳的产品税、增值税、营业税额为计征依据。同年 10 月,开始征收房产税,税率为 1.2%,1980 年底以前修建的房屋,将房屋原值扣除 30%后计征。从 1986 年起,资源税改按实际销售量定额征收,核定大同矿务局定额每吨 4.7 元;对煤炭企业的取暖用煤及职工食堂、浴池用煤免征资源税。1987 年,征收车船使用税,大同矿务局载重汽车按载重量计算,每载重 1 吨缴纳 42 元,乘人汽车按座位计算。同年 6 月,缴纳耕地

占用税，凡属购入种植农作物的土地用于建房或从事其他非农业建设的均计征。税额按地区分为不同标准，平均每平方米 10 元左右。1987 年，缴纳奖金税。全年发放奖金总额不超过标准工资 4 个月的总和免征奖金税。全年奖金超过标准工资 4 个月总和的部分，按标准征收奖金税。1988 年，全年发放奖金免税限额由 4 个月标准工资总和放宽到四个半月标准工资（月均标准工资低于 75 元者按 75 元计算）总和。1988 年 10 月，恢复缴纳印花税。1989 年，国家向大同矿务局征收国家预算调节基金，按基本折旧基金、更新改造基金、固定资产变价收入、利润留成几项收入的 10%计征。同年，缴纳土地税，每平方米 0.5 元。

1991 年 8 月，教育费附加率由 1%改为 2%。同年，大同矿务局的资源税定额由每吨 4.7 元改为每吨 2.4 元。同时，财政部规定新投产矿井减免资源税，大同矿务局马脊梁矿、燕子山矿和四台矿属此范围。同年，国家向大同矿务局征收固定资产投资方向调节税，实行差别税率。后经国务院批准，1992—1995 年对统配煤矿建设职工住宅给予免征照顾。在开始征收固定资产投资方向调节税后，停止征收建筑税。1993 年，矿务局上缴各种税金 2.18 亿元，其中，产品税 1.12 亿元，资源税 7088 万元。比 1992 年（1.68 亿元）增加 4999 万元，增幅为 29.79%。

1949—1993 年，大同矿务局共计缴纳税金 28.87 亿元，税种 22 种。

表 10－21　不同时期税金缴纳情况表(单位：万元)

时期	税种	金额	税种	金额	税种	金额
国民经济恢复时期	矿产税	3.4	印花税	3.7	营业税	2.9
	货物税	121	地方附加税	0.4		
“一五”计划时期	营业税	33	货物税	1724	商品流通税	0.2
“二五”计划时期	营业税	12	货物税	919	工商统一税	4616
三年调整时期	营业税	0.6	工商统一税	4477		
“三五”计划时期	工商统一税	9247				
“四五”计划时期	营业税	7	工商统一税	13602		
“五五”计划时期	营业税	11.2	工商统一税	23948		

续表

时期	税种	金额	税种	金额	税种	金额
"六五"计划时期	营业税	21.4	工商统一税	25172	所得税	36950
	能源交通重点建设基金	2619	产品税	4184		
	建筑税	174	城市维护建设税	215	资源税	9650
"七五"计划时期	印花税	320	营业税	455	能源交通重点建设基金	792
	产品税	21505	资源税	65304	建筑税	2364
	城市维护建设税	1572	教育费附加	232	增值税	608
	房产税	1931	车辆使用税	69	耕地占用税	140
	资金税	673	土地使用税	873	国家预算调节基金	242
1991 年	印花税	98	营业税	201	能源交通重点建设基金	42
	产品税	6380	资源税	6400	城市维护建设税	477
	教育费附加	140	增值税	242		
	车辆使用税	20	奖金税	184	房产税	683
	国家预算调节基金	28			土地使用税	438
1992 年	印花税	107	营业税	197	能源交通重点建设基金	28
	产品税	7662	资源税	6140	城市维护建设税	565
	教育费附加	162	增值税	242	房产税	798
	车辆使用税	14	奖金税	126		
	国家预算调节基金	19	固定资产投资方向调节税	257	土地使用税	462
1993 年	印花税	64	营业税	197	能源交通重点建设基金	1
	产品税	11222	资源税	7088	城市维护建设税	881
	教育费附加	252	增值税	163	房产税	905
	车辆使用税	15	奖金税	159	土地使用税	459
	固定资产投资方向调节税	372				

4. 物资管理

（1）管理机构

1990 年，器材供应公司复更名为器材供应处，由局二级单位改为职能处室，增设了处长办公室、人事科和成套设备科。 1992 年，器材供应处进行了机构调整。 党群系统设 4 个科：党委办公室、工会办公室、团委办公室、科学技术协会；行政系统为 18 个科：处长办公室、信息科、人事工资科、调度室、管理科、金属化建科、设备科、成套设备科、二三类科、火工支护科、催采科、节约科、财务科、监察审计科、安全监察科、机关供应科、行政科、保卫科。 处内有运输队、装卸队、仓库、劳动服务公司和新事业开发公司。 1993 年，在大同矿务局器材供应处的基础上成立大同矿务局物资供销公司，公司为实体单位，设党委办公室、工会办公室、团委办公室、科技协会、经理办公室、信息科、人事工资科、调度室、财务科、监察审计科、安全监察科、管理科、行政科、保卫科、金属材料公司、化建公司、机电材料公司、机电设备公司、火工支护公司、劳保五金公司、废旧物资回收公司、机关供应站、运输队、装卸队、仓库、钢厂、劳动服务公司、新事业开发公司。 物资供销公司共有 1104 名职工。 全局各单位设有 40 个材料科，共有 5500 余名材料管理专职人员。

（2）物资供应管理

①渠道。 1991 年，二三类物资开始由局自主采购。 1992 年后，除木材、钢材和有色金属等少数统配物资由国家供货外，其余物资均自行采购。

②计划。 1990—1993 年，统配部管生产设备供应计划改由矿务局机电部门汇总、编制、上报。 三类物资中的砖、瓦、沙、石、石灰及其他杂品，由各矿（厂）编制采购计划，并根据计划自行采购。

（3）仓储管理

1986 年，随着入库物资的增加，局总仓库在库房之间建起了 8 个附库，总计占地 3697.2 平方米。 1987—1988 年，制定了一系列仓库管理制度，使库房内物资的陈列、保管、保养都按标准化要求进行。 1991 年，建电缆敞棚 2970 平方米，建油敞棚 2394 平方米，内配 16 吨天车两台。 同年，贮木场采用标准垛，按品种、规格码放。 钢材区按品种、规格存放。

大型设备成龙配套。入库物资横竖成行，摆放有序。1991 年，局总仓库经中国统配煤矿总公司验收，达标准化仓库。1992 年，局总仓库有 102 名职工，设器材、木材、钢材、设备 4 个组，经营 7000 余个品种。在保证生产的前提下，服务于社会。局总仓库坚持定期检查、定期盘点和永续盘点制度。1993 年，局总仓库对物资供销公司实行了管理费用承包。同年，新建库房两座，总面积 933.3 平方米。领料手续和报表采用计算机处理。到 1993 年底，局总仓库面积为 36 万平方米，其中库房 13 座，附库 10 个，封闭式库房面积 13.6 万平方米；敞棚 8 座，面积 2.66 万平方米。木材区面积 9.6 万平方米，钢材区面积 3.4 万平方米，设备储存区面积 1.6 万平方米，油库面积 1327 平方米。有两条铁路专用线（总长 2 公里）和完整的公路网。材料装、卸、倒、运等作业基本实现机械化。局总仓库年吞吐量 75 万吨，年平均占用资金 8000 万元。

（4）物资消耗和回收管理

①物资消耗控制。1986 年，实行了“两定一限”（定额、定量，资金限额）管理办法。1987 年，完善了物资消耗定额管理办法，并严格按定额管理物资。超定额用料，必须由主管领导批准方可供料。1989 年，把成本中比重较大的物资列入定额管理范围，定额管理物资增加到 44 种。

1991 年，局开展了“爱矿山、做主人、反浪费、堵漏洞”活动，查出价值 850 万元的可供外调设备，价值 394.4 万元的可供外调材料，价值 260.3 万元的可供外调配件；查出外借机电设备 1568 台，设备原值 958 万元；清理出价值 1300 万元的小仓库积压物资，并进行内部调配；查出当年井下压架 1096 架，价值 4000 万元；撤出支架 152 架，价值 450 万元。1993 年，物资消耗主要通过定额控制。

表 10－22　1949—1993 年万吨煤主要材料消耗表

年度	坑木（立方米）	炸药（公斤）	雷管（个）	钢材（吨）	年度	坑木（立方米）	炸药（公斤）	雷管（个）	钢材（吨）
1949	53.90	496.5	4076	11.25	1972	78.01	4574	7318	5.74
1950	43.30	1243	6191	6.28	1973	76.52	4389	7095	6.37
1951	39.50	1574	7251	1.21	1974	77.19	4311	7150	7.07
1952	52.70	1993	6586	0.86	1975	72.71	3968	6313	5.93
1953	89.40	2056	5776	1.64	1976	70.35	3995	6379	5.05
1954	106.90	2581	6116	2.02	1977	71.16	4144	6899	5.99
1955	111.30	2143	5793	2.48	1978	67.54	3867	6693	5.99
1956	123.90	2103	5963	3.13	1979	63.99	3722	6524	5.46
1957	121.00	2226	5903	6.10	1980	57.95	3013	5289	6.74
1958	104.30	2731	6145	5.02	1981	59.52	2715	4967	6.99
1959	82.82	3414	6341	4.92	1982	56.94	2797	5010	6.98
1960	81.50	3452	5665	6.00	1983	51.68	2748	4721	6.42
1961	92,90	3990	6350	9.01	1984	49.97	2614	4527	6.81
1962	116.63	4209	6824	8.68	1985	48.49	2513	4419	5.05
1963	82.84	3903	6727	8.88	1986	42.88	2378	4133	4.28
1964	89.90	3564	6569	8.51	1987	45.24	2236	3896	5.16
1965	81.80	3334	6117	7.72	1988	38.29	2251	3522	5.21
1966	66.97	3493	6252	6.64	1989	32.87	2184	3345	5.43
1967	85.73	4349	7029	8.30	1990	30.75	1838	2897	5.17
1968	107.50	3594	5539	8.90	1991	29.88	1689	2621	5.77
1969	87.40	4148	6711	7.38	1992	26.62	1389	2072	4.70
1970	74.74	4352	7054	6.60	1993	24.21	1252	1860	4.07
1971	72.12	4313	6901	6.63	平均	69.82	2974	5590	5.88

②修旧利废。1991 年，修旧利废价值 3565 万元。1992 年，修旧总值为 5105.16 万元，吨煤受益达 1.5 元。1993 年，完成回收总额 849.8 万元，比计划提高 17%。废钢铁回收上缴 8742.5 吨，比计划提高 7%。修旧利废总值 5736.7 万元，比 1992 年提高 63.8%。

5. 煤质及计量管理

（1）煤质管理

1987 年，成立质量计量管理处。 1989 年，燕子山矿洗煤厂投产，年洗选能力 450 万吨。 产品为洗大块、洗中块和筛末煤。 洗煤厂包括煤流、矸石、介质和煤泥 4 个系统，洗选方法为重介排矸。 洗煤厂采用美国歌德公司生产的 584PC 和 984PC 主机，产品仓下给煤机直至装车定量系统均从美国派泊公司引进。 燕子山矿洗煤厂的投产，填补了大同矿务局的空白，标志着大同矿务局煤炭进入了精加工阶段。 1989 年，大同矿务局煤炭选块率提高到 39.64％。“七五”计划时期，先后实施了《大同矿务局煤炭产品质量奖罚办法》《大同矿务局商品煤质量监督实施细则》《大同矿务局超灰、超水扣产与降灰增收奖罚办法》《大同矿务局实行热值计价管理规定》《大同矿务局选煤目标责任制》《关于大同矿务局出口煤实行商检的办法》《出口煤质量责任制》《关于出口煤质量奖惩暂行办法》《关于加强外用煤炭质量清除杂物的管理办法》《关于保证进港和出口煤质量的措施》。“七五”计划时期，大同矿务局商品煤平均含矸率比“六五”计划时期降低 0.05％。

1991 年，四台矿洗煤厂建成投产。 年洗选能力 532 万吨，采用美国歌德公司主机，洗煤方式为重介排矸，产品为大块、中块和筛末煤。 同年，大同矿务局成立选煤处，负责煤质工作。 对煤炭质量实行了目标化管理，强化了煤质部门监督职能，并进行了大规模的市场调查，对部分用户给以质量赔款。 1991 年，各矿煤质管理实现标准化，商品煤质量有了较大提高。 煤峪口矿的 4 级末煤、云冈矿的 5 级末煤和忻州窑矿的 6 级末煤创全省优质产品。 1992 年，又有 4 个煤炭产品创省优：永定庄矿 5 级末煤、同家梁矿 6 级末煤、忻州窑矿 6 级末煤、大斗沟矿 4 级末煤。 出口煤质量也有了提高，万吨煤雷管含量下降到 0.36 枚，低于中国统配煤矿总公司的考核标准；亏吨率下降。 1993 年，根据用户的需要，调整了商品煤的规格，生产混煤、0—25 毫米混末煤、25—80 毫米 1 号造气煤、80 毫米以上 2 号造气煤。 每月向主要用户提供商品煤综合质量报表，并了解用户对煤质状况的反映。 把吨煤赔款额列入对矿的考核指标，如矿当月赔款超出计划指标，扣发全矿当月奖金的 6％。 到 1993 年底，选煤处下设办公室、选煤科、煤质科、行政科、化验室，配备有传真机、计算机、四通打字机、复印机等。各矿设煤质科和选煤厂。全局有煤质管理专职人员650名。化验室实现电脑程控，并配备有原子吸收分光光度计，西德产热量仪和电子天平等。全局15个生产矿均设有化验室。1993年，大同矿务局商品煤含矸率为0.07%。1991—1993年商品煤平均含矸率比“七五”计划时期降低0.03%。1993年，煤峪口矿3级混块、同家梁矿5级中块、忻州窑矿5级中块、白洞矿6级末煤、晋华宫矿6级末煤、四老沟矿6级末煤被评为“山西省信得过产品”。

表10-23　1952—1993年商品煤灰分和含矸率统计表(单位：%)

年度	商品煤灰分	商品煤含矸率	年度	商品煤灰分	商品煤含矸率	年度	商品煤灰分	商品煤含矸率
1952	7.94		1966	8.92	0.32	1980	9.48	0.16
1953	8.24		1967	9.43	0.31	1981	9.68	0.16
1954	9.09	0.71	1968	9.74	0.38	1982	9.63	0.18
1955	9.72	0.87	1969	10.22	0.48	1983	9.68	0.16
1956	9.59	1.25	1970	10.44	0.46	1984	9.54	0.15
1957	9.19	1.14	1971	10.42	0.34	1985	9.07	0.13
1958	9.18	1.56	1972	10.21	0.36	1986	9.17	0.11
1959	9.41	1.35	1973	9.88	0.30	1987	8.86	0.10
1960	8.92	1.24	1974	10.12	0.27	1988	8.26	0.11
1961	8.98	1.14	1975	9.68	0.22	1989	7.78	0.10
1962	9.26	1.32	1976	9.70	0.22	1990	7.71	0.09
1963	9.13	1.31	1977	9.86	0.26	1991	7.78	0.08
1964	8.75	0.38	1978	9.50	0.22	1992	8.28	0.08
1965	8.70	0.29	1979	9.56	0.17	1993	8.18	0.07

（2）计量管理

从1986年起，国家先后颁布实施《计量法》《计量法实施细则》《计量违法处罚细则》等一系列法令和法规。1987年4月，大同矿务局成立计量管理职能机构质量计量管理处（与煤质管理机构合设），在计量管理方面设有计量科。二级单位或与企管科，或与煤质科，或与质检科合设了计量管理职能机构。同年末，全局有专职计量管理人员 51 名。1987 年，制定了《大同矿务局计量工作定级升级评分细则》《大同矿务局计量管理暂行规定》。1988 年，局开始了计量定级升级工作。同年末，化工厂、中央机厂经大同市计量行政部门验收，取得了三级计量合格证书。1990 年底，大同矿务局及全局所有的二级企业均取得了三级计量合格证书。1991 年 3 月，大同矿务局成立了计量管理处，下设计量检测科、计量管理科、行政科，设此专门机构在全国煤炭系统属于首家。同年，新建计量实验室投入使用。至 1991 年底，全局有专职计量管理人员 100 余名，19 个二级企业取得二级计量合格证书。1992 年 9 月，大同矿务局所建 15 项计量标准均通过山西省和大同市计量行政部门的联合考核得到认证。从 1993 年 1 月 1 日起，所建计量标准对全局范围内的相应计量器具进行检定，结束了大同矿务局计量器具全部外委检定的历史。

到 1993 年底，中央机厂和挖金湾矿设立计量管理科，全局有专职计量管理人员 150 余名。计量管理处装备有测长机、万能工具显微镜、电三表（电流表、电压表、功率表）检定装置、电能表检定装置、二等标准砝码、恒温油槽、精密温度控制器、二等量块、二等标准活塞压力计等。能够对游标卡尺、千分尺、百分表、水平仪、热电偶、毫伏计、电位差计、衡器、天平、砝码、压力表、电流表、电压表、功率表、电能表 15 种计量器具进行检定。全局有 19 个二级企业取得二级计量合格证书，3 个二级企业取得三级计量合格证书。1993 年，局检定计量器具 2 万余件。

6. 调度管理

（1）生产调度

1989 年，大同矿务局调度系统安装了 HDJ－60 程控交换机；1991 年配备了 TRF－3200 单功电台，可以与全国各地直接通话；1993 年，计算机联网，加强了信息反馈。到 1993 年底，总调度室的设备主要有 CTL－2G 调度总机、传真机、无线电台、显示屏、计算机、复印机。局、矿有专职调度人员 280 名。

（2）经营调度

1985 年 4 月，大同矿务局总调度室设立经营调度科，矿（厂）调度室设立经营调度组，开始经营调度。经营调度由经营局长（矿、厂为经营矿、厂长）领导，主要为沟通经营信息。从同年6月1日起，局执行经营指标调度办法，变每月核算为5日核算。从1986年9月起，矿（厂）经营调度组向局经营调度科报表通过传真机传送。1987年底，经营调度通过计算机传输报煤炭部旬报和本局财务处快报。

1991年7月，根据中国统配煤矿总公司下发的经营调度工作达标考评试行办法实施细则，大同矿务局下发《关于〈大同矿务局生产经营调度工作达标考评试行办法〉的通知》。1992年3月1日，经营调度开始调度综采工作面搬家投入费用。各矿按日调度，5日汇总报局。1992年6月，局下发《转发能源部印发〈关于加强煤炭系统经营调度工作的若干规定〉和我局在经营调度工作中增加区队（车间）工作内容》的通知，强化了现场管理和班组经营日核算，重视来源于班组的经营信息。从同年7月1日起，矿（厂）经营调度实行日调度。9月，经营调度系统安装市程控电话。

到1993年末，全局15个生产矿、4个厂（二机厂未开设经营调度）开展了经营调度工作。局、矿（厂）设专职经营调度员，区队、车间设兼职经营调度员，全局共有专职经营调度员56名，兼职经营调度员255名，形成了横向到边，纵向到底，上下结合的经营调度信息网络。经营报表局对煤炭工业部实行旬报制，矿（厂）对局为5日报，矿（厂）内部为日报制。经营报表反映原煤产量、原煤成本（包括制造成本和期间费用总额）、盈亏指标、商品煤发运量、回收货款金额、未回收货款金额、期末账面库存煤量、压库资金、综采工作面准备费用投入、原煤全员效率、原煤电耗、发出商品煤灰分等指标完成情况。局、矿（厂）经营调度部门均设立了与经营报表内容相关的牌板和台账。部分单位区队（车间）经营调度建立了反映材料配件逐日消耗的原始记录、现场工作记录及台账和牌板。经营调度系统通过经营报表和专题分析，对生产经营过程中较突出的问题进行较为详细的分析，揭示差距，达到加强管理的目的。

7. 煤炭运销管理

（1）管理机构

1986年9月，煤炭运销公司发展为12个科室，9个直属队、站。同年，煤炭运销公司实行单独核算，成为局内经济承包单位。1990年2月，煤炭运销公司改为煤炭运销处。煤炭运销处于 1992 年 11 月，相继在秦皇岛、上海、沈阳、海南、北京设立了 5 个驻外联络处。1993 年 2 月，煤炭运销处改为煤炭经销公司，由局职能处室转变为经济实体。煤炭经销公司下设 16 个行政科室，7 个直属队、站，为经理办公室、人事科、财务科、监审科、档案科、计算机室、科技科、工程科、调度室、管理科、销售科、技术科、经营科、安监站、材料科、信息科、铁路队、电务队、供电队、口泉调运站、狼儿沟运销站、店湾运销站、燕子山车站。到 1993 年底，局运销系统有职工 6000 余名。

（2）销售管理

从 1988 年 1 月 1 日起，根据国家物价局、煤炭工业部（87）煤财第 774 号文规定，大同矿务局调整了煤炭价格。这次调价，把煤炭产品按粒度划分为混块一、混块、中块、小块、混末、末煤、混煤 7 类。混块一和混块分别按灰分含量分为 23 个等级（特—22 级），中块、小块、混末、末煤和混煤分别按灰分含量分为 22 个等级（1—22 级）。各类煤炭产品的每一个等级均定有基本价格，并在其基本价格的基础上加 15.6%。特级混块一和特级混块每吨基本价格均为 48.8 元，1 级中块每吨基本价格 48.6 元，1 级小块每吨基本价格 43.6 元，1 级混末每吨基本价格 35 元，1 级末煤每吨基本价格 35.7 元，1 级混煤每吨基本价格 36.1 元。同年，国家将煤炭分配指标分为指令性指标和指导性指标。在全国煤炭订货会议上，根据国家下达的分配指标订货。1988 年，大同矿务局指导性指标为 50 万吨。从 1989 年 6 月 1 日起，执行国家物价局、能源部中国统配煤矿总公司合编的《煤炭质量规格及出厂价格》，按发热量计价。弱黏煤按粒度划分为混块、中块、小块、混煤、末煤 5 类，各类煤炭产品根据发热量和含硫量分为若干个价格等级。混块分 64 个价格等级，矿场火车上交货最高价格等级为每吨 65.59 元，矿场火车上交货最低价格等级为每吨 34.78 元。中块分 66 个价格等级，矿场火车上交货最高价格等级为每吨 66.56 元，矿场火车上交货最低价格等级为每吨 34.28 元。小块分为 45 个价格等级，矿场火车上交货最高价格等级为每吨 60.88 元，矿场火车上交货最低价格等级为每吨 31.82 元。混煤分 37 个价格等级，矿场火车上交货最高价格等级为每吨 49.2 元，矿场火车上交货最低价格等级为每吨 25.71

元。末煤分 63 个价格等级，矿场火车上交货最高价格等级为每吨 48.97 元，矿场火车上交货最低价格等级为每吨 25.59 元。按发热量计价的销售对象只限于冶金、发电、铁路部门，其他用户仍按灰分计价。从 1990 年 8 月 20 日起，根据国家物价局、能源部《关于颁发提高计划内价格实施方案的通知》，把计划内综合煤（含原煤、选煤、洗煤）每吨基本出厂价提高 10 元。提价后的煤炭出厂价格计算公式为：出厂价格＝价格目录价格×（1＋该大区提价幅度）×（1＋该大区增产煤加价幅度）。大同矿务局为：出厂价格＝价格目录价格×1.219×1.156。

从 1991 年 12 月 10 日起，根据国家物价局《关于提高统配煤炭出厂价格和严格控制连锁反应的通知》，统配综合商品煤（含原煤、选煤、洗煤）售价平均每吨提高 5 元。华北地区指令性统配煤炭出厂价格的提价幅度由 21.9％提高到 33.7％。大同矿务局煤炭产品出厂价格为：产品出厂价格＝价格目录价格×1.337×1.156。从 1992 年 7 月 1 日起，执行国家物价局重工商品价格司下达的提高煤炭价格实施方案，统配煤矿指令性综合商品煤平均每吨出厂价格提高 10 元，其计算公式为：按灰分计价的出厂价格一煤炭灰分基价×煤种比价×水分比价×硫分比价×块煤限下率比价×（1＋地区差价幅度）；按热值计价的出厂价格＝发热量基价×浮煤可燃基挥发分比价×品种比价×硫分比价×块煤限下率比价×灰分系数×（1＋地区差价幅度）。同时，取消计划外煤炭最高限价和增超产加价。1992 年，国家缩小煤炭分配指令性指标，扩大指导性指标。大同矿务局指导性指标扩大为 400 万吨，约占外销煤炭总量的 11％。1986—1993 年，大同矿务局外销煤炭 2.67 亿吨，其中出口煤炭 1709.7 万吨。平均年销售量比“六五”计划时期增加 22.22％。平均年出口量为“六五”计划时期的 2.01 倍。销售收入 159.63 亿元。1993 年，煤炭内地流向仍为北京市、天津市、上海市、河北省、山西省、内蒙古自治区、辽宁省、吉林省、黑龙江省、江苏省、浙江省、安徽省、福建省、江西省、山东省、河南省、湖北省、湖南省、广东省、广西壮族自治区、海南省、贵州省、陕西省、甘肃省、青海省、宁夏回族自治区。境外出口则为日本、韩国及中国香港等地区。

表 10-24 1949—1993 年大同矿务局煤炭销售数量及收入表

年度	销售数量(万吨)	销售收入(万元)	年度	销售数量(万吨)	销售收入(万元)
1949	7.37	19.9	1972	1246.07	28833.7
1950	36.98	152.8	1973	1306.03	30748.0
1951	101.14	982.9	1974	1531.40	35676.5
1952	207.24	2754.5	1975	1757.30	41241.5
1953	230.24	2494.5	1976	1891.60	44498.2
1954	321.86	4103.7	1977	2046.52	47547.3
1955	420.60	5465.5	1978	2283.33	53655.9
1956	423.45	3197.4	1979	2316.05	68115.3
1957	477.74	7184.2	1980	2406.68	78692.7
1958	719.26	12639.7	1981	2376.42	77941.5
1959	952.41	14022.9	1982	2527.17	84344.3
1960	1298.49	18802.6	1983	2685.19	88558.0
1961	802.24	12349.2	1984	2762.52	92995.7
1962	753.73	12545.5	1985	2975.08	103486.0
1963	839.61	15006.3	1986	3167.41	113616.8
1964	906.53	18157.6	1987	3252.81	132929.0
1965	948.47	22673.3	1988	3240.13	143544.0
1966	989.17	23946.9	1989	3284.56	174850.0
1967	659.00	15716.6	1990	3098.12	188530.1
1968	863.84	20416.3	1991	3446.67	230884.0
1969	1003.12	24426.9	1992	3421.46	259045.1
1970	1148.90	27046.2	1993	3768.02	352939.0
1971	1174.05	28495.8	合计	72075.98	2765273.8

(3)调运管理

1986 年后，煤车调配基本上是铁路单方面决定。是年起，随着铁路运输紧张，车流服从货流变为货流服从车流，煤炭发运计划和合同的兑现率逐年下降，虽然销售科提报的日外运计划是经过大同铁路分局批准的，但首先必须按大同铁路分局下达的或临时调整的各路局车流去向组织发运，其次才按“大户均衡，小户定点”的原则实行急用先发，保证重点，兼顾一般。为了缓解铁路运输紧张状况，铁路方面组织直达列车和成组列车，以减少途中列车编解作业时间；矿务局按铁路的要求补充计划、调剂所装煤炭品种等，为铁路外运量的增加创造条件。1988 年，局煤炭运销公司开始用计算机编制煤炭调运程序，提高了工作效率。同年，大秦线一期工程竣工通车，开行了重载单元列车，由双机车牵引，每列 72 车，运量大增。1988 年，燕子山矿投产，煤炭运销公司新建了店湾运销站（包括 3 个煤台）、狼儿沟运销站。燕子山矿装车点引进美国最新定量漏斗装车系统，42 秒便可装满一车。至此，大同矿务局发展到 20 个装车点。1990 年，全局有 27 个露天煤场，储煤能力为 171.4 万吨。装车煤仓 195 个，有效容量 13.9 万吨，年装车能力达到 3821 万吨。1991 年，四台矿投产，其装车系统亦为定量漏斗。同年，全局装车点达到 21 个。同年，大同铁路分局口泉火车站有 9 台机车，其中 6 台用于矿山取送作业，1 台用于场调，1 台用于峰调，1 台用于站内专用线作业，均为蒸汽机车。全局日均装车 1800 余节车厢。1993 年，由大同矿务局、地方煤矿、部队煤矿、大同水泥厂集资购置 8 台内燃机车，大同铁路分局调入 2 台内燃机车，在口泉火车站作业。同年，全局有 22 个装车点。有露天储煤场 27 个，储煤能力为 196.6 万吨。装车煤仓发展到 202 个，有效容量 21.26 万吨，年装车能力 3971 万吨。有推煤机 141 台，轨道衡 31 台。日均装车 1670 车，平均每批车装车时间为 2 小时。至此，煤炭经销公司调运站仍设在口泉火车站综合调度楼内，路矿共司营运。1986—1993 年，全局铁路外运煤炭 2.74 亿吨，比“六五”计划时期年均增长 30.77%。

表 10－25 1993 年大同矿务局储装运基本情况表

单位	装车煤仓			露天储煤场				装车能力(年/万吨)	每批最多装车数	日均装车批数	每批装车时间(分)	装车计量方式	轨道衡数量(台)
	数量(个)	设计容量(吨)	有效容量(吨)	数量(个)	存煤量(万吨)	每小时回煤能力(吨)	推煤机数量(台)						
全局	202	230360	212570	27	196.6	10413	141			89	124		31
煤峪口矿	9	800	910	1	8	400	7	3971	20	9	100	轨道衡	2
永定庄矿	17	2070	2070	1	8	523	6	260	30	6	100	轨道衡	2
同家梁矿	13	11500	6800	1	15	500	8	225	25	8	120	轨道衡	1
四老沟矿	16	2100	2000	1	10	450	7	300	30	6	120	轨道衡	3
忻州窑矿	20	2520	1180	1	9	500	8	300	20	8	100	轨道衡	4
新白洞矿	9	650	920	1	8	300	8	250	30	4	150	轨道衡	2
雁崖矿	11	6700	7060	1	6	400	7	140	30	5	150	轨道衡	2
挖金湾矿	12	1000	1000	1	10	240	6	217	31	4	120	轨道衡	2
晋华宫矿	21	6260	6260	2	9	930	10	200	100	4	180	轨道衡	4
大斗沟矿	13	4500	5850	1	6.6	600	7	350	22	5	120	轨道衡	2
王村矿	18	2090	2880	1	9	400	7	200	32	6	120	轨道衡	2
云冈矿	6	24000	24000	1	3	700	3	190	54	5	160	轨道衡	2
燕子山矿	5	81800	75000	2	15	700	7	495	75	2	180	量尺	
四台矿	5	81800	75000	1	5	700	5	320	75	2	100	量尺	
店湾中心				1	9	720	9	150	24	2	120	轨道衡	2
店湾总公司				1	10	600	6	90	18	3	150	量尺	
店湾四台处				1	10	500	4	70	20	2	120	量尺	
老白洞	7	640	640	1	5	150	2	60	12	3	120	轨道衡	1
青羊湾				1	3.5	200	5	20	13	2	90	量尺	
小青羊湾				1	1	200	2	30	6	1	60	量尺	
挖东沟	20		1000	1	1.5	500	1	20	5	1	60	量尺	
狼儿沟		900		3	20	200	8	30	49	1	180	量尺	
新马站				1	10		8	54					

第四节　在同期煤矿中的历史贡献及行业地位

第七个五年计划时期（1986—1990 年）及第八个五年计划时期（1991—1995 年）是我国计划经济体制向市场经济过渡的时期。此时期的煤炭工业处于新管理体制及新经营体制的探索时期。新的管理及经营体制，极大地解放了生产力，山西煤炭工业进入了高速发展阶段。

“七五”计划时期，全省共销售煤炭 121500 万吨，其中，省内销售 31700 万吨，外销 89800 万吨，分别比“六五”时期增长 29.4%和 63.3%。①

“七五”计划时期，大同矿务局共外销煤炭 16043.03 万吨，占同期山西煤炭销售量的 13.2%。平均年销售量比“六五”计划时期增加 22.22%，平均年出口量为“六五”计划时期的 2.01 倍。②

此时期，大同煤矿在生产过程中继续更新技术装备，改革采掘部署，生产过程中的科技含量更上一层楼。

1986—1993 年，大同矿务局围绕生产建设重点开展科技攻关和新技术推广。“七五”计划期间，承揽了“厚煤层分层自动铺联网液压支架及配套设备”“均压灭火自动监测与调节”“薄煤层强力爬地采煤机及配套综采设备”“厚煤层 4.5 米一次采全高综采配套设备与工艺”四项国家重点科技攻关项目，推广应用了“六五”科技成果。在综采设备方面，大同矿务局针对侏罗系煤层不同厚度、不同顶板条件，先后研制了 TZ－720 型大吨位强力液压支架、中厚煤层支架、自动铺联网支架、薄煤层支架、金属网下分层放顶支架和 4.5 米一次采全高等 15 种液压支架。1986 年，成功研制了第一套切顶支柱，并于 10 月 8 日在同家梁矿 11 号层 8710 工作面进行工业性试验，平均每工效率 13.2 吨，为大同矿务局单体液压支柱配备切顶支柱

①《中国煤炭志》编纂委员会：《中国煤炭志·山西卷》，煤炭工业出版社，1995 年，第 7 页。

②《中国煤炭志》编纂委员会：《中国煤炭志·山西卷》，煤炭工业出版社，1995 年，第 7 页。

使用提供了经验。1989 年，成功研制 ZQS - 2400 型和 QZS - 2400 型两部斜撑式挡矸板的新型切顶支柱。到 1992 年，自行开发支架 4025 架，占支架总数的 53%，基本实现了综采设备国产化和系列化。在这期间，研制开发了 300AW 矮型、MG344 - PWD 型电牵引采煤机和 EAG200、5MG200 型采煤机。MG344 - PWD 型电牵引采煤机是我国第一台大功率薄煤层无链交流电牵引采煤机，经工业性试验，最高月产 5 万余吨。该机的研制成功，标志着我国薄煤层采煤机的研制水平达到 20 世纪 80 年代末的国际水平。在基建方面，在地基和基础工程中，采用了强夯、灌注桩新技术；在地面立井井塔、选煤场筒仓和锅炉烟囱施工中，运用了滑模施工工艺；在高层楼房建筑中，采用了大模板施工工艺。在斜井施工中，1991 年试验成功大断面斜井机械化配套及快速施工工艺，其综合技术达到国际先进水平。在安全技术方面，应用了 KTA - VP - Ⅱ 型提升安全监控装置，研制并推广应用了斜井“一坡三挡”防跑车装置、便携式数字显示报警仪、智能瓦斯检测仪、安全式报警矿灯。1989—1990 年，成功研制了 AFM - 6 型皮带自动防灭火装置，该装置具有监测、报警、断电、灭火和备用电源 5 种功能。在煤炭加工利用方面，进行了大同煤合理化分选和利用研究，对型煤和水煤浆进行了开发研究。1992 年，永定庄矿研制成功“大同型煤”，经测试，该产品 CO 和 CO_2 有害气体比烧散煤分别降低 83%和 38%，烟尘排放量比烧散煤降低 79.1%。在地质方面，研制成功了槽波数字地震仪，采用槽波地震探测采煤工作面内小断裂构造和无炭柱、冲刷带等。1986 年，大同矿务局成立计算中心，各矿相继设立计算机室。至 1993 年，全局共有各种微机 400 余台，计算机专业技术人员 170 名。在生产领域中，计算机应用到调度系统（在全煤系统首家实现联网）和安全监测、矿压观测、地质测量以及辅助设计、矿图绘制。在管理方面，计算机应用到了计划、财务、劳资、机电、器材、运销、干部人事等系统中。

此时期，以大同煤矿为中心的工业布局进一步完善，我国重要的电力企业神头第二发电厂在大同周围建设投产发电，向京津地区供电，标志着山西能源基地发挥重要作用。

神头第二发电厂位于朔州市境内，于 1988 年 3 月正式开工，1991 年 7 月建成，是山西省乃至华北地区第一座单机容量最大的火力发电厂，是山西电网和京津唐电网的主力发电厂之一，设计总装机容量为 2000—2200 兆瓦，分两期建成。一期工程是国家“七五”“八五”计划期间重点建设项目；二期扩建工程于 1997 年 7 月经国务院批准，可行性研究报告于 2001 年 2 月经国家计委批准，2002 年 8 月正式开工，预计 2005 年投入商业运营，该项目是国家“西电东送”北通道首批开工项目之一。该电厂代表了当时中国发电企业的最高技术水平和管理水平。全厂建立了以计算机管理信息系统（MIS）网络为平台的适应信息化建设的、新型的管理基础工作流程和运作模式，保持了信息畅通，提升了企业管理水平；建立了以反违章、反事故为重点，以落实各级安全生产责任制为保障的全员、全方位、网络式安全监督保证体系，严格安全监督的职能到位、职责到位和考核到位；推行以 ISO9002 质量保证体系、OSHMS 职业安全健康管理体系和点检定修制为核心的生产管理模式，加大技术和质量管理力度，优化机组运行方式，节能降耗，提高了设备的可控性、可靠性和经济性。

在电厂的建设和运营期间，党和国家领导人曾亲临现场视察。神头二电厂干部职工没有辜负各级领导的重托，在全厂干部职工的努力奋斗下，被原电力部命名为“安全文明生产达标企业”，被华北网局命名为“无渗漏火电厂”“二星级企业”“双文明单位”，被华北电力集团命名为“三星级企业”，被山西省环保局评为“环保达标企业”，被中华全国总工会授予“全国职工体育先进单位”“全国模范职工之家”的称号，被中宣部、司法部评为全国“三五”法制宣传教育先进单位，连续 9 年保持了“省级文明单位”荣誉称号，2002 年，被国家电力公司命名为“双文明单位”和“一流火力发电厂”。

第十一章

大同煤矿转型发展的艰辛探索（1996—　）

山西作为我国重要的能源基地，对全国煤炭行业发展及国家能源发展战略举足轻重。新中国成立以来，山西累计生产煤炭140亿吨，约占全国同期产量的30%左右，其中累计外调煤炭100多亿吨，约占全国省际煤炭调出量的70%以上，为全国经济发展提供了强大的能源支持。20世纪80年代，国家为满足能源，特别是煤电需求，在山西实行有水快流的阶段性政策，小煤矿如雨后春笋般破土而出。在一定程度上缓解了煤炭供应长期紧张的局面，却也衍生出非常严重的资源浪费、环境破坏、事故频发等不可持续发展的问题。山西兴于煤，困于煤，20世纪90年代中期以后，逐渐陷入“煤越产越多，钱越赚越少，市场越来越窄，话语权越来越小”①的窘境。

其实，山西的发展问题在一定程度上可以说是全国乃至世界发展问题的缩影。20世纪70年代初，围绕着“增长极限论”而展开的大争论，产生了一种新的经济发展理论——可持续发展理论。它要求改变单纯追求经济增长、忽视生态环境保护的传统发展模式，由资源型经济过渡到技术型经济，综合考虑社会、经济、资源与环境效益，积极控制人口增长。通过产业结构调整和合理布局，应用高新技术，实行清洁生产和文明消费，协调环境与发展的关系，使社会经济的发展既满足当代人的需求，又不至于对后代人的需求构成危害，最终达到社会、经济、生态和环境的持续稳定发展。可持续发展理论早已从学者学术讨论转向付诸实践，成为全人类面向21世纪的共同选择。

---

① 李中元：《山西资源整合的记忆与启示》，山西人民出版社，2012年，第2页。

就大同煤矿而言，1949 年建局以来，国家先后共拨款 50 亿元，用于企业的改建和扩建，生产水平随着生产规模的扩大和采掘机械化的发展而不断提高。经过 20 世纪 50 年代的恢复建设，煤炭产量在 1959 年突破 1000 万吨。1979 年，年产已达到 2404 万吨。在改革开放的推动下，企业依靠科技进步，1985 年，煤炭产量达到 3080 万吨，是国内唯一的年产突破 3000 万吨的特大型煤炭企业。

盛极而衰是事物发展的规律，大同煤矿亦不能免。其时，中国经济发展模式开始由计划经济向市场经济转变。大同煤矿也经历着同国家包销向市场营销的经营方式转变的阵痛。

1996 年，全国煤炭市场供大于求，由卖方市场变为买方市场，形成了先发煤、后付款的模式。企业只能以销定产，产量大幅下滑，应收账款居高不下，资金周转困难。1999 年与 1996 年相比，煤炭产量减少了 747 万吨，下降了 20.1%；销量减少 519 万吨，下降了 20.1%；煤炭售价 103.6 元/吨，下降了 29%；账面利润下滑，到 1999 年已亏损 3.95 亿元；应收账款由 8.31 亿元急增至 1999 年末的 24.31 亿元，增长了 16 亿元。再加上企业历史久，人员多，负担重以及企业办社会等多种因素的影响，一度陷入困境。在市场疲软的同时，国家政策也出现了变化，政府对该行业的支持力度降低。1998 年，企业由山西省地方管理。①

在困境面前，企业如何发展？这是一个攸关生死的大问题。大同煤矿干部职工的回答是：转型发展。

山西及大同煤矿的现实境遇及全球可持续发展的大潮，构成了 20 世纪大同煤矿转型发展探索的历史背景。

第一节　转型发展的背景、路径

煤炭是我国的主要能源，在相当长的时间里都将在能源结构里占绝对优势的地位。但煤炭属于不可再生资源，煤炭企业是典型的不可再生资源

① 杜斌：《大同煤矿集团公司发展历程研究》，《华北金融》，2006 年，第 59 页。

型企业，在其资源枯竭后，如何生存和发展？ 这是人们普遍关注的问题，也是一个世界性难题。 我国的大型煤炭企业多为计划经济时代建立的国有企业，随着市场经济改革的步伐，问题逐渐显现，已到了步履维艰的境地。 为此必须在困难中求发展，在困境中求生存，尽快转型走可持续发展的新路子。

大同煤矿经过多年开发积累了诸多问题，阻碍企业的进一步发展。 主要是：高投入、高消耗、高污染、低效益的粗放型增长方式，必然会导致资源的枯竭，酿成灾难性的环境污染后果。(1) 产业单一化，产品初级化，经济增长粗放。 大同煤矿作为国家重点能源企业，从成立到现在共为国家生产煤炭 13 亿吨，现生产能力为 600 万吨，但产品的转化率低，煤炭洗选能力仅为原煤产量的 1/2。 行业技术水平不高、产业链条短、产品附加值低，非煤与煤炭的总销售收入比例为 1.7 ∶ 8.3，企业经济增长方式主要依赖煤炭产量的增长，企业抗风险能力弱。(2) 环境污染严重、生态脆弱。 由于常年开采，对生态环境破坏非常严重，地质灾害、空气污染、水资源破坏、水质污染、固体废物污染已经直接影响到矿区的生产生活。 目前，大同矿区因采煤造成的沉陷面积达 345.26 平方公里。(3) 煤炭资源枯竭，次级资源、伴生资源大量废弃。 目前，大同煤矿集团 49 座矿井中，有近一半临近枯竭，已有 6 个矿井因资源枯竭而破产，特别是一些重组矿井资源回收率不足 50%，残余的煤炭储量与煤炭伴生的次级资源煤矸石等大量废弃。 现在集团本部有矸石山 61 座，其中正在使用的 24 座。 历年积累的矸石山存量为 800 万吨，占地 4000 多亩，并且每年以 400 万吨的速度递增。 煤矸石山自燃破坏了环境，影响了地下水、土壤土质和空气等的质量，集团要发展壮大，就必须通过产业链的纵向延伸、横向拓展和就地循环，走传统工业新型化，新兴产业规模化的道路，建设资源节约型和环境保护型企业，只有这样，才能从根本上缓解资源约束矛盾和环境压力，才能促进人与自然的和谐，实现全面协调可持续发展。

为了解决上述问题，大同煤矿的转型沿着体制转型及产业转型两个方面进行了艰辛探索。 前者是后者的制度保障。 政府曾就研究解决同煤集团公司扭亏脱困问题召开现场会，提出了“煤炭市场好转，全国看山西，山西看大同”的要求，并现场部署出台了一系列支持和优惠政策，为企业的发展创造了良好的政策条件。

在体制转型方面，1998 年 10 月，国家对煤炭行业实行“关井压产”的政策，关闭生产能力低、资源浪费严重的小煤矿，以保证大型煤炭企业的正常发展。大同煤矿顺势而为，开始了转型发展。其时，大同市共关闭 572 座有证矿井，压减产量 2700 万吨。在此情况下，2000 年 7 月，大同矿务局正式改组为大同煤矿集团公司（以下简称“同煤集团”），从建制上完成了市场改革的第一步。随着市场经济改革的不断深入，党和政府加大了对煤矿安全工作的管理力度，制定了“关闭小煤矿，走大集团、大基地”的发展规划。同煤集团抓住有利时机，通过收购、兼并、入股和托管等形式，加快对大同市南郊区、新荣区、左云县、矿区、城区及朔州、忻州等地市的资源整合步伐，轩岗、小峪、王坪、铁峰、同新马道头、麻家梁等 20 多个单位进行重组，并获得成功；内蒙古召富、华富两个露天矿的合作开发进展顺利，建成了第一个省外资源扩充桥头堡，一举成为国内年产亿吨的大型煤炭集团公司和出口煤基地，其“大友”牌煤炭产品以含硫低，灰分低，发热量高畅销世界各地。①

在产业转型方面，同煤集团开始探索多元布局、绿色发展、循环经济的产业结构。

（1）布局多元发展

煤炭企业的优势在于煤炭资源的持续需求，而在市场经济下，面对多种能源的竞争，面对煤炭资源利用生成的环境问题，单一的煤炭经营使企业陷入困境。在困境面前，同煤人认识到应在做强做大煤炭产业、提升主业竞争能力的同时，有效整合企业的煤炭资源优势、技术优势和管理优势，延伸煤基产业链，实施多元化发展战略，针对产业结构单一化，进行产业体系转型与产业结构优化升级，加快发展煤化工、电力、冶金、机械制造、物流贸易信息、新型材料、文化旅游、建筑建材房地产等产业，实现传统产业新型化、优势产业规模化、新兴产业支柱化、产业布局集群化，推进主导产业多元化与产业结构高级化，降低经济增长对资源的

---

① 左新春：《国有煤炭企业转型发展和生存的途径》，《集体经济》，2008 年，第 68 页。

依赖。①

开发文化旅游是大同煤矿多元布局的典型举措。

山西大同煤矿集团晋华宫矿位于大同市西 12.5 公里处，与世界文化遗产云冈石窟隔河相望。

晋华宫矿煤炭储量丰富，开采历史悠久，于 1956 年 1 月 15 日正式成立，矿井盛产优质动力煤，以低硫、低灰、高发热量闻名于世。2012 年，晋华宫矿原煤产量达到 570 万吨，圆满完成了同煤集团下达的生产目标，刷新了建矿以来年产量最高纪录。目前，累计为国家生产煤炭 1.5 亿吨，为祖国的煤炭事业做出了重大贡献。

凭借得天独厚的地理位置、深厚的文化底蕴，晋华宫矿响应国家、省市以及集团公司转型跨越发展的新要求，坚持走产煤与旅游双轮并驱的转型跨越发展之路，于 2001 年建成“煤都井下探秘游”，于 2012 年 9 月 7 日建成晋华宫国家矿山公园。

晋华宫国家矿山公园荣获“国际休闲生态旅游示范区”“国家级 4A 级景区”，晋华宫国家矿山公园井下探秘游荣获“全国科普教育基地”等多项荣誉称号。

晋华宫国家矿山公园占地面积 36 万平方米，由煤炭博物馆、工业遗址参观区、仰佛台、石头村、晋阳潭、井下探秘游、棚户区遗址区七大景区组成，整体概念突出营造“七大园区”，即发展矿山旅游文化产业、为世人留下矿业完整记忆的文化创意园；集工业遗址保护、体味佛教文化与煤文化于一体的旅游观光园；走资源型企业转型发展之路的转型示范园；体验生活乐趣、倡导绿色环保的采摘体验园；积聚山西风味小吃的特色美食园；集吃、住、行、购、游为一体的休闲度假园；环境治理与绿色矿山建设为一体的生态示范园，成为展现中国煤炭行业发展、了解煤炭文化的重要窗口。②

（2）走绿色发展、循环经济之路

绿色发展是人类反思粗放工业发展模式而提出的新的发展理念。从内

---

① 马文章：《煤炭企业转型发展的思考》,《煤炭经济管理新论》第 12 辑，第 93 页。

② 秦天平：《大同煤矿实现产煤旅游双发展》,《国际商报》,B02 版，2013 年。

涵看，绿色发展是在传统发展基础上的一种模式创新，是建立在生态环境容量和资源承载力的约束条件下，将环境保护作为实现可持续发展重要支柱的一种新型发展模式。具体来说包括以下几个要点：一是要将环境资源作为社会经济发展的内在要素；二是要把实现经济、社会和环境的可持续发展作为绿色发展的目标；三是要把经济活动过程和结果的“绿色化”“生态化”作为绿色发展的主要内容和途径。循环经济则是绿色发展的重要途径。循环经济就是在物质的循环、再生、利用的基础上发展经济，这是一种建立在资源回收和循环再利用基础上的经济发展模式。其原则是资源使用的减量化、再利用、资源化再循环。其生产的基本特征是低消耗、低排放、高效率。

大同煤矿在绿色发展、循环经济方面进行了不懈的探索。同煤集团改革发展实践中，把“绿色循环、高效安全、转型跨越”作为集团公司科学发展的有效途径。

①绿色开采，立体循环

大同煤矿集团在煤炭生产中绿色开采，不断提高生产效率，变粗放生产为精细生产、高碳产业、低碳技术。通过优化采煤工艺、加强矿压研究，掌握上覆岩层活动规律，积极研究，实施好“三下”采煤技术和工艺，确保在采煤过程中地表不塌陷，水体、地面建筑物和植被不被破坏，从而使生态环境得到保护。同煤集团发展循环经济以园区为载体，已经建成了中国煤炭工业第一个循环经济园区——塔山循环经济园区，还规划建设东马潘、朔南、轩岗、白家沟等共 5 个超百亿元级的循环经济园区。园区建成后，园区内各项目首尾相接、环环相扣，用上游企业的废物做下游企业的原料。园区仅通过节水、节能、减少“三废”排放，每年就节支 16 亿多元。2011 年，同煤集团荣获国土资源部颁发的“国家首批矿产资源综合利用示范基地”称号。

②集约高效，本质安全

同煤集团把装备现代化、高端化、大型化放在首位，以达到世界一流水平，实现高产高效。按照“一矿一策、一面一策”的原则，实现装备的整体提升。通过开展掘锚一体化、掘探一体化、掘抽一体化和掘进机械化技术攻关和设备引进，以保证矿井的高效采掘和安全生产。积极研究探索并大胆实践特厚煤层大采高综放开采成套技术。重点研究和开展以塔山、同忻为代表的11个千万吨矿井的安全高效开采，总结提升一次采全高新工艺和大采高放顶煤新工艺为主导的相关技术群的发展。积极创新煤矿安全管理体系，促进本质安全。纵向推行“金字塔”安全系统管理，构建“系统领导，专业管理，职责分明，主体清楚”的安全管理体系。2011年，全公司百万吨死亡率为0.017。

③煤电一体，转型跨越

同煤集团加快产业结构调整，在煤炭产量逐年增长的同时，延伸煤炭产业链，建设大型坑口电厂，实现煤电并举，多元发展。“十二五”规划期间，同煤集团将按照山西省转型跨越发展、打造“双千亿”企业的要求，拓宽领域，以煤为基，多业并举，形成煤—电—建、煤—电—化（气）、煤—冶—机、煤—电—铝、煤—电—硅五条产业链。

在“绿色循环、高效安全、转型跨越”理念的支撑下，同煤集团始终严格遵守环保法律法规，落实目标责任，强化管理措施，坚持走节能减排、低碳发展、生态环保、循环经济的发展道路。这不仅使同煤集团得到快速发展，也促进环境保护的践行，力图为大众树立一个绿色、环保、有责任的企业新榜样。①

晋化宫矿是成效显著的下属企业。晋华宫矿高度重视企业发展与环境保护协调统一，并树立了“资源是煤矿企业的生命线、废物是放错位置的资源”的新理念，充分认识到，不仅煤炭是资源，井下采空区、煤矸石、井下污水等同样是宝贵的资源，因此开拓了新思路，广泛应用了新技术、新装备、新工艺，工作面资源回收率始终保持在98%以上，盘区回收率保持在85%左右，矿井回收率78%左右，保持国内同类企业领先水平。晋华宫矿为了实现节能减排目标，制定并实施一系列节能管理制度，通过不断淘汰高耗能设备，减少锅炉数量等方式，2009年，二氧化硫消减3吨，2010年，二氧化硫消减1.5吨，2011年，二氧化硫消减1.5吨，既节约了能源，又减少了锅炉废气的排放。同时，企业将煤矸石包括洗煤矸等固体

①《绿色循环高效安全转型跨越——记大同煤矿集团有限责任公司》,《环保企业展示》,第79页。

废弃物全部集中堆放，通过填埋、覆盖、绿化以及深加工，实现了资源循环利用。不仅如此，企业生产、生活废水经过投建的 3 个净化站联合运行，采用水力循环加无阀滤池的处理工艺后，矿井水经沉淀后返回井下洒水灭尘用，有一部分作为办公楼卫生用水和花园绿化用水。为了充分利用水资源，晋华宫矿还于 2012 年建成 2 座设计处理能力分别为 4000 吨/日的矿井水处理厂和处理能力为 2000 吨/日的生活污水处理厂。生产、生活废水将均能做到达标排放，重复利用率达到 100%。晋华宫矿为了加大节能减排的力度，先后投资 2200 万元，分三次对矿内 95 栋楼房及 2 所学校，总面积约 22 万平方米实施汽改水工程，共拆除锅炉房 5 座，改造后每年节煤约 1.5 万吨，节约资金 852 万元；节水约 18 万吨，节约资金 101.8 万元；节电约 303.2 万度，节约资金 212.2 万元；节省材料配件费约 100 万元；节省人工工资约 270 万元。累计每年节约资金达 1436 余万元。2010 年，新建 20 栋居民楼，供热面积 62000 平方米，为此改造了医院锅炉房五台锅炉，在不增加锅炉台数的情况下为新建居民楼提供热源，每年可再多节约 800 多万元。

第二节　转型发展的工程技术措施

企业转型发展的目标需要具体的工程技术措施来实现。大同煤矿转型发展探索的工程技术路径主要是两个方面：煤电一体化；煤化工。

一、煤电一体化的工程技术实践

煤电一体化是煤电行业近年来的热点。煤电一体化原是 20 世纪 80 年代即已提出的概念，当时专指煤矿电厂一体化运营的企业，一般都是一矿一厂，统一核算，主要是针对煤资源的有效利用。这种模式在电力行业尽管很早提出，发展步伐并不快，而是在煤炭企业结合消化产能与综合利用中得到较多的实践。为探索煤电一体化之路，运作以提高生产效率的一种方式。

煤电一体化有利于煤炭企业延长产业链条、降低经营风险和成本、提高能源系统的整体效率；有利于煤炭、电力与生态环境的综合治理，从而促进经济社会的可持续发展。因此，煤电一体化是有效降低生产成本，提高市场竞争力的重要途径。实现煤电一体化，燃料成本优势明显，同时，坑口发电可以减少煤炭运输成本，且不受运力紧张的制约。同煤集团实施煤电一体化的主要做法是做强煤炭产业，做大电力产业，实施煤电联营，提高整体效益。

同煤集团煤电一体化较为成功的案例是塔山工业园区的建设。

塔山园区于 2002 年开工建设并获得国家批复，是国家批准建设的煤炭行业第一个循环经济园区项目。塔山工业园区是一座以塔山矿井为龙头，集选煤厂、坑口电厂、资源综合利用电厂及资源综合利用电厂外网、高岭岩深加工厂、水泥厂、砌体材料厂和铁路专用线等 9 个项目为一体的新型煤炭工业园区，又是一座集环保、绿化、矿容、矿貌生产建设为一体的生态园林式矿区。一期工程为塔山矿井、塔山选煤厂、资源综合利用发电厂、塔山坑口电厂、塔山高岭岩加工厂、资源综合利用电厂外网、园区铁路专用线。塔山工业园区总占地面积 25.24 平方千米，在规划上充分利用地形高差，使煤流方向自高向低流动，各厂以园区主干道为中轴线，按原材料的来源进行合理布置，并力求工艺合理，系统简单，功能分区明确，减少环境污染。设计上按照“以煤为主，多业并举，综合发展”的思想，形成以矿井为龙头，以煤炭深加工和资源综合利用为目的，实现以煤为主，多业并举的产业链。

1. 塔山矿井工程设施

（1）塔山矿井。口泉沟地区原侏罗系老矿井共有 10 个，按传统的设计理念向下延深，应建设 10 个 300 万吨左右的矿井，难以建设大型现代化矿井，无法实现集约、安全、高效开发。塔山矿井践行新的设计理念，即对石炭二叠系煤炭资源进行整体规划与布局，在原侏罗系老矿井区域下部，规划了 2 座千万吨特大型现代化矿井；年设计生产能力 1500 万吨，采用平硐开拓方式——主副平硐平行掘至 3—5 号煤层；它是目前全国乃至世界生产规模最大的井工型矿井之一。塔山井田属于石炭二叠系煤层，根据划定范围的地质储量为 50 亿吨，可采储量 30 亿吨，塔山矿井服务年限可达 132 年，矿井建设总投资 6 亿元。矿井设计依据地貌情况将工业场地布置于井田之外，大大缩短了产、运、需之间的距离，降低运输成本，达到了效益最大化。综合布局煤炭及伴生资源的开采与循环利用。

（2）洗煤厂。年设计能力150万吨，采用目前世界上较先进的洗煤工艺，建设总投资43亿元。通过洗选加工，除煤炭产品外，高岭岩和煤研石均达到下游产业的原材料标准。

（3）2台60万千瓦的塔山坑口电厂。建成后主要供山西北部地区用电，同时，还可解决塔山工业园区的供热问题，工程计划总投资25亿元。电厂年产灰渣94万吨，直接进入园区内砌体材料厂和水泥厂，实现灰渣的综合利用。

（4）高岭岩煅烧厂。年设计能力5万吨，是塔山工业园区矿井、洗煤厂的配套工程项目，建设总投资276亿元。其原料来源于矿井开采的3—5号煤层夹研中的高岭石，由1500万吨洗煤厂选歼工序后的选矿车间选出，资源可靠，属优质高岭岩。

（5）4只5万千瓦的综合利用研石电厂。利用矿井洗煤厂洗中煤及歼石，可消耗研石90万吨/年，发电n亿。配套的供热外网工程，可代替矿区现有的80余座锅炉房和240多台燃煤中小锅炉，每年可节约70万吨标准煤当量，节水12万吨，减少二氧化硫和烟尘的排放量分别为4000吨和7000吨，将大大改善矿区和周边的空气环境状况。

（6）年产500万吨的大型水泥厂。位于园区西北角，可充分利用七峰山丰富的石灰岩资源和电厂的粉煤灰资源，同时，可部分解决电厂的粉煤灰排放问题，实现煤炭的综合利用，不仅有利于环保，而且经济效益显著。

（7）年产2×20万立方米的砌体材料厂。主要原材料为煤研石和粉煤灰，全部来源于园区的上游工业废弃物，是一项符合国家产业政策，体现资源综合利用，经济环保，节约能源的项目。

（8）塔山铁路专用线。全长1929公里，途经17个村庄，与韩家岭车站接轨。它服务于塔山工业园区，承担着园区煤炭、水泥、高岭岩、砌体材料等产品的外运。

塔山工业园的规划和建设是按照循环经济的特点，对资源的综合利用按照“减量化、再利用、资源化”的原则，将传统的资源—产品—废弃物单向直线式经济发展模式，变为资源—产品—废弃物—再生资源的反馈式循环经济发展模式。以塔山矿井为龙头，通过选煤厂、坑口电厂、资源综合利用电厂及资源综合利用电厂外网、高岭岩深加工厂、水泥厂、砌体材料厂等层层延长产业链，上游每一个生产单位产生的废弃物都是另一个生产单位的主要生产原材料，逐层减量利用，直到将资源“吃干榨尽”，整个工业园区共同组成生态工业链，多业并举，实现资源利用低消耗、低排放、高效率，从而更加有效地利用资源和保护环境，实现以尽可能小的资源消耗和环境成本，获得尽可能大的经济效益和社会效益。全部项目建成投产后，整个工业园区年销售收入可达 25 亿元，具有较强的盈利能力。①

2.塔山矿井关键技术

（1）高效开采技术

快速掘进技术。在国内外矿井建设中首次运用盾构机隧洞掘进施工技术，完成了盾构机全断面隧道掘进机井下的解体和撤退。这些技术的应用使掘进速度较传统钻爆施工提高 3 倍多。

特厚煤层的安全高效高回收率开采技术。国家“十一五”科技支撑计划“特厚煤层大采高综放开采成套技术与装备研发”项目落户塔山，发明了“特厚煤层（14—20 米）大采高综放开采工艺技术”，实现了 20 米特厚煤层大采高综放开采技术的重大突破，创造了全部国产装备工作面年产千万吨的全国新纪录。

提高回收率技术。发明了两段双轮顺序放顶煤法，研发了后部刮板输送机煤炭回收装置，实施了初采期间顶煤及顶板预裂技术，实现了高资源回收率。

特厚煤层安全高效开采装备。研发了大采高综放成套装备，实现了全国产装备工作面年产 1085 万吨。同忻矿主斜井大型重载带式输送机，采用多电机多点驱动及完美无谐波高压变频关键技术，全长 4600 米，运输能力 4800 吨/时，具有传输距离长、大倾角、大运量、节能降耗等特点，每年可节电 2763.6 万千瓦/时，在国内处于领先水平。

---

① 张力：《大同煤矿集团发展循环经济的调研报告》，《循环经济与煤炭产业可持续发展文集》，2006 年，第 267 页。

（2）研发了煤系硬质高岭岩与煤共采分选和深加工成套技术

揭示了塔山井田高岭岩资源赋存规律，提出了采用一次采全高的综放技术，实现煤和高岭岩共采、共运方案及技术体系，研发了煤与高岭岩分选技术系统。研发了高浓度大型湿法超细磨技术，采用大尺度均匀机械力场，获得了高能源利用率和5万吨煅烧能力；采用研磨级数组合，适应了各种技术要求；采用双叶轮反向搅拌，优化配置了超细磨机的耐磨内衬材料，使每吨产品的电耗由150千瓦·时降为90千瓦·时；磨剥作业浓度由40%提高到45%；使用寿命由4个月提高到9个月以上。研制了大型内热式回转煅烧窑装置，以及气氛调节与窑体内抄板装置，使物料充分换热，节能10%；散热面积由同等处理能力隔焰回转窑的700平方米降低为单台回转窑的200平方米；吨产品能源费用由133元降低为91.6元，新技术能源费用为原技术的68.8%，年节约标准煤1785.8吨。研发了电缆填料用煤系煅烧高岭土表面改性工艺、复合改性剂、配套的改性装备与工艺技术，使高岭土表面由亲水性变为疏水性，以增加与有机高分子材料的相容性，增加高岭土粉体在高分子材料制品中的分散均匀程度，提高煅烧高岭土在橡胶中的填充性能和补强效果。

（3）形成了干旱循环园区的全过程、全系统节水节能减排技术

构建了坑口电厂从规划设计、运行管理到技术改造全过程和从锅炉、汽机到辅机全系统的节水节能技术体系，保证了节水节能效果的时序持续性和整体最优，相关指标居行业领先水平。

研发了排污企业多、污水成分复杂的园区污水处理和利用技术。创造性采用了“A2/O＋曝气生物滤池＋过滤”工艺，保证了出水水质；构建了中水回用和坑口电厂废水循环系统，开发了矿井水复用和洗煤厂水闭路循环系统，实现了水资源的重复利用和电厂、洗煤厂废水的零排放。构建了电厂乏汽余热利用系统。采用基于吸收式热泵的乏汽余热回收技术，回收同煤热电2×330兆瓦电厂抽凝式汽轮机的乏汽余热用于集中供热，使集中供热能力增加了0.7倍；同时，构建吸收式换热机组的热力交换系统，降低一次网回水温度至34℃，大温差小流量输送回水，提高了管网的输送能力。实现了抽气供热与乏气余热联合集中供热系统，解决了同煤地区2627万平方米集中供热的问题。

园区全过程、全系统节能减排集成技术。通过研发、综合集成关联产业群节能减排技术和清洁生产工艺及装备，包括电厂热电联产技术、高岭岩煅烧窑尾气余热干燥技术、矸石砖与煤系高岭岩伴烧技术、新型干法水泥生产线配套 9 兆瓦纯低温余热发电、短距离密闭栈桥皮带供煤技术等，形成了产业链各节点全过程全系统节能减排技术体系，实现了倍增效果。电厂烟道废气防灾与封存技术电厂烟气富含氮气、二氧化碳等惰性气体，将替代注氮系统，用于井下采空区防灭火，实现灾害治理与节能减排的统一。采空区破碎的吨煤吸附一氧化碳 27.4 千克；一吨泥岩吸附一氧化碳 28.4 千克，一吨粉砂岩吸附一氧化碳 20.49 千克，可实现对二氧化碳气体的地下吸附封存。电厂烟气在脱硫等处理后，进入地面输送管道输至矿井主平硐附近，通过井下管道系统将直接注入井下采空区。可替代塔山矿目前运转的 2 套 1000 立方米/时制氮机和 2 套 3000 立方米/时制氮机，可节约注氮电费约 509 万元/年，坑口电厂二氧化碳减排约 20 万吨/年。

(4) 经济园区技术创新成果丰硕

园区与大采高综放技术项目荣获煤炭协会特等奖；塔山矿以及同忻高压变频带式输送机项目分别获得山西科技进步一等奖及煤炭协会一等奖。园区先后共获得省部级科技进步奖 20 多项，其中劣质煤电厂高效烟气净化技术等 7 项非煤项目。

3. 塔山循环经济园区主要指标

塔山矿特厚煤层采出率比国家标准高 9%以上，可多采原煤 2 亿吨。伴生资源利用率达到 95%，固体废弃物处置利用率达到 100%。矿井水复用率 100%，工业用水闭路循环、零排放，园区 COD（化学需氧量）污染物整体零排放。电厂脱硫效率大于 95%，附带 50%以上的除尘效率；除尘效率达 99.85%。

二、煤化工工程技术实践

煤化工是指以煤为原料，经化学加工使煤转化为气体、液体、固体燃料以及化学品的过程。主要包括煤的气化、液化、干馏、焦油加工和电石乙炔化工等。

自 20 世纪 90 年代中期以来，随着国民经济产业结构的调整，能源消费结构变化和节能技术的发展，加之环保等因素的作用，中国煤炭市场呈现出供大于求、需求持续萎缩、价格低迷、竞争日趋激烈的买方市场格局。随着中国加入世界贸易组织，煤炭产品走向市场既面临着国内市场的竞争，也面临国际市场的挑战，而大部分煤炭企业产品结构单一，产品档次低，初级原煤产品多，这些原因直接影响到煤炭企业的经济效益。大同煤矿集团在经历了严峻的市场经济考验和艰难的脱困后，如何发展壮大，促进煤炭企业可持续发展是一个迫切需要解决的问题。集团在寻求发展新路的过程中认识到，应坚持科技兴煤战略，以调整产业结构为重点，以实现产业升级为目标，大力发展煤化工产业，走可持续发展道路。大同煤矿集团认识到，要发展壮大，就应把煤炭化学工业放在突出的地位，因为依托煤炭资源优势来发展煤化工，可以使企业实现资源型向加工型、劳动密集型向技术密集型，以及低效率、低利润向高效率、高利润的转变。换言之，只有高度重视煤化工，建立强大的煤炭化学工业，才能为大同煤矿集团的发展打下坚实的物质基础。

大同煤矿集团“十二五”规划的重要内容之一即是加快向特色煤化工基地跨越。其工程措施是改变传统煤化工产业发展模式，与国内外先进的煤化工技术、人才嫁接，重点建设甲醇制烯烃、煤制天然气、地下煤气化等标志性项目，向煤基新材料、煤基清洁能源、煤基多联产等领域延伸发展。① 集团煤化工产业要以科技进步为先导，以市场为导向，以效益为中心，构建煤化工产业链条，力争把集团建设成为中国最大的洁净煤利用基地，再把集团建设成中国最大、世界一流的煤化工基地，使煤化工产业成为集团最重要的支柱产业。

2002 年前后，同煤集团煤化工实践在紧锣密鼓地筹划之中，已经有了成熟的工程规划，主要内容是煤化工产业链构想。②

1. 碳化学深加工系列产品

发展煤气化，近期以醇为主，大力发展甲醇和乙醇的下游系列产品，

---

① 吴永平：《推动煤炭工业实现绿色转型和可持续发展》，《山西经济日报》，第 004 版，2011 年。

② 张跃、蒋煜、王瑞平：《大同煤矿集团公司建设煤化工基地的探讨》，《中国煤炭》，2002 年，第 28 卷第 6 期。

也为碳化学进一步发展打下基础；远期可考虑发展下游产品深加工，形成碳化学深加工系列产品；最终可实现碳化学和石油化工结合，产品向上游发展和向下游延伸，形成产业链条，实现产业升级。目前国内不少省、市、区的气化厂都采用大同块煤制气，山西省内的钢铁企业和机械工业等需要的燃料气也可用大同煤进行气化。大同煤由于具备侏罗纪煤的优点，几乎适合于各种气化工艺并有较好的经济效益，这是集团发展煤气化的优越条件。国外已工业化的气化工艺（炉型）有：常压和加压鲁奇（Lurgi）炉、库帕（Koppers-Totzek）炉、加压德士古（Texaco）炉、壳牌（Shell）炉、常压温克勒（Winkler）炉和加压 HTW 炉，以德士古气化炉的运行经验和商业化的台数最多，而且我国在煤气化制合成气方面，也已经成功地开发了“对置式多喷嘴”新型加压气化炉，这些都为我们在气化工艺选择上提供了全面可靠的技术保证。煤制甲醇是现代化工较具发展前途的技术领域。20 世纪 90 年代以来，世界范围内的甲醇生产进入了较快的发展时期，生产能力逐年提高。据专家预测，未来国内甲醇市场潜力很大。甲醇价格低、环境效益好，可大大降低汽车燃料成本，是应用前景较好的液体代用燃料。大同煤矿集团煤炭资源丰富，具有大规模生产低成本煤制甲醇的独特优势。山西省“十二五”规划中“煤制甲醇洁净燃料汽车”项目也由试验示范阶段转入产业化阶段，继榆次建成国家甲醇汽车示范工程之后，长治市、晋中市、大同市甲醇汽车产业化工程项目也将逐步启动，这些都将为集团的甲醇生产提供广阔的市场空间，并创造良好的发展契机。乙醇及下游产品乙醛、乙酸乙酯都属于量大面广的有机化学品，有广阔的市场前景；生产乙醇、乙醛和乙酸乙酯可以更有效地利用资源，合理地调整产业及产品结构，提高经济效益。远期，碳一化学深加工产品可以选择市场缺口较大的工程塑料（聚甲醛、多聚甲醛）、醋酸纤维、酚醛树脂、尿醛树脂、密胺树脂及二甲醚等，这些都是国内市场需求增长较快，发展前景较好的产品。碳一化学和石油化工相结合的产品可以选择苯酚丙酮、双酚 A 等，这些国内市场都有不同程度的缺口，需依赖进口补充，市场前景看好。

2. 发展煤液化

山西是缺油地区，从长远考虑，需大力发展煤炼油工业，即采用煤的液化方法生产人造石油。集团公司发展高科技的煤液化，近期以实现汽油、柴油产业化生产为目标，远期以合成生产高附加值的石油产品为目标，最终达到油品占60%，石油产品占40%的高技术、高效益的煤炭间接液化生产企业。大同煤特别是侏罗纪煤是优质的气化煤种，这为集团煤炼油选择间接液化技术提供了可靠依据。F-T法和Mobil法是煤间接液化比较成熟的方法，也是工业化程度较高的方法。其中，南非的萨索尔公司用F-T法合成汽油是迄今为止世界上工业化规模最大、技术最为成熟的煤间接液化生产企业，目前改良F-T合成汽油在我国也已进入工业规模试验，而且中科院山西煤化所已经掌握了煤炭间接液化的关键技术，在催化剂方面拥有完全自主知识产权，具备了进行固定床万吨级工业示范和运行的技术条件，采用我国自主知识产权工艺技术，可节约大量专利费，节约投资，降低生产成本。煤可经直接或间接液化2种方法转化成汽油、柴油。煤直接液化的操作条件苛刻，对煤种的依赖性强典型的煤直接液化技术是在4（X）摄氏度150个大气压左右将合适的煤催化加氢液化产出的油品芳烃含量高，硫氮等杂质需要经过后续深度加氢精制才能达到目前石油产品的等级适合于大吨位生产的直接液化，工艺目前尚没有商业化。煤间接液化是将煤首先经过气化制成合成气，合成气再经催化合成转化成汽油、柴油。煤间接液化的操作条件温和，几乎不依赖于煤种。典型的煤间接液化的合成过程在250摄氏度、巧-40个大气压下操作，合成的产品不含硫氮等污染物，合成的汽油的辛烷值不低于90号，合成柴油的16烷值高达75，且不含芳烃，质量高于第4代洁净油品。另外，煤间接液化在南非已形成大规模盈利的产业。[①] 当前我国正在实行西部大开发战略，在石油资源匮乏的大同地区实施煤液化项目的时机已经成熟。煤炭液化项目的实施必将成为集团公司高技术产业化的亮点和煤炭工业新的经济增长点。

① 葛晓东：《大同煤矿集团煤化工的发展方向》，《洁净煤技术》第12卷第1期。

3. 发展煤矸石综合利用

发展矸石电厂，近期以热电联供为主，远期可发展电石厂、电解铝等高耗电项目，最终实现向聚氯乙烯、塑料、矸石建材等综合利用方向发展，形成能源综合利用的煤炭工业可持续发展产业链。煤矸石是煤炭开采和洗选加工中产生的副产品，集团公司现有煤矸石山 61 座，矸石堆放量 7000 多万吨，占地 2000 多亩，每年矸石治理费约 500 多万元，而且随着集团原煤入洗比例的增加，矸石产量仍将继续增加，大量煤矸石不仅占用耕地，矸石自燃也造成严重的环境污染和能源浪费，发展矸石电厂形成热电联供、电石、建材生产产业链，不仅使这些低热值、高污染的燃料得到了最经济的利用，而且可以为集团培育新的经济增长点，推动企业产品和产业结构的调整。在矸石发电技术上可以选择常压循环流化床（CFB）锅炉，从目前国内洁净煤发电技术来看，无论在大型化还是商业应用的广泛性、成熟性上，常压循环流化床都处于首选地位。采取热电联供，可以解决集团公司集中供热和部分工业用气，可以大大降低冬季供热和燃煤费用，减少环境污染，电采取自发自用，在集团公司内部建立供电电网，配备电石厂、电解铝等高耗电项目，电石厂可以利用集团公司内部生产的焦炭、电和当地丰富的石灰资源，为今后发展电石下游产品打下基础。建材类可以生产水泥和建筑制品，工业煤矸石复合材料制品、地板砖等，电石下游产品可以发展聚氯乙烯钢窗、塑料制品等。

由单一煤矿开采向煤化工企业的转型，将延续大同煤矿的生命周期，在多元产业布局中是极为重要的一环。其工程技术方案也是成熟的，因此，可以期待煤化工在大同煤矿的新发展。

第三节　转型发展的管理改革探索

大同煤矿集团以国内外先进水平为目标，针对企业实际，围绕企业做优、做强、做大的集团发展战略，围绕转型发展的规划从管理上进行改革，力图使企业由计划经济管理模式转变为适应市场经济的管理模式，各项工作在不断深化，成果显著。

一、不断深化内部改革，转变经营机制

大同矿务局于2000年7月改制为大同煤矿集团有限责任公司（以下简称同煤集团）。同煤集团的成立标志着大同煤矿向市场化经营机制转变在管理上重要体现。2003年12月21日，在山西省委、省政府的领导下，新的大同煤矿集团有限责任公司重组挂牌成立，新的同煤集团是由原同煤集团和大同朔州、忻州三市的主要煤炭生产和销售企业，以产权为纽带，将人、财、物进行重组，有39对矿井，20万名职工，70万名员工家属，总资产225亿元，年产销能力8000万吨。新的同煤集团的重组是山西省推进煤炭产业结构调整和升级改造的重要战略，也是企业做大做强、发挥主力军作用、适应国民经济快速发展的形势、提供能源保障的必然要求。① 重组后的同煤集团在管理上进行了一系列以适应市场化运行为目标的改革。

（1）完善法人治理结构，初步建立了母子公司体制。从构建母子公司体制入手，以推进产权制度改革为核心，股份制改造取得进展。联合中煤进出口公司、秦皇岛港务局、华能集团、宝钢集团、煤科总院、大同铁路分局、大同市地方煤炭集团公司7家单位，共同发起组建了集煤、电、路、港、科、工、贸为一体的大同煤业股份公司，2001年7月29日挂牌运营。公司严格按产权多元化原则，将原有的5个基建单位合并为宏远工程建设公司，将原来的4个非煤生产经营单位改制成为集团公司控股、员工参股的力泰、通信、电业、设计研究子公司。宏远公司改制后，精简机构，机关人员由改制前的700多人减少到现在的78人。

（2）关闭白洞、永定庄矿。这关系到两矿上万名员工的切身利益，关系到企业的稳定和长远发展。同煤集团对此高度重视，成立了关闭破产工作领导组，制定了严密的工作方案。两个矿原有在职职工14424名，按照中办发11号文件的规定，妥善安置11196人，有3228人参与了企业重组。重组后两个新企业都是由职工控股70%以上的有限责任公司。公司法人治理结构按照公司法，由员工自己选举产生。另外，同煤集团按照国

① 彭建勋：《重组，改造，调整，做大做强新同煤》，《煤炭企业管理》，2004年8月，第19页。

家的破产政策，对挖金湾矿、王村矿两个矿进行申报破产工作。

（3）三项制度改革取得了进展。机构、干部选拔、工资分配制度改革是企业改革必须面对的难题。一是从精简机构入手，严抓了减员增效，做到了员工能进能出。集团公司机关实行了全员下岗，竞争上岗，机构由原来的57个精简为19个，人员由2800人精减为476人。二是改进领导干部的选拔任用机制，做到了管理人员能上能下。中层领导干部在民主推荐和组织考察的基础上，根据不同的任用岗位，党委会、董事会、党政联席会议研究确定时，采取了一人一票的表决制度，明确了表决责任；然后再依法履行有关聘任程序。切实做到了“三不”，即：未通过民主推荐的不考察，未经组织考察的不上会，上会表决不过半的不拟任。对所有聘任人选，实行了任前公示，强化群众监督，提高了选人、用人的质量。236名矿处级领导人员通过民主推荐和竞争方式上岗，有115人落聘。三是改革工资分配制度，实行工效挂钩的分配办法，做到了收入能高能低。对下属矿厂和公司实行了经营责任制，明确利润目标，工资收入随效益浮动，逐月考核兑现。对井下采掘一线和具备条件的地面单位都实行了以岗位工作数量和质量为主要考核内容的工资分配办法。同时，坚持工资分配向井下一线倾斜，实施了超产加奖等政策。从而拉开了矿与矿之间、系统与系统之间、职工与职工之间的工资收入差距，逐步打破工资分配上的大锅饭。2001年，完成指标好的单位同完成指标差的二级单位之间的员工工资收入相差1800元左右，井下一线人员平均工资为13215元。地面、辅助、井下一线人员的工资比例达到了1∶1.34∶1.71，调动了一线员工的积极性。①

在改革中，机构与人员的变动力度从山西大同煤矿公司实施的机关机构改革方案中可以看出：34个具有创收能力和社会职能的处室从机关划出。之前，大同矿务局机构膨胀，人浮于事，职责不清，工作中时常互相扯皮、推诿，办事效率低、经费开支大的问题得到解决。采掘一线严重缺员，全局采掘人员不足2万人，加上煤炭市场发生变化，煤价下跌，企业经济运行十分艰难，亏损严重，职工一连几个月拿不到工资。经过3年多

① 褚松田：《大同煤矿集团做大做强之路》,《煤炭经济研究》,2003年。

的准备，脱困方案终于出台并实施。大同煤矿公司机关机构改革具体内容，一是划拨分离、重组，将电视台、矿工报社、公安处等 34 个具有创收能力和社会职能的处室从机关中划出，能自养的自养，不能自养的实行经费包干，逐年减少；剩余的 23 个处室合并重组为 19 个职能部门。二是对机关人员实行分流，没有达到大学专科学历，且年龄在 40 岁以下的人员，原则上分流进行学习培训；到当年年底以前，正副处级男年满 56 周岁、女年满 51 周岁；正副科级男年满 54 周岁、女年满 49 周岁的提前离岗，列编制外在册管理；其他人员自愿与企业解除劳动关系，企业按规定给予一定的经济补偿；自谋职业的，企业可保留劳动关系。三是实现管理职能部门人员的竞争上岗。机关重组过程中，人员全部下岗，按照新的定员编制、任职条件，进行双向选择，择优聘任，竞争上岗。①

二、以实施大集团战略为目标，积极抓好结构调整

（1）加快企业发展战略研究。聘请一批国内外知名专家、学者提出了包括建设塔山工业园区在内的矿区总体发展规划，经山西省计委批准，并上报国家计委。

（2）加快洗煤厂建设步伐。围绕调整产品结构，改善产品质量，加快了对云冈沟 5 个洗煤厂的建设和改造。目前，马脊梁洗煤厂已经正常运营，云冈洗煤厂、四台洗煤厂正在完善系统。晋华宫洗煤厂、燕子山洗煤厂技术改造于 2002 年 10 月份竣工投产，现已建成生产洗精煤 1500 万吨的出口煤基地。

（3）加快收购重组，实施大集团战略。同煤集团从战略角度出发，与右玉县签订收购两个县营煤矿的协议。与东周窑、焦煤、店湾、小峪、王坪等煤矿洽谈收购兼并事宜。经过对该地区进行改造，到 2005 年产量上到 1000 万吨以上。同时，积极向南发展，对已并购的轩岗矿区进行技术改造，并以此为基础，对宁武和朔南煤田进行整体规划，2005 年产量达 500 万吨，2010 年后建成年产 1500 万吨的煤炭基地，并将该区域的石炭二

---

① 温鹏毅、刘红霞：《大同煤矿公司改革力度加大》，《中国煤炭报》，2000 年 11 月 25 日，第 001 版。

叠系煤通过北同蒲铁路到秦皇岛港与大同侏罗纪煤炭进行配煤销售，形成不同热值的系列产品，满足用户的不同需求。

（4）进行塔山工业园区综合开发。建设目标是“1515432”，即建设1500万吨的高产高效矿井、年入洗能力1500万吨的大型选煤厂、年产40万吨的伴生资源——高岭岩加工厂、利用煤泥和煤矸石发电的装机容量30万千瓦的电厂、利用电厂灰渣的20万吨水泥厂（中期规划到2005年，产量达500万吨远期到2010年，上升到1500万吨）。

（5）加快发展非煤产业。组织专门机构和人员调研、论证了煤矸石电厂、煤变油、甲醇制取、活性炭等一些规模大、前景好的非煤项目，并积极争取立项。对现有非煤项目理顺管理体制，实施项目重组，大力进行股份制改造。实施扶优扶强激励政策，从每月资金分配中列出专项资金，专款专用，2001年，累计投入6600万元用于扶植优势项目，使一大批厂、网点通过改制和资金扶持起死回生①。

三、以营销为龙头，大力开拓国际国内市场

（1）转换营销理念。以市场为导向，确立“用户至上，信誉为本”的营销理念。重质量、守信誉，提供优质服务，注册“大友煤”系列商标，坚持不懈地开展国际质量认证活动，强化了品牌效应。在加快对洗煤厂进行技术改造的同时，成立煤质监测中心，建立煤质奖励基金，加大全过程的煤质监管和奖惩力度。先后十几次由集团公司领导带队，专门带领煤质人员走访各大用户，征求用户对产品品种、质量等方面的意见，并受到广泛好评。

（2）改革营销体制。同煤集团理顺营销管理体制，简化管理层次，精干营销队伍，落实营销责任制，把量、价、款三大指标纳入销售责任体系，将销售任务量化分解到每一名销售人员头上，定期考核，奖罚兑现，确保销售工作目标的实现。

（3）调整销售结构。一是抓住国家鼓励扩大出口的有利时机，适时加大煤炭出口，缓解国内市场的销售压力，保证了煤价的提高，二是针对国

① 褚松田：《大同煤矿集团做大做强之路》，《煤炭经济研究》，2003年。

内市场过去用户分散、中间环节较多的问题，努力开拓国内电煤、冶金用煤、高炉喷吹煤等市场，积极发展与沿海大企业、大用户的长期直销合作关系。实现了煤炭销售由流通户向直销户、由小用户向大用户、由一般用户向重点用户的三个根本性转变。全公司煤炭销售形成了以华北电、出口、国内下水为主要份额的稳定的市场格局。三是在2002年度全国煤炭订货会上，大同煤矿集团通过修改合同条款，改变了下水煤质量、数量以及华北电等直销用户质量验收方法，同时通过改变商品煤结算质量指标基数，争回了靠质量提价的主动权，并且将货款结算期由30天缩短为20天。

四、强化管理，努力提高企业整体素质

（1）从严加强生产、安全和成本管理。公司针对煤矿多年生产投入不足、设备老化以及关闭矿办小井的情况，各级生产管理人员精心组织，优化采掘部署，狠抓矿井重点工程建设，加强现场管理、机电管理，提高设备开机率，开展创水平、上等级竞赛活动等，煤炭产量创历史最高水平。推进“双高”矿井建设，2001年，装备了5个综采工作面。2003年，新装备3个综采工作面。改进完善了科技管理体制，充分发挥企业技术中心的作用，建立科技奖励基金鼓励科技攻关和高新技术开发，坚持产、学、研相结合，提高科技创新水平，促进了煤炭主业的稳步发展。在强化安全管理上，全方位地组织开展了安全专项整治，对矿办小井实施了关闭。以“一通三防”为重中之重，加强监督检查，强化了安全奖惩。在加强成本管理上，实行成本分级分口管理，严格考核。同时对大宗材料实行跟踪管理，加大修旧利废、回收复用工作力度。对一次性投入较大的综采工作面搬家，实行编制预算制度，严格按预算支出。通过推广锚索支护等新技术，降低了生产投入。

（2）加强制度建设，严格奖罚。按照现代企业制度的要求，结合新的形势，对各项管理制度进行补充、完善，修订下发了安全、成本、资金、质量、技术等方面的管理制度汇编，出台了强化经营管理的一系列补充规定等，认真落实。坚持开展落实制度回头看活动，将管理工作的内容全部量化，与下属矿厂和公司实行了经营责任制。重奖重罚，做到了责、权、利

相统一，只对制度不对人，制度面前人人平等。

（3）公开管理内容，强化民主管理。坚持公开、公平、公正原则，将管理行为暴露在阳光下，自觉接受群众监督。对资金分配实行会议研究、集体决策，对物资采购推行阳光采购工程。同时将基建工程招投标、人事管理、资金管理、工资发放等管理内容全部公开化，发挥审计、法律、监察等部门在企业管理中的监督约束作用，推行了离任审计、专项审计、综合审计等，有效地堵塞了管理漏洞。①

五、科技创新，引领企业发展

在转型跨越发展的实践中，同煤集团大力实施“自主创新和科技领先”战略，按照“以企业为主体、产学研相结合”的基本原则，抓住核心技术开发这个关键环节，健全创新体系，加大创新投入，培育创新团队，持续开展技术创新、组织创新、制度创新、管理创新，不断提升科技创新“支撑同煤科学发展、引领行业科技进步”的能力和水平。在拥有首批国家级技术中心和企业博士后科研工作站的基础上，相继组建同大科技研究院、企业院士工作站、防灭火重点实验室、国家级创新型企业试点等高端科研平台。这些平台将高等院校、科研院所的高端科研力量与集团公司现场应用进行深入优化组合，培养一批中青年科技带头人和技术骨干，结合集团实际情况，围绕煤炭、电力、冶金、机械制造、煤化工等产业开展重点科研课题技术攻关。科学的发展和集团的大力支持，使技术中心的工作进一步迈向新高度，现在的技术中心已经成为设有采矿、机电安全、综合开发等多个研究所，拥有享受政府特殊津贴的专家、行业拔尖人才、山西省优秀专家和先进的设施等一流的科技研发资源的优秀技术创新团队，创新已经成为推动企业科学发展的主要力量。“厚积而薄发”，“十二五”以来，同煤的科技事业迈上了发展的快车道。集团公司不断加大科技投入，“十二五”期间，每年的实际研发投入达“十一五”期间年均投入的三倍。近几年来完成 2 项国家重点支撑项目，其中包括新中国成立以来煤炭行业承担的最大的国家“十一五”重大科技支撑项目“特厚煤层大采高综放开

① 褚松田：《大同煤矿集团做大做强之路》，《煤炭经济研究》，2003 年 1 月。

采成套技术与装备研发”，整个项目倾全行业之力历时 4 年，全部国产化装备在塔山煤矿 8105 工作面取得了巨大成功，年产原煤达到 1084 万吨。承担“863”项目 1 项；承担“电厂烟道废气防灾与封存技术研究及示范”“煤矿用高分子化学煤岩体加固剂”“棚户区绿色迁移及生态恢复”3 项省部重大科技专项，并获得政府资金支持近 2000 万元。通过省部级科技成果鉴定 69 项，申请专利 114 项，授权 51 项；入选国家、山西省“十二五”重大科技专项和国家自然科学基金 3 项；共获得 2 项国家科技进步奖、58 项省部级科技进步奖。积极推进国家发改委支持的国家级技术中心创新能力建设项目的防灭火重点实验室建设。集团公司整个科技研发投入、开展项目数量、获省部级科技成果奖项、专利申请数量均创历史最高水平，可以说在同煤集团的科技发展史上是空前的。①

第四节　转型发展的成效评估及前景展望

在转型发展的艰辛探索中，大同煤矿取得了一些进展。

（1）煤电一体化初见成效。其标志是塔山循环经济园区初步实现了循环与经济的统一。塔山循环经济园区总投资 452 亿元，2012 年，销售收入 157.5 亿，利润 39.7 亿；煤矿吨煤利润 96.74 元/吨，园区吨煤利润 103.09 元/吨，循环经济效益 29.6 元/吨（其中，直接效益 6.35 元/吨，间接效益 23.25 元/吨）。塔山园区可以说是同煤集团通过煤电一体化对循环经济的成功实践。同煤集团将进一步深化煤电一体化，做强煤炭产业全面推进煤炭产业升级和产品升级，实现生产集约；大力发展物联网，提升装备技术水平和安全生产水平；在煤炭产业率先实现智能矿山，形成安全、高效、绿色、新型的煤炭产业生产体系；打造本质安全型产业，构造以人为本的安全文化；优化生产布局，提高装备技术水平，采用自动化、现代化装备实现安全生产，从劳动密集型向技术密集型转变，从高危型向本质安全型转变；走集约化、信息化、专业化、现代化高产高效之路。通

① 大同煤矿集团公司技术中心：《科技同煤强主业快转型》。

过资源扩张、老矿井资源接续、持续稳产、新建现代化千万吨级矿井及资源整合矿井的技改升级等重点工作，全面构建煤炭板块新格局，为实施煤电一体化奠定坚实基础。到2015年，同煤集团有矿业权和可控制的资源储量将达到500亿吨，通过新建、续建、改造和石炭系延深，建设筹划好11座1000万吨、5个500万吨、12个300万吨3个级别的特大型、大型和中型矿井。到2015年，原煤产能达到2亿—2.5亿吨，做大电力产业把电力产业定位为同煤集团的第二主业。以国家电力政策和山西省电力规划为指导，以经济效益为中心，发挥品牌、资源及产业优势，统筹规划、合理布局，充分发挥电力产业在构建煤—电—建、煤—电—化、煤—电—铝、煤—电—硅等产业链中的关键作用，有效把握电源点建设节奏，以煤保电，以电促煤，煤电联营，优化结构，实现共赢。坚持“煤电一体化”的发展方向，以建设坑口电站作为主攻方向，兼顾开发洁净能源，以煤炭资源为依托，借助资本市场，通过逐步完善煤电循环经济产业链，建设国内基于煤电一体化的大型绿色电力运营商。以电力上市公司为平台，为电力产业持续快速发展提供充足的资金。

同煤集团还建设东马潘、朔南、轩岗、白家沟等共5个超百亿元级的循环经济园区。园区建成后，园区内各项目首尾相接、环环相扣，用上游企业的废物做下游企业的原料。2011年，同煤集团荣获国土资源部颁发的“国家首批矿产资源综合利用示范基地”称号。集约高效、本质安全，同煤集团始终把装备现代化、高端化、大型化放在首位，以达到世界一流水平，实现高产高效。按照“一矿一策、一面一策”的原则，实现装备的整体提升。通过开展掘锚一体化、掘探一体化、掘抽一体化和掘进机械化技术攻关和设备引进，以保证矿井的高效采掘和安全生产。积极研究探索并大胆实践特厚煤层大采高综放开采成套技术。积极创新煤矿安全管理体系，促进本质安全。纵向推行“金字塔”安全系统管理，构建“系统领导，专业管理，职责分明，主体清楚”的安全管理体系。煤电一体、转型跨越，同煤集团将加快产业结构调整，在煤炭产量逐年增长的同时，延伸煤炭产业链，建设大型坑口电厂，实现煤电并举，多元发展。“十二五”期间，同煤集团将按照山西省转型跨越发展、打造“双千亿”企业的要求，拓宽领域，以煤为基，多业并举，形成煤—电—建、煤—电—化（气）、煤—冶—机、煤—电—铝、煤—电—硅五条产业链。①

（2）煤化工前景看好。年产60万吨甲醇项目是同煤集团煤化工产业的龙头项目，该项目采用世界领先的壳牌技术工艺，是目前国内外单机最大的甲醇项目之一。项目建成后，年可消耗原料煤80多万吨，将成为集团公司新的经济增长点。目前，该项目建设工程已接近尾声，待所有管线吹扫完毕并进行气密实验后，气化炉即具备投料条件。年产10万吨煤基活性炭项目是同煤集团发展煤化工产业的重点项目。该项目主要包括年产5万吨水处理压块活性炭、4万吨气体脱硫脱硝活性炭、1万吨净化破碎活性炭。目前，破碎炭生产线、脱硫脱硝炭生产线等工程进展顺利。与此同时，同煤集团积极推进煤制天然气、甲醇制烯烃等项目的前期筹备工作，全力做实企业煤化工产业，全力实现转型跨越发展。

---

①《绿色循环高效安全转型跨越——记大同煤矿企业集团有限责任公司》,《环保企业展示》,第79页。

参考文献

图书

[1] 本·巴鲁克·塞利格曼：《美国企业史》，上海人民出版社，1975 年。

[2] 大同矿务局矿史党史征编办公室：《大同煤矿史》，人民出版社，1989 年。

[3]《大同矿务局志》编纂委员会：《大同矿务局志》，山西人民出版社，1996 年。

[4]《当代中国》丛书编辑委员会：《当代中国的煤炭工业》，中国社会科学出版社，1988 年。

[5] 冯苏京：《企业演变规律研究》，中国人民大学博士论文，2008 年。

[6] 姜恒雄：《中国企业发展简史》，西苑出版社，2001 年。

[7] 景占魁：《阎锡山与西北实业公司》，山西经济出版社，1991 年。

[8] 李进尧等：《中国古代金属矿和煤矿开采工程技术史》，山西教育出版社，2007 年。

[9] 林增平：《中国近代史》，湖南人民出版社，1958 年。

[10] 祁守华、钟晓钟：《中国地方志煤炭史料选辑》，煤炭工业出版社，1990 年。

[11] 山西省地方志编纂委员会：《山西通志·煤炭工业志》，中华书局，1993 年。

[12] 山西省政协文史资料编委会：《山西文史资料》，山西人民出版社。

[13] 实业部国防贸易局《中国实业志·山西省》，第一册“概况”，第五册“矿业”，1937年。

[14] 王贵春、岳文源：《大同煤矿煤炭生产经济技术发展篇章》（1949—2005年），煤炭工业出版社，2007年。

[15] 王智庆：《保晋公司研究》，经济管理出版社，2014年。

[16] 夏东元：《洋务运动史》，华东师范大学出版社，2010年。

[17] 张研、孙燕京：《民国史料丛刊——经济、工业》，大象出版社，2009年。

[18] 张正明：《山西工商业史拾掇》，山西人民出版社，1987年。

[19] 郑伯彬：《抗战期间日人在华北的产业开发计划》，资源委员会经济研究所丛刊，1947年。

[20] 中国科学院经济研究所：《中国近代经济史资料》（8卷），科学出版社，1957年。

[21]《中国煤炭志》编纂委员会：《中国煤炭志·山西卷》，煤炭工业出版社，1995年。

[22]《中国煤炭志》编纂委员会：《中国煤炭志·综合卷》，煤炭工业出版社，1999年。

[23] 中国企业史编辑委员会：《中国企业史》（典型企业卷），企业管理出版社，2002年。

[24] 中国企业史编辑委员会：《中国企业史》（近代卷），企业管理出版社，2004年。

[25] 中国企业史编辑委员会：《中国企业史》（现代卷），企业管理出版社，2002年。

[26] 中国企业史研究中心：《中国企业史丛书》，中国财政经济出版社，2005年。

[27] 祝慈寿：《中国古代工业史》，学林出版社，1988年。

[28] 祝慈寿：《中国近代工业史》，重庆出版社，1989年。

[29] 祝慈寿：《中国现代工业史》，重庆出版社，1990年。

期刊、档案等

[1] 陈慈玉：1940 年代前半期日本对山西煤矿业的经营，1940 年代的中国国际学术研讨会，2007 年。

[2] 褚松田：大同煤矿集团做大做强之路，《煤炭经济研究》，2003 年第 1 期。

[3] 杜斌：大同煤矿集团公司发展历程研究，华北金融，2006 年增刊 52 期。

[4] 冯国福：大同煤矿集团公司小煤矿现状、问题及对策探讨，《科技信息（学术版）》，2007 年。

[5] 盖忠侠、白添中：大同煤矿集团煤化工发展战略的思考，《山西化工》，2003 年 2 月第 1 期。

[6] 葛晓东：大同煤矿集团煤化工的发展方向，《洁净煤技术》，2006 年第 1 期。

[7] 郭铁柱：七七事变前后，"满铁"对华北经济的侵略与掠夺，《大连近代史研究》第 7 卷，2010 年第 1 期。

[8] 郭小元：大同煤矿集团公司扭亏脱困实践探讨，《煤炭经济研究》，2002 年第 8 期。

[9]《晋北矿务局第二次报告书（1931—1932 年事）》，晋北矿务局，1930 年。

[10]《晋北矿务局第一次报告书（1929—1930 年事）》，晋北矿务局，1930 年。

[11] 荆志林、李林媛：大同煤矿集团大气污染源治理探讨，煤炭加工与综合利用，2010 年第 3 期。

[12] 居之芬：论抗战时期日本对大同煤矿"开发"掠夺计划的实施，《中国人民抗日战争纪念馆文丛第六辑》。

[13] 李禄：大同矿区薄煤层开采技术及发展方向，《煤矿安全》，2004 年 10 月第 10 期。

[14] 李永胜：国有老煤炭企业转型跨越发展路径探讨——以同煤集

团为例,《煤炭经济研究》, 2012 年第 4 期。

[15] 刘凯: 大同侏罗纪煤还能开采多久,《山西能源与节能》, 2001 年第 2 期。

[16] 刘丽娟: 煤矿大集团企业非煤产业发展战略研究,《烟台职业学院学报》, 2007 年第 1 期。

[17] 刘武华: 轩岗煤电公司转型思路与对策研究,《晋阳学刊》, 2003 年增刊第 49 页。

[18] 马文章: 煤炭企业转型发展的思考,《资本运营、克服困难、振兴经济——煤炭经济管理新论(第 12 辑)第十三届中国煤炭经济管理论坛暨 2012 年中国煤炭学会经济管理专业委员会年会论文集》, 2012 年。

[19] 彭建勋: 重组, 改造, 调整, 做大做强新同煤,《煤炭企业管理》, 2004 年第 8 期。

[20] 秦天平: 大同煤矿实现产煤旅游双发展,《国际商报》, 2013 年/4 月/17 日/第 B02 版。

[21] 石锐钦: 中国"入世"与同煤集团的未来,《煤炭经济管理新论》, 2002 年。

[22] 宋华岭: 煤炭资源整合的实证研究——以大同煤矿集团资源整合为例,《山东工商学院学报》, 2012 年 4 月第 2 期。

[23] 孙忠义: 高产高效综采设备在大同煤矿的应用,《煤炭学报》, 2001 年 10 月。

[24] 孙忠义: 同煤集团实施大集团战略的理性思考,《煤炭经济管理新论》, 2002 年。

[25] 陶志峰、李姝春: 大同煤矿集团水环境污染现状分析,《山西建筑》, 2013 年第 5 期。

[26] 同煤集团:"航空母舰"的转型之路,《经济观察》, 2005 年。

[27] 王汉筠:《中兴煤矿企业史研究》,(1880—1937), 苏州大学硕士论文, 2003 年。

[28] 王乃德、程相卫: 日军对华北地区人力资源的掠夺与摧残,《民国档案》, 1999 年 1 月。

[29] 王有明、李德忠: 再造一个新同煤——大同煤矿集团公司董事

长、党委书记吴永平访谈录,《中国城市经济》, 2008 年第 3 期。

[30] 王玉明、张爱青: 大同煤矿集团发展循环经济的可行途径,《煤炭加工与综合利用》, 2007 年第 3 期。

[31] 尉晓燕、常珍祥: 大同煤矿区环境地质问题的探讨,《研究与探讨》, 2011 年 7 月。

[32] 吴永平: 加快转变发展方式, 建设绿色新型矿山, 推动煤炭工业实现绿色转型和可持续发展,《山西经济日报》, 2011 年 4 月。

[33] 夏占文: 大同煤矿集团"十五"发展思路,《煤炭经济研究》, 2001 年, 第 6 期。

[34] 徐虎: 浅析大同煤矿集团的发展思路,《煤炭工程》, 2004 年第 6 期。

[35] 岳福斌: 中国煤炭工业发展研究报告——大同煤矿集团公司, 2009 年。

[36] 张洁:《中国近代企业制度的变迁》, 南开大学博士论文, 2002 年。

[37] 张力: 大同煤矿集团发展循环经济的调研报告,《循环经济与煤炭产业可持续发展文集》, 2006 年 3 月。

[38] 张月琴: 民国时期大同矿工的来源及管理,《山西农业大学学报(社会科学版)》第 11 卷(第 5 期), 2012 年。

[39] 张月琴: 民国时期大同矿工的社会生活,《兰台世界》, 2012 年 9 月。

[40] 张跃、蒋煜、王瑞平: 大同煤矿集团公司建设煤化工基地的探讨, 中国煤炭第 28 卷第 6 期, 2002 年 6 月。

[41] 赵春水: 日本对伪蒙疆地区龙烟铁矿和大同煤矿的调查与掠夺, 内蒙古师范大学学报, 2009 年第 5 期。

[42] 赵光宇、王明生: 大同煤炭资源开发现状及水煤浆煤源的选择,《煤炭加工与综合利用》, 2003 年第 4 期。

[43] 左新春: 国有煤炭企业转型是发展和生存的途径,《中国集体经济》, 2008 年第 9 期。

跋

大同煤矿工程演化的特征

大同煤矿 100 多年的发展历程，可谓跌宕起伏，波澜壮阔。或民营，或国营；或手工，或机械；或分散，或集中，其演变过程符合工程演化的一般逻辑：需求拉动、技术支撑、管理保障、社会选择。四个要素综合决定着大同煤矿的盛衰，大同煤矿的发展历程呈现出若干鲜明的工程特征：

一、特殊资源禀赋造成大同煤矿持久的需求动力

大同侏罗纪煤，属弱黏煤，有低灰、低硫、低磷、高热值、高挥发份、易燃等特点，是国内少有的多用途优质烟煤，素有“煤中精品”之称。运输时不易破碎，适于做发电用煤，且容易转化为煤化工产品。100 多年来，大同煤矿因其煤质优良而需求旺盛。

新中国成立前，大同分公司时期，所产煤炭出口日本。① 晋北矿务局时期，所产煤炭销路大增，主要销往日本，以及我国天津、塘沽、上海、北平、青岛、大连、绥远、张家口等地。② 日军侵占大同煤矿时期，对大同煤炭资源进行了大肆掠夺。1938 年 1 月，“满铁”理事、抚顺煤矿长久保孚就受日方委托制定出详尽的《大同煤田开发计划》。该计划开篇就明确提出，日本对大同煤矿的“开发”目标：“以昭和十七年（1942 年）向日本

---

①《中国煤炭志》编纂委员会:《大同矿务局志》,1916 年,第 384 页。

② 同上。

输出100万吨，昭和二十二年（1947年）向日本输出300万吨煤作为开发目标。”①新中国成立后，大同煤矿成为共和国煤炭能源支柱企业之一，其煤炭产量始终处于山西煤炭产量较高比例。从铁路外运量的持续增长可以看出大同煤矿的地位。

1949—1993年大同矿务局煤炭铁路外运量表(单位：万吨)

年度	外运量	日均外运量	年度	外运量	日均外运量
1949	7.37	0.05	1969	1028.79	2.82
1950	36.98	0.10	1970	1124.77	3.08
1951	101.14	0.28	1971	1164.10	3.19
1952	207.24	0.57	1972	1218.62	3.34
1953	230.24	0.63	1973	1306.03	3.58
1954	321.86	0.88	1974	1519.33	4.16
1955	420.60	1.15	1975	1743.49	4.78
1956	423.45	1.16	1976	1826.57	5.00
1957	477.74	1.31	1977	2003.45	5.49
1958	719.26	1.97	1978	2248.18	6.16
1959	885.47	2.43	1979	2275.45	6.23
1960	1035.54	2.84	1980	2369.04	6.49
1961	805.27	2.21	1981	2383.32	6.52
1962	719.48	1.97	1982	2527.17	6.12
1963	825.76	2.26	1983	2685.19	7.36
1964	887.81	2.43	1984	2777.15	7.61
1965	929.79	2.55	1985	3025.49	8.29
1966	982.83	2.69	1986	3250.41	8.91
1967	641.10	1.76	1987	3261.30	8.94
1968	848.88	2.33	1988	3300.78	9.04

①《中国煤炭志》编纂委员会：《大同矿务局志》,1916年,第291页。

续表

年度	外运量	日均外运量	年度	外运量	日均外运量
1989	3343.58	9.16	1992	3576.08	9.80
1990	3391.32	9.29	1993	3768.02	10.32
1991	3479.06	9.53	合计	72104.50	4.37

一般而言，产品需求决定生产规模。旺盛的煤炭需求，使得大同煤矿生产规模越来越大，企业规模亦水涨船高，由分散到集中，而今已是特大型煤矿企业集团。

生产能力需要相应产品需求的维持。20 世纪 90 年代以来，煤炭需求形势发生了变化。环保要求，数次经济危机，使得原煤的需求相对于已经发展出来的巨大生产能力和生产规模而言日渐萎缩，企业由此陷入困境。企业转型发展的命题由此而生。

与资源共存亡是资源性企业的历史宿命。在目前我国的能源结构中，煤炭仍然占最主要部分，我国一次性能源生产和消费结构中，煤炭比重分别高达 76%和 68.9%，是世界上煤炭比重最高的国家。虽然国家大力提倡开发天然气、风能、核能等清洁能源，但资源禀赋决定了我国未来相当长时期内对于煤炭的依赖。

大同侏罗纪煤可采储量为 26.1 亿吨。如果按 1999 年大同矿务局和大同市各类煤矿生产出来的侏罗纪煤的总产量 5413 万吨（大同矿务局生产 2959 万吨，大同市其他煤矿 2454 万吨）计，大同侏罗纪煤可采年限应为 48 年。如果把总产量调控在 5000 万吨，那么大同侏罗纪煤可采年限应为 52 年。① 如果大同煤矿的煤电一体化及煤化工转型发展能够成功实施，效益等同条件下原煤生产规模得以大大压缩，那么，大同煤矿企业继续经营百年是可以期待的。

二、先进技术装备的率先应用支撑着大同煤矿领先的生产能力

同煤集团发展史，是中国煤炭科技发展的一个缩影。企业成立之初，

---

① 刘凯：《大同侏罗纪煤还能开采多久》，《山西能源与节能》，2001 年第 2 期，第33 页。

靠手工打眼放炮、锹挖镐刨采煤，单工效率仅为 0.12 吨。勤劳智慧的大同矿工在艰苦环境中不断探索实践，从试验单一长壁采煤法、使用第一代采煤机——康拜因联合采煤机起，在国内第一次把锚杆用于采煤工作面，投用了国内第一台浅截滚筒式联合采煤机，研制了国内第一台薄煤层交流电牵引采煤机第一套液压支架，装备了国内第一个普采工作面、第一个综采工作面……每一次采煤方式的变革、装备的进步，都带来生产力的极大跨越。新中国成立以来的 60 年间，同煤集团在煤炭开采技术和装备上创造了 32 个“全国第一”，荣获了 146 项国家和省部级科技进步奖，被评为“中国煤炭采选大王”。同煤集团采煤和掘进机械化程度达到 98.5%和 100%，建成了全国最大、世界一流的矿井塔山矿，建成了全煤行业第一个循环经济园区塔山工业园区，在中国煤炭发展史上不断书写新的篇章，留下浓墨重彩的一页。①

大同矿务局在三年调整时期，根据 1949 年 11 月全国煤炭会议精神，进行了一系列生产改革，特别是采掘技术方面的改进，促进了生产的发展。这一时期，改革了旧的采煤方法，试验并推广了长壁采煤法。1952 年，试验成功了深孔爆破和空心爆破掘进法，以月进 503.9 米创全国纪录。此后，又发明了循环道岔，设计制造了土装煤机。

“一五”计划时期，大同矿务局以技术革新为主要内容，在各个生产领域发动群众献计献策，进行技术革新。在采掘技术方面，推广应用了煤皮假顶分层采煤法、金属网分层采煤法，探索出了“五花”打眼法，解决了截煤机在高速截煤时出现的拉底、压牙盘等问题，试验成功了浅孔爆破强制放顶法、二次掏槽深孔爆破法（接力掏槽法）。二次掏槽深孔爆破法，使每茬炮的爆破深度由 1.4—1.5 米提高到 2.1—2.3 米，该法被推广到全煤系统。1956 年，试验成功“大直径药卷爆破”法，加快了巷道掘进速度，减少了爆破后所产生的有害气体。1957 年 4 月，在四老沟矿进行了短壁采煤法试验。这一时期，在工程施工中创造了大斜井一次成巷、锚杆支护、多台风钻打眼、箕斗提升、甩碴爆破等新技术和方法，并试验成功了以砖拱代替砼楼板，加快了施工速度。在运输方面实行了分段接力运输

---

① 大同煤矿集团公司：《2009 中国煤炭工业发展报告》。

法，使效率提高三分之一。在地质方面，发明了自动模冲机，使冲钻头镶牙的效率提高 120 倍，该发明被推广到全国。创造了三边地质工作法、钻机快速搬家、快速钻进等先进经验。试验成功了无岩芯钻进电测解释法。在爆破器材方面，化工厂研制成功了低温氧化黑索金，解决了副起爆药完全依赖外国进口这一问题。1957 年，成功研制高温氧化黑索金（猛性炸药），填补了我国空白，并取代了雷汞、氮化铅在雷管中的地位。同年，在四老沟矿首创 6.5 米“厚煤层短壁锚杆假顶正台阶一次采全高采煤法”，这是我国第一次将锚杆用于回采工作面的尝试。

“二五”计划和三年调整时期，大同矿务局根据全国煤炭会议精神，掀起了以技术革新和技术革命为中心的群众运动。首先在采掘机械化装煤方面进行了技术革新和改造。1958 年，大同矿务局作为全国重点试验单位，在永定庄矿土塘井进行了水力采煤试验，同时进行了水采尖端技术轻液提升试验，由于许多技术问题得不到解决，没有获得成功。1959 年，同家梁矿工人工程师毛阿毛试制成功了回采装煤机—大同Ⅰ型装煤机，经同家梁矿 8 号井 832、833、844 工作面试验，每小时装煤 30—40 吨，此后有 8 台大同Ⅰ型装煤机在煤峪口、忻州窑等矿相继用于生产。1960 年，大同矿务局成功地推广了爆破装煤法，将爆落之煤有效地塌落在溜槽上，使装煤率达到 30%，从而减少了手工装煤量。同年，四老沟矿试验成功扒煤机，该机是继阜新擢煤铲后装煤机械化的又一重大改革，为装煤机械化开辟了一条新路，可在井上和井下掘进、回采应用，比人工装煤效率提高 8 倍。1963 年，同家梁矿将波兰产 80 型采煤机改为浅截式采煤机（称土机组，为山西第二代采煤机），机械化采煤由深截式改为浅截式。在工程施工方面，首创了我国水泥喷浆支护巷道技术；试验成功了钢弦预应力混凝土大模板和轻质钢弦预应力组合板；1960 年，研制成功了第一台 ZYX－1 型斜井装岩机，使斜井施工效率提高 21 倍。在建筑工程中，四老沟矿试验成功了钢走廊（该走廊是我国第一条无檩条支撑预应力皮带运输机走廊）。此后，雁崖、晋华宫、永定庄、同家梁等矿相继应用。在其他方面，1958 年，生产处、永定庄矿和抚顺煤科院在永定庄矿成功试验我国第一个 660 伏电压采区。1960 年，由设计处设计，在晋华宫矿建成大同矿务局第一座火焰式井筒保温热风炉，用热烟代替蒸汽导热体，为矿井井筒保温开辟了新途径。1964 年，大同矿务局在新白洞矿回采工作面进行深孔爆破放顶获得成功，标志着大同矿务局坚硬顶板管理的新突破。1965 年，科研所和中国煤科院合作，首次在大巴沟井应用地音仪进行了顶板监听，为科学管理顶板提供了参考依据。

“三五”计划和“四五”计划时期，大同矿务局依靠科学技术对生产矿井进行了技术改造，使井下各系统逐步向机械化方向发展。这一时期，在建井施工中推广 20 多项先进技术，先后推广了光爆锚喷、斜井耙斗装岩机、机械喷灰、砼屋架、平板网架、井架整体组装、球结点网架新技术，并使用了伞形钻架、环形钻架、金属模板、激光导向等新技术，加快了矿井建设速度。在机械化采煤方面，1970 年 11 月，大同矿务局研制成功了我国第一台垛式液压支架 TZ－140 型支架。该支架与国产 MLQ－80 型采煤机、MGW－150 型刮板输送机配套，在煤峪口矿进行试验，1971 年产煤 6.18 万吨，平均月单产 6814 吨，工效 3.48 吨。1974 年，在 140 型支架的基础上，研制成功 TZ－Ⅰ型薄煤层液压支架，为我国薄煤层采煤机械化配套设备填补了空白。同年，大同矿务局研制成功 TZ－IB 型薄煤层液压支架，在煤峪日矿 9 号层进行工业性试验，9 个月共产煤 15.5 万吨，平均月产 1.7 万吨，工效 7.901 吨，最高月产 3.03 万吨，工效 13.4 吨。

“五五”计划时期，特别是党的十一届三中全会和全国科学大会的召开，推动了大同矿务局科技工作的开展，出现了生产带动科研，科研促进生产的局面。这一时期，大同矿务局在大量引进国外综采设备的同时，相继试验成功了 TZ－ⅡA、TZ－ⅢB、TZ－Ⅳ和 TZ－Ⅴ型液压支架，初步满足了综采机械化开采不同厚度煤层的需要。1978 年，大同矿务局与太原煤炭研究所在云冈矿试验坚硬顶板放顶获得成功，解决了大面积来压不安全因素问题。1979 年，在四老沟矿综采工作面进行了“三强对两硬”（采用强力液压支架、人工强制放顶和强力采煤机）采煤科学研究，并在四老沟矿 402 盘区 2 号层砂岩顶板首次采用注水软化技术进行综合机械化开采，基本取得成功，初步攻下了煤质硬和顶板坚硬的难关。

这一时期，大同矿务局革新成功了耙斗装岩机、磕头翻笼、仓式列车、自动喷浆泵、绞车碰头信号等。试验推广了光面爆破、锚喷支护、树脂锚杆新技术。成功研制了瓦斯遥测仪、矿井风门载频遥测装置和

THT－Ⅰ型红外线电缆探伤仪。THT－Ⅰ型红外线电缆探伤仪，用于煤矿动力电缆探伤在我国属首创。1976年，在同家梁矿进行煤体动力注水获得成功后，又试验成功煤体静压注水，通过注水可湿润煤体，降低了开采时煤尘浓度。1978年，在四老沟矿建成了110千伏变电站，形成了口泉沟独立的供电系统。同年，大同矿务局总库试验成功一台大型龙门吊，该龙门吊全长120米，跨距72米，高18米，吊货高度10米，起吊150吨。1979年，永定庄矿革新成功可缩性皮带装置，在全局推广使用。同年，化工厂研制成功了4号岩石抗水炸药，解决了建井爆破时需要的速度和有水工作面爆破问题。依靠科技进步，使大同矿务局煤炭产量实现了设计能力的翻番目标，1979年原煤产量达到2400多万吨。

“六五”计划时期，大同矿务局科研重点是顶板注水和均压灭火技术，同时在通风、运输、建井、综采等方面取得了成绩。1982—1984年，大同矿务局与煤炭科学院北京开采所试验成功了顶板注水技术，该技术通过对砂、砾岩层组合顶板注压力水，使坚硬顶板变为可冒顶板，并进行分次冒落。1983—1984年，与波兰救护总站合作，成功试验了均压防灭火技术，并在煤峪口、永定庄、云冈矿井下火区推广应用。

这一时期，在通风安全方面，永定庄矿将JBT－52型压入式局部扇风机改制为ZBKJ－V3型抽出式风机，改变了掘进工作面通风方式，有效降低了粉尘浓度；试验推广了水炮泥封堵炮孔，代替了黄泥封堵炮孔，并在全局普遍推广；云冈矿研制成功了洗尘刷浆两用列车，工效比手工洗尘刷浆提高50倍；同家梁矿革新成功了声电、光电、接触、遥控4种形式的自动喷雾洒水器；通风处成功地释放了SF6示踪气体，成为国内煤矿第一个能自行释放、自行化验分析，并能全面掌握这项技术的单位，为均压灭火提供了科学依据；通风处研制成功DTX－Ⅱ型数字式沼气检测仪，为我国煤矿井下沼气检测及生产工作面的沼气管理提供了一种新型仪器。在运输方面，改进了英国ML－722型转载机，被煤炭部列为我国煤炭综采工作面的主要配套设备之一，是大同矿务局接替ML－722型转载机的唯一机型；机电处同张家口煤机厂研制成功SGB－764/264W型刮板输送机，填补了我国刮板输送机的空白。在建井方面，成功研制了5立方米斜井矸石箕斗及自卸桥台，为斜井施工创造了条件；在井筒施工中应用了双浆液、化学液、帷幕注浆法（该法成功地将帷幕法和注浆法应用于同一井筒施工，为我国首创），进行筒壁后注浆堵水，同时还推广应用了潮喷工艺。在地面施工中，运用了整体滑模倒模新工艺。在地质方面，成功革新了可逆数字式钻孔电视深度指示器，该仪器应用于煤矿地质钻孔的观测。在医疗方面加强了以骨科、神经外科和心胸外科为重点的专科研究。其中，骨科开展了人工关节矫形，成功研制了用于治疗小腿骨折的“钢针框架式固定器”，研制成功用外固定器治疗不稳定型骨盆骨折；神经外科开展了各种颅脑手术；胸外科开展了常温心脏手术。在计算机应用方面，1982 年，开始学习和探索计算机应用，1985 年，建成 5000 平方米的计算中心大楼，安装了第一台 VS－100 型小型计算机，开始了计算机管理信息中的财务、运销开发工作。

1986—1993 年，大同矿务局围绕生产建设重点开展科技攻关和新技术推广。“七五”计划期间承揽了“厚煤层分层自动铺联网液压支架及配套设备”“均压灭火自动监测与调节”“薄煤层强力爬地采煤机及配套综采设备”“厚煤层 4.5 米一次采全高综采配套设备与工艺”四项国家重点科技攻关项目，推广应用了“六五”科技成果。在综采设备方面，大同矿务局针对侏罗系煤层不同厚度、不同顶板条件，先后研制了 TZ－720 型大吨位强力液压支架、中厚煤层支架、自动铺联网支架、薄煤层支架、金属网下分层放顶支架和 4.5 米一次采全高等 15 种液压支架。1986 年，研制成功了第一套切顶支柱，并于 10 月 8 日在同家梁矿 11 号层 8710 工作面进行工业性试验，平均每工效率 13.2 吨，为大同矿务局单体液压支柱配备切顶支柱使用提供了经验。1989 年，成功研制了 ZQS－2400 型和 QZS－2400 型 2 部斜撑式挡矸板的新型切顶支柱。1992 年，自行开发支架 4025 架，占支架总数的 53%，基本实现了综采设备国产化和系列化。在这期间，研制开发了 300AW 矮型、MG344－PWD 型电牵引采煤机和 EAG200、5MG200 型采煤机。MG344－PWD 型电牵引采煤机是我国第一台大功率薄煤层无链交流电牵引采煤机，经工业性试验，最高月产 5 万余吨。该机的研制成功，标志着我国薄煤层采煤机的研制水平达到 20 世纪 80 年代末的国际水平。在基建方面，在地基和基础工程中，采用了强夯、灌注桩新技术；在地面立井井塔、选煤场筒仓和锅炉烟囱施工中，运用了滑模施工工艺；在高层楼房建筑中，采用了大模板施工工艺。在斜井施工中，1991 年，试验成功大断面斜井机械化配套及快速施工工艺，其综合技术达到国际先进水平。在安全技术方面，应用了 KTA－VP－Ⅱ型提升安全监控装置，研制并推广应用了斜井“一坡三挡”防跑车装置、便携式数字显示报警仪、智能瓦斯检测仪、安全式报警矿灯。1989—1990 年，成功研制了 AFM－6 型皮带自动防灭火装置，该装置具有监测、报警、断电、灭火和备用电源 5 种功能。在煤炭加工利用方面，进行了大同煤合理化分选和利用研究，对型煤和水煤浆进行了开发研究。1992 年，永定庄矿成功研制“大同型煤”，经测试，该产品一氧化碳和二氧化碳有害气体比烧散煤分别降低 83％和 38％，烟尘排放量比烧散煤降低 79.1％。在地质方面，成功研制了槽波数字地震仪，采用槽波地震探测采煤工作面内小断裂构造和无炭柱、冲刷带等。在医疗方面，1986 年，第一职工医院进行了体外循环直视下主动脉窦瘤切除合并室间隔缺损修补术，为雁同地区心脏外科填补了空白；通过对动物试验，于 1991 年取得骨盆骨折后路不开刀的内固定治疗，达到国际先进水平。在计算机应用开发方面，1986 年，大同矿务局成立计算中心，各矿相继设立计算机室。至 1993 年，全局共有各种微机 400 余台，计算机专业技术人员 170 名。在生产领域中，计算机应用到调度系统（在全煤系统首家实现联网）和安全监测、矿压观测、地质测量以及辅助设计、矿图绘制。在管理方面，计算机应用到了计划、财务、劳资、机电、器材、运销、干部人事等系统中。

可以说，100 多年来，大同煤矿是最先进技术应用的先行者。

三、企业与社会的相互建构伴随大同煤矿的发展

创造物质财富是基本的社会活动。作为物质财富创造的主要形式，工程过程就有社会属性，既是社会建构过程，也是建构社会的过程。这一双向建构特性在大同煤矿的发展过程中鲜明地表现为各种社会力量对大同煤矿资源控制权的关注，表现为大同煤矿在其周围建构产业链的晶核作用。

（1）大同地区的煤矿企业两度由民营转为官营

100 多年来，风云际会，大同煤矿的煤炭资源总是受到社会各界的关注。其中，发生在中华民国时期及 21 世纪初大同地区煤矿企业两次由民

办转而官营的现象值得深入思考。

成立于1909年的保晋大同分公司是民办煤炭企业。继保晋总公司成立后，大同兴起办矿热潮，地主、商人、官僚和军阀纷纷投资煤矿，兴办实业。1914年到1924年这十年间，在大同以采矿公司或私人名义划占矿区的就有47家之多，共划占矿区198处，占地面积多达280多万亩。[①] 1924年，阎锡山在大同开办“军人煤厂”。1929年，“军人煤厂”变为“晋北矿务局”。后来，为了控制大同其他煤矿公司，以“分产合销”的名义，成立了大同矿业公司，控制了大同煤炭的销售业务。矿业公司的职员基本上是晋北矿务局营业科的人员，大权操纵在晋北矿务局手中。各个公司虽然名义上也参加大同矿业公司的董事会，但实际上无权过问公司的业务，名为“分产合销”，实质上是通过对销售的垄断，晋北矿务局控制各公司的生产。由此，大同地区的煤矿企业实际上成为阎锡山官办的垄断企业。

20世纪80年代，国家为满足能源，特别是煤电需求，在山西实行有水快流的阶段性政策，由民间资本创办经营的小煤矿如雨后春笋般破土而出。在一定程度上缓解了煤炭供应长期紧张的局面。2005年8月22日，国务院办公厅下发了《关于整顿关闭不具备安全生产条件和非法煤矿的紧急通知》，部署在全国范围开展煤矿整顿关闭攻坚战。随后国务院又颁布了《关于预防煤矿生产安全事故的特别规定》，规范了煤矿整顿关闭工作程序、矿井关闭具体标准和责任追究办法等，把整顿关闭工作纳入依法进行的轨道。2008年，山西省率先进行煤炭资源整合，在全省范围内实施煤炭企业兼并重组发展战略。截至目前，全省矿井个数由2598处减少到1053处，淘汰落后产能近3亿吨，形成了山西焦煤集团、大同煤矿集团、山西煤炭运销集团、阳泉煤业集团、潞安矿业集团、晋城煤业集团等亿吨级煤炭企业集团，大型煤炭企业集团的产能占到全省的60%，煤炭产业集中度大幅提高。[②]

---

① 大同矿务局矿史党史征编办公室：《大同煤矿史》，人民出版社，1989年，第72页。

② 闫凌云，王瑞华：《煤炭企业并购中的财务风险探析及防范》，《煤》，18(2)，2009年，第74—76页。

同煤集团顺应形势、抓住机遇，在政府的推动下，充分发挥国有大集团的优势，以市场经济的手段，明确重组整合主体，对划定区域的小煤矿成功进行了重组，促进了煤炭区域产业结构调整，创造了煤炭资源整合的“同煤模式”。在资源整合中，同煤集团坚持低成本扩张，跨地区发展，高效推进煤炭资源整合。继成功整合大同、朔州、忻州3市23座煤矿之后，2008年他们又主动出击，调研了全省各区域煤矿541座，整合了怀仁虎龙沟、山阴安平、平鲁圣源厚等10个煤矿企业，整合煤田面积129平方公里，扩充资源21亿吨，新增产能1295万吨。2010年开始，同煤集团又在大同、朔州、忻州、吕梁、临汾、运城6市，成功整合了85座煤矿，新增20.15亿吨资源、2250万吨/年产能，经过重组形成30座综合机械化矿井。到目前，已实质性接管煤矿15座；在需关闭的36座煤矿中，已关闭了17座。[①] 至此，改革开放之初大同地区的民营煤矿企业大部被整合到国营的同煤集团公司。

这一次的煤炭资源整合被一些人批评为“国进民退”。这里不争论此一说法的是非，但一个问题需要探讨，即同一性质的事情相隔100多年两次发生，其中是否有必然性呢?

近现代中国工业的大规模发展依赖于煤炭资源的大规模开发。煤炭资源不可再生，如何提高开发效率是一个大问题。新中国成立前及改革开放初期的众多民办小煤矿，尽管在一定程度上满足了社会对于煤炭的急需，却也衍生出非常严重的资源浪费、环境破坏、事故频发等不可持续发展的问题。高效开发构成这些小煤矿整合为大型现代煤矿的合理性和必然性。那么，由谁来整合呢? 中国传统重要手工业均为官工业，“工商食官”在中国有3000多年的传统。阎锡山欲在山西大办近代工业，需要煤炭资源的支撑，高效开发是内在要求，而由官营垄断开发在效率上显然要高于民营分散经营。大同煤矿集团在新中国成立后的计划经济体制下，已经发展成为现代化、高效的煤炭企业，对之进行整合可以说是事半功倍，当然顺理成章。这里可以看出传统的力量，传统的形成是自发过程，而自发过程

---

① 宋华岭:《煤炭资源整合的实证研究——以大同煤矿集团资源整合为例》,《山东工商学院学报》,第2期,2012年,第33页。

才有稳定性，才是可持续的。

（2）大同煤矿作为资源性企业对于大同地区的工业布局发挥了重要作用

大同位于山西省北部大同盆地的中心、晋冀蒙三省区交界处、黄土高原东北边缘，实为全晋之屏障、北方之门户，且扼晋、冀、内蒙古之咽喉要道，是历代兵家必争之地，有“北方锁钥”之称。近代以前，游牧和农耕是大同地区人民的生存方式。近代工业发展，对煤炭大力开发，大同成为中国最大的煤炭能源基地，国家重化工能源基地。大同地区大型电力企业、化工企业星罗棋布。这些企业均以煤炭为基本原料，可以说，在大同，以大同煤矿为晶核，链式反应出一些大型企业，形成了电力、煤化工的产业链。煤炭资源开发力度越来越大，且不可再生，当大同地区的煤炭资源枯竭时，这些依赖于煤炭的企业的命运可想而知。所以，转型发展永远在路上。

人无远虑，必有近忧。希望因煤而起的大同煤矿，因大同煤矿而兴起的产业链能够有无限的前途。